회복적 서클 플러스

서클대화의 이해와 그 통합적 비전

박 성 용

갈등 속에서
개인, 조직, 공동체를
꽃피우기

회복적 서클 플러스
−서클대화의 이해와 그 통합적 비전

지은이   박 성 용
초판발행 2021년 8월 24일

펴낸이   배용하
책임편집 배용하

등록   제364-2008-000013호
펴낸 곳   도서출판 대장간
         www.daejanggan.org
등록한 곳 충청남도 논산시 가야곡면 매죽헌로1176번길 8-54

분류   갈등전환 | 공동체 | 회복적서클
편집부   전화 (041) 742-1424
영업부   전화 (041) 742-1424 · 전송 0303-0959-1424
ISBN   978-89-7071-565-0 13370

 값 22,000원

차례

3부…경청 실습

4부…서클대화의 이해

5부…회복적 서클 톺아보기 및 그 변형적 적용

6부…서클 리더십

7부…서클대화의 기반형성과 미래

서클대화의 진정성과 일관성을 향하여

2011년 12월 초 한국에 들어온 회복적 서클을 경험한지 만 5년이 지나 이 모델이 무엇인지를 사색하면서 거의 2년에 걸친 작업 끝에 나온 것이 2018년 봄에 출간된 『회복적 서클 가이드북』이었다. 그 이후 서클에 대한 결정적인 새로운 현상들이 이 모델 외부와 내부에서 펼쳐졌다.

외적으로는 아무래도 새로운 시대를 예고하는 코로나19의 여파이다. 사회와 미래를 새롭게 혁신하고 시대적인 도전에 시민역량을 강화하며 인간의 삶과 정신을 본래적인 것으로 재접속시키는 과제가 출현하면서, 서클대화의 기여와 그 가능성이 관계와 현대조직문화에 급박하게 필요하게 된 것이다. 그리고 문재인 정부의 자치경찰제의 구상이 서서히 시동을 걸게 되는 상황에서 2019년부터 15개 경찰서에서 실험적으로 시작된 '회복적 경찰활동'의 점진적인 전국확산이 또 하나의 증상이다. 학교와 더불어 공공영역에서 2020년 경찰의 날에 문대통령이 밝힌 '회복적 경찰활동'의 언급처럼 한국사에서 민중의 몽둥이로 있었던 경찰의 역할이 주민에게 다가가는 서비스의 역할로 바뀌면서 회복적 경찰활동의 필요가 높아지게 되었다. 이에 따라 회복적 서클의 공공영역에 대한 기여와 갈등 개입에 관련된 관민 협치의 민간역량에 대한 기대 또한 급부상하고 있다.

내적으로는 2010년대 중반부터 각종 서클에 대한 국제 모델들의 개별 활동가들이 급속히 퍼지게 되었고, 그 융합적인 시너지 효과 덕분에 서클 진행을 시민 활동의 방법으로 선택하는 단체가 주요 도시에서 나타나고 있다. 회복적 서클은 그중에 단연 그 진행자의 숫자와 활동의 범위에서 주도적인 역할을 하고 있었다. 2018년에는 곳곳에서 서클을 중심으로 하는 기운들이 넘치면서 2019년에는 가시화된 확실한 세력으로서 서클에 대한 관심과 그 활동이 퍼지는 것을 목격했다. 이에 필자는 각 모델 진행자들 간에 통합적인 전망과 시너지 효과를 함께 나눌 필요성을 예감하고서 네트워크 행동이 필요함을 절감하게 되었다. 그래서 그해 하반기에 십여 단체들과 서클진행을 주된 활동 도구로 사용하는 단체들의 연대모임을 준비하였고, 2020년을 기점으로 새로운 공동의 과제를 가슴에 품고 가는 토대를 마련하였다. 그것이 바로 2020년 1월에 노근리평화공원에서 전국 서클활동가 60여 명이 함께한 '서클진행자한국네트워크' 모임이다.

이 모임은 어쩌면 후대에 서클의 역사에서 역사적인 전환 사건으로 활동가들 사이에 새겨질 것이라 생각된다. 왜냐하면 처음으로 이렇게 많은 활동가들이 전국에 있었고, 다양한 서클 모델이 우리 주위에 이미 성장하고 있었으며, 또한 서클이 다룰 미래의 비전과 그 사회적 공헌이 중대함을 예감하는 자리였기 때문이다. 또한 향후 6년간의 모임과 훈련에 대한 공동의 약속이 이루어져 전국적인 활동의 토대를 마련하게 되었다. 이러한 급속적인 서클에 대한 관심의 확산과 그 속도를 체감하고 있던 필자는 서클 프로세스라는 말을 넘어 '서클대화'라는 용어를 전파하면서, 서클이 보편적으로 가진 작동원리와 그 이치에 대한 이해를 탐구하면서 이를 나누고 있었다. 특히 코로나로 인해 대면으로 만날 수 있는 20명 내외의 제한 숫자를 넘어 비대면으로 전국의 활동가와 연결된 훈련워크숍이 가능해졌다. 그 숫자가 비대면보다 배로 늘면서 그간의 네트워크 단체의 실무자들이 지닌 서클에 대한 관심과 열망을 피부로 느끼게 되었다.

이러한 시대적 전망과 필요, 그리고 서클에 대한 관심의 확산과 활동가들의 급속한 증가가 맞물리면서 개별적인 서클 모델들의 고유성을 관통하는 서클의 보편적인 이치와 그 작동원리에 대한 이해가 향후 활동에 필요함을 직감하였다. 특히 회복적 서클은 일반 서클 프로세스와는 많이 다른 진행형태여서 서클의 보편적 작동원리와 그 이치의 빛에서 재조명될 필요도 있었다. 이 책은 바로 그러한 급증하는 서클 진행에 대한 관심에 응답한다. 각각의 국제적인 서클 모델들의 자기 고유성에 기초한 활동을 지원하되, 두세 개의 각기 다른 서클 모델들을 수용하여 지역활동을 하는 실천가들에게 그 통합적인 원리와 이론적 토대를 제공하여 더욱 활동을 충실하게 돕고, 다양한 현장에 적용할 수 있는 비전을 제공하는 지혜와 힘을 제공하기 위함이다. 그 목적을 좀더 구체적으로 특정하자면 하나는 회복적 서클을 보편적인 서클의 원리와 연결하여 서클이 지닌 다양한 적용현장과 그 가능성에 대한 비전을 불러일으키는 것이다. 또 하나는 '서클대화'라는 단어가 지닌 보편적인 작동원리와 그 이치에 눈이 떠져서 전국적으로 활동가들이 골고루 다양한 서클을 일관성 있게 사용하면서 서로 소통하고 함께 성장할 수 있는 기반을 마련하는 것이다.

그러한 목적을 위해 이 책은 다음과 같은 특징을 지닌다.

첫째, 개별적인 서클의 진행 기술을 익히는 개인의 능력에 초점을 두기보다는 서클 자체의 작동원리와 그 이치를 탐구한다. 전자는 공간에서 눈에 펼치는 과정을 습득하는 이슈이지만, 후자는 개별 모델 뒤에 보이지는 않지만 서클 진행이 어떤 보편적인 원리를 담고 있는지를 이해하게 함으로써, 자신이 전개시키는 서클에 대한 확신과 그 적용 방향에 대한 이해를 돕고자 한다. 사실상 개인의 능력 소유에서 보편적인 원리와 이치로 눈을 돌리는 것은 에너지의 소모를 줄이고 서클의 흐름에 자신을 맡기는 본래의 자연스러움을 높인다.

둘째, 서클 진행은 단순히 수단적인 도구가 아니라, 서클이 담고 있는 원리나 작동 이치를 통해 서클이 품고 있는 새로운 의식consciousness-rising을 궁극적으로 지니도록 돕는다. 서클이 지닌 공간과 에너지는 기존의 중재모델 진행자와는 미묘한 차이가 있으며, 이로 인한 진행자의 의식 상태도 다르다. 서클을 진행한다는 것은 결과적으로 세상, 나, 그리고 실재를 보는 인식의 렌즈를 바꾸게 한다. 그러므로 서클이 진행자 개인에게 가져올 사회와 우주를 보는 새로운 의식이 무엇이 될지를 전망하게 한다. 서클을 어떻게 진행할 것인지를 넘어 서클이 지닌 의식에 접속하는 것은 중차대한 과제이다.

셋째, 서클이 지닌 근원적이고, 근본적인 터전과 그 핵심 기능에 대해 주목하게 한다. 서클의 근원적이고 근본적인 터전이란 대화와 경청이 지닌 의미와 잠재적 가능성 그리고 그 존재론적인 터전 확인과 갈등에 대한 새로운 이해에 대한 것이다. 그리고 그 핵심 기능은 경청을 다시 주목하고, 서클의 리더십이 어떻게 다른지를 이해하고 그 작동원리과 그 힘의 본성을 되새기게 한다.

넷째, 회복적 서클의 창시자 도미니크 바터가 꿈꾸었던 것이 어떻게 확산되고 변형되어 한국 땅에서 전개되는 지에 대한 그 비전의 연속성과 한국적인 토양에서의 도약^{비연속성}의 차이를 보여준다. 여기에는 개인의 사례 진행이라는 퍼실리테이션에 관련한 기존의 경향을 넘어 서클 진행자로서 지원시스템의 중요성^{갈등부엌의 재해석과 그 범위 확산} 그리고 새로운 미래의 과제로서 '갈등 속에서 꽃피우기'라는 목표를 실제로 어떻게 가능하게 할 것인지를 연속적인 발전 과제를 숙고한다. 이를 바탕으로 더 나아가 서클대화가 가능케하는 '존재를 개화시키기'라는 추가적인 과제에 관한 새로운 통전적인 비전을 공유한다. 하지만 바터가 회복적 서클과 비폭력대화의 창조적 융합에 관심을 가졌다면, 필자는 회복적 서클과 서클 프로세스 그리고 타 서클 모델과의 통전적 융합이 한국 땅에서 어떻게 풍성한 결실로 전개될지에 관심이 있기에 이에 대한 다른 전망을 보게 될 것이다.

다섯째, 서클대화의 근원적 원리와 회복적 서클이 지닌 잠재적 가능성을 연결하여 미래에 서클이 적용될 영역들에 대한 비전과 그 전망의 씨앗들을 소개한다. 여기에는 가장 중요한 핵심 과제로서 예시를 들면 자기-돌봄과 자기-인식의 통합, 내면 대화의 가능성, 트라우마 치유를 위한 적정기술로서 서클 원리 적용, 활동가를 위한 혼란의 분별과 전문역량향상을 위한 동료지원 등을 다룬다. 이런 것들은 이제 그 가능성을 확인하고 있는 싹이 움트고 있는 정도지만 조만간 몇 년 내에 현실화될 가능성이 있는 주제들이다. 그만큼 서클의 운용과 적용의 융통성은 계속 펼쳐지고 있음을 이해하게 될 것이다.

이 책이 주는 위의 독특한 기여의 특색들은 개인의 내면 의식의 고양에 대한 비전과 사회 변화를 위한 힘을 창출하고자 제시되는 내용들이다. 개인의 내면이 지닌 인식의 오류와 사회의 다양한 문제들은 그 핵심이 커뮤니케이션과 권력힘의 사용에 대한 근본 인식의 결여로부터 온다. 그렇기 때문에 커뮤니케이션의 본성이 무엇인지, 어떻게 그 본성을 실현하는 방식으로 커뮤니케이션을 활성화할 것인지와 더불어 대화와 갈등작업 실천가들은 대화에 있어서 권력의 사용에 대한 민감성을 갖도록 도전을 받는다. 사실, 이 두 핵심 과제는 탈지배체제와 파트너십 세상을 향한 핵심 요소이다. 단순히 사회 변화를 위한 것만 아니라 더 나아가 온전한 개인의 자기 정체성을 위해서도 핵심적인 실천이다. 이를 위해 목차에 기술되어 있듯이 기존의 대화 방식이나 갈등 작업에 있어서 편향되었거나 좁은 이해의 관점을 재배치하고, 서클대화와 그 작동원리, 그리고 서클 리더십이 무엇인지를 다시 다져서, 서클이 지닌 비전에 따른 현장적용에 있어 지혜와 힘을 제공하려는 목표에 도움이 되도록 그 내용이 기획되었다. 특히 서클대화라는 관점에서 펼쳐지고 있는 서클의 핵심요소와 그 미래 전망에 대한 안내를 위한 것이다.

이 책은 시민사회활동 20년 만에 처음으로 가진 3개월 개인 피정을 가지면서 산과 강 그리고 바닷가로 떠돌며 거의 매일 6~8시간 텐트와 숙박시설에서 주제에 몰두하며 사색한 결과다. 그렇게 집중할 수 있도록 배려한 가정과 단체 그리고 소속 교회에 감사를 드린다. 특히 수년 전에 단체가 어려웠을 때 실무자를 세우고 비폭력 실천의 활동에 대해 뜻밖에도 경제적 지원을 해 준 '마음의 씨앗' 손선숙 이사장께 이제야 이 자리를 빌려 감사드린다. 그때는 내놓을 만한 결과가 없어서 약속도 못하고 받기만 했는 데, 이제 활동가들을 위한 중요한 도약의 이론적인 가이드가 마련되어 그 도움의 늦은 결실과 향후 미래에 펼쳐질 서클 활동가들에 대한 전망을 감사로 표현할 수 있게 되었다. 사실상 이전의 『회복적 서클 가이드북』은 도미니크 바터의 갈등부엌과 회복적 서클 진행에 대한 풀이에 해당하지만, 이 책은 필자의 서클대화에 대한 응축된 사색의 창조적인 작업에 따른 자기 사유의 첫 출간으로 볼 수 있어서 지난 도움에 대한 결실로 돌리고 싶다. 또한, 평화 서적 출판에 헌신하며 필자의 저작에 이의없이 기꺼이 출판으로 계속 지원해 주는 대장간의 배용하대표에게 감사를 드린다.

　필자는 기존의 대화, 갈등작업, 회복적 서클에 대한 고정관념을 깨뜨리고, 새로운 시야와 에너지를 주입하여 서클대화라는 새로운 그러나 역사적으로는 15,000년이 넘는 오래된 서클 전통을 우리 삶과 활동의 전반에 적용하는 데 기여하는 비전을 감히 이 책에 담고자 하였다. 충분하거나 명료함에 있어 아직 부족하겠지만 실마리가 되어 더욱 가시화되고 확장되는 데 작은 도움과 통찰이 있기를 간절히 기대한다. 서클의 친절한 영이 함께 인도하기를 소망하며 기존 서클 실천가들에게 힘이 되고, 또한 미래로 향한 여러 비전들이 새롭게 일어나기를 꿈꾼다.

2020년 7월

박 성 용
비폭력평화물결 대표,
『회복적서클 가이드북』『평화의 바람이 분다』저자

1부···서클대화의 터전

서클대화는 방법론의 문제이기 전에 그 자체로서 존재론적인 터전과 그 작동의 원리가 존재한다. 실재리얼리티의 본성과 그것이 작동하는 이치는 서로 맞물려 있고, 그것은 인위적인 것이 아니라 자연스러운 흐름이다. 이는 심리학의 기반에 있던 기존의 대화 실천가들에게는 무척이나 낯설고 충격이 아닐 수 없다.

그러나 대화가 실재의 본성과 그 작동원리에 근거하고 있다는 사실을 이해한다면, 진행자 개인의 '능력'을 함양하는 오랜 노력보다 대화의 '본성'과 그 '이치'를 이해하는 것이 대화를 쉽고 자연스럽게 하는 비결이기도 하다. 그리고 이는 또한 실재의 본성과 윤리적 실천에 대한 서클진행자의 신념과 행동에 대한 일관성과 충실성을 주고 심지어 더 나아가서는 자기 정체성과 자기 가능성에 새로운 눈을 뜨게 해 준다.

이곳에서는 서클대화가 어디에 터전을 지니는 것인지에 대한 기존의 심리학적 접근을 넘어서는 근본적인 이슈들을 점검한다.

1장의 〈서클대화와 실재의 본성〉은 말 그대로 대화가 윤리적 코드가 아니라 실재의 본성과 그 작동 이치에 근거하고 있음을 확인한다. 서클대화에 가장 신뢰할 수 있는 현대물리학자 데이비드 봄과 그의 계승자인 학습조직론자 윌리엄 아이작스 그리고 퀘이커 영성가인 파커 파머의 통찰을 그 근거로 참조할 것이다.

2장의 〈존재와 사고의 비극적인 분리〉는 대화가 좋은 이야기나 아이디어를 나누는 것을 넘어서는 실재와 존재의 영역을 회복하는 중요한 인식의 방식임을 이해하고자 한다. 그리고 파편화된 사고가 인간의 고통과 혼란의 주범임을 확인한다. 그리고 서클이 지닌 화자의 진정성이 바로 존재를 향한 감각을 여는 것임도 눈치채게 될 것이다.

3장의 〈역설과 창조적 생성〉에서는 목표 중심과 문제해결 중심의 기존의 대화방식과 조언모델에 대한 한계의 실마리를 밝힌다. 그것은 바로 문제와 역설에 관한 이해의 차이이자, 조정자와 서클진행자의 근본적인 차이이기도 하다. 그리고 대화는 잠재적 가능성을 향한 창조적 생성과정이며 어째서 과정을 신뢰해야 하는지를 이해하게 된다.

　4장의 〈의미의 흐름과 전체성〉은 과정이 지성을 발생하는 것에 대한 설명이다. 그리고 의미의 흐름이라는 과정은 또한 전체성wholeness과 관련이 되어 있다. 서클진행자는 '전체의 옹호자'라는 윌리엄 아이작스의 단어를 서클진행과 관련하여 그 의미를 나름대로 해석하여 탐색한다. 이는 향후 서클진행이 익숙해지면 '전체성'이 서클 공간을 이해에 중요한 화두이자 서클진행자의 의식 개발을 위한 중요한 통찰이 될 것을 예고한다.

　5장의 〈대화의 과정과 국면들〉에서 대화는 이야기의 내용이나 주제에 의식의 중심이 있는 것이 아니라 과정과 국면의 에너지 흐름에 있음을 보여준다. 대화의 네 역할자들이 대화 속에서 자연스럽게 출현하며 그 역할자들을 이해할 때, 그리고 대화가 네 개의 흐름 국면을 갖고 있음을 파악할 때 서클진행자는 대화가 갖는 시간성과 공간의 흐름에 의해 적절한 대응을 할 수 있다.

　위와 같은 대화의 5가지 핵심 주제들은 일반적인 대화에서는 관심을 두지 않은 낯설고 새로운 용어이자 영역들이지만, 서클진행자로 헌신하고자 하는 사람들에게는 필수적으로 알아야 할 서클대화의 고유하고 독특한 기본 요소와 개념들이다.

1장. 서클대화와 실재의 본성

대화는 일반 사회에서는 흔히 듣는 '언쟁이 아니라 대화로 풀자'라는 말처럼 거친 말이 아닌 부드럽고 위해危害가 없는 말하기로 생각되고 있다. 또한 '자기주장이 아닌 대화로 하자'라는 말은 일방적인 설득이나 강요가 아니라 수용적인 태도와 입장에서 서로의 입장이 무엇인지 소통하는 '더 나은 말하기'로 비치기도 한다. 이들이 이해하는 것처럼 흔히 사용되는 말속에서 느껴지는 대화에 대한 관점은 주로 대화가 의사소통의 수단적인 측면이나 일어나고 있는 혼란 갈등 폭력에 대한 해결의 방식을 뜻하는 것이다. 물론 그런 기능적인 측면이 없지는 않다.

이처럼 수단적이고 실용적인 측면에서 대화가 이바지한다는 것에 대부분은 수긍하고 도움이 된다고 생각한다. 그러나 대화가 때로는 도움이 안 된다고 생각하는 상황과 사람이 있다고 전제한다. '대화로는 도저히 통할 것 같지 않다'니 아니면 '대화가 안 되는 사람'이니 혹은 대화는 시간이 걸리기에 무용하다는 사례들이 그것이다. 즉 대화는 그것이 가능한 조건이나 상식이 갖추어지지 않는 한, 대화할 수 없다는 조건의 장벽들로 인해서 대화의 가능성을 사전에 쉽사리 포기하는 것이다.

대화가 좋다는 것은 알겠으나 조건 형성이 안 되어 대화하기가 쉽지 않다고 얘기한다. 이는 그만큼 대화가 수단적인 효용성의 입장에서, 문제나 갈등의 해결에서, 대화를 위한 조건 충족이 까다롭다는 자신의 선이해를 나타낸다. 물론 이러한 진술은 어느 면에서 부정할 수 없는 사실이다. 더구나 긴급한 해결책을 요청하는 복잡하고 다양한 의견들이 가득한 세상에서 열띤 논쟁과 토론이 상식과 주류문화가 되어버린 세상에서는 대화가 고상한 인간들의 비즈니스로 치부되기에 십상이기도 한다. 그만큼 강한 적-이미지를 가진 세상에서 대화가 무력한 현실을 많이 보기 때문이다.

그러나 시민사회의 활동가로서, 단체운영의 책임자로서, 연대활동의 조직가로서 그리고 평화 감수성 훈련가로서 사람과 현장을 만나는 필자의 경험으로 보자면 대화의 이슈는 다르게 보인다. 필자가 계속해서 집중해 온 문제의식은, 그 작동 영역의 조건 충족에 따른 대화의 효용성에 대한 것보다는 대화에로의 의지에 대한 충실성의 부족이 우리 모든 문제의 핵심으로 보인다는 점이다. 즉, 대화는 수단이나 교양이 아니라 실재의 본질에 그리고 상대의 진심을 접하는 유일한 토대이자 통로임을 대부분 간과하고 있다는 것이다. 예를 들어, 인간 활동의 다양한 영역들인 사물에 대한 인식, 도전에 대한 대응, 배움과 성장의 토대, 분리된 관계의 회복, 민주적 조직의 운영, 연대회의를 통한 사회적 변화를 위한 기획, 리더십, 평화로운 공동체의 구축 등에서 대화는 매우 분명한 효용성을 지닌다. 그러나 더 강조하고 싶은 말은 그러한 효용성 뒤에는 앞서 열거한 여러 삶의 분야에 관통하는 하나의 공통된, 대화에 대한 충실성과 일관성이 전제되어야 한다는 것이다.

대화는 효용성 이전에 충실성과 일관성의 문제라고 말하는 이유에는 어떤 이해가 자리 잡고 있는가? 대화는 목적을 위한 수단이 아니라 대화 과정 자체가 목적이다. 그리고 효용성은 충실성과 일관성혹은 정합성, coherence에 대한 결과적인 선물이다. 더 나아가 대화는 언어의 표현 뒤에 존재론적인 터전을 갖고 있다. 대화가 존재론적인 터전을 갖고 있기에 대화를 통한 인식은 '참됨'에 대한 자기 이해를 가져온다. 즉, 사물, 상황, 관계, 그리고 도전에 대한 본성에 도달할 수 있는 길을 열어준다. 그리고 대화는 자기 정체성으로서 존재, 곧 참자아Self 혹은 핵심자아Core-self [1]와 실재의 전체성wholeness에 대한 감각을 열어준다. 대화가 참자아와 실재의 전체성 간에 교호적 어울림을 가져다줌으로써 개인과 공동체는 방향감각을 얻는다. 압축된 앞의 진술들에 담긴 의미들 중에 이 장에 해당하는 주제와 관련된 몇 가지만 풀어보면 다음과 같다.

시간과 공간 안으로 출현한 모든 물체와 사건들은 강물의 흐름이라는 비유처럼 하나의 흐름을 갖고 있다. 모든 것들은 강물의 흐름처럼 모여지고, 합류되며, 그 과정에서 전체성과 타자들과의 얽힘 과정을 통해 창조적인 생성의 방식에 따라 개별성을 부여받는다. 각 개체는 전체 실재의 흐름 속에서 자기됨을 형성하는 것이다. 물론 개별성은 일시적인 소용돌이처럼 흐름 안에서 일어나지만, 그 소용돌이는 강물의 흐름전체성 안에서 일어나는 것이다. 대화도 강물의 흐름으로 비유될 수 있다. 즉, 대화는 삶의 실제 세상 안에서 일어나는 것과 유사한 본성, 이치 그리고 힘을 갖는다. 그 의미를 짚어보도록 하자.

필자의 종교학 박사과정 지도교수였던 템플대학 종교신학자이자 종교 간 대화실천가였던 레어날드 스위들러Leonard Swidler 교수나 국내 대화실천의 현장에서 책으로 알게 된 현대물리학자이자 대화론자인 데이비드 봄 그리고 그에 영향을 받은 MIT대학 조직학습론자인 윌리엄 아이작스의 대화에 대한 이

---

1)핵심-자아는 서클 프로세스 실천가인 캐롤린 보이스-왓슨, 케이 프라니스 저, 서정아, 박진혁 옮김, 『서클로 여는 희망: 평화형성서클 사용레시피』(2020, 대장간)을 보라. 1장이 핵심자아 진술 부분이다. 이는 같은 저자들의 책인 『서클로 나아가기』(2018, 대장간) 1부에도 같이 나와 있다. 그 실재와 자아에 대한 7가지 핵심 신념은 다음과 같다. ① 모든 사람의 내면에 있는 자아는 선하고 지혜롭고 강하다. ② 세상은 깊은 곳에서 서로 연결되어 있다. ③ 모든 사람은 좋은 관계를 맺고자 하는 깊은 갈망을 가지고 있다. ④ 모든 사람은 재능을 가지고 있고, 그 재능을 발현하려면 모두의 도움이 필요하다. ⑤ 긍정적인 변화를 만드는데 필요한 모든 것들은 이미 여기에 있다. ⑥ 인간은 통합적 존재다. ⑦ 우리는 핵심자아로 살아가는 습관을 만드는 연습이 필요하다.

해는 매우 흥미롭다.[2] 이들은 대화란 원어dialogue는 '통하여dia, through'와 '로고스logos'의 합성어이며, 이는 '의미의 흐름'과 관련된 말로 해석한다. 로고스는 또한 모이다의 어원에서 나와서 '관계'와 관련되어 있다는 것이다. 필자가 이해한 바로는 요한복음의 서두에 '태초에 말씀이 있었다'는 말씀이 원래 단어는 로고스이며, 이는 진리알레테이아, 감추어져 있는 것이 드러남이란 뜻임를 인식하는 인식의 메신저로서 보이지 않은 실재the Reality를 비추어 드러내고 그것의 결과는 은총과 진리의 풍성함이다.

그러한 이해를 대화에 다시 적용하면, 대화는 강물의 흐름처럼 의미의 흐름flowing과 관련되며 본래 각자라는 샘물로부터 물의미이 모여지고, 그 모여지는 과정을 통하여 결국은 하나의 공동 의미가 그 흐름 속에서 출현하게 된다. 그러한 공동의 흐름에 조율된 각자는 이제는 모두 함께 나아갈 방향을 발견하게 된다. 이 강물의 비유에서 대화의 핵심포인트는 흐름이라는 과정이며, 그 과정의 에너지와 동기는 '샘'인 개별자가 지닌 실재와의 접촉과 전체성의 분여分與, 곧 숨겨진 온전한 전체성의 홀로그램인 부분에 대한 이해이다. 데이비드 봄은 이를 '전체 운동holomovement'이라고 하였다. 다른 책에서는 그 의미의 전체 흐름을 새로운 용어로 만들어 '자재운동artamovement', 즉 부서지지 않고 나누어지지 않은 어울림의 자연스러운 운동이라 칭한다.[3]

대화가 존재론적인 터전을 갖고 있다는 말은 대화는 정보교류라는 언어

---

2)Leonard Swidler, After The Absolute: The Dialogical Future of Religious Reflection (Minneapolis: Fortress Press, 1990). 데이비드 봄 지음, 강혜적 옮김, 『창조적 대화론』(2011, 에이지21). 윌리엄 아이작스 지음, 정경옥 옮김, 『대화의 재발견』(2012, 에코리브르).

3) 데이비드 봄 저, 김정래역, 『봄의 창조성』(2021, 박영사) 봄이 대화를 사고에서 실재와 존재로 끌어올리는 것은 물론 그의 양자물리학의 영역이 지닌 통찰이기도 하지만 그의 중요한 대화 파트너가 인도의 요기, 지두 크리슈나무르티였다는 사실을 이해할 필요가 있다. 사고를 내려 놓고 실재에 대한 직접적인 관찰이 크리슈나무르티의 핵심 사상이었다. 그는 또한 마셜 로젠버그의 비폭력대화 구상에도 영향을 미쳤다. 크리슈나무르티의 책은 많이 번역되어 있으나 다음 2권을 추천한다. 지두 크리슈나무르티 저, 정현종 역, 『아는 것으로부터의 자유』(2002, 물병자리); 권동수 역, 『자기로부터의 혁명I』(19991, 범우사).

행위를 넘어 그 이면에 있는 실재에로의 참여에 대한 것임을 뜻한다. 실재the Reality는 참되고, 무한하며, 하나이며, 갖추어져 있어서 풍족하고 또한 그러기에 우호적이다. 있기에 참되고 환영이 아니기에 진실하다. 무한하기에 인식의 한계를 넘어선 자기 개방성을 지닐 수 있다. 하나이기에 서로 연관되어 있고 나눌 수 없으며 남에게 한 것이 내 안에서 이루어지며, 내 안에서 이루어지는 것이 남에게 일어난다. 갖추어져서 풍족하다는 것은 자원sources이 자신들에 그리고 주변에 충분히 있다는 것이다. 각자는 그것을 사용할 수 있는 지혜가 있다. 그리고 참되고 무한하기에 자신을 내어주는 자기-증여self-giving가 우주의 작동원리가 된다. 준다는 것은 자연스럽고 강력한 실재의 본성이다. 종교적인 언어로는 이는 사랑 혹은 자비로 표현된다. 그래서 두려움과 결핍이 없이 우호적으로 작동한다. 이러한 인식은 종교에서만 아니라 현대물리학의 양자장quantum field, 얽힘, 비국소성, 감추어진앰재 질서 등의 용어 속에서 내포하고 있는 새로운 인식도 한몫을 하고 있다.[4]

　실재가 그러하다면 우리의 존재도 실재의 일부이므로 그러한 속성을 부여받는다. 즉 참자아도 참되고 무한하며 아름답고 창조적이며 강력하다.[5] 존재로서 참자아는 성취, 형상, 소유와 관련없이혹은 그 반대상황에도 상관없이 그 자체로 무한한 실재이다. 그 본성상 실재의 속성을 공유하고 있으므로 진정으로 자재自在하고, 무한하기에 몸의 한계 속에 매이지 않는다. 결핍없이 빛나고 있으므로 아름답고, 창조적이기에 충분히 지혜를 발휘하며, 강력하기에 실패나 무력감에서 벗어날 힘을 내재하고 있다. 우리의 인격은 그러한 존재의 빛남을 두려움과 결핍의 인식에 따라 실재와 분리된 유한성에 의해 형성되는

---

4) 각각을 소개하는 참고 도서는 다음과 같다. 린 맥태거트 저, 이충호 역,『필드』(2016, 김영사); 루이자 길더 저, 노태복 역,『얽힘』(2012, 부키); 데이비드 봄 저, 이정민 역,『전체와 부분질서』(2010, 시스테마).

5) 『서클로 여는 희망』에서 저자들은 "핵심자아는 선하고 지혜롭고 강하다"라고 말한다. 45쪽 참조.

에고라는 자아에 의해 만들어진 가면이다.[6] 그러한 가면은 존재 위에 덧붙여진 것으로써 사회적 역할roles에 의해 강화되고 고정된다.

대화가 인간의 사회적 기능의 필요성과 사회의 유지에 있어서 윤리적인 입장에서 다루어지는 것을 넘어 형이상학적이고 존재론적인 터전을 갖고 있다는 것은 아마도 대중에게는 낯선 이해일 것이다. 대화를 그나마 숭고한 목적으로 끌어올린 영역이 임상심리학 영역에서 욕구needs를 통해 대화의 방식으로 사회 갈등을 풀게 한 것은 비폭력대화의 창시자 마셜 로젠버그였다.[7] 심리학이 활용되는 상담과 코칭 등의 영역에서 대화를 문제해결과 치료를 위해 긍정적으로 활용하면서 그의 대화론은 계속해서 주목을 받고 있었다. 그런데 현대물리학 분야에서 대화가 어떤 의미를 지니고 있는 지를 다른 관점에서 존재론적인 영역에서 시도를 한 사람은 데이비드 봄이며, 그의 영향은 아직 대화에서 그다지 탐험되지 않은 야생숲처럼 남아있다. 그가 중요한 것은 심리학을 넘어 양자론적 인식론과 더불어 사물과 사건을 보는 이치에 대해 대화를 끌어 들였기 때문이다.

그런데 대화에 있어서 현대과학이 가져온 대화에 관련된 그 본성과 비전에 있어서 새로운 지평과 충격을 가져온 것은 사실이지만, 여기에는 현대 문명의 오만함도 작동하고 있었다. 이미 원주민에게 있어서는 최소 15,000년의 서클방식에 따른 살아있는 대화의 전통이 있어서 이에 대해 주목하는 것에 대해 현대 지성인들은 계속 등한시해 온 것이다. 서클을 통해 외부의 위협

---

6) 인격이라는 말인 영어의 personality는 페르소나(persona)라는 말에서 유래했으며 이는 가면(mask)이라는 뜻이다. 그 가면으로서 사회적 역할과 책임, 열망과 좌절을 가진 인격은 통상 에고(ego)라는 자아로 표현되며, 이 책에서 '존재'라고 말할 때는 그러한 마스크 뒤의 인격의 벌거벗음으로서 참자아 혹은 영혼으로 이해되는 본질적인, 영원한 본질을 말한다.

7) 캐서린 한 역, 『비폭력대화: 일상에서 쓰는 평화의 언어, 삶의 언어』(2017, 개정증보판, 한국 NVC센터). 이 책은 대부분이 알고 있는 책이다. 필자의 생각에는 더 주의 깊게 봐야 하고 더 충분히 발전시키지 못한 중요한 책은 그의 소책자 『비폭력대화NVC와 영성』에서 나오는 핵심 내용으로서 거룩한 사랑의 에너지에 대한 이해라고 생각한다. 여기에 그의 창조적인 사고로서 향후의 NVC의 비전이 녹아있기 때문이다.

에 대한 대처, 가르침과 배움, 갈등해결, 치유, 공동체 형성, 비전탐구 등에 있어서 서클방식의 대화가 지금도 전 세계 6억 명 이상의 원주민들에게 전통으로 자리잡고 있는 것이다. 사회안전을 위해 현대인들이 만들어 놓은 군대, 경찰, 법원, 교도소, 사회복지시설 그리고 입법기관들 등의 복잡한 권력구조들을 촘촘히 쌓아 놓고 살아가는 우리와 달리 이들의 끈질긴 생명력은 그러한 서클의 지혜와 힘으로부터 나온다.

서클대화[8]는 원주민들이 지닌 신성한 시간과 공간에 대한 자각을 통해 서클로 앉아서 각 참여자의 마스크 뒤에 있는 존재의 신성함과 연결되어 의미의 흐름이 작동하도록 하여, 여전히 남아있는 잠재적인 더 큰 실재의 가능성을 출현시키도록 하는 심장의 언어를 사용한다. 그래서 대화는 단순히 거친 말하기를 순화하는 것을 넘어 해악을 정화하고 실재라는 전체성과 연결한다. 또한 각각 자아에 깊이 있는 본면목인 존재의 무구함과 연결함으로써 실재가 지닌 잠재적인 에너지인 진실과 자비가 품어져 나오게 하고, 이를 통해 각자 서로를 돌보고 양육하여 존재의 원래 상태인 기쁨과 평화를 이끌어내도록 한다.

따라서 서클대화는 윤리적인 목적으로 단순히 편안하게 이야기하거나 타자에 대한 '악을 행하지 않기'를 넘어서 존재론적인 터전을 가지고 있다. 즉, 이미 실재가 지닌 풍성함과 온전함을 내포한 의미의 흐름이 대화과정 속에

---

8) '서클대화'라는 용어는 2010년대 중반에 서클이 모임을 좀더 편안하게 갖는 수단적인 방법으로 활용되는 것에 반하여 서클 자체가 대화의 중심적 역할을 한다는 신념에서 각종 서클과 관련 워크숍에서 사용하고 있는 용어이다. 2008년의 소고기 파동 관련 촛불집회이후 '서클 프로세스'의 소박한 방식으로 시민사회와 서클모임을 나누기 시작했었다. 그러다가 일반적으로 많이 쓰고 있는 '서클 프로세스'라는 용어를 넘어 '서클대화'라는 용어를 만들어 나누고 있는 이유는 서클 그 자체에 대한 주목하기와 재중심화를 위한 의미가 담겨 있다. 즉, 서클은 그 자체의 지혜, 작동원리, 힘이 존재하고 있으며, 서클대화가 자신의 '능력'보다는 서클이 지닌 '이치'를 이해하면 할수록 서클이 잘 작동되고 자신의 인식과 삶의 태도가 변하게 된다는 의미에서 '서클대화'라는 용어를 사용하고 있다. 서클대화는 자체의 이론적인 터전과 그 실천 능력이 있기 때문에 학문이나 실천에 있어서 이해가 필요하다는 것이 필자의 주장이다. 이 책은 이에 대한 소개서라고 할 수 있다.

서 일어나게 하여 그 실재로부터 오는 통찰을 발견하고, 출현시켜 현재에 목도하고 있는 두려움과 결핍을 사라지게 하며, 또한 서로의 필요와 목적을 이루도록 돕는다. 예를 들어, 파커 파머의 '신뢰서클'은 영혼참자아의 온전함과 세상의 요구에 대해 그 영혼의 충분한 리더십을 확인한다.[9] 도미니크 바터의 '회복적 서클'은 갈등과 폭력 상황에서 각각의 마스크 뒤에 존재가 지닌 진정성을 연결하여 현재와 미래를 위한 필요를 충족하고 풍요로운 관계와 평화의 공동체로 나아갈 길을 연다.[10] 미국의 하이랜더 민중센터에서 가르치는 '스터디서클'은[11] 문제와 사회적 의제 안의 에너지를 통해 존재의 연결을 통해 함께 협력하여 근원적 민주주의의 이상으로 나아갈 수 있는 지혜와 힘을 발휘하는 시민역량을 세운다.

최근에 다양한 서클대화 방식에 적지 않은 평화활동가, 조직가 그리고 교육가들이 관심을 갖고 그 원리를 알고 자기 삶과 현장에 적용하려는 움직임이 높아지는 이유는 서클 안에서 이루어지는 진정성과 편안함 때문만은 아니다. 참여자로서 서클 경험을 넘어 진행자로서 훈련을 받고 싶은 이유는 그 단순한 서클에서 통찰과 비전의 감동이 있기 때문이고, 삶의 길로서 다가오는 대화 원리들의 이해가 삶에 직접적인 변화를 가져오는 것을 통찰하고 있기

---

9) 서클에 대한 파머의 글은 다음 책을 참조하면 된다. 파커 J. 파머 저, 윤규상 역, 『온전한 삶으로의 여행』(2007, 해토) 이 책은 절판되어 김지수역, 『다시 집으로 가는 길』(2014, 한언)의 이름으로 나와 있다.

10) 회복적 서클은 짧은 영문 매뉴얼을 받아 사용하고 있어 책으로 보려면 필자의 책이 참고가 된다. 『회복적 서클 가이드북』(2018, 대장간). 가이드북과 이 책의 연관성은 서두에서 밝혔듯이 대화와 서클의 영역에서 회복적 서클의 지평을 재정위시키는 것과 회복적 서클을 모르는 서클 진행자들의 경우 서클에 대한 이론과 실천에 있어서 이해의 폭을 넓혀주는 데 있다.

11) 세실 앤드류스 저, 강정임 역, 『유쾌한 혁명을 작당하는 공동체가이드북』(2013, 한빛비즈). 이 책은 앤드류스 개인의 관점에서 스터디서클의 중요성을 재해석한 책이다. 스터디서클 훈련을 위한 매뉴얼은 필자가 개인 번역을 통해 훈련용 스터디서클진행자양성 워크숍에서 사용하고 있으나 내용이 딱딱하고, 오히려 앤드류스의 글은 많은 영감과 풍부한 이야기를 담고 있다. 그러나 실제적인 진행과 그 적용에 대해서는 스터디서클이 가진 공공영역에서의 변화 가능성보다 그녀의 책 원제목인 〈Living Room Revolution〉처럼 개인적이고 마을이라는 공동체적인 영역에 주된 초점이 있다.

때문이다. 그리고 따스하게 느껴진 서클 형태의 이면의 '깊이'에는 존재론적으로 다가오는 내면의 진정한 목소리가 말을 걸어오면서 자신을 새롭게 발견하고 있기 때문이기도 하다. 즉 서클이 갖는 활동현장에서의 유용함만큼이나 자신의 정체성과 가능성의 본성에 대한 이해의 변화에도 큰 도움이 된다는 것을 알아가고 있기 때문이다.

　서클대화가 충실성과 일관성의 차원을 가장 중요하게 다루어야 한다. 이는 이렇게 실재와 존재의 연결, 그리고 실재의 전체성에 참여하기, 그로부터 등장하는 의미의 흐름에 대한 주의집중이 필요함을 말하는 것이다. 인생에는 자각하든 못하든 간에 실재의 온전함이 깃들여 있다. 모두는 하나로 연결되어 서로가 전체에 참여한다. 관찰자가 관찰대상에 참여하고 서로에 영향을 미친다는 점에서 충실성과 일관성에 기초한 대화는 살아있음에로의 자각과 변화를 가져오는 공동지성을 발생시키는 데 핵심이 된다. 그러한 이해를 어떻게 경험적으로 발견할 수 있는가는 역시 서클대화의 경험을 통해서이다. 마치 과일의 맛에 대해 이론적인 이해는 할 수 있어도, 맛은 역시 입에 넣어 다가오는 느낌의 직접적인 경험을 통해 제대로 알 수 있는 법이다. 그래도 그 맛이 어떠할지 서클대화에 대해 설명을 듣고 이해하고 맛을 음미하면 더욱 그 맛의 진가를 제대로 알게 되고 맛보는 태도에 정성을 들이게 된다.

2장. 존재와 사고의 비극적인 분리

대화가 실재의 본성, 그 작동 이치 그리고 그것에 따라 이루어지는 능력힘에 연결될 때 비로소 우리의 삶은 진정성을 갖게 되고 그 결과로 나타나는 풍요로움을 맛본다. 앞장에서 대화가 존재론적인 터전을 갖고 있다고 소개한 이유는 이를 위함이다. 특히 '서클대화'에 주목하게 되는 대화 진행자들은 서클 진행이 단순한 기술이 아니라 삶의 방식이자 철학으로 가져가고자 할 때 주목하게 되는 인식의 변화에 주목과 헌신이 필요하기 때문이었다.

대화 진행자가 내면의 진정성과 결과의 풍요로움을 맛보기도 전에 만나는 장애물은 너무나 크다. 이는 대화가 사고의 내용을 서로 거칠게 논쟁하지 않고 주고받는 것으로 소박하게 생각하는 것보다 더 어려운 이해가 필요하기 때문이다. 그것은 우리의 사고가 존재[12]를 감추거나, 심지어 데이비드 봄의 말에 의하면 기억과 충동으로 구성된 사고가 존재와 상관없이 자신이 주인처럼 행세하며 밖에서 다가오는 손님들을 맞이하면서도 자신이 한 것이 아니라 존재가 한 것처럼 속이기 때문이기도 하다. 대화를 어떻게 하는가를 이해하기 전에 사고와 존재의 분리가 어떤 비극을 가져오는지를 이해하는 것이 중요하다. 그래서 데이비드 봄도 그의 책 『창조적 대화론』에서 많은 부분을 대화 그 자체의 방식보다 사고과 자기인식에 대해 할애한 이유도 여기에 있다. 이를 필자가 이해한 방식으로 풀어보기로 한다.

---

12) 존재에 대한 나의 정의는 1장 각주 1, 6을 참조.

우리는 어렸을 때 누군가에게 의존하며 양육 받는 게 필요하였다, 자신의 이해나 능력이 외부의 도전이나 충격에 대응할 만한 여력이 생기기도 전에 각자는 충분한 양육 혹은 적절한 양육을 받지 못한 기억들을 지니고 있다. '충분한' 혹은 '적절한' 양육의 부족이란 뜻은 양육자인 부모나 교사가 어느 정도 지원을 했었다 할지라도 양육 받는 입장에서는 어느 시기에 일순간이라 할지라도 위협이나 결핍으로 다가와서 그것이 소화되지 못하고 무의식적인 기억으로 남아있는 경우를 말한다. 여기서부터 '두려움'이나 '결핍'의 사고가 일어난다. 개별자로서 각 개인은 그러한 두려움이나 결핍이 지닌 제한의 특성으로 인해 공격이나 보호의 감각을 가지게 된다. 생존본능이 충동으로 그리고 기억으로 남아, 강화되면서 우리의 의식의 기반이 되고, 사고가 일어나는 자원으로 작동하게 된다.

여기에 또 하나의 입장은 데이비드 봄의 현대물리학적인 인식론에 의한 관점에서 온다. 즉 관찰자가 관찰대상이 되고, 관찰대상 안에 관찰자가 존재한다는 이해인데, 여기에는 약간의 설명이 필요하다. 인간의 경험은 원래 전체성wholeness; 봄은 '전체운동holomovement'라 함에 직접적인 참여를 통해 나의 사고에 의해 개념으로 제시presentation된다. 즉 실재와의 직접적인 연결이 된 언어로 표현된다. 그러한 표현은 기억으로 자리 잡아가면서 점점 추상화의 길을 걸어가면서 유사한 일에 대처하는 데 효율적인 기여를 하게 된다. 뱀을 보고 놀랐던 첫 기억이나 불에 손이 닿았을 때의 기억이 그러하다. 이를 더 나아가서는 인간관계에 있어서 조롱, 비난, 배신, 수치심 등에 적용할 수 있다.

이러한 기억들은 추상화된 표상들representation을 만들어내며, 그러한 표상들은 향후의 위험에 대한 대처에 있어서 직접적인 경험을 할 필요 없이 효율적인 반응을 가져온다. 문제는 여기서부터 두려움 위험에 대한 대처에 자동적인 반응이 일어나고, 추상이 실제적인 경험을 앞서게 된다는 것이다. 그렇게 사고가 무의식적인 반응에 앞서가기 시작하면서 인간의 실패, 잘못, 갈등, 손상, 위험 등에 있어서 공격하기, 후퇴하기, 얼어붙기라는 자동반응이 습성화된다. 일어나고 있는 현실에 대한 자각과 성찰이 점점 사라지고, 추상화된 사고의 판단이 빠르게 작동하게 되는 것이다. 그 추상화된 사고의 핵심은 위험이나 손상의 영역에서는 옳고 그름의 판단이 주된 에너지를 이룬다.[13]

이미 앞장에서 대화는 존재론적 기반을 갖추고 있으며, 이것은 "실재the Reality는 참되고, 무한하며, 하나이며, 갖추어져 있어서 풍족하고 또한 그러기에 우호적이다"라는 뜻으로 설명하였다. 거기에 기반한 우리의 존재참자아, 영혼는 실재와 분리되지 않은 상태에서는 존재도 실재의 일부이므로 그런 자원과 역할을 받는다. 그러나 방금 설명한 것처럼 두려움과 결핍이라는 에너지와 사고라는 추상성이 작동하면서 실재와 존재로부터 분리되어 그 스스로 작동함으로써 분리가 일어나고, 그 분리로부터 갈등이 생기기 시작한다. 이러한 필자의 주장은 어떤 독자들에게는 매우 대범한 주장이기도 하다는 것을 어느 정도는 이해하고 있다. 이런 것들이 그 이전에 대화나 갈등작업 영역에서는 잘 다루어지지 않았기 때문이다.[14]

우리의 문제는 사고의 과정을 보지 못한 채 사고의 내용을 다루고 있었다는 데이비드 봄과 그에게 영향받은 MIT학습조직연구소의 윌리엄 아이작스는 그러한 추상화된 사고가 존재와 분리하여 나오는 비극적 경향에 대해 4가지를 더 풀어낸다.[15] 첫 번째는 '관념'으로 더 큰 전체에 참여하는 연결고리를

---

13) 갈등과 폭력에 대한 옳고 그름의 판단에 대해서는 갈등대응패턴의 장에서 자세히 다루기로 한다.

14) 이는 기존의 현대물리학자들과 달리 봄은 인도의 요기인 지두 크리슈나무르티나 달라이 라마와 같은 영성가와 친하고 여러 모임을 함께 했다는 특이성을 통해서도 이질적인 것을 느낄 수 있다. 대화가 기능적인 부분을 넘어서 그 원류가 존재론이나 인식론에서 기원한다는 실마리를 얻을 수 있는 예이다. 유투브에서 데이비드 봄에 관한 영상중에는 그와 같은 것들이 아직도 남아있다. 예, https://www.youtube.com/watch?v=mDKB7GcHNac; https://www.youtube.com/watch?v=CvL4uNA4U-k (2021년 4월 10일자 인터넷 확인)

15) 윌리엄 아이작스 저, 정경옥 역, 『대화의 재발견』(2012, 에코리브르), 1부 참조.

잃음으로 나타나는 분열현상을 보여서 유대감을 잃는다는 점이다. 두 번째는 현재와 미래를 향한 잠재적 가능성을 감지하지 못하고 기억이라는 '우상 숭배'에 빠지는 것이다. 셋째는 기억이나 단편적인 이해에 충실한 '확신'에서 나오는 자기-주장으로 살아있는 의미의 흐름을 인식하지 못하는 것이다. 그리고 네 번째로는 자기 관점을 타인에게 강요하고 침범하는 '폭력'을 행사하면서 숨은 의미나 전체성을 놓치게 되는 경우이다. 이렇게 사고의 과정이 실재와 접속하지 않고 사고가 '추상화의 전쟁'에 머물게 되면, 살아있는 에너지를 작동시키는 대화를 방해하는 관념, 우상화, 확신, 폭력에 의해 인간의 의식과 삶은 변질된다. 그렇기에 이 대화론자들은 인류에게 가장 도전적인 문제는 국가폭력, 생태적 위기, 사회적인 각종 중대한 문제들에 앞서서 대화의 위기를 그 핵심으로 본 것이다.

사고와 존재의 문제에 대해 이론가들로부터 돌아와 일상의 이슈로 더 나누어야 할 주제들이 있다. 지금부터 그것을 나누고자 한다.

첫 번째는 나 자신에 대한 정체성이나 삶의 에너지에 대한 부정성의 이슈이다. 나의 판단은 감각이 제공하는 증거들에 의존한다. 그런데 감각의 증거들이 두려움과 결핍이라는 문을 통해 얻은 것들이라면-에고의 핵심이 실재와 분리된 개별적 정체성을 지닌 두려움과 결핍이다- 본래의 증거들 그 자체가 왜곡된 것들이거나 부분적인 것 데이비드 봄은 파편적인 것이라 말한다 일 수밖에 없다. 그 증거들은 경험자 자신에게 자신이 얼마나 약하거나 무력한지, 정당한 판단이 얼마나 두려운지, 혹은 죄책감이나 수치심에 대해 얼마나 민감한지를 증명하려 할 것이다. 삶에 자신없음과 더불어 심리적인 문제의 치유를 아무리 해도 반복해서 그 증상들은 해소되지 않을 것이다.

둘째로 아는 것과 모르는 것에 대한 이슈이다. 아는 것은 안전을 주고, 반면에 모르는 것에 대해서는 겁을 내거나 자신이 없어진다. 우리의 안전이 앎에 있고, 그 앎이 우리의 기억과 추상화된 사고에 의존하는 것이라면, 안전을 위한 우리의 지식 축적의 충동은 계속해서 동기화되어 노력과 애씀을 끊임없이 초래할 것이다. 역설적으로 안전을 위해 하는 각자의 노력은 더욱 그 안전감을 놓치게 되어 갈증과 긴장 속에서 쉼을 잃을 것이다. 갈등작업에서 이는 매우 강력한 영향을 미친다.

　내가 다루어 본 적이 없거나 모르는 폭력 사건을 위임받을 때 두려움과 긴장이 앞선다. 어쩌다 잘 해결해도 그 긴장으로부터 온 에너지 소진과 힘듦이 진행자인 내 몸에 축적이 되어 처음에는 사회적 기여를 위해 배운 회복적 서클이 점점 사례요청이 많아지면 부담이 되고 짐이 된다. 이는 앎에 의존하는 무의식의 반응인 것이다. 그래서 모르는 것에 대해 호기심을 상실하고, 무지가 주는 창조적 생성의 흐름에 자신을 놓아 보내지 못한다. 배움과 성장, 그리고 사회적 기여로 배운 회복적 서클이 경력이 많아질 때마다 짐이 되어 초심을 잃게 되는 것이다. 그리고 심지어 자기도 모르게 왜 나만 해야 하는지 타자를 비난하게 된다. 우리는 어떻게 아는 것과 모르는 것을 넘어 살아있는 '생생함'에 주목할 수 있을 것인가?

　셋째로, 혼란, 상실, 갈등, 폭력에 관련하여 일어나는 사고에서 사용되는 모든 언어는 '번역'이 필요하다는 점이다. 두려움과 결핍의 에너지는 그 존재의 진정성을 감추고 비난, 공격 혹은 방어의 언어의 표현방식으로 표출된다. 두려움과 결핍으로부터 나오는 사고는 존재의 집에서 나오는 모국어를 사용하지 않고 이방인의 언어를 사용하는 법이다. 따라서 액면 그대로 듣지 않고 번역이 필요하다. 이것이 흔히 갈등작업에서 놓치는 부분이다. 사고를 존재로 들어가기 위한 수단으로 이해하기에 번역기가 필요한 것이다.

　두려움과 결핍에서 나오는 사고와 그로부터 표출되는 언어는 존재라는 집을 잃고 이방인으로 '자신의 정체성'이라는 존재를 놓치고 말하는 것이다. 그러면서도 그 사고는 자신이 집주인이라고 이상하게 주장을 펼친다. 그리고 심지어 집주인 행세를 해서 다가오는 손님에게 공격은 당연하고 자기방어는 정의로운 것으로 이해하고 있다. 그래서 자신이 올무에 갇혀 있고 가슴 위에 자기방어의 무거운 것이 올려져 있어서 얼마나 많은 희생을 해야 하는지 전혀 이해를 못한다.

무엇보다도 이해해야 하는 것은 평화는 존재의 상태라는 점이다. 이는 본래 존재로부터 나오는 사랑의 에너지이자 파동이 내면과의 관계와 외면의 관계에 있어서 펼쳐져 나가는 방식이 평화이다. 이로 인해 자신은 "사랑스럽고 평화로운" 존재로 자신을 경험하는 것이 참자아의 본성이다.

그런데 그 평화란 관계의 능력이기 때문에 소유될 수 있는 것이 아니라, 자신의 심장을 열어야 맛볼 수 있는 존재의 역동적 상태이다. 이는 살아있는 역동적인 것이어서 막혀있거나 고정되어 있으면 사라지는 관계의 장field에서 나타난다. 소유하거나 붙잡을 수 없이 사랑이 타자와의 연결 속에서 출현 되는 살아있는 존재의 능력이다.

어떻게 사고의 각본에서 노는 연기자가 아니라 존재라는 경험자로 내가 실재에 충실할 수 있겠는가? 그것의 실마리는 자신의 몸의 감각에 대한 지성을 사용하는 것이다. '지금 그리고 여기에'라는 현존과 연결되어 있음으로 가능하게 된다.[16] 현재로부터 달아나지 않고 존재로 있기 위해서는 사고하지 않음의 공간을 허용해야 한다. 이는 자신의 몸의 감각과 정서를 알아차리고 느낌으로 온다. 그럴 때 사고로부터 존재로 들어가는 빈 공간의 여유가 생긴다. 그리고 거기가 새로운 행동을 할 수 있는 공간이 된다.

서클에서 하는 여러 종류의 대화모임의 경험에 따르면 존재와 사고의 분

---

16) 에크하르트 톨레 저, 유영일 역, 『지금 이순간을 살아라』 (2008, 양문). 데이비드 봄의 사고와 존재의 분리는 다른 관점에서 톨레의 입장과 서로 매우 근접해 있다.

열이 얼마나 큰 비극을 갖고 오고 있는지를 보여준다. 그리고 우리의 고통이 대부분 사고로 인해 이루어지고 있으므로 그 혼란과 고통을 극복하는 방향도 사고에서 존재로 향하게 될 때 찾게 됨을 깨닫게 된다. 누군가가 이야기를 하고 있다가 그 어떤 변화의 계기가 되는 '딸깍'하는 그 어떤 순간을 맞이하게 되는 데 그것은 자신의 진정성을 이야기하는 부분에서 그렇다. 그리고 그 진정성이란 바로 사고의 프레임에서 존재로 열리는 관문에 들어갈 때 말하는 본인이나 듣는 참여자들에게 그 변화가 인식되는 지점이다.[17]

서클대화는 이야기를 잘 듣고 말하며, 궁지에 빠진 인간 실존상황에서 해결책이라는 좋은 아이디어를 추렴하는 것을 넘어선다. 사고와 존재의 분리가 인간의 비극이 지닌 핵심요소이며 서클대화는 사고의 프레임을 해체하고 존재의 본래성이 지닌 자유와 풍성함에 대해 접촉하는 것을 돕는다. 이 점에서, 서클대화는 회복적 서클 모델에서 창시자 도미니크 바터가 제시한 '갈등을 꽃피우기'라는 새로운 목표만 있는 게 아니다. 또한, 사고에 가려진 존재를 개화시키는 목표도 갖는 것이다. 서클대화는 이렇게 갈등을 꽃피우고 존재를 개화시키는 데 중요한 기여를 할 수 있다.

---

17) 참고로 이 책에서 회복적 서클을 다루는 곳에서 이에 대해 자세한 설명을 하게 된다. 그렇지만, 여기서 한 가지 언급할 예는 사고에서 존재로 가는 단계는 주로 회복적 서클의 두 번째 질문이 공통으로 그 역할을 하고 있다는 점이다. 사전 서클과 본 서클에서 두 번째 질문은 화자의 진정성을 묻는다. 그렇게 해서 사고의 프레임에서 진정성이 흘러나오는 공간을 내면에 허락한다.

3장. 역설과 창조적 생성

바로 앞장에서 우리는 사고가 존재를 감추거나 혹은 존재와 상관없이 사고가 스스로 작동하는 것으로 인해 희생과 비극이 커진다는 것을 알아왔다. 이렇게 존재와 사고의 분리와 불일치로 인해 여러 힘들거나 비극적인 이슈들이 등장한다. 예를 들면, 정보의 불확실성, 논리적 사고로는 화해될 수 없는 양극성혹은 다극성, 각자의 관점에서 자기주장의 상호 모순, 혼란과 무질서의 증폭, 갈등과 분열이 계속됨, 정보의 불확실성, 화자의 권력과 다른 참여자들의 무력감 등이 그것들이다. 이런 이슈를 다루기 위해서는 먼저 고려해야 할 것은 사고는 정직하지 않고 오히려 파편적이면서도 자기-기만적이라는 선이해를 갖고 접근할 필요가 있다. 게다가 언급한 다양한 이슈들은 그것이 생성되는 시원적 에너지가 '두려움'에 의해 굴절되어 출현하는 것들이기 때문에 각각의 이슈를 그 자체로 해결하는 것은 일시적인 미봉책이거나 일이 더욱 꼬이게 만든다.

특히 서클대화의 경우, 그것이 가르침과 배움파커 파머, 대화와 동의데이비드 봄, 윌리엄 아이작스, 갈등작업도미니크 바터에 관련된 서클진행 방식의 경우에는 이슈의 내용보다 그 이슈에 관심하는 참여자들이 들어오는 '공간'에서 각자의 경계선과 '에너지'의 흐름에 대한 고려가 우선적이게 된다. 공간의 안전함과 에너지가 적절히 흐를 때 열거된 이슈들이 자연스럽게 명료해지고 함께 생각하고 더불어 작업하는 과정을 통해 참여자들이 만족스러운 결과를 맞이하게 되는 것을 본다. 필자가 연거푸 워크숍에서 말해왔듯이, '서클은 거칠고 힘든 것으로 들어와서 아름답고 선한 것으로 나아간다'는 말이 그런 의미이다.

또 하나 염두에 두어야 하는 것은 서클대화 진행자는 위에 언급한 이슈들을 다룸에 있어서 그 이슈에 대한 자신의 전문적인 이해와 수완이라는 '능력'보다는 서클대화가 작동되는 '이치' 혹은 '흐름'에 주목할 때, 기대 이상의 결과를 보게 된다는 것에 대한 마음의 새김이다. 뱃사공이 이쪽 나룻터에서 저쪽 나룻터로 사람들을 나룻배에 태워 건너게 한다면, 그 뱃사공의 육체의 근력과 목표에 대한 열정 이상으로 물의 흐름을 인식하는 것이 큰 도움이 된다. 설사 손의 힘이 아니라 모터로 움직이는 배라 할지라도 물의 흐름이나 모터라는 에너지로 상징되는 '이치'가 뱃사공의 일을 수월하게 만들 것이다. 특히, 서클진행의 리더십이 개인의 수완이나 능력보다 과정을 신뢰하고 참여자를 신뢰하는 방식일 경우에는 더욱 그러하다.

앞장들에서 대화의 본성과 가능성, 그리고 존재와 사고의 분리에 대한 이해의 필요성을 언급했으므로, 좀더 나아가 현장의 실질적인 이슈들을 다룰 때 직면하는 '보이지 않는 커리큘럼hidden curriculum'을 설명하고자 한다. 이는 개별 사안들을 다루는 명시적인 과정, 혹은 더 정확히 말하여 명시적 커리큘럼의 진행 과정 이면에 실질적으로 작동되고 있는 영역들을 말한다. 진행자의 의도대로 펼쳐지지 않은, 눈에 보이지 않는 다른 과정에 대한 것이다. 진행자가 이슈의 내용에 대해, 당사자들의 사고의 내용에 집착하고 있을 때, 다르게 흘러가고 있는 과정에 대한 것이기도 하다. 이번 장은 또한 왜 필자가 서클 워크숍에서 틈틈이 '내용'보다 '과정'을 주목하라는 이유에 대한 설명이 될 수 있다.

위에서 존재와 사고의 분리나 사고에 의해 존재가 희석화되는 경우에 벌어지는 여러 이슈를 언급했을 때 먼저 이해해야 할 중요한 점이 있다. 그것은 그런 이슈들을 다룰 때 각각에 대해 가장 먼저 떠오르는 것은 뭔가 잘못되어 가고 있는 경우에 그렇게 결과로 나타나는 현상과 상황들을 '문제problem'로 인식한다는 점이다. 문제로 인식하는 것 자체가 심각한 인식의 오류와 그로 인한 문제의 커짐이라는 사이클이나 프레임 속으로 들어간다는 것을 이해하는 것이 중요하다. 즉, 결과적으로 진행자로서 당신은 '문제로부터 사고하기'라는 프레임에 갇히게 된다. 문제problem의 원어가 '앞에 내놓다'라는 뜻으로 알려져 있는데, 내 앞에 내놓아지는 것을 호기심 어린 관찰이 아니라 위험이나 잘못을 지적하는 의미로 이해하게 될 때, 그 이슈는 이를테면 투표함에 하나씩 정보를 넣게 되는 것과 같아지게 된다. 그 이슈를 다루기 위한 모든 정보를 투표함에 넣어 모아놓으면, 그것을 열었을 때, 당신은 문제의 산더미 속에 묻혀 있음을 발견하는 것이다.

여기서 중요한 것은 이슈를 '문제'로 인식하는 경우, 거의 무의식적인 자동 반응은 해결책이나 솔루션에 집중하게 되는 경향을 보이게 된다는 점이다. 긴급한 문제로 다가올수록 빠른 해결책, 복잡한 문제일수록 적절한 전문적인 해결책이 강하게 요구된다. 물론 전자제품이나 자동차에 오작동이 일어날 때 잘못된 부품을 바꾸는 해결은 도움이 된다. 그러한 물리적 현상이 아니라, 이미 데이비드 봄이 말한 사고가 작동되는 심리적이거나 인간의 관계에 관련된 이슈들은 그 사고의 파편성으로 인해 문제가 아니라 역설로, 혹은 서클에서 만나는 양극성혹은 다극성에 대해 파커 파머가 이야기하는 것처럼 각자가 진실의 조각을 지닌 역설로 이해해야 한다.[18] 아주 간단한 이치로서, 인간의 마음

---

18) 데이비드 봄, 『창조적 대화론』 제4장 '문제와 역설'; 파커 파머 저, 이종인·이은정 공역, 『가르칠 수 있는 용기』 3장 "감추어진 전체성" 참조. 147-148쪽에서 파머는 '실제적인 해결안'에 재빨리 가는 것은 고통의 순간에 대면하게 되는 정체성으로부터 멀어지게 하는 것으로 이해하는데, 왜냐하면 정체성의 통찰은 우리를 허약하게 만드는 역학 속에 숨어있기 때문이라고 말한다.

에 관련된 경우 그것은 문제로서 해결책을 찾아야 하는 것이 아니라 이해를 위한 연결이 필요한 사안이기 때문이다.

자동차의 오작동과 같은 물리적 현상이 아닌 인간의 마음이 관여되는 심리적 혹은 정신적 현상이나 관계의 이슈를 문제가 아닌 역설로 봐야 하는 이유를 곰곰이 생각해보면 다음의 이치가 작동되기 때문이다.

첫째로, 문제 인식되는 순간 대답이나 해결에 대한 조급한 충동이 일어난다. 회복적 서클, 스터디 서클, 신뢰 서클이나 평화감수성 서클로 이해되는 '삶을변혁시키는평화훈련AVP'/'청소년평화지킴이HIPP' 모델의 참여자들에게 자기 삶의 이슈들에 대해 빠른 해결이나 대답으로의 응답을 하는 경우 얼마나 상처받고 마음을 닫는지 보면 이해가 된다. 자신이 이해받지 못하고 있고 게다가 침해받았다는 오해를 하기 십상이기 때문이다.

둘째로, 대답이나 해결을 위한 권위자의 허락과 권력에 대한 공모가 쉽게 일어난다. 엘리트나 전문가는 사적 영역에서 공공영역을 구분하고, 공공영역에서 자신의 역할과 필요성에 대한 논리를 만들어내며, 지배와 침해에 대한 합법성의 공간을 만들어 지배체제를 강화하게 된다. 문제를 가진 자는 열등하고 도움을 받아야 하는 대상이 되고, 치료하고 가르치는 전문가의 역할에 대한 합법적인 논리가 생성되는 것이다. 이렇게 되면 힘의 남용과 침해가 자연스럽게 일어난다.

셋째는 모든 존재, 사건, 상황, 관계는 에너지의 패턴화된 다발이나 구조화에 의한 것으로, 그 사건이나 이슈의 형상과 현상은 내게 불편하게 다가오든, 좋아하지 않는 스타일이든 간에 그 자체에는 에너지가 존재하는 것이다. 그러므로 에너지의 고착과 균열에서 전환이라는 연금술적인 과정이 필요한 것이다. 이를 위해서는 주목하기와 성찰이 먼저 요구된다.

마지막으로, 사고와 감정이 근원적인 자기 존재라는 비동일성의 동일화라는 자기-기만에서 벗어나지 못한다. 사고와 감정은 본래 자기는 아니나 존재로 말하는 것처럼 자신을 인식하고 있으므로, 대답과 해결의 추상화된 사고의 계속되는 수행은 존재를 감추면서 하나의 해결책이라는 논리에 반대하는 안티-논리를 구축하면서 '추상화의 전쟁'을 치르게 만든다.[19] 그래서 원인을 자신의 사고에서 찾지 못하고 반대 논리의 상대방이 싫어지고 멀리하게 된다. 왜냐하면, 상대가 '내 사고'를 건드린 것으로 이해하지 않고 '내 정체성'을 건드렸다고 생각하기 때문이다. 이것은 사고의 자기-기만이며 우리는 그러한 올무에서 나오기가 어려워진다. 무감각과 무력감의 희생자가 되는 것이다.

대화만 아니라 서클 진행에서도 사고의 충돌을 문제에서 역설로 인식하는 것이 매우 중요하기 때문에 데이비드 봄의 설명을 간단히 예시하고자 한다. 그는 저수지에서 흘러나오는 오염수를 마시고 있는 아랫마을의 오염수 제거 비유를 든다. 저수지 아래 사는 마을 사람들이 오염물질 제거를 위해 해결책을 마련하지만, 하류가 오염된 것이 아니라 저수지 근원에 오염이 있는 경우-이것에 대해 그는 사고를 오염원으로 본다- 원래 청정한 물경험의 순수성에 계속되는 오염수를 공급하는 문제해결보다는 성찰 과정의 중요성을 역설에서 제시하는 것이다.

---

19) 데이비드 봄은 "유보, 육체, 자기수용감각"이라는 장에서 어둠 속에서 잠을 자는 한 여인이 누군가 자신을 때리기에 저항하다가 일어나 불을 켜고 보니 자신이 자기를 때리는 데도 자기수용인식이 없어서 그것을 몰랐던 한 비유를 제시하고 있다. 필자의 진술과 관련하여 여기서의 통찰은 누군가 때림에 대한 자극상황 곧 문제에 대해 해결하기로서 저항이 자신을 계속 더 힘들게 한다는 사실이고, 판단보류와 유보를 통해 성찰을 통한 자기인식이 추상화의 전쟁을 멈추게 한다는 것이다. 상대의 공격성에 대한 행동을 유보하고 그 공격성에 대해 무엇이 진실로 일어나는지를 실질적으로 들여다보는 것이 얼마나 중요한지를 역설하고 있다. 자극에 대한 자동적인 반응의 덫이라는 인과고리를 깨뜨리고 유보라는 성찰 과정을 집어넣음으로써 자극-반응 사이에 성찰의 내적 공간을 만들어 사고 과정을 지켜보는 것을 봄은 제안한다. 자기수용감각이란 봄에 의하면 "사고 과정에서 사고의 움직임, 생각하는 의도, 생각이 만들어내는 결과를 인식"(229쪽)하는 것이다.

한 예시를 인용해보자. 그는 한 남자의 현실 인식이 '나는 아첨에 약하다' 는 인식을 가진 경우, 그 이슈에 대응하는 아이디어해결책은 '면역력을 길러 아첨에 넘어가지 않아야 한다'는 것일 것이고 따라서 그는 자기가 멋지다고 칭찬하는 사람에게 '넘어가는' 성향을 극복해야 하는 '문제의식'을 갖게 된다. 이러한 '문제-해결'의 도식은 오염수를 근원에 공급하게 되는 데 그 이유는 남에게 좋은 소리를 듣고 싶어하는 개인의 욕망과 충동이 그 뒤에 있고, 여기에는 자존감 결여나 무력감 등의 숨은 요인이 작동하기 때문이다. 따라서 아첨에 흔들리지 않는 해결책보다 비판이나 지적에 무력해지고 칭찬에 기분 좋아지는 자신에 대한 성찰을 통해 자기-기만없이 자신을 보는 역설적 이해가 필요하게 된다. 따라서 칭찬에 넘어가지 않음이 아니라 내면의 모순된 욕망을 주목하고 이해하는 과정이 오염수 예방과 치유에 근원적인 것이다.

심리와 관계에 관련한 모든 이슈를 '역설paradox'[20]로 보는 것을 서클대화 입장에서 더 나가보자. 서클진행자는 가장 기본적인 인간의 호흡처럼 나가고 들어옴이라는 자기 존재 안에 이미 있는 양극성이나 다극성이 삶의 현실을 이루고 있으며, 혹은 서클에서 참가자들이 그런 것들을 가져오는 것을 알게 된다. 이것은 이것이냐 저것이냐로 풀 수 있는 문제는 아니다. 파커 파머는 이 것이냐 저것이냐라는 이분법의 논리라는 단절의 문화는 두려움에서 일어난다고 이해했다. 그리고 역설로서 닐스 보어의 "진실된 진술의 반대는 거짓된 진술이다. 그러나 심오한 진리의 반대는 또 다른 심오한 진리가 될 수 있다." 는 말을 자신의 역설에 대한 이론적 접근에 대한 통찰로 삼는다.[21]

잘못을 바로잡지 않고, 행동을 멈추고서 우리가 자기 모순적인 욕구에 사

---

20) 역설(paradox)이란 용어를 분해해보면 dox라는 의미, 진리, 가르침과 para라는 걸치다, 포용하다가 함께 있음을 알 수 있다. 즉 역설은 각자의 구별되는 혹은 반대되는 진리, 의미, 가르침을 함께 포용하고 품는 것을 말한다. 문제는 해결책이 있지만, 역설은 해결책이 존재하지 않아서 각자를 넘어서는 더 큰 영역에서 일치를 통해 이루어진다.
21) 파커 파머, 상게서 같은 장 참조.

로잡힌 생각과 느낌에 사로잡혀 있음을 집중해서 보며 성찰하는 것은 차이에서 일어나는 에너지를 새롭게 이용하고, 그것을 창조적 생성으로 가져와 잠재적인 미래의 가능성을 출현시키는 데 대화의 핵심역량이 된다. 물론 여기에는 엄청난 자각의 에너지가 필요하다. 그러나 그로 인해 치루는 비용의 대가는 전체성의 시각을 얻는 데 비하면 치를만한 비용인 셈이다. 마치 비유로 하자면 양극 혹은 다극이 온랭전선과 한랭전선이 만나는 창조적 긴장의 시간이 도래하지만, 그러다가 섬광이 일어나면서 명료해지고 구름이 걷힌 맑은 하늘의 투명함이 생생히 열리게 된다. 그러한 긴장을 '창조적'이라고 부르는 이유이기도 하다. 판단을 보류하고 극과 극의 긴장을 수용하여 연결하며 주목해 있다가 보면 일정한 숙성된 시간이 흐르고 나면 '때의 성숙'이라는 카이로스의 시점을 만나게 된다. 즉 거기서 변형이 일어나는 것이다.[22] 모순과 역설이 사라지고 마음의 일치와 전체성의 새로운 출현이 일어난다.

　　파커 파머가 말한 닐스 보어의 '심오한 진리'를 우리는 어떻게 자신의 내면과 관계 속에서 대화의 방식으로 만날 수 있는 것인가? 다행히 영성가 토머스 머튼[23]이나 앞에 소개한 대화이론가들인 데이비드 봄이나 윌리엄 아이작스 그리고 신뢰서클 창시자인 파커 파머는 같이 전체성wholeness에 대한 아이디어를 갖고 있고, 이는 역설을 넘어서는 더 큰 영역에서의 일치에 중요한 근거를 제공한다. 그 심오한 진리는 바로 숨겨진 전체성과 무한에 참여하는 사고

---

22) 창조적 변형에 대해서는 대화의 4국면을 다루는 장에서 추가로 논의하게 된다.
23) "눈에 보이는 모든 것 속에는 보이지 않는 풍요, 희미한 빛, 유순한 무명(無名), 숨겨진 전체(hidden wholeness)가 있다. 이 신비로운 조화와 통일은 모든 존재의 어머니인 지혜이고 창조하는 자연이다. 모든 사물에는 무진장한 달콤함과 순수함, 곧 행동과 기쁨의 원천인 침묵이 있다. 침묵은 말없는 부드러움 속에서 떠오르며, 창조된 모든 존재의 보이지 않는 뿌리에서 나에게 흘러와 나를 부드럽게 환영하고, 지극히 겸손하게 맞이한다. 이것은 나의 존재이기도 하고 나의 본성이기도 하다. 내 안에 있는 나의 창조주 사상과 예술의 선물로, 거룩한 지혜가 되어 지혜인 나의 자매가 되어 나에게 말씀하신다." 로버트 인초스티 편, 강창현 역, 『토머스 머튼의 씨앗』(2005, 생활성서사).

하기에 있다.[24)]

우리에게 필요한 것은 '문제를 해결'할 행동이 아니라, 그 사실에 대한 주의와 성찰의 시간이 필요함과 판단을 보류하며 일어나고 있는 것에 대한 자각이 선행되어야 함을 염두에 두어야 한다. 그렇게 할 때 우리는 사고가 해결을 위한 전략적 수단이 아니라 사고 자체가 정직해지는 것을 유지할 수 있게 된다. 여기서 더 나아가 대화가 주는 기능과 그 과정에 대한 이해가 필요하다.[25)]

첫째, 커뮤니케이션이란 '무언가를 공통된 것으로 만들다to make something common'에 대한 것이다. 정보나 지식을 화자에서 청자에게 가능한 한 정확히 전달되는 것을 뜻한다. 이것은 정보의 흐름에 대한 것으로 나/우리와 타자/그들의 경계선을 넘어서서 화자로부터 청자에게로 흘러가는 그 무엇이 있다. 그래서 상대방은 정보에 대한 인지가 생긴다.

여기서 커뮤니케이션의 문제는 흘러가는 정보에 대한 차단이나 장애물로 인해 그 흐름이 막힌다는 것이다. 그 막힘이 화자의 표현 문제이든, 정보가 흘러가는 커뮤니케이션의 방식이든 아니면 청자의 경청능력의 장애이든 간에 최소한 이들 이유 중의 하나로 그 흐름이 막힐 수 있다. 여기서는 의미의 흐름을 막는 것을 제거하는 데 대화의 기능이 있다.

둘째, 커뮤니케이션은 개념이나 정보를 그대로 공유하는 것이 아니라 오히려 참여자들이 공동으로in common 무엇을 창조하는 것과 관련된다. 이는 화자가 말하려 했던 것과 청자가 이해한 것의 반응 사이에서 오는 차이와 부정확함으로부터 발생한다. 그 차이와 부정확함을 인지하고 그것을 함께 공동

---

24) 데이비드 봄은 사고(thought)와 사고하기(thinking)을 구별한다. 전자는 기억과 충동에서 오는 과거의 경험의 고정화된 인식의 내용이며, 후자는 지금 펼쳐지는 생생함의 움직임을 포착하는 인식의 과정이다.
25) 데이비드 봄, 상게서, "1장 커뮤니케이션" 참조

으로 숙고하는 과정에서 어떤 새로운 것을 창조한다.

커뮤니케이션을 더 나은 말하기나 좋은 대화 태도로 보지 않고 오히려 봄은 더욱 근본적인 문제로서 커뮤니케이션이 내가 말한 것과 상대가 이해한 것 사이의 차이에서, 이 차이에 대한 인지를 통해 쌍방이 계속해서 수정 작업을 통해 뭔가 새로운 내용을 계속해서 출현시키는 방식임을 제시한다. 정보자체의 흐름을 넘어 의미하고자 한 것과 의미되어진 것 사이의 차이가 자각되어 그 차이를 인지하고 숙고하는 과정을 만들어 새로운 의미의 공통영역이 출현하는 것을 커뮤니케이션은 지향한다는 뜻이다

이러한 과정은 결국 함께 생각하기와 함께 작업하기라는 방식을 통해 모호함, 적대적 혼란에 새로운 질서가 찾아오게 만든다. 그래서 의미의 흐름이 자연스럽게 발생하게 되고, 그러한 의미의 흐름을 확인하면서 공통된 의미를 찾게 된다.[26] 그렇게 하여서 결국은 서클대화 진행자는 '전체를 위한 옹호자' 윌리엄 아이작스의 용어가 된다.[27] 역설로 인한 긴장이 창조적 생성을 가져오고, 그러한 과정을 신뢰함으로써 숨은 전체성이 드러나는 발현되는 것을 모두가 목도하도록 그러한 창조적 생성을 돕는 촉진자로 있다.

---

26) 이것이 바로 컨센서스 빌딩(consensus building)이라는 동의 과정이다. 서클진행자는 그러한 의미의 흐름이 형성되는 '공간'을 잘 유지하고, 경청과 열린 질문 그리고 동의 과정을 책임지면서 창조적인 생성이 일어나는 것을 안내한다. 그렇게 하여 공통된 의미에 따른 공동지성이 발생하며, 숨어있는 전체성이 서클의 중심에서 형성되는 것을 모두가 볼 수 있도록 한다.

27) 윌리엄 아이작스 책 『대화의 재발견』의 "17장 전체를 진지하게 받아들이기" 139쪽 참조.

전 장들에 걸친 진술들을 따라왔다면 독자는 대화가 새로운 행동에 대한
것이라기보다 새로운 의식, 새로운 과정에 대한 것임을 이해하게 된다. 새로
운 의식과 과정이라 말함은 대화가 그 본질에서는 차이로부터 오는 역설이
지닌 에너지를 변형하는 연금술적인 과제로 다루며, 여기서 창조적 생성을
통해 현재 일어나고 있는 것을 주목함을 통해 미래의 잠재적 가능성을 출현
시키는 것과 연관되기 때문이었다.[29] 그런 이유는 대화가 현실적인 유용성
효용성의 문제를 다루기는 하지만 부차적인 것으로 보고, 거친 말 주고받기를
부드럽게 하는 것 이상으로, 보다 더 근원적인 것을 향하고 있기 때문이다. 이
미 진술했듯이 사고는 존재가 아님혹은 존재의 무시을 이해했다면, 과거에 의존

---

28) 전체성(wholeness)이란 용어는 그 번역에 있어 적절한지 논쟁이 필자의 대화관련 인문학모
임에서 많이 제기되어왔다. 토머스 머튼은 숨겨진 전체성(hidden wholeness)라고 표현할 때
창조에 있어서 온전한 풍요로움을 전제하며, 파커파머의 영혼을 향한 내면작업을 하는 신뢰
서클에서 취약성(연약성)의 통합적인 입장에서 온전성으로 표현하기도 한다. 필자는 이미 전
체성으로 번역한 분을 존중해서 그 용어를 그대로 사용하지만, 이는 부분의 총합이라는 점에
서 전체성(totality)가 아니라 부분이 전체에 상호 관계됨이라는 연결의 의미로 전체성(whole-
ness)의 용어를 사용한다. 참고로 토머스 머튼의 글을 인용한다: "모든 보이는 사물속에는/보
이지 않는 풍요/흐릿해진 불빛/온유한 이름없음/ 감추어진 전체성이 있다네./이 신비한 하나
됨과 통일성이/모든 것의 어머니인/지혜라네."(하기야 소피아에서)
29) 데이비드 봄으로부터 강한 영향을 받은 윌리엄 아이작스는 대화에 대한 다음의 비전을 제시
한다: "나는 대화를 '주변이 아닌 중심과 이야기하기'로 정의한다. 그것은 차이가 빚어내는 에
너지를 받아들여 이전에는 전혀 생성되지 않았던 무언가를 향해 방향을 잡아주는 방법이다.
우리를 대립에서 끌어내 더 큰 상식으로 인도하기에 집단의 지성과 협력에 접근하는 수단이
다....대화의 목표는 새로운 이해에 도달하고, 그런 과정에서 완전히 새로운 생각과 행동의 기
반을 형성하는 것이다. 대화에서 우리는 문제를 해결할 뿐만 아니라 용해시키기도 한다. 단순
히 합의에 도달하기 위해 애쓰지 않고 새로운 합의가 도출되는 상황을 끌어내려고 노력한다.
우리는 협력을 할 뿐만 아니라 행동과 가치관을 일치시키는 데 큰 도움이 될 의미를 공유하는
기반을 찾아내려 한다."『대화의 재발견』 45쪽.

한 기억을 넘어 새로운 의미를 발견하려는 '새로운 민감성'이 필연적으로 일어나야 한다. 또한, 더 나아가 우리의 생각하는 방식을 바꾸어서 암울해지는 인류의 미래를 새롭게 형성하려는 목표를 대화가 갖고 있다는 점에서도 그러하다.[30]

이 장에서는 앞장에서 말한 역설과 창조적 생성에 관련하여 조금 더 앞으로 나가는 이해를 돕고자 한다. 창조적 생성이 뜻하는 의미의 형성, 의미의 흐름 그리고 공동의 의미 실현과 전체성에 대한 이해가 필요하다. 사실 대화는 의미의 흐름과 관련되어 있고 그러한 흐름은 바로 우주에 대한 데이비드 봄의 양자 메커니즘의 인식론에 있어서는 자연스러운 형이상학적인 명제에서 출현한 것이다. 이에 대한 첫 번째 이해는 그가 말한 입자와 전체에 대한 그가 만든 용어인 '전체운동holomovement'과 '자재운동artamovement'을 이해할 필요가 있다.[31] 이는 대화가 사고 내용보다 사고 과정에 주목하고 그 과정에 연결한다는 점에서도 그렇다.

전체운동이란 개별자입자, 구체적 개별 형상는 전체무한가 펼쳐진unfolding 것이고, 개별자는 전체 속으로 접혀져folding 들어감으로 서로 연결된다. 카메라 사진의 이미지는 피사체라는 개별체의 형상의 각각의 점과 이미지의 점을 잇는 방식으로 사진이 보이지만, 홀로그램의 경우는 이미지가 아니라 조각이라는 부분 속에 전체가 파동으로 중첩되어접혀져 보인다. 물론 이는 눈에 보이는 이미지로는 아니고 QR코드의 예시처럼 난해하게 보이지만 거기에 빛을 비추

---

30) 의미의 흐름, 어울림 등의 문제는 파커 파머가 다가가고자 했던 삶에서 진리의 공동체의 실현과 진리의 복합성에 대한 대화의 필연성의 주제와도 맞닿아 있다. 자아의 정체성, 상대의 타자성 그리고 주제의 내면성의 연결문제도 대화가 주는 의미의 흐름과 연결된 것이다. 그의 책 『가르침과 배움의 영성』 "1장 안다는 것은 사랑한다는 것이다," "4장 진리란 무엇인가?" 그리고 "진리에 대한 순종이 실천되는 공간"을 참조.

31) 필자는 서클대화 실천가 혹은 회복적 서클진행자를 위해 본 저술을 쓰고 있기에 정해진 주제들에 따른 제한된 글분량에 맞추어 서클 혹은 회복적 서클의 전체 이해와 비전을 돕고자 간결히 진술하고자 한다. 더 관심있으신 분들은 번역된 데이비드 봄과 윌리엄 아이작스의 서적을 참고로 하길 요청한다. 대화나 서클에 대한 깊은 성찰의 도움이 있을 것이다.

면 전체가 나타나게 된다. 여기서 핵심은 입자는 실체가 아니라 에너지가 일시적으로 관계의 구조 속에서 형성한 에너지 패턴의 국소화라는 것이며, 그 입자는 전체와의 관계에서 자신을 드러내고 unfolding 흐름의 한 양상이라는 것이다. 더 나아가 그 의미는 우리 안에서 그리고 우리 주변에서는 펼쳐지는 지속적인 암묵적 잠재력 감추어진 전체성과 감추어진 질서이 존재하며, 개별자와 전체로 상호침투하고 있다는 뜻이다.

자재운동은 만물이 서로 나누어지지 않고 서로 어울려 맞아 들어가는 운동을 뜻한다.[32] 이는 미립자/개체성은 한시적인 조건 안에서 자율적인 실체의 모습으로 보이지만, 궁극적으로 그러한 자율성 자유는 한시적인 것이며 전체로 볼 때는 만물들은 서로 어울려 적응하려는 자연스러운 운동 movement, 움직임 혹은 흐름을 지니고 있다는 것이다. 여기에 개별성 뒤에 항상 보이지 않는 전체가 있고, 그 전체는 서로 어울림 fitting과 좋음으로의 적응이라는 차원이 숨겨져 있기에 겉으로 보이는 카오스혼란 속에서도 질서코스모스가 존재하는 것이다.

위에서 진술한 개별성과 전체성의 드러냄펼침과 감추임숨김, 드러난 개별자의 분열과 감추어진 질서의 공재共在, 그리고 만물의 자연적인 어울림의 움직임운동, 흐름의 개념은 대화의 본성과 이치에 직접적인 영향을 미친다. 그래서 대화는 거친 말하기를 순화하고 목표 실현을 위한 기능적인 차원을 넘어 의미의 흐름에 기초한 창조적 생성혹은 과정에 대한 존재론적이거나 형이상학적인 차원을 부여받게 되는 것이다. 바로 필자가 계속 서클의 원리들에 대해서 '참여자의 신뢰'와 '과정의 신뢰'에 대한 이해가 왜 서클진행자로서 중요한지가 밝혀지는 영역이 이 지점이다. 실재 혹은 전체성이 스스로 펼쳐지기를 기다리는 잠재적 가능성이 우리의 현재에서 일어나고 있음을 깨달아 그 과정

---

32) 데이비드 봄, 『봄의 창의성』 209쪽 이하 참조 바람.

을 대화로 끌어내는 새로운 민감성은 물론 크나큰 에너지와 집중력이 요구되어 진다.

그러나 이러한 방식이 저수지에 오염수를 계속 공급하는 기존의 방식을 탈피하는 대안적인 길이기에 이에 대한 주목과 헌신은 매우 중요한 것이다. 왜냐하면, 그것은 문제를 봉합하는 해결의 방식을 넘어 자기-해방적인 특성이 있기 때문이다. 독백과 홀로 생각하기에서 참여를 통한 의미의 흐름을 만들어내는 것은 함께 생각하기와 함께 작업하기라는 과정에 상대방이라는 타자와 다루고 있는 이슈의 타자성Otherness을 수용하는 공간을 지녀야 한다. 그러한 공간이 자신에게 친근하거나 편했던 것을 넘어설 수 있는 더 큰 실재더 큰 진실, 혹은 더 큰 의미로의 도약지점을 제공하게 된다. 대화가 목표로 하는 것 중 중요한 것 하나는 혼란과 갈등 속에서 감추어진 질서라는 미묘한 차원의 영역에 대한 잠재적 가능성을 열어 변화와 생생함을 가져오는 데 있다. 그리고 통합적인 우주의 도식하에서 인간성의 재정위를 통해 세계관의 변혁에 대한 비전을 지니고 해방과 자유의 실천을 위한 것이 바로 대화임을 이해할 필요가 있다.

본 장의 각주 29에서 인용한 윌리엄 아이작스의 대화 정의에 대한 몇 가지 목표들인 주변에서 중심, 차이로부터의 역동적 에너지, 잠재적 가능성의 실현 등과 관련된 의미의 흐름에 대해 언급한 데이비드 봄의 몇 가지 비유를 여기서 설명하여 도움이 되고자 한다. 그 비유들은 매우 창조적인 통찰이 암시되어 있어서 열거하고자 하는 것이다.

첫째의 비유로 조각가와 조각상의 비유이다. 조각가는 자신의 작품에 대한 의도를 지니고 조각상이 될 원재료인 나무나 금속에 예술적인 솜씨로 빚어내어 작품을 만들어낸다. 그렇다고 그 조각상은 조각가의 원래의 의도대로 그대로 투사되는 것은 아니다. 즉, 그 나무나 금속의 재질과 특성이 지닌 자신의 목소리를 조각가는 듣게 되어 원래의 의도를 수정하면서 그 재료의 목소리와 상호교류 속에서, 타자성을 지닌 대상의 차이와 내면의 연결을 통해 수정 작업을 이룬다. 타자의 차이는 그런 점에서 자기 목소리를 갖고 작품 과정에 참여하는 것이다. 그렇게 해서 어울림과 좋음의 상태로 작품이 되어 자신을 나타내 보이게 된다.

그 차이와 유사성에 대한 비유의 하나는 헬렌 켈러에 대한 설리반의 물의 자각에 대한 교육방법이다. 장님인 헬렌 켈러가 손이나 신체로 직접 경험한 물이 교사인 설리반이 자기 손바닥에 쓴 물water이라는 글자의 차이와 연관성의 일관된 패턴실습으로부터 오는 내적인 의미의 생성을 통해 물에 대한 보편적 인식을 얻는다. 그리고 그러한 보편적인 의미의 흐름의 작동 방식을 통해 헬렌 켈러는 물에 대한 일관성 있는 인식을 얻었을 뿐만 아니라 다른 이질적인 것들에 대한 이해의 확대를 얻으면서 세상에 대한 자각을 얻게 되었다는 것이다. 모호함에 대한 실재의 인식은 그렇게 차이와 유사성의 일관된 패턴을 얻으면서 의미의 흐름과 공유된 의미의 확인 속에서 일어난다.

두 번째 비유는 도토리와 상수리나무의 비유이다. 봄은 도토리가 그대로 성장해서 상수리 나무가 되는 것이 아니라고 한다. 오히려 도토리는 조리개 aperture가 되어 전체가 참여하는 수용체로서 자신의 역할을 하면서 잠재적 가능성인 상수리나무를 실현해 나간다. 즉, 조리개aperture로서 도토리는 만물의 전체적인 참여인 바람, 비, 기온이나 날씨, 흙 등등의 참여take part of; 만물이 그것의 일부가 됨를 통해 상수리나무가 되는 것이다. 이렇게 개별성은 전체성의 펼쳐짐을 통해 자신을 실현하게 된다. 즉 개별성은 전체에 그 의미에로의 지향을 하고 있고, 전체는 개별성에 의미를 두는 방식으로 살아있음이 전개되는 것이다.

세 번째 비유는 강물의 흐름과 소용돌이의 비유이다. 각 개별성은 소용돌이로서 강물의 흐름이 만든 에너지의 국지적인 표현추상화이다. 소용돌이는 일시적인 실체로서의 모양을 갖고 있지만, 전체인 강물의 흐름과 분리되지 않으며 그 강물의 흐름 속에 하나가 되어 있다. 오히려 소용돌이가 만들어지는 것은 강물의 흐름의 구조와 역동성에 의한 조건화라 볼 수도 있을 것이다. 물의 흐름과 일시적인 표현은 그 본질을 상실하지 않고 있으며 소용돌이는 강물의 흐름이라는 전체성에서 더욱 자신의 정체를 어울림의 적응 속에서 발견할 수 있다.

위의 예시들의 이면에 공통적으로 말하고자 하는 핵심은 의미의 생성과 그 흐름에 대한 것이다. 의미의 흐름을 통한 창조적 생성이라는 현대물리학의 인식론적 관점은 대화도 실재의 본성과 그 이치에 맞는 방식으로 '흐름'이라는 과정을 가져온다. 그렇게 해서 궁극적으로는 진리의 전체성 혹은 사고가 무한에 참여하는 '펼쳐짐'에 대한 인식으로서 '살아있는 지성'[33]을 작동시키는 것이다. 그렇게 하여 대화 실천가 혹은 서클진행자는 전체성의 옹호자혹은 대변자, 윌리엄 아이작스의 용어가 된다.

아이작스가 책 말미에 말하고자 했던 전체성의 옹호는 다이어로그dialogue에서 메타로그metalogue에로의 언급에로 이어진다. 의미의 흐름이라는 다이어로그에서 더 나아가 우리가 의미 자체가 되는 실존으로 되는 메타-로그의 상태를 말한다.[34] 그것은 언어를 넘어선 의미의 존재로의 복귀를 말하는 것이

---

33) 살아있는 지성은 정보로서 지식이 아니다. 지식(knowledge)은 과거의 기억에 대한 것이며, 그것은 지금 여기서 펼쳐지는 것을 인식하지 못한다. 지금 여기서 펼쳐지는 생생한 것의 포착이라는 지성(intelligence)이야말로 대화론자인 데이비드 봄과 윌리엄 아이작스가 꿈꾸는 앎(knowing)의 방식이다. 지성은 문자 그대로 '사이에(inter)' '모으다 혹은 결합하다(legere)'의 합성어이며, 그러한 연결하는 힘이 바로 살아있는 지성의 특성이자 대화의 본성이기도 하다.

34) 저자의 말을 그대로 인용하면 다음과 같다: "'dialogue'란 의미가 흐른다는 뜻을 갖고 있다. 여기에는 공간적인 은유가 암시되어 있다. 한 가지가 다른 것을 통해 흐른다는 것이다. 하지만 내가 위에서 언급한 대화는 이런 것과는 다르다. 우리는 의미를 이야기하는 동안 의미 그 자체였다. 나는 이것이 대화를 초월하는 상태를 가리킨다고 믿는다. '메탈로그metalogue'라는 단

다. 의미의 충만함, 진리의 충만함에 대한 '우리됨we-ness'과 '풍요로움'의 경험
이 그것이다.

　이렇게 전체에 참여할 때 우리의 생각의미, 느낌아름다움 그리고 행동선함의
파편화는 다시 조율되어 언어를 넘어 존재의 영역인 진선미의 통합적인 감각
이 되살아나게 된다. 이것이 바로 윌리엄 아이작스가 그의 책 말미에서 꿈꾸
는 '두 번째 순수'이다. 첫 번째 순수는 삶에 대한 자기 인식의 제한성과 삶의
흐름에 온전히 참여하는 것을 방해하는 감정의 장애를 넘어선 지점이다. 이
는 이미 실재로부터 주어지는 것이다. '두 번째 순수'라 함은 자기 이해를 넓
혀서 자신의 더 깊은 곳으로 들어가서, 여전히 내 이해와 세상이 분열된 요소
들이 있다고 하더라도, 전체적인 상황은 일관되고 분열되어 있지 않다는 자
각을 말한다.[35] 완전하고 일관된 전체가 존재하고 있으며, 그러기에 나는 안
전하고 내가 타자에게 줄 것이 있는 지속적인 진선미의 균형과 풍요로움 속
에서 살아있음을 자각하는 것이다. 그런 자각에서 행동할 때 나는 전체의 의
미, 공동의 의미라는 풍요로움을 출현시키는 방식을 살 수 있게 된다.

　그러한 의미의 흐름속에서 '살아있음' 그리고 '생생함'을 다시 맛보면서 대
화 진행자는 일관된 질문 하나에 집중할 수 있게 한다. 그것이 바로 윌리엄 아

　어가 그것을 잘 포착한다. 무엇을 넘어 이동한다는 것은 우리가 하는 경험의 본질을 포착한다.
　메타논리학은 경험의 통합된 상태를 설명하며, 그곳에서는 의미와 구조가 서로를 비추는 거울
　이 된다."

35) "또한 대화는 내 이해를 넓혀주어 나를 나 자신 속에 더 조용한 곳으로 데려다준다. 그곳에서
　나는 나 자신, 내 세계, 내가 사는 더 넓은 생태계와 다시금 대화를 나눈다. 여전히 아주 부족하
　거나 분열된 많은 요소들이 있다손치더라도 그것을 완전하고 일관된 것이라고 다시 생각하기
　시작한다. 내가 깨닫게 된 전체적인 상황은 분열되어 있지 않다. 그런 상태에서 나는 타인에게
　줄 어떤 것 그리고 나 자신 속에서 떳떳이 설 안전한 장소를 갖고 있다. 이것이 바로 두 번째 순
　수다.
　　내 내면에 있는 대화의 음악은 그런 상태로 살아 있는 과정으로 나를 부른다. 나는 그런 상
　태에서는 혼자가 아니며, 타인의 요구와 의견에 밀접하게 연결되어 있다. 그 장소는 깊고도 넓
　다. 나는 넓은 구조를 인지하고, 내 주변에서 일어나는 상호 작용의 유형을 보고 잘 행동할 수
　있다. 선과 진실과 아름다움이 내면의 지속적이고 유동적인 균형속에 살아 있다. 나는 그런 풍
　요로운 목소리들 하나하나를 가져올 수 있다. 따라서 내가 행동을 취할 때 그것은 더 큰 전체를
　보여준다."

이작스가 가고자 하는 '완전성으로의 길'이라는 대담한 용기와 모험이다. 그것은 하나의 질문을 품고 간다. 그 질문은 이렇다: "나는 어떤 방법으로 내가 책임지고 있는 정체성과 행동에 선과 진실, 아름다움을 부여할 수 있을까?"

말을 하는 방식을 더불어 생각하고 더불어 작업하는 방식으로 바꾸고자 하면, 우리가 서로에게 미치는 영향도 더불어 바뀌게 된다. 우선은 자신의 의식과 정체성에서부터 나아가 진선미가 실현되는 방식으로 의미의 흐름을 만들어 사회의 변화에도 영향을 미치게 될 것이다. 사회 속에 의미에 대한 공유의 상실이 가져온 파편화가 이 사회의 질병이기 때문이다.

이 점에서 커뮤니케이션이야말로, 단순히 대화를 잘 하는 소통능력에 대한 것보다는 사실에 대한 관찰과 진리를 탐구하는 '일관된' 원리가 바로 커뮤니케이션에 있다는 확인을 입증한다. 이러한 이유로 인해 우리가 직면하는 외부의 문제들은 접근하는 방식으로서 커뮤니케이션에 대한 문제로 귀결할 수 있다는 데이비드 봄의 말이 결코 과장이 아님을 알게 된다. 이렇게 본다면 커뮤니케이션은 단순히 대화를 잘하는 윤리적 행위에 대한 것이기보다는 더 근원적으로는 자기 해방의 인식론적 렌즈이자 사회 변혁의 근원적인 도구를 제공한다고 볼 수 있다.

5장. 대화의 과정과 국면들

그 어떤 종류의 대화 성격이든 서클진행자는 먼저 염두에 두는 것이 참여자들이 함께 하는 '공간'과 참여자들이 생성하는 '에너지'이다. 이는 일반 대화 실천가들은 염두에 두지 않는 서클에서의 중요한 고려사항이다. 대화 주제를 안전하게 나누기 위해서 필수적인 체크 사항이지만, 그 공간이 어떠한 분위기인가를 이해하는 것은 대화 과정을 목표에 도달하도록 안내하고 변형시키는 데 중대한 영향일 미치기 때문이기도 하다.

앞 장에서 개별자가시적 상황와 전체성비가시적 세계 간에는 '펼침'과 '접힘'의 상호작용이 작동하고, 현재와 미래에 우리와 우리 주변에서 출현 되길 기다리는 잠재적 가능성이 존재하며, 전체성의 옹호자로서 귀를 귀울이는 것에 대해 진술해 왔다. 이는 명시적인 혼란카오스, 소용돌이 뒤에는 실재의 숨은 질서코스모스, 강물의 흐름가 존재한다는 대담한 통찰을 봄, 아이작스, 파머 등이 갖고 있음도 예시하였다. 그렇다면, 전체의 흐름, 순수한 에너지의 과정이 지닌 내재적 질서가 현실에 상존한다는 것을 이해하는 것을 어떻게 적용할 수 있는 것인가? 사고 내용보다 사고의 과정에 주목하라는 말이 일상의 대화에 어떤 쓸모가 있는 것인가? 이런 질문들을 품고 있을 때 무엇이 달리 보이는가? 본 장은 이에 대한 진술이다.

이와 관련하여, 먼저 주제, 사고 내용에 대해서가 아니라 공간과 에너지에 집중한다는 뜻은 행위자들대화 참여자들의 언어와 태도를 규정하는 것이 그 사람의 성격만 아니라 오히려 공간과 에너지의 역동적 구조 분위기가 그렇게 한다는 점을 고려할 필요가 있다. 더구나 진행자의 능력이 아니라 서클의 작동 이치에 충실히 있는 것이 보람있고 효과적이다는 것도 이 보이지 않는 내재적 질서의 이해에 기초한다. 이에 대해 윌리엄 아이작스는 대화자들의 말하고 듣기라는 행동의 내용과 어떤 태도로 말하고 응답하는 지를 결정하는 요소에는 더 결정적인 것이 있는 데 그것은 '예측직관'[36]과 '비가시적 구조'[37]라고 말한다.

간단한 예를 들자면, 당신이 머물게 되는 곳이 재래시장골목, 야구장관람석, 혹은 댄스플로어라면 각각 그 공간의 특성과 분위기에너지가 암묵적으로 당신의 행동내용과 태도에 영향을 줄 것이다. 나는 자유롭게 자유의지로 무언가를 자발적인 선택으로 하는 것 같지만 그 공간과 에너지, 즉 비가시적 구조는 나에게 영향을 주어 내 말과 행동, 태도를 바꾸게 만든다. 그런 것에 대한 나의 반응을 미리 예측할 수 있다면 외적인 상황에서 내 중심과 의도를 아는 데 도움이 될 것이다.

일반적인 조직문화의 회의 상황으로 예를 들어보자. 회의가 언제나 대부분 지루하고, 일방적이며, 결국 시끄럽게 말다툼하다가 상사나 다수의 강제적인 결정으로 종종 끝난다고 치자. 왜 이 회의는 자유롭고 개방적인 흐름이 없는 것일까? 개인으로서 각자는 수완도 좋고 지성적이며 자기 일에 관련하

---

36) 대화의 일대일 관계나 집단회의에서 사람들이 일반적으로 빠져들기 쉬운 예측 가능한 부정적인 습관을 전략적으로 사고하는 능력이자 개인 사이 혹은 집단내의 상호작용과 반응의 구조를 인식하는 능력을 말한다. 예측직관은 그러한 부정적 반응을 예측해서 긍정적으로 상호작용할 적절한 방법을 찾는 능력을 포함한다.

37) 비가시적 구조는 대화와 상호작용에 있어서 사람들이 어떤 행동과 태도를 하게 만드는 사고의 상황, 습관, 틀로서 생각하고 행동하는 방식을 보이지 않게 지배하는 것을 말한다. 여기서는 대화의 국면(field)을 중심으로 각 필드라는 구조가 어떻게 참여자들에게 영향을 미치고 그것에 대해 진행자가 어떻게 대처할 것인지에 중점을 둔다. 이는 원래 통합심리학인 켄 윌버의 인간 심리의 4상한 즉, 나, 그것, 우리, 그것들의 4 국면으로부터 영감을 받은 대화 흐름의 4 영역이다.

여서는 훌륭한데 왜 회의는 지루하고 심지어는 두려움이 느껴지는 분위기일까? 여기에는 아마도 참여자들은 회의에 들어올 때, 그 회의 공간과 분위기는 목표와 과제에 있어 옳고 그름이 명확하기를 기대하기에 실수하지 않아야 하고, 자신의 업무역량에 대해 책임추궁을 당하지 않기 위해 자신을 보호해야 할 필요가 있으며, 나와 내 부서의 일에 과중한 추가의 업무나 책임을 맡는 것에 조심해야 나중에 힘들어하지 않을 것이라는 기대나 선이해가 있기 때문일 것이다. 그리고 물론 대화 과정 중에 자기 의견을 방어하고 반대에 저항하며, 이슈를 더 악화시키는 방식으로 대응하는 것이 존재하기 때문일 것이다. 이러한 대응과 태도의 패턴은 비가시적인 조직문화와 구조가 그렇게 가지고 있기에, 대화의 과정에서 일어나는 역할자들과 대화의 국면을 이해하면 긍정적인 상호작용의 방식으로 전환할 수가 있다. 서클대화를 고려하여 역할자들과 대화의 국면을 설명하고자 한다.

먼저는 대화 역할자들에 대한 것이다. 대화모임이 과정으로 진행되면 그 대화의 공간에서 참여자들은 4개의 대화 역할자 중의 하나로 '구조화'되어 참여하게 된다.[38] 간단히 설명하면, 움직임을 일으키는 '제안자'가 나타나면, 다른 사람들은 셋 중의 하나의 역할을 자동으로 하게 된다. 어떤 사람은 그 움직임에 동의하는 '찬성자'로, 어떤 이는 그들에 대한 이의를 제시하는 '반대자'로 또한 어떤 이는 회의에서 일어나는 전체 상황을 보면서 침묵하는 '중립자'의 역할로 회의가 진행된다. 대화에 참여한 모든 사람은 언제라도 네 가지 태도 중 하나를 취하며, 조금씩은 대화 과정에서 그 역할이 바뀌어 갈 수는 있

---

38) 이는 아이작스가 소개한 가족체계치유자인 데이비드 켄터의 대화모임에 있어서 4 역할자(4 players)에 관한 것이다. 이는 인간 행동의 내면의 구조인 움직임, 지원, 수정, 분별의 동기를 회의에 외면화한 것이다. 역할자는 대화의 구조 속에 들어올 때, 자신의 태도와 반응에 있어서 제시자, 찬성자, 반대자, 중립자의 한 역할을 하게 되며, 의견제시와 반응이 그러한 4 역할 중의 하나로 자신을 나타낸다는 뜻이다. 물론 이는 이슈와 과정에서 수시로 그 역할을 바꿀 수도 있으나 4 역할은 대화에서 나타나는 보편적인 양태이다.

어도 4 역할 중의 하나로 자신을 표현하게 되는 것이다. 이럴 때, 각 역할자들이 그 역할을 의미의 생성과 의미의 흐름 그리고 공유된 의미에 도달할 수 있도록 대화 진행자는 각자에게 무엇이 소중해서 그런지 숨은 의도나 그 의도를 파악하는 질문을 통해 역할자들의 입장을 명확히 해주는 것이다.[39] 그렇게 되면 제안자로부터 '강한' 방향을 얻고, 찬성자로부터는 '열정어린 지원'을 받으며, 반대자로부터는 전체가 놓친 의미의 영역을 '보완과 수정'하는 역할을, 그리고 중립자로서는 '분별'관심과 두려움의 전체적인 조망을 부여받아, 모임에 각각이 모두 이슈에 대한 전체의 진실 의미에 기여자로 서게 된다. 이런 방식으로 진행자는 전체성의 옹호자로 누군가를 찬성하거나 거부함 없이, 대화의 공간을 유지하게 된다.

그다음은 비가시적 국조에 있어서 대화의 국면필드에 대한 것이다. 여기에도 4가지 국면이 존재한다. 이는 대화 공간에서 진행되는 시간 흐름과 에너지 흐름에 따른 국면들에 대한 것이다. 이는 다음 페이지의 도표처럼 조직학습론의 동료인 오토 샤머의 것에 대한 아이작스의 설명을 간단히 소개하기로 한다. 첫 번째 국면은 에티켓의 단계로서, 대화의 예비단계이다. 안전하지 않기 때문에 갈등의 소지가 있는 대화를 회피하게 된다. 각자 서로 다른 관심사항과 이해관계, 가정과 감정을 가지고 집단에 참여하기 때문에 자신의 내적인 진심을 말하지 못하고, 형식적이거나 공식적인 진술에 의존한다. 두 번째 국면은 감정표출의 단계이며, 다루는 주제와 안건에 대한 각자의 시각차나 가정의 차이가 드러나고, 좀더 분위기에 익숙해지면 자연스럽게 각자의 가정과 의견이 자기-주장으로 펼쳐진다. 뿌리 깊은 가정들이 표면으로 때때로 올

---

39) 진행자가 각각의 역할자에게 무엇이 소중해서 저런 제안이나 응답을 했는지에 대한 경청을 통한 재진술로 말해주거나 열린 질문을 하는 것은 '의미'를 노출시키기 위해서 그런 것이다. 통상 대화자들은 옳고 그름의 판단이 '중요한' 관심이긴 하지만 그 '중요한(important)' 관심을 바꾸어 자신에게 '소중한(heart-felt)' 것에 대한 탐구 과정으로 의식과 에너지를 돌리는 것이 핵심 진행방식이다.

대화의 4 필드
-출처: 오토샤머, 1998-

자기반성적

4. 몰입
생산적인 대화

3. 의문
반성적인 대화

전체를
우선함

부분을
우선함

1.예의
(공유된) 독백

2. 분열
통제된 대화 혹은
노련한 대화

비난적이고 무반성적

라오면서 갈등과 대립, 반박과 거부의 에너지를 직면하게 된다. 그래서 각자의 자기주장방어와 공격에 의해 실망하거나 혼란을 느끼고 심지어 대화가 가치가 없다는 생각이 일어난다. 세 번째 국면은 의미의 공유 단계로서 각자의 의견과 가정이 다름을 보고 여기서부터 성찰의 과정이 전개된다. 자신의 가정과 감정 반응을 유보하면서 서로의 생각과 감정들의 반응을 감지하고 관찰하면서 무슨 생각을 하는지를 이해하려고 시도한다. 이 상황에는 모든 사람이 자신의 내면 상황뿐만 아니라 주변의 미묘한 분위기에도 민감해진다. 여기서 모두가 공유하는 하나의 의미가 형성된다. 네 번째 국면은 마음의 일치를 통한 나아가기 단계이다. 의미가 공유되고 소통하게 되면, 서로가 하나로 연결된 듯한 일종의 '접촉 경지'를 경험하게 된다. 전체 의미가 일관성을 띠게되면서, 모두가 하나의 일관성 있는 방향으로 나갈 수 있게 된다.

이렇게 대화의 과정에서 참가자들이 어떤 역할로 참여하고, 대화의 흐름이 어떤 국면들을 거치는지 이해하게 되면, 우리는 대화가 그냥 정보를 말하고 듣는 것 혹은 의사결정을 통해 문제를 해결하는 것 정도의 이상의 것임을

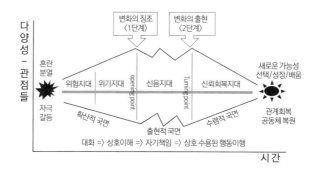

알게 된다. 대화가 어떤 대화 주제의 명료화만 아니라 실상 '의미'의 생성과 창조적 가능성의 출현을 위해, 유기적이고 관계적임을 알게 된다. 그리고 대화 진행자는 대화의 과정을 어떻게 흘러가게 해야 할지 진단 계측기처럼 활용하여 공간과 에너지에 대해 접근을 할 수 있다. 각 역할자나 대화의 국면에 필요한 조치가 무엇인지를 고려한 능력부여empowerment의 진행방식을 선택할 수 있는 셈이다. 그렇다면 회복적 서클에서는 어떤 대화의 국면이 있는지 다음 도표로 간단히 이해하고자 한다.

도표에서 보듯이 자극상황과 손상에 대처함에 있어서 지성 혹은 의미의 상황적 출현은 일련의 시간적 전개 과정을 경험하면서 출현하게 된다.[40] 처음에는 적대적 당사자들의 대면이라는 위험 지대를 시작으로 각자의 상대방을 향한 자기 장이라는 '위기지대'를 지나게 된다. 특이 이것은 본 서클의 상호이해라는 첫 단계에서 일어나게 된다.

그러한 상호이해를 위한 국면이 지나 자기책임의 국면에 들어서면 상대의

---

40) 갈등상황이란 용어는 매우 강한 판단의 말이며, 보다 예민한 영역이나 가벼운 상황에 대한 고려를 위해 '자극상황'이란 용어를 사용하였다. 그리고 '손상(damages)'이란 매우 포괄적인 용어로서 단순히 갈등과 폭력의 실질적인 상태만 아니라, 혼란 그리고 심지어는 당사자들 간의 내적인 적대적 영향력이 존재하는 모든 것을 포함한다. 즉 이미 적대적인 에너지를 주고받는 분리의 상태를 손상이라 볼 수 있다.

진실을 듣고 생각하게 되는 변화를 위한 숙고의 단계가 열리게 된다. 점차 각자의 진실을 들으면서 자신의 오해와 자기-관점의 일부 수정이라는 '신음 지대'를 거치면서 전체의 진실에 대한 눈이 떠지는 전환점을 맞게 된다. 이행동의 과정을 통해 신뢰의 교량을 서로 간의 관계속에 놓게 되며, 사후 서클을 거치면서 신뢰의 구축'신뢰회복지대'이라는 과정을 통해 관계회복이라는 변화와 공동체 구축의 기반이 만들어지게 되는 것이다.

이렇게 해서 처음에 직면한 적대적 관계와 힘든 자극상황은 마치 세공과정을 통해 광석에서 보석을 추출하듯이 회복적 서클 전체 진행 과정의 흐름을 통해 아름답고 선한 결과로 변화를 가져온다. 진행자는 어느 때 그런 전환점이 일어나는지 사전에는 예측하지 못한다. 단지 그러한 회복적 과정을 충실히 유지하면서 경청과 구조화된 질문들을 진행하다 보면 어느덧 터널이 끝나가고 있고 가까이에서 출구가 보이는 것을 알게 되는 것이다.

대부분의 대화도 마찬가지지만 회복적 서클도 의미의 출현이 있기까지는 일련의 숙성되는 시간과 과정이 필요하다. 일련의 진행과정이 펼쳐지면서 물리적 시간크로노스의 흐름이 만들어져서 이야기들이 서로 직조織造되어 진실들이 연결될 때, 갑작스럽게 예측하지 못한 적절한 때에 무르익은 성숙한 질적인 시간카이로스이 도래하는 것이다. 그렇게 되면 잠재적인 새로운 가능성이 보이게 되면서 참여자들은 닫힌 마음이 열려서 서로 연결되어 공동의 미래를 향한 선택의 기회를 얻게 된다. 과정이 지성을 출현시키는 것이다. 그러므로 진행자는 참여자를 신뢰하고, 과정을 신뢰하는 것이 중요하다는 것을 알게 된다. 서클의 힘은 그렇게 참여자를 신뢰하고 과정을 신뢰하는 데서 일어남을 재확인한다.

대화의 흐름은 역할자와 국면을 구조적으로 가져온다는 통찰에 있어서 중요한 것은 그러한 역할자와 국면이 의견제시라는 자기주장으로서의 말하기를 통해 일어나기 때문에, 판단을 유보하고 존중하기로서 듣고 말하기를 지원하는 것이 진행자가 중요하게 해야 할 소임이다. 이는 성찰하고 의미를 재진술하며, 그 말한 것 뒤로 의도와 의미에로 탐구하는 열린 질문을 타이밍이 맞게 하는 것도 포함된다. 눈에 보이는 상황의 복잡함 뒤에는 언제나 숨어있는 내재적 질서가 존재한다. 그에 대한 일관성을 진행자가 잃지 않고 자신의 능력보다 대화의 흐름에 주목하며 어떤 역할자의 모자를 쓰고 공간에 나타나며, 그 공간의 에너지 흐름이 어떤 국면을 타고 가는지를 보면서 연결하기를 시도한다면 예측하지 못한 대화의 풍요로움에로 나갈 수 있을 것이다.

2부···갈등작업

갈등작업에 있어서는 수많은 전문적이고 여러 작업모델의 숲들이 존재한다. 두려움의 사회에서 갈등작업은 점점 더 관심을 두는 사업이 되어가고 있는 현실이다. 실천만 아니라 이론의 아카데미아 영역에서도 갈등 사회학의 수많은 어려운 담론들과 지식들, 그리고 갈등 심리학의 여러 형태들이 번성하고 있다.

비유로 말하자면 버섯은 각각 다른 형태를 취해도 보이지 않는 팡이실로 서로 연결되어 있다. 음침하고 다루기 어려운 축축한 갈등이라는 공간에서 버섯이라는 다양한 이론 뒤에는 암묵적인 지식의 경향성이 존재한다. 전제된 선이해나 아카데미아 전통에 대한 의문을 갖지 않은 전제들의 수용 위에서 모델들이 실천되는 것들이다.

필자가 여기서 제기하는 것들은 암묵적인 지식으로 전제된 것들의 보지 못하는 팡이실에 대한 것들이다. 이는 갈등전환에 있어서 서클진행자들은 적용 기술만 아니라 이에 대한 보이지 않는 공간(예, 갈등무대와 그 외의 공간)과 거기서의 역할자들, 그리고 갈등 해결의 팁 이전에 실제로 무엇이 일어나고 있는지에 대한 근본적인 이치나 힘의 정체를 여기서는 살펴본다.

1장의 〈자극상황에서 언어와 의식의 변형〉에서 다루고자 하는 것은 결과를 출현시키는 언어와 그것의 진동체인 의식에 대한 것이다. 언어가 갈등작업의 무능력 대신에 효능성을 어떻게 증진시킬 것인가 그리고 그러한 언어를 사용하게 되는 두 인식의 논리인 생존과 돌봄의 논리를 가져오는 의식에 대해 살펴본다. 결국, 언어가 존재를 드러내게 하고 거기에 빛을 비추도록 갈등언어의 본질과 그 기능을 다룬다.

2장의 〈갈등에 납치되기 & 인식의 오류〉에서는 갈등 사건들에 대한 성찰에서 나온 통찰들을 다룬다. 이는 필자가 말하는 개인의 '능력'에서 갈등 사건이 작동하는 '이치'에 대해 구체적으로 사건에서 당사자들과 그 사이에 실제로 무엇이 일어나고 있는지를 살펴본다. 여기에는 특히 갈등작업자가 어떻게 상황에 납치되는지 그리고 인식의 오류에 대해 진술한다. 이치는 이미 존재하여 작동하는 원리에 대한 인식의 오류문제이지 능력의 문제가 아니기 때문이다.

3장의 〈숨은 커리큘럼과 구조적 역동성〉은 갈등작업자가 개입할 때 놓치기 쉬운 안 보이는 공간과 그 역동성을 다루는 중요한 이슈이다. 지금까지 논의가 제대로 되지 않은 공간의 역동성은 서클로 갈등작업을 할 때 필수적으로 이해하지 않으면 일반적인 조정자 역할와 달리 왜 서클진행자가 다르게 역할을 해야 하는지를 이해하지 못하게 된다. 또한 갈등작업자는 갈등이라는 화재를 진압하는 소방수 역할에서 어디까지 자신의 정체성을 지녀야 하는지에 대한 기존의 역할에 대한 의식의 확대도 다룬다.

4장의 〈갈등대응 패턴 10가지 궁지들〉은 갈등 사건에 대해 거의 5년 이상을 참여자들과의 공동성찰에서 발견한 대응패턴의 오류에 대한 설명이다. 패턴은 이치에 대한 이해가 필요함을 증험해준다. 그리고 이러한 비극적 패턴에 대해 자각하지 않으면 앞으로 그대로 또한 나타날 것이라는 자기충족 예언의 법칙을 예고한다. 따라서 이것은 단순히 팁을 넘어서 우리의 갈등대응에 대한 의식 수준을 바꾸어야 하는 요청에 직면하게 만든다.

5장의 〈갈등무대의 3 연기자들과 각본 해체〉는 삶이라는 무대가 자극상황으로 '갈등무대'로 좁혀지면 우리의 역할이 그 존재의 잠재적 가능성을 어떻게 공격자-희생자-구조자로 축소되는지, 그리고 그 무대 안에서 전혀 의심 없이 갈등작업자의 역할을 하는 '덫'에 대한 숙고이다. 지금까지 기존의 갈등작업들은 단순히 갈등무대의 이 세 역할을 당연하게 생각하고 거기서 어떻게 충실히 소방수의 갈등화재 진압 역할을 할 것인지에 고민했다면 이 장에서는 그 경계선을 넘어야 할 예감들을 보여준다.

1장. 자극상황에서 언어와 의식의 변형

　'언어는 존재의 집이다'라는 말은 실존철학자 마틴 하이데거가 궁극자인 존재Being, 신를 찾아가는 데 있어서 인간의 실존적 상황인 무와 불안의 위협으로부터 어떻게 자신의 실존이해를 찾을 수 있을까에 대한 고민에서 그 실마리로서 언어의 중요성을 간파한 말이다. 마틴 하이데거와 칼 야스퍼스[1]는 궁극존재/신/침묵, 현존재/존재자/인간 그리고 그것을 이어주는 사유/언어/말걸음의 중요성을 이 짧은 격언으로 표현하였다. 여기에는 존재라는 넓은 광야와 같은 실재보다는 언어의 인위성으로 인한 작은 터전으로서의 집에 대한 언어의 한계와 그 가능성에 대한 조심스러움이 강조되어 있다. 언어가 존재에게 공간을 규정하는 긍정적인 면도 있지만 다른 한편으로는 존재는 집을 넘어선 공간을 갖고 있다는 점에서 그 한계를 아울러 말하고 있다. 그래서 언어를 쓰는 자의 자기 한계에 대한 인식과 겸손을 요구한다. 언어가 궁극자를 향한 다양한 문을 열지만, 오히려 그것으로 인해 문이 궁극자를 규정하거나 한계를 줄 위험성 있다는 것이다. 그렇기에 문으로써 언어는 궁극실재에

---

1) 학부시절에서는 원서로 끙끙거리며 보던 이들의 저작들은 이제는 번역되어 나와 있다. 마르틴 하이데거 저, 『존재와 시간』 (2016, 동서문화사); 칼 야스퍼스 저, 『철학 I』 (2017, 아카넷). 그리고 같은 출판사의 각각 다른 번역자들에 의한 『철학II』와 『철학III』 이다. 야스퍼스의 저작은 내 스승 변선환박사의 번역인 『계시에 직면한 철학적 신앙』 (1989, 분도출판사)와 그의 부인 신옥희박사의 번역본 『철학적 신앙』 (1979, 이화여자대학교출판문화원) 등 여러 권이 있는 데 오래되어 절판되었다. 이들은 실존철학자이면서 철학, 신학만 아니라 정신병리학, 사회학, 예술 등에 대한 중요한 통찰과 영향력을 제공하고 있다. 데이비드 봄의 사고와 존재 그리고 무한(전체성)의 용어는 하이데거의 존재와 현존재, 그리고 야스퍼스의 포월자 등의 용어와 관련하여 풍요로운 상상력을 제공할 수 있을 것이다.

대한 길을 열 수 있다는 것과, 실재와 그것의 문으로서 언어 간의 차이에 대한 자각을 사유할 필요성이 있다는 말이다.

철학적 인간학의 거장들인 마틴 하이덱거나 칼 야스퍼스의 언어 이야기를 먼저 이야기한 것은 1부의 주제인 대화에서 사고와 존재간의 연속성실재의 직접적인 경험의 성찰로써 사고과 비연속성의 문제사고의 추상화로 인한 펼쳐지는 실재를 놓침에 대해 갈등작업에서 어떻게 접근해야 하는가에 대한 실마리를 이야기하고자 그 토대를 설정하기 위해 나온 말이다.

갈등작업에 있어서 진행자는 결국 분리됨, 차이, 다양성에 대한 언어들의 연금술적 변형과 관련되어 있고, 물론 그러한 언어는 의식의 표현이라는 생각이 필자에게는 들기 때문이다.[2] 봄의 사고와 존재 간의 관계를 갈등작업에서 국한해서 다룰 때 언어와 의식의 상태로 보는 것이 좀더 갈등작업을 보는 시각이 명료해지기 때문이다. 본 장은 갈등작업의 토대로서 언어와 의식을 다룬다.

우선 먼저 언어와 관련하여 갈등작업 영역에서 혼란, 차이, 분열, 갈등, 폭력의 상황에 직면해서 내가 이해하는 바는 다음과 같다.

우리 대부분은 자극 상황즉 문제, 갈등, 혹은 폭력이라 부르는 상황에 직면하여 언

---

2) 갈등 이론에 있어서는 사회학적 접근방식(권력, 계급, 지배구조, 문화, 젠더 등과 관련된 불평등 이론들)이 있고, 심리학적 접근방식(이중에 임상심리학에서 나온 비폭력대화가 그 예이다)도 존재한다. 이미 필자의 학문적 배경은 어쩌다 보니 종교학, 생태여성학, 그리고 평화학의 영역이었다. 그리고 2010년대부터 평화훈련가로 활동하면서 이론적 접근의 중심은 1부에서 진술한 대로 서클대화에 관련하여 서클 프로세스의 원주민과 퀘이커 전통 그리고 대화에 있어서 현대물리학과 조직학습이론을 따르기에 전자의 두 접근방식과는 차이가 있음을 여기서 말하고자 한다. 이렇게 종교학과 현대물리학의 인식론이 필자에게 중요한 것은 내 정체성과 삶에서 실재-존재(의식)-행동-결과에 대한 일관성과 충실성의 탐구와 그 실현이 중요하기 때문이다. 나의 이 '실재-존재-행동-결과'의 일관성에 대한 통찰은 대화, 갈등작업, 서클진행, 내면의 의식 등에 적용하는 데 유효함을 발견하였다. 대개 갈등이론은 이 도식에 따르면 '행동-결과'의 수준에서 벗어나지 않는다. 그렇게 해서 '존재-행동'의 연결에 미약한 관심이 있을 뿐이고, 특히 '실재-존재-행동'에 대해서는 일반 갈등이론은 다루지 못한다. 이는 갈등을 어디서 어떻게 보는가에 대한 패러다임의 제한성이나 경직성으로 오는 문제이다. 이 장은 혼란, 갈등, 폭력이라는 '결과'를 대안적인 행동이나 조치의 수준에서 보지 않고 '존재(의식)'와 '행위'의 연관성에서 조명한다.

어를 사용함에 있어서 언어가 '장벽'barriers을 구축하는 과정에로 익숙하게 **빠**져든다. 우리의 언어 행위는 계속해서 서로의 진실을 듣거나 보지 못하게 그 언어 행위가 점점 벽돌을 올려서 장벽을 만들어, 결국은 상대방도 안 보이게 하고청자의 상실 결국은 분노나 좌절로 자신도 안 보이게격한 감정에 휩싸여 존재를 잃음 만든다. 그리고 그 장벽으로 인해 상대방에 대한 타자화와 적-이미지를 강화한다. 마치 상대방이 그 장벽을 쌓아 올리고 있다고 투사하기 때문이다.

언어가 장벽이 되면 그다음부터 오고 가는 모든 언어와 행위는 -심지어 비언어적 몸짓까지도- 소음이 된다. 들어도 들리지 않게 되고, 듣는 것이 싫어지면서 짜증을 내며 거부하게 된다. 소음이 되는 순간 이제는 그 언어를 말하는 자도 싫어지게 되면서 모든 말은 강요나 침범으로 해석되게 된다. 이런 경우 아무리 타당성 있는 말이라 할지라도 그리고 말하면 할수록 소음은 자기 방어를 일으키면서 더욱 안 들리게 되고, 자연적으로 각자의 언어는 강력한 무기로 바뀌면서 공격하게 되어 서로를 힘들게 만든다. 비극적인 순환의 사이클이 작동되는 것이다.

언어가 존재의 집이 된다는 것을 문제상황에 긍정적으로 적용한다면 첫 번째 질문은 어떻게 언어가 장벽이 아니라 '창문windows'이 될 수 있겠는가이다. 언어와 행위가 그간에 벽돌을 계속해서 쌓아서 장벽이 되어 서로를 보지 못하게 했던 것을 바꾸어서, 언어가 창문으로 기능을 할 때 우리는 이제 그 창문을 통해 창문 밖의 실재를 경험할 수 있게 된다. 그 창문이 많거나 클수록 더욱 많은 실재를 경험하게 되며, 그 실재를 경험함으로써 반대로 나를 경험하게 된다. 창문을 통해 창문 밖 실재의 경험밖에 꽃이 피어있고 사람들이 경치를 즐기고 있네!은 나의 정체성에 대한 자각나는 이 안에서 무엇을 하고 있는거지?과 관계의 적절함에 대한 자기-인식에로의 확대나도 저들과 놀아볼까? 그리고 힘의 부여이렇게 안에 틀어박혀 있지 말고 일어나 나도 밖에 나가봐야지!를 일으킨다.

창문은 거기서 실제 무엇이 일어나고 있는지에 대해 실재에 관한 인식과 명료함을 일으킨다. 상대방이 어떤 역할로 나를 공격하거나 비난하고 있는지에 대한 '누구'에게로부터 '무엇'이 '어떻게'라는 실재에 대한 감각으로 전환시킨다. 그래서 그 누구에 대한 딱지로부터 -선한 인간, 나쁜 인간, 내가 좋아하는 인간, 내가 싫어하는 인간- 사회적 역할로서 누구에 대한 인식보다는 지금 거기서 무엇이 일어나고 펼쳐지고 있는지에 대한 실재에 대한 감각을 가져온다. 그러므로 갈등작업자들에게는 궁극적인 질문의 하나가 바로 '어떻게 우리의 언어가 장벽이 아니라 창문이 되게 할 수 있겠는가?'이다. 이것을 매 순간 숙지할 필요가 있다.

'언어는 존재의 집이다'라는 말이 갈등상황에 적용될 때 언어가 존재를 비추는 빛으로 어떻게 역할을 할 수 있는가가 두 번째 핵심이 된다. 언어가 창문이 되는 것만 아니라 더 나아가 언어가 빛으로 역할을 한다는 것은 매우 중요한, 그러나 거의 우리가 평소에 경험도 못해보았기에 꿈꾸어 보지도 못한 잊어버린 차원이다. 이것은 오직 만물이 신성하다고 믿는 애니미즘의 원주민들이나 소규모 종파로 남아있는 종교평화공동체 안에서 남아있는 유산이다.[3]

언어가 빛이 될 수 있다는 것의 체험은 나에게는 서클에서 경험하는 새로운 언어와 행위에 대한 성찰에서 얻어졌다. 안전한 공간에서 진정으로 말하고 진정으로 들려지는 상황에서 참석자들은 각자가 말한 스토리를 통해 뭔가

---

[3] 필자가 서클대화에 대한 비전을 가지게 된 동기는 미국 유학에서 마지막 학기에 머물렀던 퀘이커 영성훈련 공동체인 펜들힐(Pendle Hill Center)에서 그리고 종교적 갈등과 평화구축 연구를 위해 방문한 필리핀 민다나오 중부의 한 토착민(선주민) 마을에서 보았던 인상적인 서클 모임들의 경험이었다. 이들 종교평화공동체나 토착민들이 보여준 겸손 어린 침묵, 숭고한 경청 그리고 침해 없는 존중의 말하기 등의 전에 경험해보지 못한 대화분위기를 보지 않았다면 그런 종류의 대화가 가능한지 이해나 상상조차 못했을 것이다. 원주민의 예로 언어가 빛이 된다는 사례는 이것이다. 한 아이가 마을에서 범죄에 해당하는 행위를 했다고 치자. 그러면 마을 사람들은 서클로 모여서 그의 장점, 그가 다른 이에 해준 사소한 도움과 봉사들에 대한 관찰 이야기 혹은 그로부터 고마웠던 것에 대한 세세한 이야기, 태어나기 전의 성스러운 기운과 꿈, 비슷한 경험을 가졌으나 극복했던 선조 이야기 등등을 이야기하고 헤어진다. 그것으로 끝이며 그 아이는 알아서 행동하게 된다.

질적인 그리고 따사로운 지지와 일치의 경험을 하면서 비로소 자신이 무엇이 소중하고, 자신이 어떠한 존재인지를 확연히 깨닫는 사건들이 일어남을 목격하게 된다. 물론 그러한 경험은 나에게도 일어났다. 혼자 생각하는 것이 아니라 더불어 말하고 듣는 것이 더욱 나의 영혼의 진실성에 큰 도움이 된다는 사실을 여러 서클들의 참여자로서 혹은 진행자로서 경험한 것이다.

갈등해결이나 화해사역에 종사하는 이들은 '언어가 창문 그리고 더 나아가서는 빛이 될 수 있다'는 가능성에 대해 깊이 생각하게 된다. 결국, 이들의 작업은 언어로 하는 작업이기 때문이다. 그리고 언어의 무능성_{장벽이나 소음이}가져온 폐해를 이해할 뿐만 아니라 그 반대로 언어의 효능성_{창문으로서나 빛으로}_{서의 역할}에 대한 믿음이 갈등작업에 대해 용기를 가지고 다가가게 만드는 삶의 에너지가 된다. 언어가 빛으로 작동할 때 이 세상에서 그 빛은 진정성과 자비로움의 실재가 현존함을 비춰주게 되며 그것으로 인해 분리의 강제적 힘을 사용하는 지배체제의 대안이 되는 길이 열린다.

갈등작업자들에게 중요한 언어의 투명성과 능력부여의 가능성을 통해 '존재의 집'을 얻는 것에 더불어 또 다른 이해는 의식에 있어서 두 논리에 대한 것이다. 우리는 만족하지 못한 느낌이 일어나는 자극상황, 즉 불편함, 갈등 혹은 폭력의 상황을 직면할 때 그 대상을 있는 그대로 지각하지 않고 우리의 프로그램화된 두 논리에 의해 접근한다.[4] 즉 우리의 인식의 렌즈가 이미 대상의 실재에 참여하여 그것이 무엇인지를 프레임 속에 넣고 해석하여 우리에게 그것이 무엇인지 보여주는 데 여기에는 두 개의 인식 렌즈가 있고, 그 인식의 렌즈에 따라 실재와 결과는 다르게 나타난다. 좀더 신중하게 말하자면 두 인식

---

4) 대화가 포괄적인 의미에서 우주를 항행하는 데 있어서 커뮤니케이션의 이슈였다면, 2부의 갈등작업은 감정이 격하거나 무거운 상태를 일으키는 우주의 암흑지대를 지나거나 행성이 돌진해 들어오는 우주공간의 항행 작업에 비유할 수 있다. 그러한 특정한 우주 공간의 상황에서 항행할 때 우리의 의식은 자동적인 반응으로 논리나 프레임이 작동된다는 뜻이다. 즉 우리의 의식은 그러한 논리 프레임 안에서 전개된다.

의 논리는 만나는 대상의 정체성, 관계방식, 그리고 결과의 내용 및 에너지의 종류가 달라지는 것이다. 그것은 의식에 있어서 생존surviving의 논리와 돌봄 caring의 논리에 대한 것이다.

우선적으로 '생존의 논리'라 함은 내게 혹은 조직에 다가오는 대상, 조건, 상황을 두려움과 위협으로 인식하는 것이다. 혹은, 더 정확히 말하자면 두려움과 결핍의 에너지로 그것들을 맞이하는 의식이라고 말할 수 있다. 그럴 때 반응은 맞서서 공격하기fight, 재빠르게 사라지기flight 그리고 얼어붙기frozen 라는 뱀의 반응과 같은 세 가지 형태의 생존 논리로 응하게 된다.

이러한 생존 논리는 인류가 수렵사회에서 수백만 년간 자연대상물의 위협이 큰 힘으로 작용할 때 인류가 몸에 체화한 자동반응이라는 문화적인 DNA이며 주로 우리의 파충류뇌의 역할이었고, 인류의 무의식적인 집단학습의 경험이었다. 그러나 특히 1990년대 이후 인터넷과 핸드폰으로 예시되는 '초연결의 시대'에 들어서면서 연결이 생존에 중요한 시기에는 분리에 따른 공격과 방어의 생존 논리는 인류의 삶과 개인의 일상에게 더 큰 위협으로 다가오는 180도 급전환의 상황이 되었다. 즉, 초연결의 시대에는 내가 모르는 '원격타자the distant Others'의 일이 내게도 직접 시간과 공간의 차이없이 영향을 주게됨으로, 나의 안전을 위해 원격 타자에 의식적으로 연결하고 관심을 가져야 하는 상황이 된 것이다.[5]

두 번째의 것은 돌봄의 논리이다. 이는 내가 맞이하거나 내게 일어나는 사람, 상황, 관계에 대해 위협이 아니라 도움에 대한 요청으로 받아들이는 것을 말한다. 즉, 갈등작업의 자극상황에 있어서 나를 위협하는 신호가 아니라 내

---

[5] 대부분 갈등이론이 인터넷 연결망과 인공지능(AI)라는 '초연결의 시대(Age of Hyper-connection)'라는 시대적 감각이 심각히 고려되기 전에 만들어졌고, 여전히 타자에 대한 위험을 전제로 자기 보존을 위한 기술들을 가르치고 있다. 초연결의 시대 이후의 갈등이론은 상대방의 위협보다는 단절이 위험이라는 사고에서 출발해야 한다. 상대방이 아니라 상대방과 나 사이의 연결문제가 갈등이론의 핵심이 되어야 한다는 뜻이다.

가 존중과 돌봄의 에너지로 맞아들이는 양육자로 나를 요청하고 있음을 의미한다. 상대방이 도움을 구하고 있는 요청자로 받아들일 때, 청자는 양육자로서 다가간다. 가정에서 아기가 울 때 무엇이 필요한지 궁금해 하며 무엇을 지원해야 하는지를 먼저 생각하고, 그 대상을 품고 감싸고 보호하는 방식으로 응답하는 것이다. 이건 공식적인 가부장적인 주류문화에서는 배척된 논리이다. 이렇게 사적인 친밀함의 문화에서 존재하는 양육의 논리로 주변화시킨 것을 어떻게 개인 간의 갈등 영역만이 아니라 공공영역에까지 재중심화할 수 있는지의 문제이다.

앞에 있는 대상이 소리치거나 울거나, 격노하거나 잘못을 저질렀을 때 -어린 아이가 그렇게 할 때- 부모는 무엇이 필요한지, 무엇을 지원해야 하는지를 궁금해하며 다가간다. 맞서거나 회피하거나 잠자코 있기가 아니라 호기심으로 그리고 다정히 다가가면서 탐색을 하게 된다. 이 상황에서 무엇이 필요한가? 어떤 지원이 요청되는가? 두려움과 위협의 대상이 아니라 돌봄과 양육을 위한 연결의 대상으로 바라보게 된다.

갈등을 대면할 때 생존 논리는 여전히 매우 막강한 힘을 발휘한다. 일어나는 자극상황은 위험, 문제, 도전, 위기로 인식하기 때문에 이에 대한 대항으로 프로그램화된 자동반응장치로서 생존 논리가 영향력을 발휘하게 되는 것이다.[6]

생존 논리가 우리에게 위험한 것은 그 논리가 자연 세계가 아닌 인간의 관

---

6) 생존 논리가 겉보기에는 쉽게 이해되어서 피할 수 있을 것으로 생각하지만 실제로는 머리의 이해만큼 몸이 빠져나오기 쉽지 않다. 이는 그 생존 논리의 덫에 걸리면, 즉 그런 상황에 접하면 상대방의 말, 행동, 태도가 상대방은 나를 위협한다는 증거들로 해석되고 그 증거들이 많이 '객관적'으로 쌓이기 때문이다. 패러다임이 이미 그렇게 보고 있어서 그에 관련된 증거들을 쌓는 기능을 수반하게 되는 데, 보는 것과 내 확신 그리고 증거들이 '객관적'이게 되어 다른 상상을 하는 것은 비논리나 불합리적인 판단으로 여겨진다. 즉 어떤 눈으로 보는 가는 어떤 증거의 타당성을 모으는가에 관련된다는 뜻이다. 그래서 그런 논리의 객관적인 증거가 그 증거를 보는 이에게 판단의 신념을 부여한다. 사실은 자기 눈이 증거를 모으고 있다는 사실을 까마득하게 잃어버리는 것이다. 이것이 갈등상황에서 우리의 비극적인 체험이다.

계와 소통이 중요한 현대 세계에서 작동되면 강제의 힘에 대한 정당성이 진리의 기준으로 작동하게 되기 때문이다. 정당성이라는 의식이 강화되면 분리, 승리, 논쟁, 상처, 교정하기가 쉽게 일어나면서 '타자'의 존재능력을 훼손하게 되고 '나'의 지배영역을 확대하는 이데올로기의 수단이 강화된다. 그렇게 되면 소수자, 약자, 이탈자, 범죄자, 실패자, 부적응자에 대한 민감성을 상실하면서 그들을 위험한 자나 통제의 대상으로 자동화된 사회적 프로그램 속에 가두거나 배제하거나 고통을 부과하는 방식에 의해 교정하려 하는 시도가 인간의 마음과 사회적 제도에서 자연스럽게 일어나고 그것이 정당하다고 여기게 된다. 두려움과 위협에 대해 에너지를 쏟는 사회는 안전을 추구하는 데 있어서 역설적이게도 더욱 위험한 사회가 되는 데, 이는 지성의 비일관성의도나 기대에 대비해 결과의 불일치나 비효용성 **때문이다.**[7]

상호의존의 긴박성이 요구되는 작금의 사회에서 우리에게 일어나고 있는 힘든 사건과 상황 그리고 잘못을 저지르는 사람과 잘못된 관계를 두려움과 위협의 시각에서 아니라 돌봄의 시각에서 바라본다는 것은 두 가지를 갈등작업이 요청하고 있다는 뜻을 함유한다.

첫 번째는 갈등작업자는 분리가 오히려 위협이라는 것을 이해했다면 연결 connection이 중요한 실천의 핵심 덕목이 된다는 뜻이다. 자신의 의식에서 다가오거나 일어나는 것들에 대해 의식적으로 '연결하기'가 자각되어 실천되어야 하는 것이다. 특히, 상대방이 도움을 구하는 요청자라는 사실을 인식할 때, 다가간다는 뜻을 해결하기, 교정해주기, 가르쳐주기, 설명해주기라는 지원이 필요할 것이라는 오해하는 경우가 많다. 다가간다는 것은 1부의 진술과 연결

---

7) 지성의 비일관성의 이해는 '내면가족체계(IFS)'를 공부한 사람들에게는 쉽게 다가오는 말이다. 즉, 우리의 행동은 내면의 '보호자들'과 '희생자들'에 의한 역동적인 관계속에서 일어나고 있어서 참자아와 연결이 안된 행동들이 표출되면서 진정성과 기쁨 그리고 평화를 잃게 된다는 것이다. 이에 대한 것은 7부의 3장 "트라우마치유를 위한 서클의 내면대화"를 참고하면 도움이 될 것이다.

되듯이 문제로 보고 해결책을 들고 간다는 것이 아니라 호기심을 갖고 의미의 탐구를 위해 판단을 보류하며 연결하기로 다가간다는 뜻이다.

두 번째는 갈등작업자는 다루고자 하는 이슈의 내용에 대해 '앎'과 '모름'에 대한 자신감이나 주저함이 일어나기 이전에 '신뢰'가 핵심임을 이해할 필요가 있다.[8] 갈등작업자로서 다루고자 하는 사안이나 사건이 이미 다루어 보았던 경험의 부류의 사건이어서 '앎'을 가지고 가는 순간에 미묘한 것을 놓치게 된다. 표면적인 사안은 유사한 사건일 수 있어서 해결에 도움을 줄 수는 있지만, 자신의 배움과 통찰은 적어서 생생함을 잃기 쉽기 때문이다. 더군다나 진행자의 겸손을 배울 기회를 놓치게 된다. 자신의 능력의 쌓임이 이치에 대한 주목하기의 기회를 허락하지 않기 때문이다.

혹은 모르는 사안이라면 긴장이나 불안을 가져올 것이다. 그렇게 해서 다행히도 그 사안이 만족한 결과로 전환될지라도 에너지 소모와 지침은 무의식 중으로 쌓이게 된다. 내 의식이 '앎'이 안전을 보장한다는 신호를 가진 상황에서 무지에 대한 저항의 에너지가 사용되기 때문이다. 그렇게 되면 계속해서 모름의 영역이 줄어드는 방식으로 갈등작업의 실천가는 노력과 에너지를 쏟게 된다. 결국, 나중에는 다행히도 수완 있는 전문가라는 소리를 들을지라도 모름에 대한 불안은 해소되지 않는다. 물론, 여기서도 상황이 주는 존재의 생생함을 잃는 것은 마찬가지이다.

결국, 앎과 모름은 모두 대답과 해결책의 추구라는 목표지향적인 의식에서 나오는 것이다. 연결하기의 목표는 대답과 해결책이 아니다. 그것은 신뢰라는 것에 기반한다. 그리고 신뢰가 앎과 모름을 넘어서 지성이 발생하는 궁극적인 터전임을 이해 전에 신뢰할 필요가 있다. 신뢰는 앎과 모름을 넘어서

---

8) 인간관계에서 신뢰에 대해 필자가 흥미롭게 본 도서 하나는 이것이다. 스티븐 M.R.코비 저, 김경섭, 정병창 역, 『신뢰의 속도』(2009, 김영사).

자기 정체성, 소명, 그리고 열정이 열리는 모체matrix이다.

　신뢰는 합리적인 설명 이전의 인식과 관계가 태동하는 곳이다. 그렇기에 선-판단 없이 마음을 열고 무엇이 발생하였는지 '대답과 해결책' 없이 부드러운 호기심을 갖고 다가갈 수 있게 한다.[9] 그것이 상대방, 나, 그리고 모두에게 무엇이 의미있고 소중한 일인지 지금 현재의 경험으로 발생하고 있는 것을 관찰하고 그 의미, 중요성을 추출하는 과정 안으로 들어가 거기에 진정으로 머물러 있을 수 있다면 그 어떤 풍요로움에 함께 존재하는 질적인 현존을 경험할 수 있다. 그리고 나서 그것이 어떠했는지 긍정적인 피드백을 나눈다면 새로운 배움의 도약이 일어난다.

　서클 대부분이 그렇듯이 그러한 방식이 특히 회복적 서클에서 작동하는 방식이다. 연결하기와 신뢰하기로서, 자극상황을 환대하고 열린 질문으로 탐구하며 의미와 소중한 것을 자각하여 너와 나의 삶에 그 감각으로 이 순간을 대면하는 것 그리고서 그 소중함에 따라 미래로 자신을 펼치는 것이 회복적 서클에서 일어나는 방식이다.

---

9) 오해를 줄이기 위해 '대답'과 '해결책'이 서클에서는 어떻게 얻어지는가에 대해 진술하고자 한다. 컴퓨터로 비유하자면, 서클은 거칠고 힘든 것이 입력(input)되면 아름답고 선한 것이 결과적으로 나온다(output). 그러나 서클은 과정이 목적이고 목적이 과정에 녹여져 있기에, 대답과 해결책을 의식적으로 목표지향적으로 진행해 나가지 않는다. 그것은 부산물로 얻어지는 것이다. 즉, 입력과 출력의 중간인 과정, 즉 프로세싱의 충실성이 거칠고 힘든 것을 아름답고 선한 것으로 전환시키는 것이다. 그런 전환으로서의 프로세싱(과정)의 충실성이 서클의 중심이다. 그러기에 결과는 이미 그 과정에서 잉태되고 있었다. 만일, 서클진행자가 목표지향적으로 서클을 진행하는 경우 적지 않은 사람들이 낭패의 경험을 겪게 된다. 이는 서클의 형태로 진행했지만, 결과를 보고자 하는 긴장과 에너지가 서클의 자연스러운 흐름의 에너지에 역행하면서 일어나는 낭패이다. 다시금 강조하거니와 과정을 신뢰하라는 격언은 그냥 나온 말이 아니다.

2장. 갈등에 납치되기 & 인식의 오류

갈등작업에 있어서 언어와 의식의 문제에 작업자는 신경을 써야 한다는 생각을 다른 관점에서 좀더 말해야 할 것이 있다. 자극상황에 대해 대처하는 방식이 그 어떤 대화방식의 모임이든 아니면 서클진행 방식이든 간에, 그 상황에 개입해 들어가기 전에 고려해야 할 부분이 있다. 이미 개입하고서는 늦어버리기에 사전에 개입자가 숙고해야 할 사항을 이 장에서 다루고자 한다. 갈등상황 자체보다 개입의 방식 그 자체가 이미 좋지 않은 결과를 가져올 것이라는 예측을 하게 만드는 것들이 있기 때문이다.

일반적으로 사람들은 관계에 있어서 심각하고 복잡한 결과, 예를 들면 증오와 쓰라린 상처만 남은 분열 혹은 치유되기 어려운 폭력의 갈등 사안을 보게 되면 "어쩌다가 저 모양까지 가게 되었는가?"라며 도저히 이해가 안 된다는 반응을 보일 때가 있다. 도대체 그렇게까지 방치한 게 말이 되느냐는 생각도 나눈다. 마치 성냥 하나로 시작된 작은 불이 산불처럼 크게 번지게 된 사건처럼 왜 중간에 조치를 제대로 하지 못했느냐는 비판의 소리를 듣게 되는 것이다. 나의 이해는 좀 다른데, 왜냐하면 중간에 조치를 못해서가 아니라 불을 끈다고 한 것이 더욱 크게 번지는 모양새를 갖은 수많은 사건에 직접 개입해 본 경험이 있었기 때문이다. 특히 복잡하고 미묘하게 얽혀서 아예 손을 대기 어려운 사안이자 이미 몇 개월 혹은 일 년 이상 지나서 일이 커져 버린 사안들에는 그대로 방치가 아니라 해결을 하기 위해 개입해서 오히려 당사자들만 아니라 개입자 조차 비난과 원망의 대상으로 휘말리는 사건들이 너무나 많았다. 해결하기 위해 개입한 일이 어떻게 산불처럼 더욱 번지는 결과를 초래하는 것일까?

이 장에서 말하고 싶은 것은 내가 해결하기 위해 뛰어든 사건이 그 사건 자체의 모호함이나 복잡함이라는 성격보다는 개입자의 위치가 미묘한 파장을 일으킨다는 점이다. 특히 구조자로서 혹은 심판관의 위치에 대한 안타까운 마음이 있다. 구조자나 심판관의 역할로 다가갈 때 더 큰 왜곡이 벌어진다는 사실 때문이다. 그리고 이는 현장에서 번번이 일어나는 실수이기도 하다.

비유로 말해보도록 하자. 한 피해자가 차를 운전하면서 도로 옆에 있는 나에 다가와 정차하며 문을 열고 소리친다. "빨리 타세요. 저 앞에 가는 저놈이 내 물건을 훔치고 도망치고 있어요." 내가 구조자나 심판관으로 있고, 한 피해자나 희생자가 나에게 도움의 손짓을 할 때 나는 저도 모르게 그 사람의 옆에 동승하게 된다. 왜냐하면, 그의 고통이 '책임 있는' 양육자^{부모, 교사 혹은 상사}나 동료인 나에게 구조자 혹은 심판관으로서 나의 역할을 요청하고 있어서 고통을 호소하는 그의 호소에 지원해 줘야 한다는 당위^{ought}가 나의 의식을 사로잡기 때문이다.

그래서 저절로, 혹은 기꺼이 자발적으로 운전사 옆자리에 앉아 동승하고 나서, 나는 그의 말을 듣고 묻게 된다. 도대체 무슨 일이고 당신이 추적하는 저 사람은 누구이며, 어떤 나쁜 일이나 잘못을 그에게 저질렀는지 확인하고 그 내용을 귀담아듣는다. 사건 파악을 제대로 해야 도움을 줄 수 있다고 생각하기에 알고 싶은 내용들을 파악하기 위해 묻고 듣는 것이다^{여기까지 이야기하면 무슨 말을 하려는지 알아차리는 독자도 있을 것이다}. 이렇게 하여 두 가지가 일어난다. 하나는 운전자는 자신의 입장과 관점이 옆의 동승자의 들어줌으로 인해 자기 신념이 명료화되어가면서 강화된다. 즉 앞에 도망가는 저 인간은 나쁘고

빨리 잡아야 하며 이런 추적방법의 선택이 정당하다는 부정적 신념의 강화를 돕는다.[10]

또 하나는 운전자 옆의 동승자는 운전자의 말을 듣고 질문하면서 운전자가 가리키는 방향과 내용에 대해 동승하면서 같은 방향과 속도로 함께 하고 있다는 사실을 잊는다. 일단 상대가 운전석에 앉아 있고 페달을 밟고 있으며 내가 동승자의 좌석에 앉아 있는 한, 자신도 모르게 운전자가 말한 그 나쁜 사람에 대한 의식과 잡으러 가는 방향에 편승하여 나도 따라가고 있다는 사실을 이해하지 못하는 것이다. 운전자의 고통에 대한 염려와 지지라는 '선한 의도'로 탑승했지만, 자기도 모르게 저기 앞에 달려가는 사람이 '나쁜 사람'이라는 딱지와 '추적해서 붙잡기'라는 방법이라는 '행동유형'은 다시 고려해 볼 필요가 있다는 생각을 쉽게 할 수가 없다. 나는 이런 상황에 이름 붙이기를 개입자가 자신도 같은 방향을 가면서 자신이 무의식적으로 '납치kidnapping'되었다는 사실을 인식하지 못한다고 말한다.

개입자의 납치당하기라는 나의 말은 가정, 학교, 시민단체 그리고 동네 이웃의 갈등 사건에서 너무나 흔히 보는 일들이다. 자녀들 싸움에 말리러 들어간 엄마나 아빠의 개입, 학생들 갈등에 개입하는 교사들의 여러 낭패 본 결과들의 대부분이 그런 유형에 속한다. 손상을 준 사람이 책임에서 멀어져 고집부리며, 그래서 멀리 도망가기 때문에 함께 추적하고 있었다고 말하지만, 실상 또한 내가우리가 추적하기에 상대방도 멀리 도망가고 있다는 생각은 좀처럼 할 수가 없는 법이다.

그래서 동승자의 선한 의도는 이해하지만 아쉽게도 원하는 결과가 불만족

---

10) 필자는 이 과정을 부정적 신념을 강화하는 '숨은 커리큘럼(hidden curriculum)의 작동'이라고 워크숍에서 부른다. 상대방의 문제에 대해 그 문제의 본성을 '제대로' 보도록 돕는 것이 아니라 자신의 의도와는 반대로 상대의 부정적 신념과 태도를 개입자가 자신도 모르게 강화하도록 수업을 진행하고 있다는 것이다. 그것도 개입자도 화자도 모르게 진행되고 있다. 숨은 커리큘럼은 다음 장에서 자세히 논한다.

스러운 경우가 많아지고 일이 더 심각한 편치않은 결과들이 동승자에게도 생긴다. 예를 들어, 상대방을 못잡고 놓침으로 피해의식과 보복심리를 강화하기, 상대방을 붙잡아 과거의 피해로 그 사람의 미래를 박탈하기, 또는 상대방 면전에는 섰으나 물건만 돌려받고 내 고통에 대한 이해는 받지 못했으며 이제는 도망자의 동승자에 대한 불편한 시선과 주변 사람들로부터의 괜한 의심과 두려움이 생기는 등의 원치 않는 결과들이 생긴다. 이는 선한 의도는 좋았지만 원하는 결과가 불만족스러울 때 내가 선택한 행동유형이 문제가 있을 수 있다는 사실을 이해 못 한다. 선한 의도에 내 의식이 집중되어 있어서 선택한 행동유형이 미치는 결과를 이해할 틈이 없는 것이다.

또한, 내 〈추적하기〉의 노력이 상대방의 〈도망가기〉를 강화한다는 것은 더더욱 생각하기 힘들다. 그래서 내가 옳고 그름을 따지고, 정당성을 밝히기를 추적할 때 상대방은 내 관심과 노력과 고통을 알아주기는커녕 더욱 냉소적이거나 무관심이라는 뒷걸음치기 형태의 자기 보호의 장벽을 자연스럽게 높인다. 그러면 그동안 추적해온 노력에 대한 보상으로 분노, 위협 그리고 고통주기가 당연한 선택으로 강화되며, 이로 인해 상대방은 자신의 방어에 대한 정당성과 보복의 에너지를 습득한다.

이것은 갈등 당사자들의 문제만은 아니다. 오히려 책임 있는 양육자, 부모, 교사, 상사가 제삼자로서 심판관이나 구조자의 역할로 들어갈 때 그 제삼자도 그 개입으로 갈등 당사자들의 문제가 자기 문제가 되어버린다. 즉, 제삼자로서 그는 추적자와 도망자, 피해자와 가해자의 역할극에서 옳고 그름, 정당성, 지위, 영향을 주어 변화주기라는 목적을 위해 강제적인 힘forces의 옹호자가 되어 어느새 권력을 행사하게 된다. 그런 힘의 행사를 여러 차례 반복적으로 행하는 역할을 맡게 되면 '누가' 그리고 '얼마만큼' 문제인지에 관심이 있는 고정된 패턴을 몸에 체득하면서 자기도 모르게 힘·권력에 의존하는 '공격자-희생자의 덫'에서 빠져나올 수 없게 된다. 남의 문제가 이제는 나의 문제가 되는 셈이다. 즉, 연결의 에너지보다 정당성의 에너지로 상황과 관계를 보는 '감시자'로 자연스럽게 바뀌게 된다.

이제 그러한 감시자가 양육자, 부모, 교사, 지도자로 있는 한, 갈등 작업에 관련된 이들은 이제 그 감시자의 눈에 걸리지 않는 교묘한 정치·외교적 수단을 일상에서 고안한다. 가해자는 거짓말하기, 분노의 표출을 통해 함부로 다가오지 못하게 하기, 힘에 거짓 순응하여 손해를 적게 보기, 감시자가 없을 때 피해자에게 엄포 놓아서 함부로 입 놀리지 못하도록 은근히 위협주기, 혹은 자신을 대신해서 동료들이 상대를 괴롭히도록 시키기 등을 고안하게 만든다. 그 사람 성격의 문제가 아니라 이런 프레임 속에서는 그러한 흐름을 자연스럽게 고안하게 하는 것이다.

반면에 피해자는 심판관 앞에서 자기 고통에 대한 보복과 보상의 요구를 세게 호소하기, 모호한 상황이라 할지라도 가해자의 잘못으로 정당화하는 논리와 명료함을 노력해서 개발하기, 부정적 체험에 에너지와 의식을 지속시켜 감시자의 관심을 계속 얻기, 감시해 주는 권력이 없을 때 자기 안전을 위해 힘센 자에게 뇌물 주거나 복종하여 잘못된 권력으로부터 보호를 받기, 가해자 본인에게 전가할 수 없다면 자신의 고통을 자신보다 더 약한 다른 이에게라도 상처를 전가하여 위로받기 등등이다. 그렇게 되면 감시하는 권력은 자신의 필요성과 존재 이유를 더욱 강화하면서 자신의 직무를 더욱 충실히 수행하려는 의욕을 갖는다. 이것이 패턴과 문화로 만들어지면 우리는 거기서 나올 방법을 거의 생각할 수 없다. 왜냐하면, 이것은 정상적이고 당연한 것이며 우리가 세상을 보는 실재의 실상으로 비치기 때문에, 내 안에 만들어 놓은 패턴이 투사되어 세상이라는 스크린에 보이는 실재로 둔갑한다는 사실을 인

지하지 못한다.[11]

개입자가 갈등상황에 납치될 때, 자신도 결국은 선한 의도와 달리 비극적 결과를 초래하는 역할을 하고 있으며, 더 나아가 위에서 진술한 대로 그렇기에 자신의 강제하는 권력의 필요와 자신의 역할이 필연적이라는 자기 속임도 알아차리지 못하고 더욱 충실히 그 일을 수행하게 된다는 놀라운 결과를 그 공동체나 사회는 갖게 된다는 점을 인식할 필요가 있다. 그렇게 해서 공적인 개입의 이름으로, 혹은 전문가의 이름으로 권력을 행사하는 당위성을 합법화한다. 그렇게 해서 지배체제의 공모는 구조화되고 문화로 정착되는 것이다. 시민사회 활동가로서 최소한 갈등작업에 종사하는 소명의 큰 이유 중 하나는 바로 이러한 납치됨의 비극과 더불어 강제적 권력의 구조화와 시스템화를 어떻게 변형시킬 것인가에 대한 고민이 있는 것이다.

갈등작업에 개입하기 위해 동승자가 되지 않고 일단 운전자로부터 추적에서 나와서 대화라는 방식을 시도하려 할 때 또 다른 장애가 도사리고 있다. 그것은 갈등에 대한 '인식의 오류'에 대한 것이다.[12] 빅터 플랭크의 말을 인용함으로써 인식의 오류에 대한 몇 가지 법칙을 나누고자 한다.

자극과 반응 사이에 공간이 존재한다.
그 공간에 우리의 응답을 선택할

---

11) 이런 패턴들이 학교폭력을 담당하는 일부 '학생부장' 직책을 맡은 교사들이 나의 개입방법에 저항하거나 신뢰를 하지 않거나 아니면 사건 해결은 위임은 하지만 자신에게는 통찰로 수용하지 않는 경우가 많은 이유에 대한 설명이 된다. 그러한 패턴들의 빈번화와 고정화의 증거들이 많아서, 이른바 '지옥에서 온 아이'(어느 학생부장의 인상적인 표현을 인용함)에 있어서 필자의 방식은 '선처'의 방식으로 이해되어 불공평하게 보여서 납득이 안가는 것이다.

12) 진행자의 개인 능력과 재능에 의존하기보다는 갈등이나 서클 진행에 대한 이치와 원리에 충실하자고 제안하는 나는 워크숍에서 종종 '인식의 오류'라는 말을 자주 사용한다. 왜냐하면, 이치와 원리에 대한 인식의 오류가 실수나 실패의 원인이 되지 자신의 능력의 부족 문제에 그 원인이 있지 않음을 공유하고자 하기 때문이다. 이해하면 능력이 있게 되는 것이다. 왜냐하면, 능력은 누구에게나 있는 보편적인 것이기 때문이다.

갈등작업을 하는 이는 납치됨으로 시작해서 어떻게 이 세상을 그의 책 제목처럼 '죽음의 수용소'로 둔갑하게 만드는지에 대해 '자극-반응'의 덫에 뚜렷한 인식이 필요하다. 여기서 두 단어가 특히 중요하다. 반응이라는 것이 우리의 비참함의 모든 계기를 만든다는 것이다. 마치 동승자의 반응 자체가 다른 일련의 산불이라는 복잡한 얽힘을 초래한 것처럼 우리의 무의식적인 자동반응 체계는 놀라울 만큼 몸의 각 세포에 깊숙이 박혀 있다. 봄이 사고의 문제를 제기한 것처럼 반응은 갈등작업에서 핵심적으로 생각해야 할 이슈이다. 그 반응에 대해 다음 장에서 설명하지만, 또한 그 반응을 원인적으로 가져오는 것은 바로 '자극'을 어떻게 인식하는가에 달려있다.

반응이라는 행동은 곰곰이 성찰하자면 어떻게 '자극'을 인식하고 받아들이는가에 또한 무의식적으로 결정적인 영향을 받는다. 예를 들어, 밤에 오솔길을 가다가 갑자기 무서움과 놀라움으로 반응을 한다고 치자. 왜냐하면, 뱀 같은 것을 보았기 때문이고, 그래서 반응을 자신도 모르게 한다. 그러나 그 뱀 같은 것이 실상 자세히 보면 노끈이었음이 밝혀졌을 때 당신은 안도의 숨을 쉬게 된다. 놀라워함과 안도함이라는 반응은 자극이라는 노끈을 잘못 인식했기 때문에 일어난 것이다. 자극으로서 노끈을 뱀으로 인식함으로써 반응은 거의 자동으로 분출된다. 이렇게 반응 이전에 인식이 있으며, 갈등작업의 경우, 자극에 대한 인식의 오류로부터 반응이 패턴화된다는 사실을 깊이 성

---

13) 나는 회복적 서클 입문워크숍 첫날에는 항상 이 문구를 참여자들과 나눈다. 『죽음의 수용소에서』라는 책을 쓴 아오슈비츠 생존자인 로고테라피의 창시자인 그의 말은 어떻게 우리가 자극-반응이라는 덫에 쉽게 납치당함으로써 이 세상을 죽음의 수용소로 우리가 만들고 있는지 심각하고도 예리한 통찰을 이 문장에서 보여주기 때문에 그의 말을 깊이 새기면서 참여자들과 회복적 서클 훈련을 시작할 때 세상이 그러한 죽음의 수용소가 되지 않고 그곳으로부터 어떻게 벗어날지를 진지하게 마음에 되새기는 의식(rituals)을 나 나름으로 한다. 그만큼 이 문장은 거의 언제나 가슴에 파고드는 강력한 말이다.

찰할 필요가 있다. 다음은 필자가 그동안 알게 된 자극에 대한 인식의 오류들
이다.

① 갈등에 있어서 인식 오류의 제 1 법칙: 자극과 반응의 관계에서 우리
의 반응은 자극에 대한 자신의 해석된 자극에 대한 반응일뿐이다. 그러
한 해석된 반응으로서 우리는 그 반응이 적절한 행동이라고 이해한다.
그러나 그 반응이 실제로는 자극이라는 실재에 적절한 것은 아니다.

갈등작업은 인간의 심리와 관계로 일어나는 조건화된 현상을 다룬다. 기
계의 고장을 다루는 것과 달라서 해결책이 아니라 역설로 주목하여 차이와
대극對極들 '사이의 긴장'을 통해 일어나는 에너지를 변형시키는 것임을 이미
앞서서 진술하였다.[14] 그 변형의 핵심은 나의 반응이 자극을 주는 실체로서
그것노끈; 관계, 사람, 상황, 도전에 대한 반응이 아니라 그 자극이라는 실재노끈에
대한 나의 해석뱀이라는 인식, 추측, 판단, 선이해에 대한 반응이다. 즉, 나의 반응은
나의 사고에 대한 반응인 것이다.[15]

② 갈등에 있어서 인식 오류의 제 2 법칙: 이는 자극이 문제로 인식되는
것은 전체성에 대한 연결의 단절이 주는 개별성의 착시이기 때문이다.

---

[14] 다시 강조하지만, 갈등은 상대방의 잘못이라는 행위의 실체와 그 행위에 대한 부당성의 논쟁
이 아니다. 오히려 갈등은 당사자들 사이에서 일어나는 자극과 반응의 긴장 관계이다. 대화는
이렇게 '사이의 긴장'을 '사이의 인식'으로 전환하는 데 있다. 이렇게 대화는 역동적 구조가 지
닌 '사이'라는 불협화음과 소음을 조화와 어울림(fitting)으로 전환시킨다. 이를 필자는 실체적·
입자적 접근이 아니라 관계적·파동적 접근이라고 칭한다. 이는 서클의 공간에 대한 '장인식(the
consciousness of field)'에 해당하는 것이다. 이 책의 뒤에 서클의 작동원리를 다루는 부분들
을 참조하면 도움이 될 것이다.

[15] 갈등과 반대로 기적에 대해 비슷한 말을 성 어거스틴은 말했다. "기적은 자연에 반해 일어나
는 것이 아니라 우리가 자연에 대해 알고 있는 것에 반해 일어난다." 이는 기적과 자연을 각각
갈등과 실재로 바꾸어도 마찬가지이다. 즉, 기적이라는 나의 인식은 자연 그 자체라는 실재에
대한 응답이 아니라, 내가 가지고 있는 앎이라는 사고에 대한 응답이라는 말이다.

실재는 문제가 없다.

갈등작업자들에게는 이 문장은 매우 도전적이고 대담한 문장처럼 들릴 수
도 있지만, 이미 1부에서 다룬 내용을 다르게 축약한 것에 불과하다. 개별성
으로서 사건은 그 혼란의 소용돌이라는 표면적인 현상에도 불구하고 전체성
이라는 강물의 흐름에 의해 구조화된(조건화된) 펼쳐짐unfolding이다. 이는 파편
화된 사고의 이슈에 의한 것으로서 근원적으로는 단절disconnection에서 연루
된 판단에서 파생된다. 따라서 분리의 눈으로 보고 있는 현상에 대해 핵심은
현상이 아니라 눈의 인식문제임을 이해하는 것이다. 그러므로 사고에서 존재
로, 그리고 전체성으로 다가가는 이슈는 연결하기에 어떻게 집중할 것인가에
달려 있다. 현상은 그것의 진실을 보도록 우리를 초대하는 표상들이다. 달리
말하자면 자극은 그대의 인식을 투명하게 돕는 영혼의 안내자이다.

③ **갈등에 있어서 인식 오류의 제 3 법칙: 우리의 인식이 자극을 위협,
문제, 잘못, 손상으로 보고, 그에 대한 반응이 공격, 도피, 얼어붙음으로
나타나는 것은 자신이 두려움과 결핍의 에너지에 납치되었기 때문이
다.**

1부에서 진술했듯이 실재는 참되며 자비롭고 온전하다.[16] 개별성이 무한

---

16) 실재가 그렇다는 것은 선험적인 것이다. 이는 서클이 중시되는 문화인 애니미즘(모든 만물과
우주는 성스럽고, 따라서 모든 만물은 형제자매로서 서로를 돌보는 안내자이다라는 신념)의
원주민들 문화와 섹트화된 종교적 평화공동체의 문화토양에서 당연한 것으로 여기고 삶을 보
는 인식의 토대를 이룬다. 우리의 과학적인 혹은 세속적인 세계관은 인류사에 보면 수백만 년
의 기간에 오직 수백 년이며 그것도 인류의 일부만이 공유된 상대적인 것임을 이해할 필요가
있다. 다시 말해, 서클문화는 우리의 지금의 현대적 세계관보다 훨씬 오래 그리고 더 많은 인류
의 숫자가 공유된 것이 더 객관적인 이해이다. 선험적이라 함은 이미 자신의 이해가 작동하기
전에 그것에 기초해서 이해와 지성이 작동하는 인식의 터전을 집합적으로 물려받는다는 뜻이
다.

히 온전한 실재와 분리되었다는 마음의 오류, 곧 지각의 오류로 인해 두려움과 결핍이 일어난다. 그러한 에너지 안에서는 인식과 반응은 적절하다고 여겨지기에 교정이 일어나기가 불가능하며, 좌절과 무력감이라는 자동적인 결과를 맞이하게 된다. 이는 두 가지를 바꾸어야 치유와 변화가 있게 된다. 인식의 형이상학 곧 실재는 참되고 자비롭고 온전하다는 근본 인식이 첫 번째이고, 존중과 돌봄의 에너지에 대한 일관된 허용이라는 마음가짐이 두 번째이다. 마음가짐이 갈등작업이 어떻게 진행되는가에 대한 주지적主知的 접근이나 기술적skillful 접근방식보다 먼저 앞선다는 것이 서클대화의 독특성이다. 즉, 성스러움에 대한 인간의 접근과 존중과 돌봄의 에너지로 접근하는 것이 방법적인 접근에 앞서 갖추어야 할 태도라는 점이다.

이쯤에서 이 책 저술에 있어 나의 입장에 관하여 명확한 자기표현이 도움이 될 것이다. 모든 이론이나 학문적 진술은 제한된 관점을 지닌 접근방식 perspective-laden approach이다. 그렇기에 나의 이론도 보편적인 이론으로 주장하고 싶지 않다. 그러나 나의 관점이 어떤 현장과 누구를 위해 봉사하는가에 대한 치열함은 언제나 놓고 싶지 않다. 이는 기존의 갈등작업과 관련하여 주류 모델들이 무슨 말을 하든지 간에, 저술가로서 나의 경험에 대한 일관성과 충실성에 대한 것이다. 대화나 갈등작업이 소방수가 사고 난 곳에 불을 끄는 것을 넘는 소모적인 것을 넘어, 사회를 근본적으로 대화와 갈등작업을 통해 어떻게 새로운 패러다임으로 다르게 변혁시킬 것인가에 대한 자유와 해방에 대한 치열함을 공유하고자 할 때, 무엇이 근본적인가에 대한 사색에서 나오는 나의 관점이다.

특히 어떻게 갈등작업자로서 남의 문제를 해결하는 전문 직업인을 넘어 자신의 자기 이해에 대한 납득할만한 것일관성을 가지며, 자기 정체성에 있어서 온전함에로 나갈 수 있는가에 대한 이슈이기도 하다. 그것의 중요한 하나는 실재-인식-행동-결과에 대해 일관성을 스스로 갖는 것이다. 기존의 방식이 비극적 결과에 대한 잘못된 행동을 교정하는 방식에 머물러 있다면 나에게는 그것을 넘는 실재와 인식의 근본 문제를 무시하고는 한 번밖에 없는 자신의 생이 의미의 풍요로움이 아닌 사회의 필요에 대한 응답으로 끝마칠 것에 대한 염려가 있기 때문이다. 갈등작업자는 소방수의 일에 대한 직무의 효용성과 그 책무에 대한 충실성을 갖는 것은 당연하다. 그러나 그가 집의 화재에 대한 불끄기만 아니라 그 화재의 원인에 대한 이해, 더 나아가 집의 거주자로서 집의 따스함과 그 공간의 거주가 갖는 안전과 활동의 풍요로움을 함께 일관성과 충실성으로 통전시킬 필요가 있는 것이다. 화재에 대해 불끄기 역할은 삶의 일부이고 그러한 소방수의 역할과 자신의 존재 경험의 일관성은 통전적일 필요가 있다.

3장. 숨은 커리큘럼과 구조적 역동성

월리엄 아이작스에 따르면 대화에는 단순히 당사자들이 새로운 행동을 이끌어 내기 위해 경청, 말하기, 존중 그리고 보류의 의식적인 선택만 아니라 예측직관과 비가시적인 구조를 미리 고려할 필요가 있음을 소개하고 있다.[17] 서클대화 진행자에게서 예측직관과 비가시적 구조는 특히 중요하지만, 지금까지는 주목받지 못하고 그동안 간과된 대화의 작동원리이다. 이 장에서는 갈등작업 현장에서 갈등대응에 있어서 공간의 에너지의 역동성이 어떤 흐름을 작동시키는지 살펴보기로 한다.

공간의 에너지와 보이지 않는 상호작용이라는 구조의 역동성을 이해해야 하는 이유는 갈등작업에 들어갈 때 자신이 어떤 에너지의 흐름과 역동적 구조를 형성하고 있는지를 예측하게 되면 무엇이 일어나게 되는지를 이해하게 되어 전환을 가져올 아이디어를 얻게 되기 때문이다. 그리고 이러한 상호작용의 구조적 역동이 갈등의 공간에 참여하는 이들의 말하기, 태도, 그리고 감정에 이미 영향을 미친다는 것을 이해하면 진행자는 그 흐름을 통해서 더 바람직한 방향으로 나갈 수 있다.[18] 또한, 강제적 힘의 사용에 대한 충동을 내려놓을 수 있는 길도 열린다.

---

17) 그의 책, 『대화의 재발견』 3부와 4부가 각각 이에 해당한다.

18) 대개 갈등작업 진행자는 갈등 당사자들의 태도가 불손하거나 거짓말을 하거나 혹은 감정적인 거칠음의 모습을 보이면 쉽게 자신도 감정적인 동요나 강한 개입의 필요를 느끼게 되어 일어난 상황에 말려 들어가게 된다. 이는 공간의 역동적 에너지와 보이지 않은 구조를 이해하지 못할 때 더욱 그러한 경향에 노출된다.

가정이나 동료 사이에서 개인 간의 다툼이나 조직과 공동체 안에서의 분열, 그리고 학교현장에서 발생하는 폭력과 관련된 일련의 갈등과 상처들은 처음부터 악한 의도에 의해 당사자들과 소속 구성원들의 힘든 결과를 가져오는 것은 아니다. 최소한 선의로서 시작하거나 아니면 문제를 해결하기 위해 마음을 낸 조치들과 행동들이 기대 밖의 실망스러운 결과들로 가는 경우가 대부분이다. 그래서 그러한 낭패스러운 결과들을 맞이하는 갈등작업자들^부모, 교사, 지도자은 혼란스러운 상황에 처하게 마련이다. 그러한 궁지로 빠진 이유를 알 수 없으니까 점점 상처와 갈등, 혼란과 폭력의 상황을 맞이하는 것이 두렵게 되고, 결국은 최선책으로 지위나 역할의 권위에 의존한 강제적인 해결책의 부과, 혹은 규칙이나 법 또는 그 어떤 당위의 논리를 앞세워 일을 마무리한다. 그래서 표면적인 해결은 이루어졌으나 여전히 불편하거나 강한 감정은 해소되지 않고 남는다.[19]

이번 장에서는 구체적인 예를 통해 이를 이해해 보기로 한다. 어렸을 때 갈등대응의 경험과 기억이 성인시절에 강한 영향을 주므로 가정에서의 자녀나 교실에서 학생들 간의 사례가 선례가 되고 그것의 기억이 대부분 성인일 때 남에게 하는 데 영향을 주게 된다. 그러므로 교실의 예로 들어보기로 하자.[20]

어느 교사가 복도에서 다투고 있는 두 학생을 보았다. 아무래도 상황이 악화할 것 같은 분위기여서 그대로 두어서는 안 되겠다고 생각한 그 교사는 이

---

19) 갈등의 해결이나 전환에 있어서 중요한 바로미터는 바로 그 느낌이다. 합리적인 해결을 했는데 여전히 불편함과 답답함이 있다면 그 어떤 '진정성(truthfulness)'를 놓쳤는지 갈등작업자는 체크할 수 있는 중요한 측정기가 되는 것이다. 즉, 대화가 더 깊게 들어가야 할 여지나 어떤 소중한 의미의 영역을 놓치고 있지는 않은지 몸의 감각이 훨씬 예민하게 그리고 정확하게 알려준다는 것을 염두에 둘 필요가 있다.

20) 어렸을 때는 성인들이 자신의 갈등에 공정하게 다루어주지 않는다고 생각해서 "절대로 난 성인이 되면 저렇게는 안 할 거야"라고 다짐했던 것을 생각해보자. 그런데 어느새 부모가 되거나 교사가 되어 나도 어디서 경험한 것과 똑같은 방식을 자녀나 학생들에게 하고 있다는 것을 부지부식 간에 깨닫게 된다. 그럴 때 "나도 어쩔 수 없는 인간이구나"라는 쓰라린 경험이 올라온다. 자신의 능력에 의존하는 게 아니라 작동 이치를 깨닫지 못해서 벌어지는 계속된 반복의 경험들이다.

렇게 외친다. "너희 거기서 뭐 하고 있는 거니?" 다가서서 묻는다. "무슨 일이니?" 혹은 "왜 다투고 있는지 말해볼래?" 그 교사는 상대방들이 어떤 문제로 인해 해결이 안 되어 싸운다고 생각을 했기에 그 내용을 알아서 해결책에 대한 도움을 주기 위해 그렇게 행동한다. 여기까지를 개입하기 단계라 부르자

그 교사의 질문에 한 학생은 응답하며 상대방에 대해 교사에게 말한다. "저 애가요 ~~한 나쁜 짓을 저에게 했어요." 혹은 "저 애는 나쁜 애여요. 왜냐하면.....라는 행동을 저에게 했어요." 다른 아이는 이에 응수하여 다르게 말한다. "그게 아니고요. 저 애가 먼저 ...한 더 나쁜 짓을 저에게 했어요. 저는 다만 ...을 했을 뿐이에요." 각각의 억울함과 호소의 말을 들은 그 교사는 내용을 듣고 가장 '나쁜 일을 많이 했다고' 짐작이 가는 애에게 먼저 강제적인 충고나 대답을 한다. "너는 ~한 것을 하면 안 되는데 왜 그렇게 했니? 그건 나빠. 왜냐하면 ~정당한 근거~를 해야 했잖아. 그러니까 다투게 되지. 앞으로는 ~한 일해 답의 제시을 하도록 해 알겠니?" 그 교사는 다시 다른 한쪽의 아이에게 말한다. "너도 그렇지. 네가 ~~한 원인을 제공하니까 상대방이 그렇게 너를 대하게 되잖아. 그런 일을 유발하지 말했어야지. 앞으로 너도 ~~한 일은 절대로 하지 마. 알았지?" 라고 엄하게 당부한다 여기까지를 갈등작업 진행하기 단계라고 하자.

두 학생은 교사에 말에 꿀 먹은 벙어리처럼 고개 숙이고, 마지못해 알았다는 몸짓을 보여준다. 그러한 마지못해서 하는 태도와 볼멘 몸짓을 보고 다시 한번 다짐시키기 위해 강한 훈계를 한다. "앞으로 절대 싸우지 마라. 이번만은 그냥 넘어가지만, 다시 똑같은 일을 보게 되면 어려운 일이 너네에게 생기게 될 거야. 알았지?" 억지로 "예"라는 당사자들의 응답을 받고 나서는 교사는 그 현장을 떠난다. 교사는 그렇게 말하고 뒤돌아서 가게 되었지만, 뒷골이 영 상쾌하지 않다. 왜냐하면, 애들 표정이 행복한 것이 아닌 듯 보였기 때문이다 마무리 조치로서 당부와 사후경험의 단계라 하자.

명시적으로 보면드러난 것으로는 두 당사자의 갈등에 진행자로 개입해서 애들의 정보를 통해 누가 옳은지 그른지를 확인해서 적절한 조처를 내려주는 진행하기를 했고, 사후에 더 이상 갈등이 없도록 단단한 당부까지 했다. 나름대로 최선을 다한 갈등에 대한 조치인 셈이다. 그런데 실제로 무슨 일이 일어나는지 그 명시적인 진행방식 그 뒤편을 성찰해 보기로 하자.

첫째로, 개입단계에서 "너희들 거기서 뭐 하는 거니?" 와 "왜 싸우는지 말해볼래?"의 질문은 갈등지대의 공간을 위험지대의 공간으로 전환시킨다. 학생들은 이제 추궁이나 처벌의 두려움으로 자기 보호와 상대 공격의 분위기로 더욱 가속화된다. 물론 교사의 그런 질문의 선한 의도는 학생들의 갈등을 해결할 목적이었다. 그러나 교사의 선한 의도와 달리 이제 학생들은 문책에 대한 자기-보호의 관점에서 자기 말과 행동을 그리고 상대방의 말과 행동도 그에 따라 스캔하기 시작한다.

둘째로, 진행하기 단계에서 학생과 교사 내부에서 다른 의식들이 발생한다. 먼저 학생 내면에서는 우선 상대가 얼마나 잘못했고 자신은 얼마나 정당한지에 대한 의식의 초점이 명확해지며 말하게 된다. 잘못 말했다가는 혼이 날 것과 자신의 잘못을 방어해야 할 필요를 알게 되었기 때문이다. 그래서 말할 내용과 방향이 정해진다. 논리에서 이겨야 하는 목표가 생긴 것이다.[21] 게다가 교사의 그러한 심문조의 질문은 자신들이 무엇이 소중했는지 정직하게 말하기 보다는 상대 비난과 자기방어 프레임을 형성한다. TV의 정치가들 토론을 여기서 이미 학생들은 배운다. 상대가 말할 때 제대로 듣기보다는 공격의 포인트를 찾고 자기-방어의 지혜를 머릿속으로 계속 시뮬레이션하는 스

---

21) 비난과 공격, 자기 보호와 방어는 솔직하지 못한 학생의 성격에서 나온 것이 아니라, 상황을 조성해서 그 관계(즉, '사이의 긴장')에서 자연스럽게 출현하는 것이다. 즉, 그 아이로서는 그렇게 태도를 취하고 응답하는 것이 자신에게는 상식적이고 상황에 대한 자기-이해에 논리적으로 맞는 것이다. 이러한 응답 패턴을 이해하는 것이 누가 무엇을 했는지에 에너지를 소모하는 것보다 갈등 작업자에게는 중요하다.

마트한 지성의 사용을 실습한다. 두 가지 더 있다. 하나는 빨리 교사가 사라지기를 바라서 둘은 말하지 않아도 직관적으로 통해서 알아듣는 척하며 영혼없는 립서비스를 통해 "네, 알겠어요"하며 정치를 배운다. 서로 공모해서 더 큰 권력이 자신의 적임을 깨달아 우선 교사부터 대응하는 정치적 술수를 배우는 것이다. 그리고 다른 하나는 잘못을 더 했다고 말을 들은 학생은 기분이 나쁘며, 자신이 더 억울한 학생은 위로와 만족한 해결을 기대했는데 자신도 꾸중을 들었다고 생각한다. 교사는 해결책이라고 준 것이지만 당사자들은 둘 다 꾸중을 들었다고 인식하게 된다.[22]

진행하기에서 교사는 어떠한가? 진행하기에서 일이 분만 지나면 원래 갈등을 해결해주기 위해 개입한 교사는 자신의 선한 의도는 사라지고, 학생들이 상대방이 자신에게 잘못했다는 보고 내용을 통해 어느새 감쪽같이 의식이 심판관으로 바뀌어 있는 자신을 깨닫지 못한다. 그래서 내용을 듣고 판결을 내린다. 학생들의 관계나 진심이 무엇인지 보다는 잘못에 대한 명료한 확인과 그 잘못에 초점을 둔 정확한 판결누가 얼마만큼 잘못했고, 어떻게 책임을 얼마나 져야 하는지에 대한 것을 내리는 것이 의식과 에너지의 초점이 된다. 그래서 학생들과의 연결을 놓치고 '갈등 비즈니스'를 다루고 떠나는 것이다. 게다가 또 하나 있다. 갈등 비즈니스를 다룬 다음에 뒤돌아설 때 느껴지는 석연치 않은 분위기이다. 즉, 시간을 내서 최선을 다해 도와주었다고 본인은 생각했는데, 정작 당사자 학생들의 눈초리는 그다지 행복해 보이지 않으며, 자신에 대해 서운하거나 못마땅한 눈치여서 그들의 분위기가 자신에게도 옮겨지는 것이다. 오늘은 재수 없는 애들을 만났다는 것이 교사의 머릿속에 남는다.

여기까지가 개입하기와 진행하기 단계에서 보이지 않은 영역에서 실제로

---

22) 그런 꾸중으로의 해석은 개입자의 마무리 단계의 당부가 당사자들의 속을 뒤집어 놓고 더욱 불편하게 만든다. 꾸중으로의 해석과 마무리 당부의 엇박자 결합은 개입자를 밉게 보이게 만들고, 이런 불편한 상황을 만든 갈등 파트너에 대한 분함이라는 불길에 기름을 더 붓는다.

일어나는 일들이다. 그런데 문제는 그다음부터이다. 일부 상황들은 교사가 사라졌다고 끝난 게 아니다. 그리고 그 교사는 꿈에도 이런 여진餘震이 갈등 비즈니스를 하고 나서 있을 것이란 생각은 하지 않을 것이다. 그것은 다음과 같다.

교사가 사라지고 나서, 양쪽 당사자 중 그 교사로부터 더 심한 질책을 받았다고 생각이 든 학생은 상대 학생에게 분노를 터뜨리기 시작한다. 모든 잘못을 나에게 다 뒤집어씌우고 어째서 너만 빠져나가려 했는지 닦달을 하며 못내 분기가 솟는다. 상대방 아이는 자기 말이 일면 맞기도 해서 그런 저돌적인 행동이 납득이 안가고 당황스러워진다. 그 둘은 결국 자기 친구들에게 상대방을 고발하며 뒷말을 하게 된다. 분기가 솟은 애의 친구들은 자기 친구의 고통을 위로하기 위해 그런 상황을 유발한 상대방에 대한 비난과 좋지 않은 시선을 보낸다. 그리고 이들로부터 적대감과 위협을 느낀 상대 아이도 자기 친구들에게 상대가 큰일도 아닌 것을 가지고 분개하며 그의 친구들을 동원해 자기를 힘들게 하는 애들에 대해 자신도 덩달아 비난의 뒷말을 하고 그들로부터 지원을 받는다. 그렇게 해서 두 개인의 다툼은 그 교사의 개입으로 말미암아 서로 적대적 감정을 지닌 두 그룹으로 비화한다. 이것이 기존의 익숙한 갈등작업의 후속 여파이다. 그리고 이는 관여한 교사의 시야에서는 전혀 관찰되지 않은 자기 개입의 결과이다.

그러다가 시간이 지나 어쩌다가 다시 직접적이든 간접적이든 그 당사자들이 연루된 갈등상황을 다시 접하게 된다면 교사는 생각하게 된다. "이 애들은 좋은 말로서는 태도가 변치 않는 애들이구나. 뭔가 좀 센 방법이 태도를 고치지 그렇지 않으면 쉽게 바뀌지 않을 것이야." 이런 예측과 단정을 하게 된 교사의 다음 행동은 자연스럽게 강하고 엄한 대책 쪽으로 마음이 쏠리게 될 것이다. 이 단계를 갈등작업이 갈등작업자에게 미치는 피드백 단계라고 할 수 있다.

이렇게 갈등작업은 여전히 명시적으로 의식되지 않는 후속 여파의 단계와 갈등작업자에게도 미치는 피드백 단계가 남는다. 학생들은 교사가 떠난 다음, 교사의 질문과 개입으로 시작한 원인이 이제는 상대방이 나를 모함했다는 논리로 발전해서 상대방이 정말 나쁜 애라는 단정으로 이어지게 되어 원인의 주인공을 교사의 질문이 아닌 상대방의 모함 탓으로 이해한다. 그러한 인식이 이제는 그들을 지원하는 그룹을 동원하게 된다. 이들은 지금부터 상대방의 흉을 보는 것이 자연스럽고 당연해진다. 결국, 언젠가 터질 불씨들을 잠복시켜 놓는 사태가 벌어지는 것이다.23)

게다가 교사는 이 두 학생 및 그들 중심의 그룹들이 가진 적개심과 또 다른 이탈 행동에 대해 이제는 강력한 조처가 당연히 필요하다는 의식화를 배우게 된다. 말로서는 안되는 애들이 존재하는 것은 맞다는 나름의 신념과 그에 대한 증거들이 보이기 때문에 고정화된 신념, 곧 잘못은 엄한 대응이 필요하다는 것은 당연하게 여겨지는 것이다. 그렇게 해서 학생들의 갈등으로 갈등작업자로 들어간 교사도 희생자가 된다. 무서운 아이들이 세상에 있으며 나도 다칠 수 있기에 조심하고 미리 방어해야 한다는 희생자 논리가 무의식 속으로 들어오는 것이다.24)

이는 학교폭력의 그룹간 갈등 사건들에 들어가 보면 보편적으로 많이 겪

---

23) 후속여파의 단계는 갈등작업 개입자의 눈에 관찰되지 않은 그룹 간의 갈등 비화로의 과정이 잠재적으로 강화된다. 그는 마무리로 생각한 것이 다른 갈등의 시발점과 그 불쏘시개 자원을 만드는 꼴이 된 것이다.

24) 피드백의 단계에서 갈등작업 개입자에게 부정적 신념의 고정화라는 경험들을 자기 내면에 착실히 쌓아서 결국은 자신도 부정적 신념의 희생자로 전락한다는 것은 깊이 새겨야 할 사이클이다. 그렇게 한 부정적 신념의 강화는 결국 교실의 학생에게만 아니라 자기 파트너, 자기 아이 혹은 자신의 잘못에 그대로 거울처럼 작동시키는 역할을 허용하기 때문에 결국 자신도, 자신의 사랑하는 가족도 희생자가 된다. 이것이 바로 '숨은 커리큘럼(hidden curiculum)'이다.

는 사건들이자 내가 관찰한 유사한 패턴들이다. 그리고 위 사례는 너무 간결한 시나리오이지만 일상에서 교사 대부분이 학생한테 혹은 부모가 자녀한테 하는 매우 보편적인 상황이다. 앞에서 명시적으로 진행한 내용보다 보이지 않는 관계와 당사자의 내면에서 이런 더 비극적인 학습과 결과들이 나타나는 것이다. 뭔가 해결하기 위해 피하지 않고 시간과 노력을 들여 다가간 것인데 결과는 왜 기분이 만족스럽지 않고 실제 문제상황도 매끄럽게 정리되지 않고 더 힘들어지는 것일까?

그것은 위에서 설명한 대로 갈등작업은 눈에 보이게 흘러가는 '명시적 커리큘럼'Manifest Curriculum과 달리 다르게 흘러가는 '숨은 커리큘럼'Hidden Curriculum이 있다는 생각을 대다수 갈등작업자들이나 갈등 당사자들이 이해를 못하기 때문이다.[25] 갈등작업에 두려움이 공간과 에너지로 들어오게 되면 형식적으로 눈에 보이는 대로 진행되는 것과 다르게 더 중요한 것은 보이지 않는 흐름을 만들어낸다. 눈으로 보고 말을 듣고 하는 보여지는 장면 뒤에는 다른 중요한 것이 후면에 숨어서 작동하고 있는 데, 그것을 우리가 못 보기 때문에 오는 인식의 오류로 일어나는 비극적 현실인 셈이다. 그렇기에 불편한 상황에 직면해서 그것을 다루고자 할 때는 언제나 숨은 커리큘럼에 신경 쓰지 않으면 보이는 '거친 말 행동 태도'에 감정적인 반응이 올라와서 진실을 놓치고 결과적으로는 올바른 길로 접어들 수 없게 된다.

갈등작업에서 숨은 커리큘럼은 두 사람 이상의 갈등작업에 제삼자로서 내

---

25) '커리큘럼(curriculum)'이란 용어를 여기서는 진행을 통한 학습과정으로 이해하기로 하자. 가르침과 배움에서도 학습과정으로서 커리큘럼이 존재하지만, 이것이 갈등작업에도 작동된다는 이해를 필자가 나누고 싶어서 사용하는 용어이다. 명시적 커리큘럼은 갈등작업에서 눈에 보이게 진행되는 작업과정을 말하고, 숨은 커리큘럼은 당사자들 사이의 관계와 그들 내면에 미치는 작업과정을 말한다. 명시적 커리큘럼은 갈등 내용과 그 해결에 의식과 에너지가 초점이 맞추어져 있지만, 숨은 커리큘럼은 그로 인해 당사자들 사이의 관계가 어떻게 흘러가고 있는지, 그리고 그들의 내면에는 무엇이 지금 일어나고 있는지를 갈등작업 진행자는 예측할 필요가 있다.

가 개입할 때 일어나는, 진실로 일어나고 있고, 더 중요한 영역에 대한 이해를 나누고자 말한 부분이다. 그러나 갈등작업은 숨은 커리큘럼을 이해하려면, 또한 숨은 메시지를 이해해야 한다.

숨은 메시지란 무엇을 말하는가? 예를 들어보자. 초등학교 이학년 반에서 한 아이영철이라 칭하자가 점심시간에 놀러 나갔다가 풀이 죽어 교사를 찾아왔다. "선생님, 화가 나요. 있잖아요, 민수와 걔네 친구 5명이 운동장을 자기들만 사용해서 놀지 못했어요. 자기 운동장도 아니고 공도 유치원 것인데 자기네들끼리만 놀아요. 요번만이 아냐요. 지난번에도 여러 차례 그랬어요. 아주 나쁜 애들이어요.…"[26)

이 말을 들은 교사는 아마도 어떤 나쁜 일들이 일어났는지 파악이 되어 민수와 동료들을 불러 훈계하고 타일러서 같이 놀도록 조치를 취하거나, 아니면 영철이에게 앞으로 이렇게 저렇게 하라는 조언이나 해답을 주고 신신당부를 할 것이다. 그 교사의 의식에는 그렇게 해서 그런 두 가지 조치 중 하나를 함으로써 문제는 해결되었다고 생각할 것이다. 왜냐하면, 영철이가 보고한 메시지 내용에 따르면 그 교사 자신이 취한 행동은 적절한 해결책이 될 수 있기 때문이다.

그런데 여기서 숨은 메시지라 함은 바로 다음과 같다. 영철이가 말한 표면적인, 그래서 교사에게 들린 말은 금방 영철이가 한 말 그대로 들었고 그것을 이해하는 데는 어려움 없이 명확하다. 그런데 생각해 봐야 할 것은 바로 그 애가 그런 말을 사용했을 때 어떤 동기, 마음, 욕구, 혹은 목적학자마다 다 다른 말

---

26) 갈등작업에서 모든 메시지는 항상 표현된 메시지 뒤에 숨은 의도가 존재한다는 것이 숨은 메시지이라는 점을 기억할 필요가 있다. 이 숨은 메시지와 예시의 스토리는 회복적 서클 입문과정 워크숍의 경청실습에서 수년 동안 반복해서 한 예이다. 입문과정 워크숍에서는 짧은 시간에 실제로 회복적 서클을 어떻게 진행하는지 훈련에 초점을 맞추기 때문에 이론 설명의 충분한 시간이 거의 없었다. 이번 장은 갈등작업에 있어서 중요한 숨은 커리큘럼과 숨은 메시지에 대한 이치를 이해해서 자신의 능력보다 이치를 이해하고 접근할 때 기존보다 더 쉽고 더 편안한 진행 경험이 일어난다는 사실이 공유되기를 기대한다.

을 사용한다에 의해 그런 말을 교사에게 했을까? 조금만 숙고해보면 당연히, 자기 선택에 대한 존중, 재미있게 놀기, 동료 아이들과 한 공동체원으로서 어울림, 남들로부터의 수용, 자신의 능력을 표현하기, 그리고 어쩌면 손흥민처럼 향후 축구선수가 되기 위해 공놀이 숙달하기, 교실에서의 지겨움에 대한 전환과 에너지 얻기, 동료들로부터 자신도 축구를 잘한다는 능력에 대한 인정 등등이 있을 것이다. 정말, 이렇게 한 사건에는 정말 많은 동기가 숨어서 존재한다.

문제는 그러한 많은 숨은 동기들이 들려진 메시지에는 전혀 포함되어 있지 않다는 사실이다. 들려진 표면적인 메시지는 민수와 그 친구들에 대한 잘못에 관한 내용과 그들에 대한 비난 그리고 약간의 자기 감정표현뿐이다. 그러나 실제는 그 표면적인 메시지 아래로 숨은 수많은 메시지가 존재한다. 그리고 진정한 의미와 해결책의 방향은 표면적인 메시지보다는 숨은 메시지 쪽에 있다. 그렇지만 대부분 사람은 불편한 상황에서는 표면적인 메시지에 초점을 두고 옳고 그름, 정당함, 규칙준수 등에 대해 각자의 이야기를 한다. 그렇게 해서 우리는 '진정한 살아있는 것'[27]을 놓친다.

숨은 메시지 찾기는 갈등종사자들에게는 매우 익숙하고 중요한 기술이다. 이른바 실익interests이나 욕구needs라는 말로 표현되는 여러 갈등해결 모델들의 실천가들은 이에 대한 감각을 갖고 이에 대한 집중적인 훈련들을 한다. 화자의 표면적인 메시지갈등작업에서는 '입장'이라고 보통 말한다 뒤에 있는 실제의 메시지를 찾는 것이 처음엔 쉽지 않기에 꽤 많은 실습을 하게 된다. 그런데 한 가지 놓치는 부분은 바로 숨은 커리큘럼이라는 '신념화 과정'에 대한 것이다.

---

27) 다시 강조하지만, 갈등작업에서 당사자들이 중요하다고 느끼는 부분과 '진정한 살아있는 것'과의 구분이 갈등작업 진행자에게 있어서는 가장 중요한 부분중의 하나이다. 예를 들어 갈등 당사자들은 중요하게 여기는 것은 물론 누가 옳고 누가 그른지에 대한 판단이다. 갈등작업자에게는 당사자들의 그러한 주장과 의견들 속에서 실제로 진정성 있고, 살아있게 하는 에너지의 흐름은 무엇인가에 대해 관심을 갖는다.

신념화 과정으로서 숨은 커리큘럼은 실익이나 욕구처럼 상황 맥락과 그 상황 맥락에 얽힌 당사자들의 내면에 있는 입자들particles-분석과 관찰 요소들과 달리, 상호작용의 과정에서 일어나는 것으로서 상대방 내면에 있는 것이라기보다는 파동waves처럼 행위나 스토리의 전개 과정 속에서 만들어지는 신념들 - 행동에 효과가 있다고 생각되는 확신이나 가치 혹은 태도라는 정신적 패턴-이다.

위에서 언급한 예를 들어보자. 복도에서 생활지도 상황을 살펴보기로 한다. 교사는 자기 시간을 쪼개어 두 학생의 곤란한 상황을 해결해주기 위한 선한 의도로 다가갔다. 그래서 '너희 거기서 뭐 하니? 무슨 일이니? 혹은 왜 다투고 있니?'라고 묻는다. 일단 사건의 이해를 위해 묻는 자로서 역할을 갖고 그러한 질문과 대답의 과정을 만들어 버리면, 두 학생은 청자와 대답을 해야 하는 자의 과정의 구조 속에 있게 되고, 따라서 이 둘은 자기도 모르게 문책을 덜 받기 위해 자기 보호의 차원에서 응답의 메시지, 오고 가는 말의 구조와 그 흐름의 에너지는 일정한 방향으로 전개된다. 그 방향이란 책임 전가와 자기 보호라는 전략에서 선택되는 응답들과 말의 내용들 그리고 태도들이 사전에 세팅이 되는 것이다. 처음에는 불명확한 다툼의 상황이 그러한 숨은 커리큘럼 과정을 통해 상대방에 대한 확실한 부정적 신념을 견고하게 갖게 되면서 그 질문에 의해 비로소 상대 학생이 나쁘다는 것을 명료화하게 된다.

정당성에 대한 구조적 틀이 만들어지면서 그 안에서 놀게 되기 때문에 쉽사리 그 구조적 올무나 덫에서 빠져나오지 못하게 되는 것이다. 일단 정당성이라는 '추상화의 전쟁'이 일어나면 갈등 당사자들 중 그 누구라도 비록 작은 정당성을 가지고 있음에도 불구하고 싸울 수 있는 담대한 용기?와 신념을 공급받아 투사가 되어간다. 심지어 작은 정당성을 가진 자라도 그를 투사로 만들어 큰 정당성을 가진 자에게 대들고 맞서도록 하는 용기?와 전투할 수 있는 신념을 고쳐시켜 준다.

　필자가 표면적인 커리큘럼과 달리 숨은 커리큘럼을 말한 의미는 바로 내 눈으로 보는 명시적인 과정 뒤에 상대방의 내면에 자기 정당성을 교육하거나 상대방이 나에게 갖는 불명확한 이미지 상태에서 나의 말, 행동의 반응을 통해 나에 대해 상대방이 더욱 명료한 부정적인 신념을 갖도록 훈련해 주는 과정을 내가 돕고 촉발하는 숨은 익명의 진행자 역할을 하고 있다는 것을 알아차리자는 뜻으로 말하는 것이다. 부정적 신념화 과정이란 처음에는 모호하고 그런 명료한 입장을 취하지 않았지만 숨은 과정을 통해 점차 명확히 굳어지는 입장, 신념, 자기이해를 말한다. 처음과 달리 과정을 통해 결과에서는 고정된, 명료화된 자기판단과 정당성이 굳어지는 것이다.

　눈에 보이는 상대는 고집부리고, 옳고 그름을 가리지 못하고, 자기주장만 하는 이미지로 다가오고 그것을 교정하기 위해 나는 계속해서 상대방에게 무언가 설명의 말을 하고 상대방의 반응에 따라 말과 행동을 취한다. 우리는 그것을 표면적인혹은 명시적인 커리큘럼Manifest Curriculum이라고 말한다. 그러나 내가 상호작용의 과정에서 어떤 과정을 취하고 있는가를 자각함에 따라 숨은 커리큘럼이 더 효과 있게 작동하고 있음을 깨닫고 그것이 오히려 주된 범인이라는 사실을 우리는 간과하고 있다.

　숨은 커리큘럼은 이렇게 누가 무엇을 했는지에 관심을 지닌 우리의 경향으로 인해서 갈등작업자로서 내가 다가가 어떤 분리의 과정을 만들어내고 있는지를 눈치채지 못함으로써 가장 잘? 작동한다. 그리고 예시처럼 상대 탓 그리고 결국은 교사 탓으로 비난의 대상을 고른다. 그래서 과정은 인식의 뒤편으로 숨어있게 되면서 결국은 가장 효과 있게 작동된다. 이는 숨은 메시지에 대한 이해가 없으면 갈등 당사자의 한 편이 되어 상대방을 혼내거나 조치를 함으로써 더욱 근본적인 연결의 문제를 도외시하는 것과 마찬가지이다. 그렇게 숨은 메시지를 놓치고 조치나 해결로 간다면 관계의 소원함은 그대로 혹은 더욱 부정적인 신념화로 강화되는 것이다.[28]

숨은 메시지와 숨은 커리큘럼에 대해 자각하지 않는 한, 그 어떤 갈등작업의 일시적인 조치들도, 그리고 개입에 대한 팁들도 오래가지 못한다. 겉으로 보기에 같은 상황들로 보여도 실상은 너무나 많은 변수를 그 사건들이 가지고 있기 때문이다. 그래서 원하는 결과에 도달하기는커녕 결국은 갈등상황에서 적극적으로는 '이기는 자'로 남거나 아니면 최소한 '자기 보호자'로 수동적인 행동을 취하게 된다. 그래서 처음 시도와는 달리 불행한 결과들을 직면하여, 원하는 결과는 항상 놓치는 '비극적 간극tragic gap'을 맛보게 된다. 그렇게 되면 갈등은 이제 두려움이나 불안 그 자체로 작동하게 된다. 이렇게 되면, 갈등으로 인한 새로운 기회인 생명을 주고받고 풍성한 삶에로의 전환의 기회를 완전히 놓치게 된다. 어떤 형태든 갈등을 직면하지 않는 안전함이 최고의 전략이 된다. 이렇게 해서 부정적 신념의 옹호자로서 남는 비극을 우리는 갖게 되는 것이다.

---

28) 숨은 메시지 듣기에서 결국 교사가 한 해결책의 조치는 영철이에게는 교사에게 민수 일당의 잘못들을 보고하면 교사가 들어줄 것이라는 의존성과 민수 일당들이 악당이라는 부정적 신념을 계속 강화시킬 것이다. 반면에 민수 일당은 교사의 개입으로 인해 자신들이 불이득을 보았으므로 은근히 다른 일들에서 민수를 괴롭히는 일에 더욱 적극적이거나, 친해지기를 더욱 거부하거나 할 것이다. 그렇게 해서 일시적인 조치는 내려졌지만, 부정적 신념 강화는 더욱 굳어지게 된다.

4장. 갈등대응 패턴 10가지 궁지들

안에서 움직여라.

두려움이 움직이게 하는 길을 가지 마라.

-루미-

　몇 년 동안 비폭력 실천과 관련한 일을 하면서 낯설거나 지인인 개인들의 심리적 고민이나 갈등을 다루거나 혹은 회복적 서클진행자로서 단체내 갈등이나 학교폭력에 개입하면서 깨닫게 되는 것이 있다. 그것은 이들 상황, 사람, 사건, 그 관계가 무엇이든 간에 점차 뚜렷해지는 패턴들이 마치 '공식'처럼 존재한다는 것이다. 이번 장은 갈등대응 패턴에 있어서 실수하게 되어 결과가 좋지 않게 되는 요소들을 이해하고자 한다. 오랫동안 반복적인 이런 작업을 통해 갈등작업에는 작동되는 이치와 작동되지 않은 이치가 존재한다는 것을 이해하였다. 그래서 이 패턴에 대한 이치를 이해할 때 좀 더 주저함 없이 다가설 수 있다는 것을 보여주기 위함이다.

　일반적으로 그 어떤 행위를 한다는 것은 '자극'에 대한 반응으로 일어난다. 특히 이는 심리적이든, 관계적이든, 사회적이든 간에 일단 '자극'은 의식을 일으키고, 프로그램화된 정서상태에 의해 자동적인 대응 시스템이 작동된다. 이미 살펴본 대로 아우슈비츠 생존자였던 빅터 프랭클Victor Frankl은 그곳에서 무의미·어둠·혼돈의 체험을 통해 '자극-반응'이 개인·집단·국가를 얼마나 비극으로 몰아가는지에 대한 뼈 깊은 성찰을 통해 이 자극과 반응의 사슬 연결에 빈 공간을 허락하는 것이야말로 성장과 자유의 핵심이라고 보았다. 이러한 자극-반응의 무의식적 연결은 상처, 갈등, 손상, 파괴의 자극상황에서는 개인의 내적인 심리영역, 타자와의 관계, 더 나아가서는 집단이나 국가 간의 관계에 정확하게 그대로 적용된다는 것이다. 갈등상황에서는 이 자극은 그대로 부정적인 반응을 불러오면서 -반응자는 심지어 자신의 선택이라고까지 인식하는 오류를 범한다- 서로가 힘들거나 손상되는 결과를 초래한다. 여기에는 일정한 패턴 혹은 프레임이 있다. 그리고 대다수는 그 패턴 프레임의 '올무'에서 벗어나지 못한다.

이 '자극-반응'에 있어서 무의식적 자동 패턴 프레임의 올무에 갇힐 때 초래되는 비극적 결과는 다음과 같다.

첫째, 앞서 말했듯이 갈등에 대응한 언어와 행동 그리고 태도가 자신의 원래의 선한 의도와 관련 없이 자기 자신과 상대방이 서로 힘들거나 손상되는 결과를 가져온다.

둘째, 계속적인 노력과 일이 해결을 위해 진행되지만, 에너지가 소진되거나 '해야 할 일감당해야 할 일'이 더 복잡해지거나 더욱 많아지는 것을 보게 된다.

셋째, 성취하고자 한 목표와 점점 멀어지거나 아예 목표가 사라지거나 잊혀지게 된다. 다루고자 한 의제가 손에서 빠져나가고 다른 부수적인, 비본질적인 내용들이 중요하게 다루어진다. 특히 상대방의 태도에 대한 분노가 점점 쌓여서 의제는 사라진다.

넷째, 나의 정체성에 있어서 혼란이나 위축이 일어난다. 두려움이나 수치심 혹은 분노나 짜증이 점점 내 내면을 채우기 시작하기 때문이다. 즉, 내 머릿속에 주인공은 상대방이 된다. 그렇게 해서 나 자신의 통제력을 상실한다. 상대가 내 머리의 주인공으로 자리잡고 있어서 나를 잃게 되기 때문이다.

다섯째, 가장 비극적인 일 중 하나는 자극에 대한 유사한 대응이 습관화되면서 내 안에서는 혼란이나 불안이 올라오고 그것이 패턴화된다. 열정이 아니라 충동이, 내면이 아닌 외적인 것이 나의 사고와 행동을 움직이게 만드는 것이다. 그런데 뭔가 부족하고 아쉽다는 직관의 작은 목소리는 들리지만, 자신은 실제로 무엇이 문제인지 의식하지 못한다.

여섯째, 더 큰 문제는 그렇게 '반응하는 인간'으로 굳어지면 패턴화되면 결국 자신의 영혼의 목소리를 듣지 못하게 된다는 점이다. 의식을 외적으로 투사하고 있고 외적인 것에 민감하게 반응하게 되기 때문이다. 그래서 무엇을 자신이 진실로 원하는지 알 수가 없다.

일곱 번째, 결과적으로 굳어지는 패턴은 '무엇을 해야 하는가?'에 주목하기와 노력이 쏠리면서 '나는 누구인가?'에 대한 감각을 잃는다. 행동-모드가 삶이 되면서 존재-모드를 상실하게 되는 것이다. 그래서 자신을 위해 어디서 무엇을 어떻게 전환해야 할지 아이디어가 생각나지 않는다.

위와 같이 만족스럽지 않은 결과를 가져오는 데는 자극에 대한 자신의 의도와 반응에 따라 결정된다. 다음의 공식을 이해하면 도움이 될 것이다.

① 선한 의도예, 호기심 + 적절한 반응예, 연결 = 만족스런 결과
② 선한 의도예, 기여 + 부적절한 반응예, 판단 = 불만족스런 결과
③ 선하지 않은 의도예, 공격 + 부적절한 반응예, 비난 = 비극적인 결과

④ 선하지 않은 의도예, 상처주기 + 적절한 반응예, 사과= 비극을 모면한, 불
   만족한 결과

갈등대응 공식인 "마음의도+ 반응행동= 결과"에서 눈여겨봐야 할 것은 아
무리 선한 의도였어도 부적절한 반응이나 태도를 지닐 때 불만족스러운 결과
를 맛본다는 점이다. 물론, 의도가 분리의 에너지에서 그리고 반응이 적절하
지 않을 때는 비극적인 결과를 초래하게 된다. 그렇다면, 자극에 대한 자신의
의도가 지닌 에너지와 반응할 때 자신이 보이는 태도와 행동이 결합하여 결
과가 만족스럽지 않거나 혹은 비극적인 결과로 끝나는 패턴들은 어떤 요소들
이 있는지 살펴보기로 하자. 주목할 것은 갈등대응에 있어서 우리는 일정한
무의식적인 패턴이 자리 잡고 있다는 점이다. 이는 어린아이 때부터 주변 사
람들에게 영향을 받기도 하고, 오랜 세월에 걸쳐서 자신의 경험, 미디어 혹은
주변 사람들의 행동에 대한 관찰로 인해 축적되어 무의식적인 반사작용으로
습관화되었다는 의미에서 '패턴혹은 유형'이라고 부르는 것들이다.[29]

**첫째로 가장 많이 일어나는 패턴은 자극의 반응 방법이 3F's의 방법이
라는 점이다.**
자극문제상황이 일어날 때 당사자들은 맞서기Fight, 회피하기Flight 혹은 얼
어붙기Frozen라는 반응의 하나를 선택한다. 이는 갈등 당사자들이 상대가 자
신에게 위협을 가한다고 인식하기 때문에 선택하는 방법들이다. 자극에 대한
상대의 의도가 위협으로 인식되고 나의 반응이 위 셋 중 하나이면 그 결과는
상처나 비극으로 이어진다. 서로 간에 하는 반응들은 분리를 촉진하기 때문

---

29) 이들 패턴은 필자가 회복적 서클 입문과정 워크숍 초기부터 갈등대응패턴에 대한 성찰 작업
   을 참여자들과 함께 그들의 경험을 나누는 과정에서 경험적 학습방법을 통해 계속적인 발견을
   통해 얻은 것들이다.

에 상대가 위협자이고 분리라는 일련의 과정을 갖게 되면 그 상대는 적-이미지를 부여받게 된다. 상대가 적이 되면 나의 반응은 자동으로 그 적을 향한 전투가 치러지는 것이다.

둘째의 패턴도 갈등작업에서 피하지 못하는 것으로 '옳고 그름' 및 '정당성'이 무엇보다 중요하게 된다.

이는 자극상황문제상황에 대한 인식과 에너지의 초점이 '옳고 그름' '정당함과 부당함' 그리고 내가 '좋아함과 싫어함'에 대해 관심을 두는 것이다. 일어난 일에 대해 누가 옳거나 그르거나물론 상대가 그르다고 생각한다, 부당한 일을 당하거나, 내가 싫어하는 일을 시켰다고 자극의 의도를 그렇게 인지하는 순간에, 나의 반응은 공격, 비난, 회피 등으로 진행될 때 그 결과는 심각해진다. 왜냐하면, 격한 감정 즉, 분노를 유발하게 되기 때문이고, 그 분노는 신경계 활동도 급발진시켜서 이성적인 판단을 흐리게 만든다. 비극적인 결과 대부분은 이런 패턴에서 주로 일어난다. 분노에서는 지성이 작동되지 않기 때문이다. 겨우 가능한 행동도 결국은 상대방의 잘못을 가르쳐주기, 설득하기, 해결책 알려주기 아니면 침묵하기 등의 아이디어들이다. 그러나 상대방도 감정이 상한 상태에서 그런 방식이 먹히지 않게 되며, 이는 또다시 자신의 제안을 무시하는 것으로 보여서 상대방을 포기하거나 아예 그런 인간이라고 낙인을 찍어 그 사람과 다시 한 공간에서 보고 싶은 마음이 없어지게 만든다. 두려움, 야속함 혹은 불편함이 남아있기 때문이다.

세 번째 패턴은 갈등 당사자의 고통이나 혼란에 대한 조언이나 충고를 아끼지 않는 '말해주기'이다.

상대방이 상황에 대한 이해와 그의 변화를 위해서는 '말해주기'가 필요하다는 불변의 신화를 지니고 있다. 상대방은 자극상황에 대한 무언가의 이해 부족이나 능력 부족을 지니고 있어서 그런 혼란이나 고통 속에 있다고 인식한다. 그런 인식이 있을 때 말해주기는 피하지 못한다. 그래서 갈등작업에 필요한 '경청하기'를 과정에 담는 것을 놓친다. 그렇게 해서, 혼란이나 고통 속에서 자기인식의 배움의 기회를 놓치거나, 상대방을 내 아이디어로 끌어들여 상대방의 경험보다 내 경험을 존중하게 만든다.[30] 그렇게 해서 부드러운 지배가 작동된다.

네 번째 패턴은 강한 감정의 표출이 유효하다는 신념을 갖고 있다.

세게 말해야 내 말에 경청하게 되고, 격하게 말할수록 상대방은 나를 무시하지 않고 조심스럽게 주목하며 알아들을 것이라는 무의식적인 선이해가 작동한다. 내가 얼마나 불편하고 힘든지 알려주기 위해서는 격한 감정을 표출하는 것이 도움이 된다고 생각한다. 자신의 의도가 단지 자기 상태를 알려주는 것이라 할지라도 내가 선택한 반응이 그러한 격한 감정의 표출에, 욕설, 비난, 화나 짜증인 경우, 상대방은 이해하려 들기보다는 자신의 안전을 위해 물러서게 되고 마음을 닫게 된다. 이런 경우, 자신의 진정성을 나누기보다는 상황의 종료를 위한 마지못한 봉합 수준을 찾지만, 상대방도 이미 감정이 상한 상태여서 나중에 다른 것으로 부정적인 행동이 돌아오게 된다.

다섯 번째 갈등대응패턴으로는 문제상황을 유발한 원인 제공자에게 계속적으로 의식의 초점을 갖고 그 문제행동을 설명하면서 에너지를 쓴다는 점이다.

---

30) 말해주기보다 경청이 왜 필요한지는 3부 경청의 능력에서 다시 다루게 된다. 여기서는 데이비드 봄이 말한 인간의 심리나 관계는 '문제'가 아닌 '역설'로 봐야 한다는 말을 상기시키고 싶다. 역설은 탐구가 필요한 것이고 이는 상대로부터 경청하기가 우선이다.

이것이 문제가 되는 경우를 예로 들면, 언덕 위에서 누군가 눈덩이를 굴렸는데 고의이든 아니든 간에-그것이 굴러가면서 점점 커져서 아래 지나가던 사람이 크게 다쳤다고 치자. 그러면 그 손상을 받은 사람이나 주변의 사람들은 언덕 위에 눈덩이를 굴린 원인 제공자를 비난하면서 그 사람의 행동, 성격, 태도에 대해 뭐라고 말하게 된다. 원인 제공자에 대한 고정된 부정적인 이미지를 갖고 고의성이나 부주의에 대한 이해로 인해, 그것을 고쳐주려는 이해를 의도로 갖게 되고, 그래서 취하는 행동은 그 사람의 성격, 행동, 주의 없음에 대한 비난이나 교정해주기일 것이다. 그런데 실상 손상의 주된 범인은 크기로 보면 그 눈덩이가 굴러가면서 커진 과정프로세스이 손상에 더 큰 기여를 한 것이지만, 사람들은 그 과정보다는 원인 제공자에게 오직 눈을 고정한다. 이것은 가정폭력이든 학교폭력이든 간에 원래 시작은 작았으나, 손상의 기여도를 보면 서로 오가는 반응들의 과정이 결정적인 기여를 그 불만족스런 결과에 하고 있음을 놓치고 있는 예이다.[31)]

여섯 번째 패턴은 갈등상황에서만 특별히 작동하는 무의식적인 흑백논리이다.

우리는 수업시간이나 일반적인 경험에서 편안할 때는 흑백논리가 잘못되거나 진실의 전체를 담지 못한다는 것을 뻔히 알고 있다. 그러나 갈등상황에서만 특별히 다르게 이것이 무의식적으로 유효하게 작동된다. 즉, 내가 옳거나 정당하면 당연히 상대방은 그르거나 부당하다고 여지없이 판단을 내려서 상대방의 진실을 들으려 하지 않는다. 들을 필요가 없기 때문이다. 혹은 상대방이 옳거나 정당하다고 설명을 들으면, 속으로 "그렇다면 내가 틀렸다는 것

---

31) 언쟁과 말다툼은 언제나 물론 원인 제공자에 대한 인식에서 시작된다. 그러나 최초에 먼저 '누가' 했는지보다 둘 사이에 악화된 결과는 그것을 다루는 '과정'이 일을 크게 만들었다는 생각을 갈등 당사자들은 생각하지 못한다는 말이다.

이니? 말이 안 통하네."라고 자신이 틀렸거나 부당하게 자신을 대우한다는 메시지로 듣는다. 그래서 들으려 하지 않고 자기-주장의 독백이 계속 왔다 갔다 하는 것이다. 일상생활에서는 이해할 수 있는 흑백논리에 대한 관용이 갈등상황에서는 무의식적인 흑백논리가 작동함으로 예외적인 상황으로 상대를 인정하고 싶지 않은 경향성을 지니게 된다.

일곱 번째 패턴은 필자가 말하는 갈등상황에서 벌어지는 '포장지 싸움' 이다.

이는 이미 앞장에서 숨은 메시지에 관련하여 나온 이야기로써, 상대가 날 비난하며 말할 때, 듣는 나는 비난이라는 포장지를 보고 그 안에 무슨 진실의 마음이 담겨 있는지 확인하지 않고, 포장지의 더러움을 보고 판단하게 된다는 말이다. 그래서 나도 상대방에게 그렇게 정성 없는 것에 대해 뭐라고 반응을 하면 상대방도 내가 보내는 포장지에 눈이 가 있어서 포장지 안에 담긴 내 진심을 보지 못한다. 아니, 포장지를 뜯어보고 싶은 마음조차 없어져서 결국은 당사자들은 포장지가 어떠니 하면서 싸움을 하게 되어 그 포장지 안에 든 내용은 제대로 알지 못하고, 알려고 하지도 않은 채로, 싸움이 끝나도 포장지에 대한 불편한 감정만 남게 되는 법이다. 상대의 의도를 나에 대해 존중하지 않음으로 읽고 그 반응이 포장지가 더럽다는 판단으로 가게 될 때 서로를 점점 더 힘들게 만드는 결과를 초래한다.

여덟 번째 패턴은 미묘한 것으로 '규칙, 법'에 대한 원칙을 고수함으로 나타나는 '훈련된 경직성'이다.

원래 갈등 당사자들에게 다가가는 규칙과 법의 적용은 질서, 공정함 등에 대한 존중을 모두로부터 바라는 의도였을 것이다. 그러나 부모나 교사가 규칙이나 법을 상대방의 앞에 내 세우고, 자신은 그 규칙이나 법 뒤에 자신의 존재를 가릴 때는 예상과 달리 작동된다. 이런 경우 상대방은 존재로 만나지 않고 그 규칙이나 법 뒤에 숨기 때문에, 말할 대상을 잃게 되어 절망하게 되면서 오히려 그 규칙이나 법을 어길 수 있는 명분을 찾게 된다. 그래서 그 규칙이나 법을 어겼다고 판결이 난 당사자들은 자신보다 덜 처벌을 받은 형제자매나 동료학생들에게 미움과 앙갚음이 일어난다. 그리고 그런 것을 다시 규칙과 법으로 더 엄격하게 할 필요가 있다고 생각한 부모나 교사는 그러한 방식이 안전하고 올바른 조치라고 생각하게 되어 결국은 그런 사안을 다루면 다룰수록 '훈련된 경직성'이 갈등작업자의 내면에 패턴으로 자리 잡게 된다. 그렇게 되면 누구도 쉽사리 다가가고 싶지 않은 정情이 없는 엄격성의 매너를 가진 사람으로 변모한다. 자신도 깊은 관계를 잃게 되는 희생자가 되는 것이다.

아홉 번째 패턴은 문제상황에서 갈등작업자가 가다가 보면 장벽이나 낭떠러지로 몰아가는 질문에서 발생한다.

앞장에서 예시를 든 '너네 거기서 뭐 하는 거니?' '무슨 일인지 말해볼래?' 라는 질문은 교사 자신을 환대받지 못하게 하는 불청객으로 스스로 설정시키고, 과거의 잘못과 누가 잘못했는 지로 갈등을 진행하게 된다. 결국은 부서진 '잔해'를 놓고 왈가왈부하는 데 에너지와 시간을 보내게 만들어, 미래를 건설하지 못하는 궁지 속에 놓이는 결과를 초래한다. 질문이 연결하기가 아니라 자신이 전체를 이해하면 도움이 될 듯싶어서 그런 의도로 자신의 호기심을 충족하는 질문을 던지게 되는 것이다. 교사는 자신의 질문이 어떤 내용, 어떤 감정, 그리고 어떤 방향으로 갈 것인지를 설정한다는 사실을 이해 못 해서, 내용을 캐내는 질문을 하게 됨으로써 낭패를 보는 상황이 나타난다. 그리고 갈등 당사자들이 제대로 질문에 대답을 안 하고 상대 탓으로 계속 말하면 교사의 이해는 상대방이 '고집 센, 소통 안 되는 애들'이라는 단정을 하게 되고 만다. 이는 갈등작업에서 부적절한 질문의 비극적인 결과의 초래를 잊는 데서 온다.

열 번째로, 정당성의 문제에서 파생된 패턴으로 '고통의 비용'을 고려하지 않는다는 점이다.

먼저 생각하기에 상대방이 정당성의 면에 있어서 증거가 80~90 프로이고 내 정당성이 10~20 프로라고 치자. 그런데 정말 그 정당성이 옳다고 생각이 들면 상대방에게 맞설 수 있는 '용기'가 일어난다. 정도의 차이가 어찌 되었던 나의 최소한의 정당성은 굴하지 않는 투사로 나를 만든다. 왜냐하면, 뒤에 낭떠러지라고 느끼면 그 방법이 최선이라고 생각되기 때문이다. 더 나아가, 내 정당성이 확고하게 중요해지면, 분리의 고통이 심각하더라도 또한 그것을 감당해낼 이상한 '용기'가 올라온다. '고통의 비용'을 전혀 고려하지 않는 것이다. 예를 들면, 같은 공간에서 매일 볼 사람과 논쟁하고서 결론이 안 나면, 일주일이든 한 달이든 말 않는 것으로 선택하며, 그러한 불편이 크더라도 정당성이 내게 있기에 그 고통의 비용을 감내할 수 있는 투지가 일어나는 것이다. 이것을 남들은 안타깝게 생각해도 나는 상대가 잘못을 시인하기 전까지는 감내할 자신이 생기고 상대가 먼저 사과를 하기 전까지는 끝까지 고통을 품에 안을 그런 의지가 충분히 불타오른다.

갈등작업은 문제 상황에서 마음을 넓게 갖고, 그 어떤 상황에서도 폭력을 쓰지 않는 인성교육이나 도덕교육의 한 변형이 아니다. 인격의 문제가 아니라 무엇이 일어나고 있는지에 대한 인식론적인 부재 때문이기에 왜 갈등상황이 더 어렵고 힘들게 가는지에 대한 이치를 알면 변화는 출현하게 된다는 것을 작업자는 이해할 필요가 있다. 품성 도야에서 이치에 대한 이해로 전환할 때 갈등작업을 더 쉽고 편안하게 그리고 일관성 있는 접근방식을 작동시킬 수 있다. 나의 능력 부족의 문제가 아니기에 더 쉽고, 이치를 이해하면 일관성 이 주어져서 갈등의 본성이 파악되는 것이다.[32]

위의 10가지 갈등대응 패턴에 대한 인식의 오류들은 '자기충족 예언의 법 칙'을 지니고 있다. 누군가 위의 보편적인 10가지 궁지 됫 중에 두세 가지 패 턴에 자신이 매여 있다면 그 사람이 앞으로 어떤 갈등과 도전에 직면하든지 간에, 즉 다가오는 것이 그 어떤 사람, 사건, 상황, 관계, 심리적 도전이든 관계 없이 그 결과는 미래에도 내면의 상처, 관계의 손상, 다루고자 한 이슈에 대한 오해나 무지로 증폭되어 나아가게 되는 자동 결과를 본다는 뜻이다.

그러한 비극적 경험의 자기-충족적 경로routine [33]로 인해 희생되는 것은 내가 대하는 그 갈등작업의 대상들인 상대방들만이 아니다. 실제로 더 비극 적인 것은 내가 사랑하는 이들을 다치게 만든다. 같은 패턴을 낯선 자들에게 만 하는 것이 아니라 내가 사랑하는 이들에게도 같은 에너지와 패턴을 그대 로 적용하기 때문이다. 그리고 더욱 비극적인 것은 바로 내 내면에서도 잘못 하는 '선택자'인 자아에게 가하는 연민 없는 비난의 '교육자'의 목소리로 인해 자신의 자아가 위축되고 에너지를 소진한다는 것이다. 그러므로 갈등을 다룬 다는 것은 단순히 '그들them'이나 갈등 이슈라는 '그것it'을 다루는 문제가 아 니다. 오히려 자아I-identity를 어떻게 보는가, 그리고 이를 더 넘어 자아를 어떻 게 돌보는가에 대한 근원적인 문제와 연결되어 있는 것이다.

---

32) 갈등대응 패턴의 10가지 오류를 넘어서 다른 길로 나가는 방법에 대해서는 3부 경청의 능력 부터 다루게 된다.
33) 이 '경로'란 말은 운전자가 인식의 결핍/오류로 인해 자동차를 드라이브할 때 나타나는 도로 의 방향과 도로의 상태 그리고 주변의 경치를 말하며, 사전에 정해져 있어서 일단 운전을 하게 되면 그러한 방향으로 저절로 가게 되는 내면의 도로를 말한다.

지금까지 진술들을 통해 커뮤니케이션의 본질과 그 가능성 그리고 갈등 작업에 있어서 커뮤니케이션에 대한 인식의 오류가 어떤 불만족스러운 결과나 비극적인 결과를 가져오는지를 탐색해 왔다. 인간의 심리와 관계의 모든 이슈에 있어서 그 핵심은 커뮤니케이션이며, 문제보다는 역설로 봐야 한다는 데이비드 봄의 생각에 동의하며 대화 실천가로서 현장에 적용되는 이치에 관한 탐구를 모색하였다. 그리고 윌리엄 아이작스의 예측 직관과 비가시적 구조에 관련되어 필자나름의 공간과 에너지 흐름에 대한 주목하기의 필요성도 덧붙이기도 했다. 커뮤니케이션 뒤의 배경에 구조적 역동성이 말하기의 내용과 방향을 무의식적으로 결정한다는 이해를 지금까지 확인한 셈이다.

그런데 커뮤니케이션과 더불어 관계의 진실을 이해하기 위해서는 커뮤니케이션 이외에도 또 하나의 요소에 대한 분별이 필요하다. 그것은 권력, 곧 힘의 행사에 대한 것이다.[34] 단절의 문화 속에서 사는 우리에게는 커뮤니케이션만이 아니라 힘의 남용에 대한 자각을 진행자가 해야 한다. 힘이란 눈에 보이는 신체의 강제적인 행위만 아니라 사회적 지위나 역할에 의한 보이지 않

---

[34] 비폭력평화 훈련가로서 필자는 커뮤니케이션과 힘이야말로 비폭력 실천의 핵심으로 이해되었고, 이에 대한 구체적인 방향으로 '서클대화'에 큰 노력과 에너지를 집중해 왔다. 왜냐하면, 서클이야말로 커뮤니케이션만 아니라 권력 문제에서도 대안의 비전을 제공해 주기 때문이다. 지배체제를 해체하는 방식으로서 가장 절실한 것이 바로 그 두 핵심을 어떻게 제대로 이해하며, 그것을 실천에 녹이는가에 대한 것이 2010년대 중반부터 시도한 서클에 대한 여러 국제모델의 소개와 각종 서클대화모임이다.

는 영향력, 신념과 같은 상징적 침범 등을 포괄한다. 간단히 말해서 신체적 심리적 정신적인 침해행위를 말한다.

갈등작업에서 권력의 남용은 흔히 가해자라 불리는 사람의 역할에서 일어나는 것으로 인식되어 있다. 그래서 피해자는 그러한 힘의 행사에 의한 희생자로서 이해한다. 물론 갈등 당사자들의 커뮤니케이션 부재와 힘의 남용에 의한 것은 당연히 맞다. 여기서 한 가지 놓친 것은 바로 갈등작업자로 들어간 사람의 힘의 남용에 대한 이슈이다. 이는 자본주의 체제에서 전문가 혹은 공적기관의 개입에 대한 정당성 문제에 있어서 깊이 고려해 보아야 할 이슈인 것이다. 예로 설명하고서 이 이슈를 좀더 논의하기로 하자.[35] 이는 향후 갈등작업 실천가로서 자신의 삶을 살아갈 때 어떻게 자신도 모르게 정당성의 인식으로 인해 지배체제system of domination에 공모할 수 있게 되는지에 대한 통찰을 얻기 위함이며, 힘의 문제에 대해 깊이 숙고하며 민감해지기를 바라는 마음 때문에 이 장을 할애한다.

60년대 흑백TV가 처음 나오던 시절에 필자가 가장 먼저 접한 만화영화는 뽀빠이였다.[36] 우선 등장은 첫 인상만 봐도 고약한 블루토이다. 마을에서 한

---

35) 공적기관의 '큰 거짓말(Big Lie)'의 한 예를 들어보자. 필자도 학교폭력 사건에 많이 개입했던 경험에 비추어, 한 학생의 학교폭력 사건을 부모가 경찰에 신고를 했다. 그 사건은 이렇게 진행될 것이다. 경찰에서 수사과정을 통해 진술서 작성을 해서 일정 시간을 갖고 검찰로 넘긴다. 검찰에서 조서를 꾸미는 시간을 몇 주 보내고 나서-검찰도 바쁘고 여러 사건들이 많기 때문이라고 치자- 최종적으로 법원으로 간다. 거기서 승소했다고 해도 그것은 형사상의 절차이고 민사상의 손해보상을 받기 위해서는 다시 소송을 제기해야 한다. 이 기간이 얼마나 걸릴 것 같은가? 통상 3개월에서 8개월이고, 필자의 단체 실무자가 어느 판사 사건과 연계되어 한 학교폭력 사례는 2년 이상 걸린 사건이었다. 이는 중간에서 피해자 아버지가 그 과정에서 힘들어서 자살하기까지 한 사건이었다. 공적 기관으로 볼 때는 책임의 한도와 과정에서 문제가 없다. 각자의 역할이 있고 그 나름의 과정이라는 시간이 자체적으로 들기 때문이다. 그러나 피해자 쪽에서 볼 때는 당장 하루하루가 지옥인 상황에서는 엄청난 심리적인 압박이었을 것이다. 회복적정의 시민단체에서 진행하는 회복적 대화모임은 길어야 2주~3주 안에 짧으면 두세 번의 모임으로 당사자들이 해결할 수 있는 방법을 모색한다. 정당성은 공적기관이나 심지어 인증받은 전문가의 합법적인 전유를 통해 특권을 행사하게 만든다. 그래서 당사자들은 자신의 문제를 스스로 해결하지 못하는 무능력화라는 지배문화와 그 시스템의 올무에 갇히게 된다. 이 얼마나 비극적인 세상인가? 왜 우리는 공적기관의 정상적인 일 처리에 의문이 안 드는 것일까?

36) 물론 그 뒤로도 황금박쥐, 아톰 등의 흑백TV에 만화영화가 등장했고 주제의 설정은 항상 권선징악의 단순한 주제에 따른 슈퍼파워의 소지자에 의한 해결이라는 교훈의 전개는 같았다.

두 집만 TV가 있었던 시절이라 나와 동네애들은 TV가 있는 집에 같이 앉아 보면서 블루토의 출현에 대해 대단한 적개심을 화면에 표출했다. 보기만 해도 사나운 이미지에 대한 자동반응이었던 것이다. 그리고 그의 희생자 역할을 하는 올리브라는 여인이 있다. 가냘픈 몸매에 목소리까지 그러했기에 그런 약하고 동정심을 유발하는 이미지의 그녀는 항상 블루토의 집적거리는 행동에 도망다니는 역할을 한다. 어느 정도 올리브가 위험해진 상황에서 뽀빠이가 등장하게 되는 데, 처음부터 이기는 것은 아니었다. 내 기억으로는 뽀빠이와 블루토의 만남은 항상 격투 장면이고, 올리브와 뽀빠이는 항상 사이좋은 관계의 장면이었다. 처음에는 뽀빠이가 블루토를 당해내지 못하지만, 결국 그는 비상의 무기인 시금치를 먹고 블루토를 이긴다. 이긴다는 것을 더 정확히 말하자면 물러서게 하는 것이 아니라 늘씬하게 때려눕힌다는 말이다.

이런 종류의 만화영화를 통해 나와 마을 친구들의 의식과 행동은 큰 영향을 받았다. 내가 그 당시 이해한 만화영화의 숨은 교훈들은 이렇다. 약자를 돌보는 것은 정의를 실현하는 것이고, 불의를 참고 있어서는 안된다_{여기까지는 괜}찮은 봐줄 만한 교훈이다. 그러기 위해서 불의를 저지르는 사람과는 맞서 싸워야 한다_{대화나 협상의 가능성이 없는 방식을 선택한다}. 약자는 위험에 직면해서 두 가지를 해야 산다. 첫째는 도움을 외치고, 둘째는 도움이 올 때까지는 도망치는 것이다. 왜 블루토가 자신에게 치근덕거리는지 다가가서 물어보지 않으며_{다가가}면 위험하다고 교훈을 준다, 또는 전의 고통의 경험으로 어떻게 자신을 방어할지를 생각해 내지 못한다_{약자는 스스로 생각할 여력이 없다는 교훈을 준다}.

여기서 한 걸음 더 나아가서 정의의 사도가 되기 위해서는 힘을 길러야 한다는 교훈이 지배적이다. 그 정의 실천의 모범은 확실하게 상대방을 때려눕

나는 에코페미니즘의 영역에서 종교학을 연구했기 때문에 이런 힘에 대해 이해를 하면서 비로소 얼마나 이런 종류의 만화영화에 철저히 세뇌되었는지를 깨닫게 되었다.

혀서 힘을 아예 거세하고 항복시키는 방법이었다. 뽀빠이처럼 나도 미래에 그런 사람이 되려면 '상대방을 무찌를 수 있는 위력'의 사람이 되어야 한다. 그리고 뽀빠이가 이길 수 있는 것은 블루토가 가지고 있는 힘과 같은 종류의 것으로서 그것보다 더 세야 한다는 것이다.[37] 그런데 아뿔사, 그런 힘도 안 되면 비장의 무기를 가지고 있어야 한다. 그 당시의 것은 '시금치'라는 상당히 유치하지만 어필이 되었던 상대방에게는 없는 것을 가져야 한다. 지금의 어벤저스 영화처럼 매우 신박한 비장의 '공격용 무기'를 소지하는 것은 엑스트라의 힘을 축적하는 데 큰 도움이 된다.

이제 숨겨져 있는 커리큘럼으로서 이 교묘한 교훈으로 들어가 보면 그 속 내용은 이렇다. 이제 자신을 구해준 뽀빠이에 대해 올리브는 사랑을 거절할 수 없으며, 그 어떤 상황에서도 뽀빠이가 귀찮거나 힘들어도 뽀빠이가 구해준 것을 생각해서 그 사랑에 변절하지 말아야 하고 일편단심으로 뽀빠이를 위해 살아야 한다는 것이다. 그리고 뽀빠이는 당연히 올리브로부터 자기희생의 대가로 그런 사랑을 요구할 수 있다는 것이다. 당연히 그러하기에 올리브의 다른 생각은 변절이며, 뽀빠이의 명예를 훼손하는 것임은 말할 것도 없다. 그렇게 해서 부드러운, 저항할 수 없는 지배가 구조자에 의해 이루어진다.

필자의 상상력은 더 나래를 편다. 하나는 그런 교훈들로 인해 약자는 아무것도 스스로 할 수 없기에 공적 기관이나 인증된 전문가의 도움이 절실히 필요하다. 물론 이는 미국이 세계의 경찰의 역할을 포함해서 국가가 하는 공공 기관의 전문성과 국가가 자격 있다고 여기는 전문가의 역할이야말로 이 사회를 구하는 데 큰 역할을 한다. 여기서 문제가 되는 것은 지배체제에서 특권이 어떻게 남을 구하는 정당성의 이름으로 강화되고 그들만의 리그가 형성되

---

37) 흥미롭게도 뽀빠이에 대한 한 신학적 통찰이 존재한다. 평화신학자인 월터 윙크, 『사탄의 체제와 예수의 비폭력』 참조.

는지에 대한 견고한 시스템의 구축에 대한 의식이 어떻게 시작되는지에 대한 것이다. 또 하나는 뽀빠이와 올리브가 결혼을 했으면 잘 살았을까라는 질문이다. 대다수에게는 이의가 없을 것이다. 스파이 영화들처럼 공적임무에서는 살인에 대해 눈곱만큼 복잡한 감정이 일어나지 않는 잔인한 인물도 사적으로는 가정을 보호하고 아내와 자녀와의 관계는 일반 평민처럼 행복하게 사는 영화를 너무나 많이 봤기 때문일지도 모른다. 하지만 나는 정말 궁금해진다. 행복하게 잘 살았을까? 왜냐하면, 내 경험으로는 공격과 방어 혹은 잘못에 대한 심문과 진술조서가 자신의 공적인 업무로 은퇴까지 하게 되는 사람들이 업무 외에 사적인 사랑의 관계를 맺는 데 힘듦을 호소하고 대화의 팁을 원하는 경우를 자주 경험해 왔기 때문이다.

지금까지 뽀빠이 만화영화를 언급한 것은 이유가 있다. 그것은 갈등무대에 대한 이해를 하기 위해서이다. 즉, 갈등과 폭력이라는 문제 상황에 접했을 때, 우리는 삶의 복잡함과 여러 가능성이 갑자기 하나로 정리되면서 '갈등무대'의 연기자들로 서 있게 된다.[38] 수많은 다양한 잠재적 가능성을 지닌 당사자들의 정체성이 그 무대 위에서는 가해자와 피해자의 역할로 고정되면서 제삼자는 심판관 아니면 구조자로 자신의 역할이 순식간에 변하게 된다. 그래서 누군가 피해자로서 자신의 고통을 호소할 때, 책임 있는 구조자 혹은 심판관으로서 공평함의 실현에 저절로 관심을 갖게 된다. 그러나 내가 대화와 갈등전환의 진행자로서 깨달은 점은 그 구조자 혹은 심판관의 역할이 당연한 것이 아니라는 점이고, 숙고해야 할 점들이 많다는 것이다.

설명하자면 이렇다. 보이는 전면에 나온 갈등무대의 역할자들 뒤에 보이

---

38) 삶의 여러 공간들을 살면서 우리는 자극상황(문제상황)을 접할 때 한 가지 공간 속에 자신들이 서 있음을 깨닫게 된다는 은유이다. 즉 그것은 갈등무대가 펼쳐지고 거기에 연기자들로 갈등 당사자들이 역할을 맡게 되며, 연기자의 역할에 따라 비슷한 패턴의 각본(script)이 주어지며, 각 연기자는 그 각본에 따라 약간의 변형은 있어도 충실하게 그 역할을 하게 된다는 의미이다.

지 않는 후면의 더 큰 사건의 덩어리들이 있어서 함께 봐야 이해되는 것들이 있다. 표면적인 가해자, 피해자의 딱지 붙이기는 후면의 더 큰 사건의 덩어리들을 보면 그리 간단치 않다. 뜻밖에 가해자로 지명당한 사람도 만나 이야기해 보면 자신도 피해자라고 말하는 -그 사람의 입장에서 보면 어느 정도 정당한 이유로 인해- 경우가 드물지 않기 때문도 있다. 그런데 내가 구조자나 심판관의 위치에 대한 조심스러운 입장은 단순히 문제의 모호함과 복잡함의 성격 자체 때문만은 아니다. 오히려 구조자/심판관의 역할로 다가갈 때 더 큰 진실의 왜곡이 벌어진다는 사실이다.

이 허상을 깨기 어려운 이유는 일단 '갈등무대'가 세팅되면 가해자-피해자-구조자의 구조의 필요를 강화하는 '두려움'의 효능성과 긴박성이 모두를 초조하게 만들어 〈추적자/가해자〉, 〈도망자/피해자〉, 〈구조자/개입자〉의 역할에 충실하도록 한다는 것이다. 그리고 관객들 모두가 그 갈등무대에 진지하게 그리고 자연스럽게 몰입하고 있어서 판을 뒤엎기가 또한 어렵다. 이렇게 우리는 갈등 드라마의 각본에 납치되어 무대 위에서는 가해자-피해자-구조자의 역할의 당위성과 그 무대 아래에서는 관객의 역할을 충실하게 그리고 의심 없이 자연스럽게 해낸다. 관객도 누가 어떤 역할을 얼마나 충실하게 하는지 혹은 어떤 반전이 있는지 호기심으로 본다. 그렇게 해서 모두가 갈등 각본에 납치되었다는 사실을 생각할 수가 없다. 채널이 고정되면 더는 다른 채널의 가능성에 대한 호기심을 잃는다.

두려움이 이 갈등무대와 관객이 있는 장소의 공간에 흐르는 중심 에너지와 내적 동기가 되고, 그 갈등무대 위에서 추적과 도망, 맞서기와 펀치 날리기, 피하기와 보호하기 게임이 흥미를 일으키면서부터 점차 힘forces의 효능성을 무의식적으로 배우게 된다. 이로 인해 우리 모두가 짜릿한 흥분과 몰두하는 관심을 갖게 되는 순간, 이제는 누군가 맞아 무대 위에 쓰러져도 정당화되고, 모두의 관심은 승리자에게 향한다. 그리고 놀랍게도 다음의 매치가 언제 열릴지 기대하게 된다. 그리고 심판관은 존재의 이유를 얻는다. 그리고 그 존재의 이유로 인해 갈등무대의 필요성과 그 갈등무대에 대한 존속의 이유도 더욱 강화된다. 이제 갈등무대에 억지로 구경 왔더라도 점차 그 공간과 장면을 즐기며 흥분하게 된다. 납치된 자가 즐기는 자로 서서히 변모한다. 그리고 우리는 이 환상에서 점차 더욱 빠져나갈 길을 잃으며 그 갈등 드라마에 익숙해지기 시작한다. 결국은 존재는 사라지고 심장 없는 역할자가 남는다.

우리는 어떻게 이러한 갈등무대에 납치됨에서 벗어날 수 있을 것인가? 어떻게 우리는 손상에 대해 저절로 펼쳐지는 갈등무대를 해체하여 추적, 도망, 항복의 연기 대신에 존중과 돌봄의 댄스 플로어에서 상대를 만날 수 있을 것인가? 우리는 어떻게 정당성, 당위라는 힘의 압력을 내려놓고 오히려 각 존재의 독특성을 불러내어 그가 존재할 수 있는 용기와 공간을 각자에게 부여할 수 있을까? 어떻게 우리는 공동체 일원으로서 그러한 각자가 존재의 본 모습으로 있을 수 있는 공간을 부여하는 방식으로 서로를 돌볼 수 있겠는가? 어떻게 우리는 두려움과 힘이 필요 없는 공간 속에서 자기 존재의 나눔이 최상의 행복이 될 수 있게 할 수 있겠는가?

이 장에서는 간단한 암시로서 교류분석TA에서 유사하게 사용하는 "드라마 삼각형"The Drama Trangle의 간단한 제안을 확인하고 넘어가기로 한다.[39] 갈등무대에서 드라마 삼각형은 뽀빠이 이야기에서처럼 희생자victim, 박해자 persecutor 그리고 구조자rescuer로 역할자들이 소개된다. 여기서 이 연기자들이 각자의 역할에 대한 각본을 어떻게 벗어날 수 있는가이다. 그 핵심은 희생자

---

39) 드라마 삼각형은 교류분석(TA)의 아버지인 에릭 베른(Eric Berne) 밑에서 공부하던 학생인 스티븐 카르프만(Stephen Karpman)의 용어이다. 교류분석에 대한 전공이 아니고 간단히 알고 싶다면, 드라마 삼각형은 TED 등으로 유튜브에서 여러 소개를 간단히 10분 정도 이내에 얻을 수 있다. https://www.youtube.com/watch?v=E_XSeUYa0-8 https://www.youtube.com/watch?v=jSdODaTeHXw (2021.4.20. 접속)

는 실제로 무력하지 않고, 구조자는 자신이 실제로 도움이 되지 않으며 박해자는 유효한 불만이 없다는 것을 어떻게 인지하는가에 달려있다. 그렇게 해서 이 드라마의 구조를 깨뜨리는 것이며 이것은 우리가 갈등작업을 할 때 갈등무대에서 하는 갈등작업에 큰 통찰을 준다.

피해자의 마음가짐^{정신상태, mindset}을 깨는 것은 자기 상황에 더 많은 책임을 지게하고 너무 문제중심에서 사고하는 것을 벗어나서 자신의 상황을 관찰하고 자신감을 어떻게 얻을 수 있는지 배우게 하는 것이다. 대개는 너무 문제중심의 사고와 이야기를 주변에서 해서 구조자를 개입하게 하는 패턴을 일으키기 때문에 자신이 앞으로 나가고 있는 것에 대해서도 마음을 열게 할 필요가 있다. 구조자의 마음가짐에서 벗어나는 것은 항상 타인을 도우려는 정신에 대해 자신을 돌보는 것을 배워야 하며, 돕는 데 있어서 잘못된 방법이 있음을 명심해야 한다.

박해자의 정신상태를 깨트리는 것은 약자에 대한 공감 능력이다. 약자를 먹잇감으로 괴롭히는 대신에 타인의 관점에 서봐야 하고, 자신이 어떻게 사람들을 해치고 있는지도 살펴서 원하는 필요를 요구하는 방법을 배울 필요가 있다.

갈등작업에서는 이러한 세 역할자들이 자신의 각본을 갖고 자주 출몰하며, 심지어는 각자는 세 역할이 고정되지 않고 때때로 돌아가며 다른 역할을 하는 경우도 관계와 이슈에 따라 발생한다. 갈등무대 속으로 진입했다고 느끼면 말하기 전에 어떤 연기자 역을 하는지 깨달을 필요가 있다. 나나 상대가 말하는 것은 이미 그 역할로 인해 그 전개 과정이 예측되기 때문이다. 갈등무대와 연기자의 행동을 이해하는 것은 실상 구조자로서 개입해 들어가는 나 자신의 힘의 행사에 대한 진행자로서 분별과 조심성을 또한 키워주게 된다.

3부···경청 실습

일반 모임의 특징이 눈에 보이는 대로 말하는 에너지가 주류를 이룬다면 서클대화 모임은 오히려 경청하는 분위기가 전체의 공간을 채우고 있는 것으로 인상을 받는다. 그만큼 경청은 서클대화의 주된 에너지이다.

경청이 중요하다는 것은 누구나 동의할 수 있지만, 경청의 본성이 무엇인지 알 듯 모를 듯하여 어떻게 다가갈 수 있는지는 그다지 도움받을 수 있는 자료가 마땅치가 않다. 왜냐하면, 대화에 관련한 책 대부분은 말하는 것에 주로 관련하여 진술하고 있기 때문이다. 마치 경청이 도움이 되는 것은 사실이지만 최종적인 승부는 어떻게 말하는가에 달린 것으로 이해하고 있기 때문이다. 반면 서클대화는 그 핵심이 경청의 힘에 의존한다.

여기서는 그동안 워크숍에서 짧게 소개되어 온 경청실습에 관련한 내용을 좀 더 자세히 다룬다. 이는 경청이 무엇인지 그리고 어떤 상태에 있는 것이며, 그것을 서클진행자로서 어떻게 체화시키는 것인지를 진술한다.

1장의 〈경청의 재인식〉에서는 두려움과 결핍의 에너지에 따라 '자극-반응'의 도식에서 경청이 어떻게 그 프레임에서 벗어나게 할 수 있는지를 다룬다. 단절의 비극으로부터 오는 각종 고통에 대한 치유는 연결로 인한 것이며, 경청은 그러한 연결을 돕는다. 특히 중요한 것은 경청은 '행동-모드'의 우리 삶을 '존재-모드'로 전환시키는 데 결정적인 기여를 한다는 점이다.

2장의 〈경청의 장애물들〉은 우리가 경청을 제대로 못하는 것은 본래 있는 경청의 능력을 가리는 장애물이 있기 때문임을 알리고, 그것이 무엇인지를 알아간다. 특히 느낌의 우주를 항행할 때 감정의 상함 그리고 분리의 고통이 강한 블랙홀에서 말하기는 혼란 속으로 추락하도록 큰 역할을 하는 점을 이해한다. 이는 인식의 오류 때문이다. 경청하기는 서로 안 보이는 장벽에 하나씩 창문을 내어 서로를 알아보고 빛이 들어오게 하는 역할을 한다.

3장의 〈경청훈련 1: 메시지와 메신저〉와 4장의 〈경청훈련2: 경청자의 내면〉은 경청을 어떻게 하는 것인가에 대한 몇 가지 단계와 그 훈련 영역을 기술한다. 경청자에게 펼쳐지는 것은 우선 화자의 메시지이다. 메시지를 경청한다는 것은 프레임을 제거한 내용으로서의 사실, 감정 그리고 들은 것을 돌려주는 방식으로 연결한다는 것이다. 그뿐만 아니라 그러한 메시지를 말하는 메신저의 마음을 귀 기울여 듣는 것과 경청자의 내적 상태도 포함됨을 확인한다.

5장의 〈경청의 근원인 침묵과 중심〉은 경청의 더 근본적인 터전에 대해 다룬 장이다. 통상 침묵은 고통과 불안을 야기하지만 서클대화에서 침묵은 경청을 돕고 지성을 발생시킨다. 듣는다는 것이 자신의 중심에서 상대방의 중심에 연결하는 것이라면 경청의 터전인 침묵과 중심에 대한 이해는 미묘한 영역이어서 완전히 명료하게 잡히지 않지만 서클진행자에게는 필수적인 감각이다. 게다가 침묵과 중심은 내가 하는 것이 아니라 더 큰 실재에로 들어가는 문을 열어준다. 이른바 숨겨진 전체성wholeness에 대한 살아있는 감각이 그것이다.

경청은 단순히 듣는 테크닉을 넘어 존재의 회복과 실재의 전체성으로 나가는 문을 연다. 말하기는 과거와 기억에 머물지만, 경청은 지금 여기의 살아있는 실재에 대한 감각을 연다. 이는 무엇을 인식하는 데 있어서 터전이 된다. 눈으로 보는 것은 자신이 판단을 쉽게 작동시키지만, 경청은 타자에게로 주목하기에 인식에서도 호기심과 겸손의 공간을 마련한다. 그래서 심지어 '서클은 경청이다'라고 단언할 정도로 서클에서 경청은 우선적인 위치를 차지한다.

1장. 경청의 재인식

우리는 일상생활이나 사회관계 속에서 일어나는 삶의 비참함이라는 현상들과 그리고 일상에서 소소히 벌어지는 단절의 아픔에 의해 수많은 고통의 파편들이나 무거운 바윗덩이와 같은 아픔을 겪는다. 더 크게 보자면 지배체제와 이로 인해 오는 혼란과 충돌로 오는 분열, 그리고 폭력을 보면 마음이 어지럽다. 상황이 여러 중첩된 요소들로 얽혀져 있어서 개인이나 소수에 의해 풀어내는 것이 불가능해 보여서 좌절이 되기도 한다. 어디서부터 시작하는 것이 손상, 갈등, 그리고 폭력의 깊이에 있는 근원적인 것에 다가가 치유와 회복의 길을 여는 것일까?

이미 2부 갈등작업에서 어느 정도 시사한 것처럼 빅터 프랭클이 지적한 '자극-반응'의 작동 메커니즘은 우리의 세포와 의식 그리고 문화 속에 깊이 뿌리박혀 있다. 그래서 언급한 갈등대응의 방식이 결국에는 장벽에 충돌하거나 낭떠러지에서 떨어지는 비극적 결과를 초래한다. 그러한 비극이라는 강물의 근원으로 올라가 보면, 일반적으로 우리는 대화, 회의, 모임이라는 이름으로 모였을 때, 통상 '말하기' 위해 모였고, 말해야 뭔가 해결이 되고, 말해야 결정이나 변화를 가져온다는 고정된 인식을 하고 있음을 알 수 있다. 그런데 '말하기' 자동차 경주에서 우리가 가는 곳이 장벽이나 낭떠러지라는 것이 어렴풋이 다가온다면 '두려움'으로 인해 자동으로 언어가 칼이 되어 공격과 방어의 무기가 되어버린다.

2000년 후반부터 서클 모델 방식으로 모임과 훈련을 하면서 10여 년의 경험을 통해 깨달은 것은 참여자들이 편해지고, 주제와 관계에 있어서 따스한 변화와 인격적인 헌신이 일어난다는 점이다. 그러한 변화는 서클 모임이 갖는 한 가지 중요한 특징에서 일어나는 데 그것은 바로 한 사람을 제외한 모두가 경청의 분위기로 앉아있다는 사실이었다. '말하기'의 일반 모임과 달리 '경청하기'의 전체 분위기가 도달하고자 하는 목적지에 참여자들 전체를 태워서 의외로 훨씬 안전하게 도달하게 한다는 것을 깨닫게 되었다. 그래서 2010년 이후에는 비폭력 실천을 서클로 하는 평화운동을 의식적으로 진행해 왔다. 대화모임부터 시작해서 훈련워크숍에서의 배움과 전수, 교사워크숍, 청소년 평화수업, 조직운영, 사회적 기획, 그리고 심지어 평화영성 등으로 '서클대화'를 일관성 있게 확대하였다.[1) 이렇게 운동의 방향 변화는 지금의 우리가 겪고 있는 혼란과 분열 그리고 이로 인한 고통어린 현실 그 저변에는 두려움을 통한 '말해주기'의 깊은 병적인 증상으로 인해, 즉 그러한 뿌리균과 팡이실로 인해 여기저기서 다른 형상들로 출현하는 버섯 현상들이 아닐까 하는 성찰에 도달함으로써 생긴 자연스러운, 그리고 지속적이며 의식적인 변화의 결과이다.

우리의 삶이 '두려움'과 '옳고 그름'의 근본 프레임^{뿌리균} 속에 머물면서 변화시키기 위해 '말해주기'^{팡이실}가 중요하다는 인식이 작동될 때, 자신의 본래의 선한 의도와는 상관없이 실제로 초래하는 결과적인 현실은 뜻밖에도 혼란과 비참함이다. 그리고 불의의 교정과 그 극복을 위해 열심히 노력한 개인과

---

1) 물론 서클은 필자나 내가 속한 단체만이 하는 것은 아니다. 중요한 것은 필자와 내가 속한 단체는 의식적으로 서클을 수단이 아니라 그 자체의 작동원리나 가치로 서클을 통해 그리고 서클 안에서, 다루는 주제만 아니라 서클을 처음부터 끝까지 의식적으로 느끼는 길을 모색하고 있다는 점이다. 이를 통해 방금 진술한 수업, 모임, 기획, 갈등전환, 조직운영 등에 일관성 있게 서클을 맛보며, 또한 다양한 국제 모델로서 서클진행 방법들을 소개나 개발을 하고 있다는 점에서 서클의 전파는 활동가로서 나의 소명과 단체의 핵심 미션이기도 하다. 이에 대한 가능성의 일부는 이 책 7부에서 다룬다.

집단도 얼마 가지 않아 이 덫에 걸려 상처와 분열, 그리고 무력감과 나가지 않음이라는 수렁 속에 있는 자신을 발견하게 된다. 이로 인한 발전된 현상들은 나와 너의 존재의 가치를 축소하고, 더럽히며, 살맛을 잃게 만드는 권력의 부패와 무지 그리고 오만함, 안전에 있어 국가에 대한 근본적인 신뢰의 무너짐, 나의 안전만이 아니라 미래세대와 미래 생태-존재들에 대한 무거운 비용부담의 현실, 만연된 비난과 냉소의 문화 속에 길 잃어버림의 감각이 파도에 파도를 타고 엄습하며 몰려온다. 두려움에서 비롯된 분리의 고통이 '자극-반응'의 시스템에서 반복되면서 강화되어 일어나는 현상들이다.

어떻게 이러한 '자극-반응'의 악순환에서 벗어나 새로운 선택이 가능해지고, 이를 통해 경험에서 성장과 배움의 메커니즘을 형성하는 틈 공간을 만들 것인가가 어느 순간부터 중요해졌다. 2부 갈등작업에서 반응패턴 설명에 추가하여 자동반응 메커니즘을 잠시 들여다보도록 하자. 이 장이 다루고자 하는 경청에 대한 근본 인식을 새롭게 주목하기 위해 그 메커니즘을 확인하고 가는 것이 도움이 될 것이다.

두려움의 인식을 통한 자동반응 메커니즘은 바로 자아가 보호-저항-통제-조작이라는 반응의 스펙트럼을 통해 다가오는 사물, 사건, 관계, 사람, 사물을 맞이하게 만든다. 즉 내면부터 살펴보면 그러한 메커니즘은 최소한 자기 '보호'를 목적으로 자신의 선택과 행동, 말걸기의 움직임을 만들어낸다. 그리고 자기 보호에서 더 나가면 내면에서 타자의 도전에 대한 '저항'이나 거부를 일으킨다. 여기까지는 반응자의 내면에 국한하여 일어나는 메커니즘이다. 그런데 만일 정당성_{타당성}과 옳고 그름의 부당함이 더 강하게 인식되어 외적인 행동에 동기부여를 준다면, 그는 단순히 자기라는 심리적 영역 안에서 일어나는 보호와 저항을 넘어 상대방에게로 나아가는 침해의 행위를 작동시킨다. 그것이 바로 상대방에 대한 통제, 곧 영향력의 행사이다. 그 영향력이 더 강해질 때는 아예 자신이 원하는 대로 상대, 사건, 상황을 바꾸는 조작까지 나아간다. 자신의 안전 영역을 확대하여 정복하여 안전의 통치력과 그 범위를 확산시키는 것이다.

자신의 자아가 그리고 그가 힘을 발휘하는 공동체가 이렇게 보호-저항-통제-조작이라는 내적 메커니즘을 작동시킬 때 일어나는 비극은 다음과 같다.

첫째로, 일어나는 낯선 현상들은 무조건 자신의 안전을 위협을 일으키는 '자극'으로 일단 해석하는 자동 경향성이 높아진다. 그래서 포용과 수용력이 약해진다.

둘째로, 자극-반응의 속도와 빈도가 가속화되어간다. 뭔가 해야 할 것들이 계속 증가하고, 아이러니하게도 매우 많은 일을 하는 데도 나아지는 것은 없다. 계속되는 일들로 인해 피로도가 개인과 조직 속에 쌓이게 된다. 심리적인 엔트로피가 증가하는 것이다.

셋째로, 하는 모든 일이 '대응의 논리'에 따르는 것이어서, '잔해 처리'에 에너지와 노력을 들일 뿐 뭔가 창조하는 것이 없다. 즉 '생성의 논리'가 작동되지 않는다. 그렇게 반응하여 대처하는 것은 있는 데, 희망을 창조하고 생성하는 흐름이 만들어지지 않는다.

넷째로, 잔해^{망가진 것들} 처리의 중요한 목표는 잘못에 대한 희생양을 지목하는 것이다. 누군가 그리고 어떤 그룹을 희생양으로 지목하면 - 안전을 위협하는 대상으로 지목하기 - 그 메커니즘은 건들어지지 않고, 의심하지 않으며, 그 희생양 처리로 인해 더욱 효과적으로 작동된다. 그리고 그 메커니즘이 필요하다는 인식을 더욱 견고히 한다. 그래서 그 메커니즘을 통솔하는 엘리트의 통치와 그 작동 시스템에 대한 필요성을 강화한다.

다섯째로, 자극-반응의 메커니즘은 결국 시스템정체성, 체제의 경직성을 낳
　　는다. 변화에 대한 유연성을 상실하여 무질서와 통제 불능의 상태로
　　확산하여 간다. 그래서 도태되거나 새로운 것의 출현을 막는 무거운
　　부담고통의 비용이 되고 만다.

마지막으로, 이것이 가장 비극적인 것인데 그것은 바로 이렇게 자극-반응
　　의 틀과 자아 내면에 보호-저항-통제-조작의 메커니즘이 작동되면
　　결국은 외적인 일에 관해 관심을 두게 되면서, 자신의 영혼의 목소리
　　를 듣지 못하게 된다는 것이다. 자신이 진실로 무엇을 원하는지 알거
　　나 느낄 수가 없고 대응하기에 바쁜 인생과 그런 사회가 되고 만다.

　자극-반응의 프레임은 자아와 사회에 보호-저항-통제-조작의 내부 모니
터링 메커니즘을 작동시켜 결국은 비극적 현실을 출현시킨다면 이러한 자
극-반응의 프레임을 깨는 틈 공간은 어떻게 형성되는 것일까?

　전통적으로 명상 수련은 이러한 자극-반응의 틀을 깨는 데 중요한 멈춤과
알아차림의 공간을 개인에게 증가시켜왔다. 이 명상이 단순히 종교적 수행이
아니라 무엇이 진실로 일어나고 있는가에 대한 실재reality에로 들어가는 수련
이 된다면 간디, 토마스 머튼, 틱낫한 등에서 보이는 왜곡된 자아정체성과 비
참한 현실에 대한 사회 변혁의 통로가 될 수 있다. 문제는 이러한 명상은 대다
수 일반에게는 정적주의로 쉽게 빠지게 만든다는 것이다.[2] 활동 속에 머물면
서 대안이 되는 것은 바로 경청하기에로 집중하는 것이다. 그리고 경청은 단
순히 수동적인 것이 아니라 많은 것들이 내포된 적극적인 행동과 관련되어

[2) 비록 틱낫한이 마음 챙김(mindfulness)은 일상의 모든 행위 속에서 일어난다고 말했지만, 그
정적주의로부터 일로부터 떨어져 관상하는 경향성은 그 추종자들로부터 쉽게 지워지지 않는
다. 이는 종교가들의 1차 경험인 명상에서 행동으로 나올 때 도움이 되지만, 갈등작업자의 1차
행동으로는 자연스럽게 다가오지는 않는 게 현실이다.

있다.

우선 경청은 '단절의 고통'을 치유하는 심장의 연결작업을 한다. 경청은 단순히 남의 말을 듣는 것이 아니다. 경청은 남의 안에서 일어나는 것을 듣기, 그리고 나와 상대방 '사이'에서 일어나는 것을 듣는다. 그뿐만 아니라 더 나아가 청자로서 내 안에서 일어나는 것을 듣는 것 또한 포함되는 포괄적인 행위이다. 그렇게 일대일 대화로서 경청은 더 나아가, 모임에서는 나와 참여자 각자의 이야기를 듣는 것만 아니라 서클 전체에서 일어나는 것을 함께 주목하여 듣는다. 이는 서클의 중심으로부터 우리가 듣는다고 할 때 일어나는 현상이다.

경청하기가 이렇게 상대의 말을 넘어 상대방의 안에서 일어나는 것을 시작으로 청자 안, 그리고 전체가 함께하는 공간에서 일어나고 있는 것을 포괄하는 듣기로 이해한다면, 저절로 청자는 분리된 자기인식을 넘어 자신과 자신의 주변 그리고 전체에서 무엇이 일어나는지에 대한 주목과 거기에로의 참여가 불가피하게 된다. 그렇게 데이비드 봄 말한 전체성의 '참여하는 우주'에로 향한 청자의 경청은 펼쳐지고 있는 실재에 참여하는 방식이며, 지금 여기서 그리고 각자 안에서 무엇이 펼쳐지고 있는지 다가가도록 한다. 그러한 적극적인 경청으로 말미암아 나를 넘어선 인식의 확대, 혹은 '인식의 재배치'_{윌리엄 아이작스의 용어}가 일어난다. 경청의 힘은 다음과 같은 능력을 불러일으킨다.

첫째로, 우리의 일상에서 다루어지는 타자나 주제에 대한 관점과 주장은 파편화된 사고로 인해 그 원래 성격이 모호하거나, 복잡하거나, 서로 모순된 일면들을 지니고 있다. 경청하기는 그러한 모호하고, 복잡하고 또한 모순된 사건, 상황, 관계, 사람에 대한 사고들을 양자택일하지 않고, 역설의 긴장으로 끌어들여서 그런 모순 상황을 넘어서는 초월과 창조의 에너지를 분출한다. 모순과 역설 사이에서, 양극적인 것들을 끌어들여 역설과 통합의 문을 열도록 한다.

둘째로, 경청하기는 말해주기가 주는 영향력의 미침, 곧 상대방 심리적 영역을 침범하기라는 위험을 갖지 않고, 상대방의 신체적·심리적·영적인 영역을 그대로 존중하면서 서로의 내면의 문을 열어 보여주는 거울과 수정체의 역할을 하므로 서로를 주체화시키고, 의미가 드러나는 '생성적 질서'의 공간을 내면과 관계 사이에 허락한다.

셋째로, 경청하기는 자극-반응의 세계 속에서 우리의 중독된^{프로그램화된} '행동-모드'를 '존재-모드'로 바꾸어준다. 이를 통해 우리로 하여금 일에 머물러 있지 않게 하고, 이를 넘어서 존재의 세계로 우리를 이끈다. 여기서는 자아의 정체성에 대한 긍정으로, 혼란에서 명료함으로, 소외에서 친밀한 관계로 가는 공간을 창조한다. 이와 반하여, 자극-반응의 구조적 틀 속에서 말해주기는 우리의 정체성을 존재에서 행동과 소유의 모드로 전환시키고, 결국에는 상황과 사건 속에 '파괴적 질서'를 몰고 오는 경향으로 쉽게 전락하게 만든다.

우리의 파편화된 사고가 언어로 표현되는 말하기의 분열의 방식은 이렇게 경청하기를 통해 연결되고 참여함으로써 각자를 보다 큰 전체의 일부로 볼 수 있도록 해 준다. 그렇게 함으로써 상대와 전체 속에서 적절한 관계 안에서 자신을 보게 함으로써 각자에게 자신의 정체성과 주제의 적절성을 돌아보게 만든다. 경청은 이렇게 정체성, 관계, 주제의 역학적 흐름 속에 참여하게 하고, 그러한 통합적인 역동적 흐름 속에서 건강함, 안전 그리고 풍성한 삶으로의 성장과 배움의 기회를 높인다. 그렇게 자기 정체성, 타자와의 관계, 그리고 주제에 대한 정보의 자유로운 흐름을 방해하지 않고 최적화된 교감을 불러일으키는 것이 바로 '경청하기'이다.

경청하기는 또한 평화롭거나 성숙한 인간이 되기 위한 단순한 윤리적 실천 권고 사항이 아니다. 그렇다고 신체적이거나 심리적인 안전함이라는 복지well-being의 구현만을 위한 것은 아니다. 오히려 정체, 관계 그리고 정보에 대한 인식론적 기반이 되고 존재론적인 터전이 되는 것이다. 따라서 경청하기는 다양한, 그리고 포괄적인 '행위' 그 자체만 아니다. 그것은 우리가 파괴의 잔해에 대한 사건 처리에 대응하기라는 중독된 '행동-모드'에서 뭔가 근본적이고 실재에 기반을 둔 '존재-모드'로 살아갈 수 있는 공간, 즉 자극-반응을 넘어선 성장과 자유의 공간을 제공한다. 우리의 자아가 상호의존성에 기반을 두고 있다면 그것이 가능한 것은 모든 실재는 경청하기를 통해 서로 의존하여 살아간다는 뜻일 것이다.

2장. 경청의 장애물들

경청과 관련하여 어릴 때 기억 하나가 생각난다. 기차역 플랫폼에 서 있으면 멀리서 기차가 작은 물체로 보이거나 혹은 건물들로 시야에 안 보여도 도착하고 있다는 기차의 경적 소리가 먼저 들렸다. 경적 소리는 다가오는 실체를 명료히 확인해 주고, 어린 내 가슴을 뛰게 했다. 역시 경적 소리 후에 틀림없이 기차는 다가오고 있음을 보게 되고, 사람들은 움직이기 시작한다. 그리고 경적 소리와 더불어 도착하는 실물인 기차에 올라타면서 내 기쁨은 배가된다. 이제 여행이 본격적으로 시작된다는 흥분이 좌석을 찾아 앉으며 기대와 설레임이 올라오는 것이다.

이렇게 기차여행을 통해 내가 이해한 것은 눈에 아직 희미하거나 안보일 때 먼저 소리를 듣는 것은 그 실체를 알아차리는 데 결정적이라는 점이다. 소리가 들리고 그다음에 실물을 보게 되고 나서 사람들은 움직이고 그러고서 흥분과 기대는 심장을 적시며 차오르게 된다. 그로 인해 여정이 어떻게 펼쳐질지, 두려움보다는 호기심이 시작부터 올라오면서 스쳐 지나가는 주변의 낯선 풍경들에 빠져서 상상의 나래를 폈다. 돌이켜 생각해보면, 미지의 낯선 것에 대한 두려움이 없이, 호기심과 흥분이 가시지 않은 여행의 시작을 할 수 있었던 것 중의 하나는 바로 기차가 자신의 본모습을 보여주기 전에 경적 소리로 내 귓가를 울렸기 때문이었던 것 같다. 보기도 전에 듣는다는 것은 실체에 대한 반가움과 호기심을 끌어 올리며, 그러고 나서 보이기 시작하면 움직여 타고, 그리고 기분은 한껏 부풀어 오르는 과정이 물 흐르듯 이뤄지면서 장차 일어날 것에 대한 설레임에로 나를 이끌었었다.

본다는 것은 빛의 속도로 하는 것이어서 빠른 판단을 통해 그 정체를 알게 되지만 금방 식상해지는 측면도 있다. 하지만 듣는 것은 서서히 자신의 정체를 드러내고 또한 호기심으로 집중하도록 하기에 그 여운이 오래가게 한다. 보는 것보다 듣는 것에 대한 중요성의 실마리를 어린 시절 기억이 암시하고 있다. 의사소통과 갈등작업에 있어서 '말하기'보다 '경청하기'가 우선적이라는 것은 다음의 다른 여행 이야기를 통해 더욱 확인된다.

우리는 하루의 일상을 비유로 말하자면 느낌이라는 '우주' 속을 여행하며 보낸다. 아침에 일어나서 다시 잠자리에 들 때까지 수많은 느낌의 우주 속을 이 느낌에서 저 느낌으로 경계선을 의식하지 않고 통과한다. 아침에 일어날 때 하루 시작에 대한 무거움이나 호기심, 사람을 만날 때 반가움이나 낯설음, 과제나 업무에 대한 초조함이나 두려움 혹은 시간 내에 했다는 안도감이나 짜릿함 또는 마무리 못한 불안감, 저녁에 피로나 오늘도 무사히 잘 했다는 위로감 등등이 서로의 경계선을 의식하지 않고 다른 느낌의 우주 속들을 수없이 여행하는 것이다.

통상의 느낌이라는 우주 속에서는 감당할만한 수준의 느낌의 행성들이 있는 공간이 존재하고, 또한 내가 탄 우주선을 잡아끄는 에너지가 약하거나 짧게 끝나고 다른 곳으로 진입하기에 그다지 문제가 되지는 않는다. 그러나 그 우주 속에는 느낌이 강렬한 '블랙홀'이 있기 마련이다. 일상에서 강력한 느낌의 '블랙홀'을 만드는 것은 두 가지이다. 그 하나는 '마음이 상함'이라는 느낌과 또 하나는 '분리의 고통이 고압高壓의 중력 상태로 있음'이라는 느낌이다. 이 두 암흑에너지는 우주 속에 블랙홀을 만들며, 어느 블랙홀은 다행히도 그 자장력의 크기가 작아서 추락하기 전에 빠져나올 수 있지만, 어느 블랙홀의 경우에는 파열과 추락의 경험이 오래가게 만든다.

　문제는 이러한 느낌들의 우주여행에서 블랙홀 속을 진입하게 될 때는 다른 항해술을 발휘해야 하는 데 우리는 블랙홀 안에서 항해술의 전환에 대해 자각하지 못한다는 점이다. 왜냐하면, 여기서는 오른쪽으로 운전하면 우주선은 왼쪽으로 가고 있고, 앞으로 전진한다고 시동을 넣으면 우주선은 어느새 뒤로 가 있는 현상을 발견하기 때문이다. 즉, 자신의 선한 의도는 그 블랙홀에 **빠져나오는** 것이지만 실제로 초래한 결과는 의도와 다른 곳에 우주선을 도착시키는 것이다. 그래서 사실을 말해주기, 부당한 점을 표현하기, 상대방의 모순이나 불합리한 진술을 반박하기, 증거를 보여주거나 증인을 대면시키기 등이 아무리 객관적이고 타당성 있는 내용이라 할지라도 도달할 목적지에 다가가기는커녕 멀어지거나, 더 나아가서는 항행이 아니라 추락까지 하게 된다.

　그래서 마음이 상함이나 분리의 고통이라는 암흑에너지가 뭉쳐져 있는 느낌의 블랙홀에 접근할 때는 다른 항행기술이 필요하다. 그런데 그 항행기술이라는 것이 내가 일상의 느낌이라는 우주에서 사용하던 도구들을 오히려 다 내려놓아야 한다는 점에서 경각심을 가져야 한다. 즉, 내가 작동시키던 계기판들의 시동을 다 **끄고** 오직 하나의 기술, 곧 주의 깊게 '경청하기' 하나로 항해자의 살아있는 직감을 사용해야 한다는 점이다. 그래서 갈등작업을 할 때는 어떤 느낌의 공간과 에너지 속으로 들어가는지 알아차려야 하며, 특히 블랙홀로 진입할 때는 여지없이 그 공간과 에너지를 감지해서 경청-모드로 항행을 해야 안전하게 **빠져나와** 목적지로 갈 수 있다.

　느낌이 편치 않거나 무거울 때는 그나마 항행할 수 있었는데, 감정이 상하거나 분리의 고통이 있는 블랙홀에서는 항행이 앞으로 나가지 못하고 후퇴하거나 추락하게 되는 것은 무엇 때문일까? 그것은 우리의 의식과 에너지가 온통 '문제로부터 보고 듣고 있음'으로 시작하고 문제를 강화하기 때문이다. 그래서 내가 나누는 모든 정보는 문제와 잘못의 정보들을 축적해서-선한 의도는 그것을 해결하기 위해 문제를 다루는 것인데- 결국은 문제의 큰 덩어리 속에 갇혀 버리게 되기 때문이다. 이를테면, 투표함이 있어서 각자 문제라고 생각하는 것을 하나씩 정보를 담아 그곳에 넣기 시작하면 나중에 열어보면 문제들의 산더미가 나타나고, 그 문제들은 감정의 상함과 분리의 고통에 대한 정보들이기 때문에 더욱 감정을 상하게 하거나 분리의 고통을 증가시키는 확인들을 결과적으로 하기에 감당할 수 없게 되는 법이다. 게다가 그 정보들은 다 기억이라는 사고에 의한 것이며 사고가 존재를 갉아먹거나 은폐시키는 데다가 과거의 것에 초점을 맞추게 되어 지금 일어나는 잠재적 가능성을 감지하는 것을 놓치게 되는 법이다.

기차여행과 느낌의 블랙홀 여행을 이야기하는 이유는 경청의 중요성을 말하기 위함이다. 사실상 회복적 서클은 서클의 본성인 경청을 중심으로 서로 연결된다는 사실을 잊고 뭔가 도움이 되는 기술들을 집어넣으려고 의도하는 사람들이 많이 생겼다. 그리고 사실상 대화가 안 되는 이유의 하나도 말해주는 사람은 있어도 듣는 사람이 존재하지 않기 때문에 갈등이 일어나고 있다는 사실을 간과하기 때문이기도 하다. 그만큼 대화나 갈등작업에 있어서 그 핵심은 말해주기가 아니라 경청에 있다는 이 사실은 머리로 이해하는 것보다 더 미묘하게 간과되거나 그 중요성이 심각히 여겨지지는 않는다. 왜냐하면, 우리는 '신념적으로' 상대방이 알지 못한 그 뭔가를 말해주어야 상대방은 이해하고 변화된다는 선이해를 습관적으로 갖고 있어서 경청은 수동적이거나 아무런 정보제공도 없는 행위라고 생각하기에 경청을 먼저 선택하는 일이 쉽지 않은 것이다.

그러나 이것은 경청에 대한 심각할 정도로의 오해이다. 실제로 경청연습을 통해 드러나는 것은 단순히 말을 끊지 않고 끝까지 듣고, 능동적으로 연결하여 주목하며 청자가 들어줄 때, 화자의 느낌은 편안하고, 존중받으며, 온전히 상대방이 나를 향해 있어 주어서 말하기에 집중하게 된다. 또한, 자신의 말을 돌려받을 때 그동안 놓친 의미나 모호한 것에 대한 명료함의 자각을 갖게 되었다는 피드백의 경험을 보편적으로 경험한다. 즉 경청은 수동적인 아무것도 안 하고 있음이 아니다. 그건 연결을 통해 안전한 공간을 제공하면서 자기 탐구의 길을 열고, 반영적 경청을 통해 자기 명료화나 의미에로의 돌파를 가능하게 해주는 힘을 가지고 있다.

그럼에도 불구하고 무의식적으로 말하기를 통한 정보제공이 필요하지 않는가에 대한 심정적인 유혹이 있기에 최소한 블랙홀 우주에서 말하기의 비효용성에 관한 확인을 다시 하고자 한다.

첫째, 우리는 무언가 자극이 되는 상황 사건 사람 관계가 발생했을 때, 그 모호한 것이 출현하면 즉각적으로 그리고 생리적으로 3 F's의 반응방식맞서기, 피하기, 얼어붙기에 따라 하나를 선택하도록 습관이 자동 프로그램화되어 있다. 여기서 핵심적인 이해는 출현한 모호한 것에 대한 인지는 맨 먼저 우리로 하여금 생존본능에 따른 '위험'신호로 일단 받아들여서 위험한 것에 대한 대처로 우선해서 반응하도록 지난 수십만 년의 문화적 인자DNA가 우리 안에 있어서, 그것이 안전하다고 확인이 되기 전까지는 '위험체'로 인식하도록 만들어져 있다는 것이다. 위험으로 인식할 때 우리의 말하기는 앞의 다른 장에서 지적한 것처럼 결국 공격, 자기 정당화, 혹은 안전을 위한 침묵으로 나타나게 되고, 듣는 상대방도 결국 자신을 공격하거나, 자기 정당화로 듣거나 혹은 응답하지 않는 무시하기로 해석하게 되어 있다. 그래서 아이러니하게도 말하기는 공격-정당화-무시라는 이 프레임에 갇혀서 헤어나지 못하게 된다. 말을 계속할수록 당신은 그런 프레임이라는 수렁에 깊이 빠지게 된다.

여기서 핵심은, 우리가 믿는 바what we believe가 우리가 보는 바what we see를 결정하고, 우리가 보는 바는 우리가 말하고 행동하는 바what we do를 결정짓는다는 사실에 대한 이해이다. 출현한 자극상황을 '위험'으로 믿게 되면 말하는 그 모든 것은 자동으로 이 프레임을 따라 무엇을 말할지 결정되어 있게 된다. 그리고 그 말함이 그런 프레임을 더욱 강화시킨다. 문제는 말함이 '위험'에 대한 근본적인 인지 안에서 일어난다는 점이다. 당신은 위험한 존재에 대해서는 환대, 신뢰, 친밀감을 줄 수 없다. 따라서 당신의 말도 당신의 신념을 따른다.

둘째로, 갈등이나 폭력에 관련된 당사자들은 각자 보는 면이 완전히 다르다는 것을 우리는 이해하지 못하고 있다. 손상이나 상처를 입은 갈등 당사자주로 피해자라고 하는 부류의 사람들는 상대방이 자신에 게 행한 보이는 '거칠은 행동이나 말'에 시야가 붙잡혀 있다. 반면에 손상이나 상처를 준 사람보통 가해자라고 말하는 부류의 사람은 자신이 겉으로 보여준 거칠은 말이나 행동보다는 왜 자신이 그렇게 상대방한테 했는지 그 이유나 동기를 상대방이 알아주길 원하고 거기에 시야가 붙잡혀 있다. 이렇게 말하기의 다른 관점이 서로를 소외시킨다.

손상입은 사람은 눈에 보인 상대방의 '거칠은 행동·말'에 걸려 있고, 손상을 준 사람은 자신의 내적 동기에 초점을 두고 있기에, 이런 입장에서 서로 말을 하는 경우, 이는 서로 독백이지 대화가 안 되는 상황으로 가게 된다. 왜냐하면, 상호이해의 실마리가 되는 공통의 기반에서 말하는 것이 아니어서 만나지는 지점이 없게 되는 것이다. 그래서 말을 계속할수록 상대에게서 멀어지게 되고, 나의 말함이 의외로 상대방의 관점을 되레 강화하여, 결국 짜증과 분노 혹은 심리적인 참호 속으로 들어가 나오지 않는 일이 발생하게 되는 것이다. 여기서 말하기의 결과는 결국 서로를 소외시키는 분리의 결과를 자동으로 가져오게 된다는 점이다.

셋째로, 좀더 미묘하고 더 관찰되기 어려운 부분은 바로 자극상황에서 반응으로 이어지는 과정에서 일어난다. 곧, 갈등상황에서 말하기로서 나와 상대방의 반응은 사실과 태도의 장막에 가려 내용의 진정성을 이해하기 어려운 방식으로 반응함으로써 비극을 맞이한다. 갈등대응패턴에서는 '포장지 싸움'으로 표현된, 즉 포장지를 뜯어보지 않은 내용전달의 비극이 발생한다.

그런데 비난이나 강요라는 포장지에 싸여 필요나 웰빙의 요청이라는 내용이 그 포장지 안에서 전달되기 때문에, 그 메시지를 택배로 받는 사람은 포장지를 열어 내용을 보기보다는 포장지가 보여주는 비난과 강요에 대해 실증이나 짜증으로 반응하게 된다. 이렇게 몇 차례 포장지 상호 발송작업을 하다 보면 순식간에 상황의 경직성으로 들어가면서 짜증과 분노 폭발이라는 비극적 상황을 초래하게 된다. 당신의 말하기는 오해와 상대방의 당신에 대한 부정적 신념을 강화시키는 방식으로 기능을 했기 때문이다.

넷째로, 상대방의 부정적 표현이 듣는 자신을 향해 말하고 있다고 착각하는 경우이다. 즉 상대방의 말을 자기 정체성을 건드리는 것으로 오해한다는 점이다. 예를 들어, 파트너나 동료가 '당신은 왜 만날 그 모양이야? 그것밖에 못해?'라고 말하거나 한 학생이 '선생님은 ~~해서 나는 싫어요'라고 말하는 것을 나의 정체성에 관한 판단으로 이해를 하는 것이다. 그런 경우 심기가 불편해지면서 자신도 부정적인 감정이 올라와 그에 상응하는 맞대응을 하거나, 안전하지 않아서 다시 그 사람을 만나는 것을 회피하게 된다.

우리는 이것을 말하는 상대방의 진의에 대한 인식의 오류라고 말할 수 있다.[3] 그리고 이 화자의 진의에 대한 인식의 오류는 매우 보편적이며 거의 이

---

3) 상대방의 비난, 반대 혹은 공격의 말이 나의 존재(정체성)를 건드리는 것이 아니다. 두 가지 이유인데 하나는 이미 앞서서 진술된 내용들에 의거한 것으로 나의 존재가 아니라 내 사고에 대한 이의제기라는 것이다. 두 번째 이유는 더 깊이 들어가보면 나에 대한 말이 아니라 자신의 필요

것이 오류라고 느끼지 못하고 우리는 살아간다. 사실 위의 예시처럼 '당신은 왜 만날 그 모양이야?'나 '선생님은 ~해서 나는 싫어요'는 마치 듣는 나를 향해 말하고 있는 것으로 보이기 때문이다. 그런데 여기서 중요한 것은 보이는 현상이 실재의 참은 아니라는 점이다. 듣는 나에게 연관되어 있을 때 이것이 인식의 오류라고 이해하는 것은 무척 힘들다. 우선 먼저 감정이 올라오기 때문에 지성이 발생이 어렵기 때문이다.

위에서 진술하였듯이 말하기가 4가지 굴절된 인식의 오류를 만들어 낼 때, 우리의 삶은 자동예언 충족의 법칙처럼 그 비극적 결과를 이미 태동시키는 셈이다. 이것은 그 사람의 성격이 완고하거나 인성이 모자란 덕성이나 능력의 결여 문제가 아니다. 단지 작동 이치에 대한 혹은 항행기술에 대한 인식의 오류의 문제이다. 그리고 이 인식의 오류는 철저히 리얼리티에 대한 이해의 오류인 것이다. 이것은 과학 곧 이치를 이해하는 인식의 문제이지 품성의 문제는 아니다.

이 4가지 굴절된 인식의 오류를 언급하면서 내가 말하고자 하는 요지는 말하기가 경청보다 더 어려운 과제라는 점이다. 말하기는 자동으로 작동되는 것이 아니라는 것이며 이 4가지 장애를 여과해서 통과해 지나가야 한다는 점에서 어렵다는 점을 강조하는 것이다. 그래서 경청이 더 훨씬 낮거나 안전하다. 처음엔 물론 말하기보다 더 훨씬 어렵게 느껴진다 할지라도 긴 시야에서 보면 그러하다. 그렇지만 경청의 어려움은 상대방의 진의와 마음에 연결되려는 '전 존재의 자기 투신'을 요청한다는 점이다. 그리고 그 연결에로의 헌신 속에는 자기 속생각을 내려놓는 것과도 연결된다. 이렇게 외적으로는 타자를 향한 존재로서 자기 헌신과 내적으로 자기 속생각을 내려놓기가 함께 어우러

(혹은 욕구)에 대한 자기 표현을 거칠게 하고 있음을 발견하기 때문이다.

져 경청이 일어난다.

　그리고 그러한 타자를 향한 자기 헌신으로서 연결과 자기 속생각 내려놓기로서 경청이 일어날 때, 신비로운 변형이 일어난다. 두려움, 불안, 낙심, 무기력, 긴장, 혼돈이 사라지고 명료함과 편안함의 안전한 공간이 형성되면서 '우정어린 사귐,' 일어나는 것에 대한 '명료함' 그리고 '나아감'의 방향감각과 열정이 출현하게 된다. 그래서 농담으로 나는 동료들에게 신은 '말하는 존재'가 아니라 '경청하는 존재'라고 말하곤 한다. 신께서 말씀이 없으셔서 다행이라고, 그래서 내가 살아갈 수 있고 그게 내가 존중받는 비결이라고 말할 때가 있다. 또한, 다른 농담은 비폭력적인 대화가 아니라 비폭력적인 경청이 중요하다고 말한다. 사실 어느 연구보고에 따르면 우리는 언어로는 10% 이내, 억양이나 어조로는 40% 이내 그리고 절반은 비언어적인 몸짓으로 하기 때문에 90% 이상에 해당하는 비언어적인 커뮤니케이션은 들어야 하는 문제를 제기하는 것이다.

　말하기 혹은 말해주기의 자동화된 습관을 멈추고 각자가 들을 때 우리는 뭔가 신비로운 일치감을 경험하게 된다. 나의 자아 정체성, 타자의 타자성 그리고 이슈 주제의 진리가 서로 장벽이 아니라 창window으로 열리면서 리얼리티의 깊이, 높이, 넓이를 총체적으로 심화시키며, 풍성케 하며 그리고 춤추게 하는 역동성으로 다가오게 된다. 말해주기는 일을 부담으로 느끼게 하지만, 듣기는 일을 선물로 받게 한다. 자발성이 이 듣기에서 나오기 때문이다.

　경청은 한 가지 근본적인 패러다임의 전환을 가져온다. 그것은 도전, 위기, 손상, 파괴의 자극상황을 문제a problem로 인식하는 것이 아니다. 오히려 배나 우주선이 항행navigating할 때 그것을 통해 나와 승무원들이 우리가 어디까지 와 있으며 어디로 가고자 하는지를 알려주는 이정표나 길잡이로 삼게 되는 것이다. 그것은 별로 다가와 우리의 나아감을 향한 방향 안내를 계시해 준다.

이는 듣고자 하는 이에게 일어나는 신비로운 별이자 안내인 것이다. 이렇게 인생이라는 여정에 새로운 감각으로서 안내받음이라는 신비에 다시 눈을 뜨게 만든다.

3장. 경청훈련 1: 메시지와 메신저

경청은 그냥 듣는 것으로 일어나는 것이 아니다. 듣는 것과 들리는 것은 참으로 다르다. 경청은 자동으로 쉽게 되는 것이 아니다. 그것은 주의를 기울이는 것이 필요하기에 '능동적인 경청active listening'이란 말도 생겨났다. 혹은 '자비로운 경청compassionate listening'이라고도 한다. 그만큼 경청은 의식적인 집중이나 자기 개방이 필요하다. 우리가 들으려고 할 때, 내 심장의 선한 의도는 그럴지라도 내 머리와 몸에 배인 습관은 들으려 하지 않으려 한다는 것을 쉽게 간과한다. 왜냐하면, 앞의 장에서 진술한 대로, 우리는 상대방의 말을 두려움의 에너지로 듣기 때문에, 내부적으로는 보호나 저항, 상대를 향해서는 통제나 조작의 방어나 공격의 무의식적인 경향성이 습관화되어 있기 때문이다.

따라서 아무것도 말하지 않고 가만히 머물며 듣는 것 자체가 처음에는 힘들지만, 워크숍에서 경청연습을 통해 알게 되는 것처럼 점차 편안해지고, 이야기에 몰두하게 되며, 존중의 에너지를 받는 느낌이 들면서 경청의 의미와 힘이 무엇인지를 깨닫게 된다. 그렇게 해서 경청하기에 매력을 느끼면서 이것이 얼마나 자신의 삶에서 소중한 것인지를 가슴에 담는다. 이렇듯 경청은 훈련을 통해 배울 수 있는 후천적인 능력의 영역이다.

이미 봄과 아이작스는 대화가 상대방과 좋게 말하기가 아니라 상대방안에서 일어나고 있는 것, 내 안에 일어나고 있는 것, 그리고 나와 상대방 간의 '사이'에서 일어나는 것을 자각하는 것이라 말했다. 이와 비슷하게, 파머는 대화가 진리의 커뮤니티 속에서 일어나는 나의 정체성, 타자의 다양성, 그리고 주제의 내면성 간에 열정과 질서를 갖고 하는 세 주체 간의 상호연결성과 성실성의 문제라고 보았다.[4] 대화가 그렇다면, 그 특성은 바로 '연결하기'에 있고, 그 연결의 핵심은 바로 경청하기에 달린 것이다.

경청훈련을 위해 필자가 주로 회복적 서클 워크숍에서 활용한 방식[5]을 이 장과 다음 장에서 소개하고자 한다. 이번 장에서는 나와 상대 간의 '사이'에서 일어나는 것과 상대 '안에서' 일어나는 것을 듣는 것에 관련된다. 필자는 이를 메시지와 메신저 듣기라 표현하고 있다. 이 둘은 경청자 눈앞에서 화자로부터 연루되어 '일어나는' 상황에 대한 듣기이다. 각각 메시지와 메신저 듣기의 장벽과 그것을 넘는 경청훈련을 소개한다. 상황은 느낌의 우주 속에서 블랙홀로 진입하는 상황을 염두에 두고 한다. 즉 화자가 감정^{마음}의 상함이나 분리의 고통을 호소하며 청자이자 진행자인 나에게 다가와 말을 꺼낼 때를 상정한 것이다.

화자가 다가와 자신의 혼란, 갈등, 폭력이라는 손상과 관련된 이야기를 꺼낼 때, 대개는 듣는 자는 화자의 문제에 대해 '말해주기'를 선호한다는 것을 이미 설명했다. 그 주된 방법은 조치를 취하는 것^{해결을 위해 행동하기}이거나 아니면 조언 충고와 같은 해답을 알려주기이다. 블랙홀에 들어가서 그러한 조치들은 아쉽게도 불만족스러운 결과나 비극적인 결과를 잉태한다는 것을 이미 앞서서 설명했기에, 행동-모드에서 경청-모드로 빨리 들어가는 것이 최선

---

4) 파머의 책 『가르침과 배움의 영성』 "4장. 진리란 무엇인가?"와 『가르칠 수 있는 용기』 "4장. 커뮤니티 속에서 인식하기-위대한 사물의 은총"을 참조.
5) 회복적 서클 훈련과정이 입문, 심화, 그리고 총화 과정으로 세분되면서 그리고 회복적 시민사회 네트워크에서 공동으로 회복적 경찰활동 진행자 양성에 있어서 총 60시간의 훈련을 갖도록 권고함에 따라 서클진행 훈련 외의 시간이 허락되어 경청연습도 진화하게 되었다. 그래서 2020년대에 들어서면서 경청연습에 대해 입문과정에서는 메시지와 메신저 듣기에, 심화 과정에서는 경청자 안에서 일어나는 것을 듣기로 세분되었다.

이다.[6]

화자가 무언가의 내용메시지라 하자을 청자인 나에게 말할 때, 우리는 그 메시지를 듣는 데 있어서 어떤 장애가 발생하고, 실제로 그것을 어떻게 극복하는지를 알아보고자 한다. 상대방의 메시지는 관계적 갈등에서 아이가 자기표현을 할 때, 그리고 그것을 우리가 청자로서 들을 때는 '누가 00을 얼마나 어떻게 잘못했는가?'의 관점에서 말하고 듣게 된다. 즉 사진기로 비유하자면 두려움의 틀에 옳고 그름의 렌즈에 피사 된 실재실제로 일어난 일를 화자는 말하게 된다. 이것은 마치 옳고 그름의 사진틀에 일어난 사실이라는 사진을 함께 전달하는 것과 같다. 우리는 이러한 사진기와 사진틀에 갇혀서 실제로 일어난 사실이라는 사진을 보는 것을 놓친다. 그런 전제에서 경청은 다음과 같은 제대로 들리지 않는 영역이 발생하고 이를 위한 주목하기 훈련이 필요하다.

맨 먼저 언급할 점은 블랙홀 우주에서 가장 놓치는 부분은 화자의 메시지가 지닌 '주관적 해석'에서 '사실'을 듣는 것이 어렵다는 점이다. 손상, 갈등, 외부 위협에 따른 도전의 상황에서 화자는 대개 '누가 어떻게 얼마나 무엇을 잘못했는지'에 대한 프레임 속에 무엇이 진실로 일어났는지를 담아 말하기 때문에 청자는 쉽게 그 프레임에 갇혀서 상대방의 해석과 사실 간의 차이를 눈치채지 못한다. 또한, 청자는 어느 누가 불의한 일을 상대방에게 한 말을 듣고 있으면 같이 덩달아 그 나쁜 사람에 대한 분노나 말하고 있는 사람에 대한 두둔과 지원하고 싶은 생각이 올라온다.[7] 이는 화자의 고통어린 호소에 대한

---

6) 머리로는 이해하고 그렇게 해야지라고 이해해도 실제로 보게 되는 것은 과거 습관으로 돌아가 있는 자신을 보게 되면서 경청이 안되는 자신의 능력에 대한 의심이 올라온다. 이러한 자각은 자연스러운 과정이다. 실제로 작동되는 것은 긴급상황에서는 머리로 이해한 것에서 반응하는 것이 아니라 가슴과 몸에 밴 수준에서 반응하기 때문이다. 이는 자신이 경청에 무능력하다는 것을 보여주는 것이 아니라, 경청훈련이 필요함을 말해주는 것일 뿐이다. 경청에 대해서는 필자의 이전의 책인 『회복적 서클 가이드북』 7장 "연결과 공감을 위한 경청하기"를 참조하면 보완이 된다.

7) 이미 이런 동조 상태를 '화자로부터 납치당하기'로 앞에서 설명했었다.

나의 친절한 응대가 그런 방식으로 원인을 제공한 사람, 사건, 관계, 상황에 같이 비난하고 맞장구를 쳐주어야 도움이 될 것이라는 선이해를 갖기 때문이다.

따라서 이 첫 번째 장애를 극복하기 위해서는 화자의 말에 담긴 주관적 해석의 프레임을 내려놓고 사실이라는 사진을 분리하여 듣는다. 화자는 자신의 진술을 실제로 일어난 사실이라는 사진과 더불어 옳고 그름의 사진액자프레임를 장식해서 청자인 나에게 말을 해 오기 때문에, 청자인 나는 그 사진액자를 제거하고 실제로 무엇이 일어났는지를 듣는다. 예로서, 이는 CCTV로 촬영한 것과 같다. 즉 'A가 늦게 와서 내가 화가 났어요'는 아이의 말은 'A가 9시에 오기로 했는 데 9시 반에 와서 기분이 나빴다는 거구나'로 들을 수 있다. 늦게 옴은 사실이 아니라 옳고 그름의 해석 프레임인 것이다.[8]

여기서 강조되어야 할 것은 블랙홀의 느낌 우주에서는 언제나 화자는 사진액자 속에 사진을 담아온다는 점이다. 그리고 고통이 크면 클수록 사진보다 사진액자는 그 크기가 그만큼 커지고, 청자가 주목하기 어렵도록 그 사진액자에는 비극적인 장식물들이 달려있게 된다. 그래서 청자는 액자의 크기와 장식들로 인해 그만큼 사진 자체에 주목하기가 힘들어진다. 이 첫 번째 난관에 대한 경종은 이렇다. 즉, 청자가 진행자로 있을 때, 즉 제삼자로서 갈등 당사자들의 이슈를 다룰 때는 어느 정도 평정심을 유지하지만, 정작 자신이 갈등 당사자일 경우에는 경청 훈련에서 배운 것을 잊고 깜박 사진액자와 장식물에 현혹되어 넘어간다는 점에서 사진액자와 장식물에 매우 교묘하게 현혹된다는 것을 명심해야 한다.

---

8) 청자가 화자의 기분에 맞추어 동조하게 되면-이를 공감(empathy)이 아닌 동감(sympathy)이라고 보통 표현한다- 이미 설명한 대로 '숨은 커리큘럼' 즉, 화자의 부정적 신념의 정당화를 강화하는 배움의 공간을 상대에게 제공하는 상황이 되어버린다. 따라서, 화자가 자신의 고통에 아무도 없는 곳에서 독백하는 것보다 청자로 동조 상태에 있을 때는 숨은 커리큘럼이 작동되므로 더 비극적인 결과로 가도록 지원해 주는 예기치 않은 상황을 제공하게 된다.

메시지 듣기에서 다행히 첫 번째 난관을 넘어간다면, 두 번째 장애물로는 우리가 내용 중심으로 사고를 해서 '느낌·정서'에 대해 듣는 것을 소홀히 한다는 점이다. 우리는 남의 말을 잘 듣는다는 것을 내용을 잘 알아듣는 것이고, 말을 잘한다는 것도 내용을 잘 논리적으로 전개하는 것이라고 훈련받아왔기 때문이다. 그렇게 해서 공적 담론에서 자신의 주관적 감정을 말한다는 것은 금기가 되었으며, 그것을 사용하는 것은 객관성을 잃는 화자로서의 신뢰에 대한 의문을 갖게 했다. 그렇게 해서 대화와 갈등작업에서 화자는 자신의 감정을 말하는 것을 삼가게 되며, 청자들 또한 내용에 과다한 집중을 하게 되어 화자의 내면에서 일어나는 감정을 놓치게 된다.

사실상 사고는 머리의 판단과 관련되어 있고, 정서는 심장과 관련된다. 머리는 '알고' 심장은 '이해'한다. 커뮤니케이션은 이해의 부분이기 때문에 아는 것으로는 변화를 얻어낼 수 없다. 정서emotion라는 영어의 단어는 말 그대로 '움직이는 에너지e+ motion'와 관련된 말이다. 뇌 과학자나 생리학자들의 말에 따르면 우리는 정보를 내용이라는 이미지가 아니라 정서라는 파동으로 펩타이드라는 신경전달물질과 호르몬 속에 기억시킨다. 정서는 이런 식으로 이미지나 내용보다 더 우리 몸에서 자동으로 그리고 더 강하게 작동하게 된다.

따라서 경청의 두 번째 장애에 대한 훈련은 사실과 더불어 감정을 듣는 것이다. 이성이 걸어갈 때 감정은 말을 타고 질주하는 속도를 지니기에, 블랙홀 우주에서는 이성이 감정을 따라잡지 못한다. 그렇기에 사고는 감정에 무력한 것이다. 그 결과로, 내용은 알아들어도 마음이 풀리지 않고 상처가 남게 된다. 이는 감정을 들어주는 것을 간과했기 때문이다. 그래서 설득해도 말을 듣지 않는다. 그때 상대가 괴물로 보이지만 실제로는 당신이 감정을 들어주기를 간과했기 때문이라는 것을 잊기 쉽다.

세 번째 경청하기의 장애는 바로 '메시지'만 듣고 '메신저의 마음'을 놓친다는 점이다. 우리가 화자가 말한 메시지인 사실과 느낌에 잘 주목할지라도 화자의 마음과는 연결되지 못함을 말한다.[9] 상대방이 그런 메시지로 나에게 말하는 내적 동기나 목적을 대부분의 청자가 놓치는 것을 말한다. 왜냐하면, 메시지에는 화자의 마음이 담긴 그 어떤 문장도 표현되지 않기 때문이다. 예를 들어 당신은 누군가로부터 '왜 그런 식으로 날 대하는 거여요?'라고 기분 나쁜 소리를 들을 때 그 메시지에는 자기 선택에 대한 존중이나 이해, 수용이나 인격적인 관계를 마음에서 표현하고 있는 것이지만 표면적으로 들린 메시지에서는 그것들이 담겨 있지 않아서 결국 우리는 표현된 거친 말이나 행동에 대해 싸우게 된다. 메신저를 놓치고 '메시지에 의해 납치당하기'라는 경우에 처한다. 아무도 자신이 오해하고 들었다는 생각보다는 왜 나에게 그런 거친 말을 하는지 상대방에게 따지게 마련이다.

따라서 이 경청의 장벽을 극복하기 위해서는 메시지라는 표면적인 경청을 넘어 그 깊이에 있는 메신저의 마음에 연결하는 듣기 훈련이 필요하다. 피아노 소리가 들릴 때 그 피아노의 음율이라는 메시지는 피아노 건반을 두드리는 피아니스트의 마음이 함께 하기 때문이다. 깊이 있는 경청은 메시지를 넘어 메신저의 마음에 연결되는 것이다. 그럴 때 화자는 자신이 들려졌다는 것을 스스로 알게 된다. 여기서 강조될 부분은 블랙홀에서는 메시지가 당연히 메신저의 마음을 담지 못하기 때문에 청자는 추측해서 마음을 읽어야 한다는 점이다. 이를 위해 도움이 되는 것은 상대방의 심장을 내 심장에 일치시켜 느껴보는 것이다. 그럴 때 메시지에서는 들리지 않던 상대방의 심장의 맥박을 느낄 수 있다.

---

9) 많은 상담영역에서나 갈등작업 영역에서 이 '마음'의 부분을 다양하게 표현하고 있다. 선한 동기나 의도, 욕구 필요(needs-예, 마셜 로젠버그의 비폭력대화), 목적(예, 아들러) 등이 그것이다. 필자는 대화나 갈등작업에서 표현된 영역으로는 '언어' '행동'으로, 표현되지 않은 영역으로는 '마음'으로 설명하고 있다.

네 번째로 아무리 메시지와 메신저에 대한 경청훈련이 잘 되어 있어도 쉽게 간과되는 진행자의 태도가 하나 더 있다. 그것은 들은 것을 돌려주지 않고 그대로 대화가 계속해서 흘러가는 것으로 인한 정보의 축적에 대한 것이다. 이것이 보이지 않는 장애물이라는 것은 겉으로는 대화가 흘러가는 것이 정상적인 것 같은 데 경청이 깊이 연결되는 감각을 상실하는 것을 말한다. 이는 청자가 듣는 것은 단순히 수동적인 것이 아니라 들은 메시지와 메신저의 마음을 다시 반영해주어 돌려주는 적극적인 행위임을 놓치는 경우이다. 이른바 '반영적 경청reflexive listening'이 그것이다.

대부분 논쟁이 벌어졌을 때 상대방의 말을 반영하기 어려운 이유는 반영해주면 상대방의 진실에 내가 동의하는 것이라는 믿음이 있어서 반영하기가 아니라 상대방의 틀린 점을 그 자리에서 지적하는 논박으로 나가게 된다. 반영적 경청을 통상 '거울비추기'라는 말로 표현되는 데, 거울을 통해 화자 자신의 모습이 어떠한지를 스스로 살피도록 하기 때문이다. 거울 비추기로서 돌려주기를 하지 않으면 자신의 본 모습이 어떠한지를 화자는 자각하지 못하고 이야기만 내리 계속하거나 반복하는 시간 소모를 하게 되면서 청자도 결국은 지루해지고 이야기 흐름에 집중하는 것이 떨어지게 된다. 혹은 청자도 갈등 당사자로 있으면 상대방의 말이 자꾸 강도가 세지고 억양이 커지도록 만들게 된다. 화자는 청자가 자신의 말을 제대로 듣고 있지 않다고 생각해서 나오는 행동들이다.

따라서 필요한 것은 들은 것사실과 느낌이라는 메시지와 메신저의 마음을 돌려주는 것도 경청이라는 점을 이해하고 이것을 돌려주는 것을 기억한다. 상대방 존중은 경청하기로 나타나고 경청하기는 들은 것을 돌려주는 데서 효과가 나타난다. 이러한 돌려주기 경청이 어려운 것은 내가 돌려주는 것이 상대방의 말을 동의한다는 뜻으로 이해하기 때문이다. 화자의 말을 내가 동의한다고 상대가 느낄까 봐 돌려주기를 못하기 때문에, 상대방 말의 동의나 찬성이 아니라, 내가 무엇을 들었는지 상대방의 말함의 권리에 대한 존중의 의미를 실현하는 것임을 청자는 명심할 필요가 있다.

또 하나 돌려주기가 어려운 것은 상대방이 무슨 내용을 말하는 것인지 다 알아들어야 상황에 대처하거나 해결책을 나눌 수 있다고 생각해서 무엇이 일어났는지 계속 캐묻는 방식으로, 정보를 통해 전체 상황을 이해하려는 의도에서, 돌려주기보다는 캐묻는 질문 또는 사실확인 질문을 하는 성향이 있기 때문이다. 그렇게 해서 화자를 내 의도 쪽으로 에너지의 방향을 바꾸게 만든다. 혹은 청자의 질문에 답하는 방식으로 화자의 위치에서 질문자인 청자에 대한 응답자의 위치로 바꾼다. 이렇게 되면 화자는 자기 자신을 제대로 그리고 진정성 있는 말을 하지 못하고 캐묻는 질문에 대답하는 방식으로 말하기 주도권을 청자에게 넘기게 된다. 다시 여기서 강조되어야 할 부분은 블랙홀에서는 이러한 자기 호기심 충족의 질문은 많은 경우 낭패, 곧 짜증과 비난, 자기 보호와 상대 공격이라는 방향으로 의식과 에너지를 전환해서 더 강한 갈등, 싸움 그리고 폭력이라는 비극적 결과를 초래한다는 점이다. 이는 청자의 선한 의도와 상관없이 숨은 커리큘럼이 작동한 결과이다.

경청훈련에 있어서 사실과 느낌감정과 감각의 메시지, 메신저의 마음 그리고 거울처럼 돌려주기는 자동반응에서 새로운 행동을 일으키는 정지 공간을 만들어낸다. 특히 블랙홀의 공간과 시간에서는 결코 약하거나 수동적인 갈등작업 행동이 아니라 매우 강력하고도 작동이 되는 적극적인 행위이다. 그리고 이미 말한 대로 블랙홀에서는 유일한 선택의 행동일 수 있다. 경청을 깊게 그리고 충분히 할수록 그 블랙홀의 공간에서 빨리 빠져나올 수 있기 때문이다.

대화가 상대방과 나와의 '사이'에서 일어나는 것만 아니라, 상대방 '안'에서 일어나는 것에도 관련되어 있으므로 앞장에서 이를 메시지와 메신저를 듣기로 설명하였다. 이제 남은 것은 대화가 내 '안'에서도 일어난다는 점이고, 이를 이 장에서는 경청자의 내면의 태도에 대한 것을 다루기로 한다.

양자물리학의 인식론에 따르면 인식자관찰자는 인식대상관찰물에 참여하며, 이미 인식대상 안에는 인식자가 있다고 한다. 관찰물이 그대로 인식자의 두뇌에 이미지로 인식되는 것이 아니라, 인식자는 인식대상에 참여한다는 말이기도 하다. 이를 대화와 갈등작업에 적용한다면, 청자는 그냥 화자의 말을 듣는 역할로 있지 않고, 이미 청자는 이미 화자의 말함에 참여하고 있어서 영향을 미치고 있다는 통찰로 받아들일 수 있다. 즉 청자는 자신의 내면에서 돌아가고 있는 신념이나 마음 구조mindset가 듣는 것을 굴절시킨다. 청자는 그냥 듣고 있는 것이 아니다. 자기 과거의 기억과 경험을 통해 메시지와 메신저를 맞이한다.

상대방이 '문제'를 지닌 것으로 보인다면 청자로서 당신은 즉각적으로 '대답'을 주고자 하는 충동이 발생한다. 그 대답은 당신의 기억과 경험 그리고 고정신념이 어우러져 일어나면서 아이러니하게도 상대방의 말걸기에 대해 '경청'이 아니라 나의 기억과 경험 그리고 암묵적인 고정신념이 표출하는 그 어떤 대답이나 해결책을 상대방에게 전해준다. 상대방화자을 듣는 것이 아니라

'나'청자를 듣는 방식으로 전환이 된다. 이런 경우는 아주 자연스럽게 그리고 쉽사리 일어나기 때문에 청자는 거의 눈치채지 못한다.[10] 적어도 상대방이 궁지에 있고 문제에 직면하고 있는데 책임있는 청자라면 어떻게 그것을 마다 할 수 있겠는가?

청자인 당신이 문제에 대한 해답주기가 아니라 '거울'로 그냥 상대방의 말에 함께 머물러 있으면서 '나'의 잠재적인 고정신념과 연상되는 유사한 경험을 내려놓고 듣는다는 것은 좀처럼 쉬운 일이 아니다. 왜냐하면, 문제의 늪에 빠진 자를 구제하지 않고 그냥 내버려 둔다는 것은 비도덕적으로 우리는 느낀다. 그래서 개입하게 되고 '내 말'을 한다. 처음에는 경청으로 들어갔다가 어느새 의식하지도 못한 채, '문제인 너' 대 '대답을 주는 나'의 도식으로 프레임이 만들어지면서 내 조언이나 대답에 성실히 응답하지 않는 화자에 대해서 실망을 하게 된다.

더군다나 잘못된 화자가 이해나 변화되기 위해 청자가 '말해주기'조언, 충고, 해결책를 했는데 듣지 않으면 당신은 이중의 고정신념을 강화하게 된다. 첫째로 상대방 화자는 잘못을 하고 있다는 것에 대한 나의 인식에 흔들림이 없다'상대방의 잘못에 대한 견해는 오해가 아닌 진실이다'. 둘째로 그런 잘못을 한 당사자가 내 말을 안 들은 것에 대한 청자 자신의 불편함과 분노의 타당성이 신념화된다.'상대방은 듣지 않는다'[11] 그러므로 청자인 당신이 갖는 상대방에 대한 불편함과 분노는 정당하고 당신의 기분 나쁨을 표출하는 것은 아무런 잘못이 아니다. 상대방이 문제이지 당신에게는 문제가 없다는 신념이 강화된다.

듣는다는 것이 청자인 나의 그 무엇을 끄집어내지 않고 그대로 상대방과

---

10) 이런 점에서 보면 경청하는 것을 직업으로 가지는 사람들에게 상시로 위험이 존재한다. 상대의 말을 들으면서 사실은 자신의 신념과 마음 구조를 강화하는 무의식적인 커리큘럼을 진행할 수 있기 때문이다.

11) 아이러니하게도 청자인 내가 안 듣고 있음에도 불구하고 그렇다. 내가 청자가 아니라 화자의 자리로 어느새 옮겨가 있음을 청자인 내가 잊고 있다는 뜻이다.

연결되어 듣는 것에 대해 우리는 좀처럼 인내할 수가 없다. 우선은 '문제-대답'의 도식 속에서 그동안 갇혀 지내왔기 때문에 자동적인 개입의 프로그램이 작동한다. 그리고 듣는다는 것은 비효율적인 것으로 즉 아무것도 하지 않음으로 생각되기에 참을 수가 없다. 그런데 특정한 느낌의 우주 공간인 블랙홀의 공간 속으로 항행할 때는, 갈등 당사자들은 이미 확립된 프레임 속에서 대응하기 때문에, 진행자인 내가 할 수 있는 것은 말해주기가 아니라 경청하기이며, 이는 그들에게도 경청 모드로 돌아서도록 해야 한다는 점이다. 망치를 들고 있으면 박아야 할 못들에 주로 눈이 가는 법이다. 말하기가 이미 '문제로부터 이야기하기'에 집중되어 있으므로 블랙홀 공간에서는 손상을 가중시킨다. 예를 들어 블랙홀이 권투하는 링이라고 상상하면, 링 위에 올라선 사람들은 이미 상대방의 움직임이 나에 대한 공격으로 간파하며, 심판관은 자신이 아무리 제삼자로 있고 공정하게 양쪽을 다루려 해도 자신이 하는 역할은 손과 발은 어떻게 쓰면 반칙인지를 보고 개입하는 역할로 전락하는 것이다. 아무리 공정한 역할을 한들 각자의 발놀림과 손움직임이 공격과 방어의 무기가 되는 것을 막을 수가 없다.

그렇다면 어떻게 진행자는 청자로서 충실한 기여를 대화나 갈등작업에 줄 수 있는가? 경청의 핵심이 연결을 지원하는 것이기 때문에 여기에는 세 가지가 가능하다.

첫째로 청자로서 진행자는 화자에게 '주목'하는 것이 필요하다. 이는 가장 기본적이며 선결되는 경청의 조건이다. 나에게 말을 걸어오는 상대를 향해 내 의식을 집중시켜서 초점을 상대방을 향하여 있는 것이다. 의식consciousness이 움직여서 상대에게로 '향하여 있음'이라는 자세가 내면에서 일어나면, 자연스럽게 청자인 나의 인식perception도 재배치된다. 인식이 나라는 경계선을 넘어서 자연스럽게 타자를 향해 마음이 열리고 받아들일 수 있는 인식의 새로운 공간이 만들어진다.

상대방을 주목한다는 것은 물론 이미 진술했듯이 표현되는 메시지와 그 메시지를 표현하는 마음을 동시에 집중하여 '향하여 있음'을 실천한다는 뜻이다. 특히 동의나 동의하지 않음의 반응 없이 들려지는 것과 들려지는 것이 어떤 마음의 공명을 통해 울리는 것인지에 대해 따스하고 부드러운 주목함으로 있는다. 그러한 따스하고 부드러운 주목은 '인식의 빛'을 발산한다. 이는 청자나 화자 모두에게 일어나는 빛이다. 그래서 언어를 넘어 비언어로서 전달되는 것들_{자세, 억양, 표정, 침묵}도 알아듣고 미묘한 것이 보인다. 그 미묘한 것은 말한 것이 전부가 아니라는 점과 표현된 언어 뒤로 표현되지 않은 그러나 알아주기를 바라는 마음의 영역이 자신을 열어 보여준다는 점이다.

인식의 빛이 비칠 때, 혼란과 무의미라는 어둠은 그 빛에 의한 조명을 통해 서서히 거두어 지면서 빛 안으로 들어오게 된다. 그 빛의 증상은 상대방의 언어 뒤에 있는 진정성이 무엇인지 들리는 것이다. 이렇게 주목하기는 자연채광의 빛 모으기처럼 어두운 내면의 공간을 서서히 밝음의 농도로 전환하게 된다. 그 농도의 예는 화자가 경청을 통해 스스로 명료함이 일어나거나, 무엇이 중요했었는지에 대한 자각이 올라온다는 점이다. 혹은 말하면서 서서히 화자는 긴장이 풀리면서 감정의 기복이 가라앉으며 나중에는 감당할 정도의 수준이 되거나 감정이 가벼워짐을 목격하게 된다. 그렇게 해서 과거에 일어난 일들에 대한 기억의 반복에서 지금 무엇을 어떻게 해야 하는 건지에 대한 질문으로 전환이 된다.

두 번째 경청자의 자세는 자신 안에서 일어나는 속 생각들을 '정지'시키는 것이다. 듣는 것은 저절로 들리는 것이 아니다. 왜냐하면, 청자인 내 안에서 속생각들이라는 소음이 발생하기 때문이다. 인간의 의식은 대부분 기억이나 경험에 대한 추상적 사고의 녹음테이프가 돌아가는 방식으로 계속 내면에서 말하고 있다. 지금 들어야 하는 순간에 청자의 내면 또한 그 녹음테이프가 돌아가면서 상대에 대해 경청하는 것을 방해받게 된다.

경청자의 내면에서 자동으로 일어나는 반응들은 이것이다. 이 이야기가 맞는 것일까? 너무 과장되지는 않았는가? 이런 경우에는 어떤 해결책이 있는 것이지? 이에 대한 나의 과거 경험은 무엇이었는가? 왜 이 사람은 상대방에 대해 그런 식으로 생각을 하는 것일까? 내가 지금 무엇을 말해 줄 수 있는 걸까? 이 사람의 말을 듣고 있는 것이 내게 지금 적절한 시간인가? 이렇게 생각들은 상대방의 말을 들으면서 끊임없이 올라오게 된다.

속생각을 중지한다는 말은 다음과 같다. 용수철처럼 속에서 튀어 오르는 생각들을 제어하거나 누르는 것이 아니다. 그러면 거기에 의식과 에너지를 많이 소모하게 된다. 그래서 상대의 말을 놓친다. 단지 올라오는 것을 알아차리고 그것을 놓아 보내어 생각이 꼬리를 무는 것을 정지시키는 것이다. 속생각이 올라온 것을 저항하지 말고 알아차리고 "지금 나는 ~라고 생각하고 있구나"로 꼬리표를 그 생각에 달고 흘려보내고서 다시 상대방에게 주목하기를 시도한다. 여기서 특별히 고려할 점은 되돌려주기라는 경청방식을 알았기 때문에, 잘 들어야지 하는 생각에 상대방의 말을 듣고 머리 어딘가에 저장하려는 의식적인 시도에 대한 것이다. 그러한 의식적인 시도로 인해 경청을 잘하고자 하는 마음은 이해하지만 결국은 그로 인해 상대방에 주목하는 것이 그만큼 어려워진다는 점이다. 잘 듣고서 돌려주겠다는 선한 의도와는 다르게 듣는 것에 대한 자신의 목소리와 암기에 신경이 써지면서 그만큼 주목하기가 분산되어 경청이 쉽지 않고 어렵게 느껴지게 된다. 대부분의 경우는 경청을 연습해도 나아지는 느낌이 없다고 할 때에 이 두 번째 내면의 '속생각'에 대한 정지 부분을 유의하지 않음으로 발생한다.

세 번째는 이상적으로 들리지만, 실천적으로는 매우 중요한 '존재'로 듣기이다. 이 말은 내게 다가오는 화자는 그 어떤 지위, 역할, 혹은 사회적 기능이라는 '마스크'를 쓰고 오기 때문에, 그 마스크가면 뒤에 지위, 역할, 사회적 기능 이전의 본래의 본성으로서 '존재'를 듣는다는 뜻이다. 다르게 말하자면, 가면 뒤의 존재를 듣는다는 것은 또한 그 사람이 직면한 실수, 잘못, 상실, 고통, 폭력의 진실이 어떠하든 간에, 그것에 오염되지 않은 순수한 휴매니티인간성에 대한 신뢰로서의 인식을 말한다. 이것은 경청자로서 근본 인식이다.

인간의 인격에 대한 영어의 단어인 퍼스낼리티personality는 원래 '페르소나 persona'라는 말이며, 페르소나라는 말은 가면mask이란 뜻이다. 인간은 사회적 일과 관계를 통해 지위, 역할 그리고 기능이 부여되면서 인격이 형성된다. 인격은 재능과 사회적 역할에 대한 삶의 감각을 내포한다. 가면 대신에 존재를 듣는다는 것은 앞서 진술한 것처럼 두 가지를 의미한다. 그 하나는 마스크 뒤에 있는 존재는 항상 '아름답고 진실하고 창조적이며 강하다'는 것을 염두에 둔다는 뜻이다.[12] 따라서 존재로 듣는다는 것은 그러한 아름답고 진실하고 창조적이며 강한 인간의 본래 있는 휴머니티를 잃지 않고 그것에 연결하는 의식으로 청자는 다가간다는 뜻이다. 그리고 두 번째는 이로부터 파생된 것으로써 실수, 잘못, 상실, 죄 등과 같은 것은 사회적 기능의 부분이지 그 사람의 휴머니티와는 연계하지 않음을 말한다. 즉, 그러한 것들이 화자에게는 매우 중요하게 인식되지만, 청자인 진행자는 그의 휴머니티는 그것들로 인해 손상되지 않음을 인식하고 듣는 것이다.

지금까지 청자로서 내면의 태도에 있어서 주목, 정지 그리고 존재로 듣기

---

12) 여기서 '창조적이다'라 함은 자신의 문제에 대해 자신의 능력과 지혜를 스스로 충분히 발휘할 수 있다는 뜻이다. 이는 서클대화에서 인간의 존재에 대한 인식은 캐롤린 보이스-왓슨, 카이 프라니스의 책 『서클로 나아가기』나 『서클로 여는 희망』의 "7가지 핵심 신념"에도 유사한 진술이 나타난다. 전자는 교육공동체를 위한 책이고 후자는 사회복지공동체를 위한 책이다. 인간의 제약 없는 창조성은 퀘이커 공동체에서 많이 관계하는 재평가상담(Re-counseling) 모델의 내담자에 대한 핵심 가치이기도 하다.

라는 세 가지는 매우 중요한 청자 내면의 온전한 기여를 위한 핵심적인 연습 요소이다. 그중에서도 존재로 듣기는 근본 태도라고 볼 수 있다. 이는 이미 1부 대화의 실재와 사고에 대한 이해에서 실재리얼리티와 연관하여 일관성을 갖는 부분이기도 하다. 그리고 사고가 갖는 인식의 오류를 벗어나기 위한 중요한 실천적 관점이 된다. 사고가 인식의 오류를 가져온다면, 그 인식의 오류를 벗어나는 방법은 존재로 향하는 것이 빠르고 효율적인 방법이며 유일한 방법이다. 그럴 때 인식의 오류는 벗겨지면서 '인식의 빛'이 가져오는 새로운 의식이 들어서게 된다. 그렇게 됨으로써 세상을 보는 눈과 자신에게 일어난 일을 다르게 보게 되고, 잠재적 가능성의 출현에 대한 실제적인 공간관계의 공간 및 마음의 공간이 열린다.

이러한 경청하기는 더 나아가 치유와 회복의 길을 연다. 치유와 회복은 존재의 영역이다. 그러므로 대화나 갈등작업에서 힘든 일이나 문제 상황의 '해결'의 수준에서 일어나는 것이 아니다. 갈등전환이 갈등해결이라는 표면적인 문제상황의 해결이나 해소에 머물러 있지 않고 더 나가는 지점은 바로 사안 자체를 다루는 것을 넘어 관계와 존재의 구축과 회복에 대한 감각을 지니고 있다는 점이다. 사회적 역할과 기능으로서의 새로운 관계 구조의 재형성만으로 치유와 회복의 문제가 끝나는 것은 아니다. 자신의 정체성에 대한 온전함 wholeness에 대한 인식의 빛이 작동될 때 비로소 지속적인 영향력을 갖게 된다.

경청하기의 효력은 여기에서 그치지 않는다. 이제야 비로소 '말하기 능력'을 갖추게 되었다. 듣는 것과 말하기는 방향이 다른 같은 것이다. 이렇게 듣는 법을 알게 되었을 때, 화자로서 말할 수 있는 능력을 얻는다. 상대방은 경청이 아닌 자기-독백 식의 대화를 하는 데 익숙하므로, 잘 들어달라 부단한 노력과 권고를 해봐야 그다지 효험이 없다. 이제 내가 경청했던 방식을 사용하여 그러한 내용과 과정을 담아 상대에게 말하기를 할 때 상대방은 들을 수 있게 된다. 상대방이 경청을 못하는 능력 부족에 대한 탓을 할 문제가 아니다. 나의 말하기를 청자의 내면 자세처럼 갖추고 화자로서 사실, 느낌, 마음을 담아 말함으로써 상대방이 강요받지 않고 '기꺼이' 들을 수 있도록 돕는다. 이렇게 해서 듣기와 말하기는 같이 가게 된다. 내 말이 상대에게 들려지는 것을 보고서 다시 연결하기로 보완하면서 듣기와 말하기의 흐름을 타고 가는 것이다.

대화와 갈등작업의 진행자이자 청자로서 나는 겉으로 보기에는 별다른 말 해주기나 도움을 주지 않고도, 실상 미묘하면서도 결정적인 계기를 화자들에게 제공해 줄 수 있다. 앞에서 진술한 듣기의 여러 요소를 연결하기로 대화의 공간을 유지하고 그 흐름을 함께 할 때 발생하는 새로운 의식의 출현이 풍성함의 결과를 가져오게 한다. 대화의 흐름 속에서 나와 상대방 '사이'에서, 상대방 '안'에서, 그리고 내 '안'에서 일어나고 있는 것들과 연결하기를 위와 같은 실천적인 경청 실습으로 이루어낸 결과이다. 그런 결과 때문에 잘못, 실수, 상실은 뜻밖의 선물이 된다. 그것이 우리의 삶을 두려움과 결핍의 덫에서 벗어나 실재의 풍요로움 앞에 서게 한다.

청자는 단지 '목격하는 존재'로 있음으로 그리고 연결하기라는 경청을 통해 그러한 일들이 가능하게 한다. 메마르고 황폐해진 곳에서 물이 흐르고 생명이 올라서는 생의 신비로움을 다시 알게 된다. 그 모든 순간과 경험이 배움과 성장의 기회가 될 수 있음을 신뢰하게 된다. 망가진 것이 그다지 중요하지 않게 되면서 '다시 생을 시작해봐야지' 하는 의욕을 되찾는다. 그렇게 해서 깨닫는다. 경청을 통해 우리가 할 수 있는 것은 없는 것을 억지로 뭔가 만들어 완성하는 게 아니라는 것을. 그것은 오직 이미 숨겨진 온전성전체성:the hidden wholeness을 '발견'하여 적용하는 정도의 노력이 드는 것일 뿐임을. 경청을 통해 그러한 '발견'이 작동되며, 이로 인해 궁극적으로 나의 정체성과 가능성이 무엇인지를 더 배우게 되는 계기가 되었음을 감사하게 된다.

5장. 경청의 근원인 침묵과 중심

대화는 함께 생각하고 더불어 작업하는 것을 통하여 차이가 주는 역동적 에너지의 흐름을 통해 잠재적 가능성을 실현한다고 말해왔다. 이를 위한 기초로써 경청은 나와 타자 '사이'에서만 아니라 나와 타자 '안'에서 일어나고 있는 것에 연결하는 것임을 또한 진술해왔다. 그런데 여기서 이제 성찰해 보고자 하는 것은 이 '일어나고 있는 것what-is-happening'에 대한 경청이 가장 미묘하고도 어려운 이슈가 되는 더 깊은 근거이다.[13] 이 장은 경청에서 가장 미묘한 이슈를 조심스럽게 다루고자 한다. 우선은 경청에서 일어나고 있는 것을 경청한다는 게 왜 더 깊게 고찰되어야 하는지 살펴보기로 하자.

첫 번째로 가장 근본적인 이슈는 '앎'과 '모름'의 이슈를 어떻게 이해할 것인가로부터 온다. 이미 1부 대화에서 잠시 다루었던 것처럼 모든 대화의 특성은 '사고'가 '존재'를 앞질러 주인공처럼 말하고 그 책임은 존재에게 떠넘기는 이중 플레이어로 활동한다는 것을 말하였다. 사고는 추상이고, 기억이며, 과거이다. 그리고 이 앎은 우리 에고의 터전이기도 하다. 즉, 앎은 우리의 안전에 대한 감각을 보존해주고, 모름에 대한 두려움의 경계선을 친다. 더 멀리 영

---

13) 필자가 이 책을 쓰도록 안내한 이슈 중에 중요한 것이 바로 대화의 터전에 대한 것과 더불어 이번 장에서 다루고자 하는 주제이다. 이는 경청의 가장 미묘한 영역이면서도 경청에서는 간과한 영역이지만, 사실상 서클대화에서만은 자주 봉착하게 되는 이슈이다. 아쉽게도 이 장의 주제는 충분한 경험에서 나온 완결된 사색의 결과물이라기보다는 전망적인 제시를 하는 장이기도 하다. 때때로 체험하지만 이 경청의 깊이에 완전히 도달했다고 볼 수 없기에 이 중요한 이슈를 독자들이 계속 탐구해나가기를 기대하는 마음으로 제시한다.

역을 펼치지 않고 대화와 갈등작업의 영역에만 국한해서 이를 살펴보자.

대화나 갈등작업의 실천가들은 자신들이 다루어야 하는 사건에 대해 두려움이나 긴장을 최소한 암묵적으로나마 갖는다. 경험해보지 못한 미지의 사건들을 계속 만나거나, 겉으로는 때리거나 욕설로 인한 익숙한 사건이라 할지라도 그 역동적 관계의 구조와 배경이 항상 독특한 것을 만나기 때문에 익숙한 사례라도 그 낯설음의 도전에 대해 두려움과 긴장이 올라오는 것이다. 이는 결국 사건들은 많이 다루면 다룰수록, 그만큼 미지의 것들이 증가하고, 그래서 내가 다루는 사건, 관계, 사람, 상황이 언제나 내가 경험한 것 이상으로 미지의 것으로 채워져 있음을 자각함으로부터 자연스럽게 일어난다. 경험은 앎에 기반하며, 나의 능력은 그러한 앎으로부터 올라오는 할 수 있음으로 이해하기 때문이다. 경험이 앎을 증가시키며, 그러한 앎이 능력과 수완의 기초가 된다는 암묵적인 선이해는 사건 위임받는 것들에 대한 피로감과 소진, 두려움과 불안을 일으킨다. 그렇게 되면 사회적 기여로 배우고 훈련받고 경험을 나눈 것들이 부담되는 상황으로 가게 된다. 이와 다르게 우리는 '모름'에 자연스럽게 다가가고 친숙해질 수 있겠는가?

다른 이슈는 '창조적 생성' 혹은 필자가 회복적 서클 훈련워크숍에서 자주 강조하는 '과정이 지성을 발생시킨다'[14]는 이슈에 대한 것이다. 대화나 갈등작업의 근원적인 지향성은 현재와 미래에 여전히 남아있는 '잠재적 가능성'의 출현과 관련된 일종의 변형적 작업transformational works과 관련된다. 그렇다면, 창조적 생성, 과정 속에서 지성의 출현, 그리고 잠재적 가능성이라는 새로운 현실태는 과거에는 그리고 경험에서는 있지 않았던 것, 혹은 모름의 영역에서 무언가의 출현인 셈이다. 이것이 어떻게 가능한 것일까?

---

14) '과정이 지성을 발생시킨다'는 이해는 이미 출판됐던 필자의 『회복적 서클 가이드북』에서 한 주제로 다루었었다.

우리가 직면하는 카오스혼란는 무질서하게 보이지만, 그 안에 에너지를 담고 있다. 무정형의 카오스 속에서 그 어떤 의미의 요소라는 프랙탈이 패턴화의 과정을 가지게 되면 코스모스질서가 출현한다. 이를테면, 고사리나 브로콜리를 자세히 보게 되면 같은 패턴이 잎이나 줄기가 되고 전체 모양이 그로 인해서 형성되는 것과 같은 이치이다. 여기서 중요한 것은 앎이 아니라 모름 속에서 일어나는 자기-조직화로서의 질서의 형성이다. 이로부터 오는 통찰은, '어떻게'라는 것에 관련하여 그 작동과정을 세세히 알 수는 없어도 모름 속에서도 무언가 질서화되는 과정을 눈치챌 수는 있다는 말이다.

봄은 칼 폴라니의 '암묵적 지식'과 관련하여 자전거 타기 비유를 사용했다.[15] 자전거 타기는 힘, 자세, 균형, 각도 등등에 대한 과학적인 지식인 앎으로 다 이해를 하지 않아도 그냥 타면서 체득되는 머리로 아는 앎과는 다른 앎, 곧 암묵적 지식이 존재한다는 것이다. 이는 조각가와 조각상의 예술작품 완성에 있어도 그렇다고 한다. 조각가는 재료물에 대해 무엇을 표현하겠다는 선험적인 이해나 앎이 존재할 것이다. 그러나 그렇게 조각가의 앎이 지닌 선행의 이미지대로 예술작품이 되는 것이 아니고, 조각물이 지닌 재질과, 자신의 가능성이 조각가에게 말을 걸어오게 되고 조각가는 그러한 조각물과의 내적인 소통을 통해 예술품이 창조된다는 의미이다. 모름을 통해 오는 창조적 생성과 잠재적 가능성에 대한 적절한 비유라고 생각이 든다.

세 번째는 나의 경험에서 나오는 것으로 서클대화에서 종종 보게 되는 '마음의 일치'에 대한 가능성이다. 이는 어쩌면 '앎'과 '모름'의 창조적 긴장이 숙성되어진 결과일 수도 있겠지만, 나에게는 앎의 일치가 아니라 앎과 모름을 넘어선 '신뢰의 창조' 영역이라고 여겨진다. 서클에서 이루어지는 대화의 이상적인 모습은 '앎'과 '모름'의 긴장이 해소되어지고-해결로는 아니나 문제로

---

15) 그의 책, 85쪽.

서는 더 이상 남아있지 않다는 뜻에서- 공유된 신뢰가 싹트게 된다. 그러한 신뢰는 결국 일에 대한 분별, 감당하고자 하는 책임의 자발적 분담, 서로의 짐에 대한 능동적 지원이 함께 뒤따라 온다.

서클 모임에서 '참여자를 신뢰하기,' '과정을 신뢰하기'[16] 그리고 '과정이 지성을 일으킨다'는 서클진행자 양성을 위한 훈련 용어들이 단순히 존중을 위한 형식으로서 신뢰가 아니라는 점이 점차 이해되기 시작했다. 신뢰는 연결의 근원적인 토양이며, 이를 통해 앎, 곧 서로의 진정성이 발현되는 공간을 제공한다는 의미를 갖고 있다. 아니, 의미의 흐름이라고 할 때, 의미라는 물이 발생되는 샘이 바로 신뢰라는 뜻이다. 이 신뢰는 앎을 겸손하게 만들고 모름을 괜찮도록 지원하거나 창조적인 파트너로 만들며, 정보의 교류 이상으로 커뮤니티라는 상호지원의 경계선을 만들어 두려움과 결핍으로부터 서로를 보호한다.

경청 실습에서 메시지, 메신저, 그리고 경청자를 넘어서 '일어나고 있는' 것에 대한 미묘한 경청이 주목되어야 함은 방금 위에서 진술한 3가지 이유 이외에도 더 있다. 그것은 메시지, 메신저, 경청자가 주로 일대일 대화의 형태에서 훈련되는 것으로 집단으로 혹은 서클로 앉아있을 때는 전체를 어떻게 들을 것인가 하는 이슈가 남는 것이다.[17] 왜냐하면, 서클대화에서 진행자는 메신

---

16) 과정을 신뢰하기, 참여자를 신뢰하기 그리고 다른 진행자를 신뢰하기 라는 용어는 원래 퀘이커의 평화감수성 모델인 '삶을변혁시키는평화훈련(AVP; Alternatives to Violence Project)'와 자매모델인 '청소년평화지킴이(HIPP; Help Increase Peace Program)'에서 사용하는 것으로 필자는 이 모델로부터 이 용어를 빚졌다. 필자는 한국 전수의 초기부터 이 모델들의 진행자이다. 과정이 지성을 발생시킨다는 것은 필자의 서클 모임의 경험에서 나온 용어이다.

17) 이 이슈는 아이작스가 별다른 구체적인 설명 없이 던진 '전체성의 옹호자(대변인)'에 대한 부분이기도 하다. 서클대화에서 여러 명의 참여자들이 앉아서 이슈나 갈등을 다룰 때, 진행자만 아니라 참여자들도 결국은 어떻게 전체성의 옹호자로 바뀔 수 있는가는 매우 중요한 이슈임은 틀림없다. 직접적인 용어 정의는 아니지만 아이작스는 대화의 4 국면인 예의, 분열, 의문, 몰입의 4 단계에서 4번째 단계인 몰입에서 그 가능성을 암시하였다.

저, 메시지, 그리고 경청자 내면을 넘어선 영역인 서클의 공간에서 자유롭게 오가는 말과 반응의 흐름을 가능한 개입하지 않고 '목격하는 존재'로 남아 있는다면 무엇이 공간을 안내하는 것일까?라는 의문이 남아있게 된다. 그것은 바로 침묵과 중심으로부터 듣기라는 미묘한 영역이다.

침묵으로부터 듣기 그리고 서클의 중심으로부터 듣기라는 영역에 들어가기 전에 한 가지 예로 나의 경험 이야기를 우선 들려주고 싶다. 내가 유학 후 귀국하자마자 잠시 머물렀던 유네스코와 관련된 기구에서 일할 때였다. 그 단체의 프로젝트로 아시아에서의 종교 간의 갈등과 화해를 연구하기 위해 필리핀에 간 적이 있었다.[18] 2003년에 필리핀 민다나오 중앙 깊숙이 피킷pikit이라는 지역에서 무슬림 반군과 가톨릭정부군 사이에 무력분쟁이 간헐적으로 지속되고 있었는 데 거기서 한참 산으로 두 시간쯤 걸어 들어가 한 원주민 부족baranggay에서 일박을 하였다. 원주민으로부터 무력갈등에 관한 인터뷰를 하기 위해 간 것이었다. 대나무와 짚으로 만든 커다란 움막집 속에서 저녁 10시부터 회의를 하는 것을 목도하게 되었다. 보기에는 가난으로 인해 남루하다 못해 너무나 초라한 옷들을 입고 앉아있는 20여 명의 마을 성인들이 일단 대화를 시작하는 순간에 믿을 수 없는 광경이 펼쳐지고 있었다. 모든 개인이 경청의 모드로 앉아 진지한 눈빛으로 별다른 움직임 없이 침묵으로 한 사람의 말을 전체가 듣고 있었다.

누군가의 말의 차이가 다른 사람의 말을 밀어내거나 충돌함이 없이 들려지고 엮어지고, 한쪽에서 말이 끝나면 다른 쪽에서 말이 이어지면서 진행되지만, 전체 분위기는 말하기보다는 경청하기 속에서 펼쳐져 나갔다. 진행자는 모임을 열고 나의 방문에 대한 가슴 깊이에서 그리고 절제된 환영과 모임

---

18) 그 연구로 나온 책은 다음과 같다. 이삼열 등 공저, 『아시아의 종교분쟁과 평화』 오름, 2005. 필자가 기여한 부분은 1장 '필리핀의 정치적 종교 갈등과 평화모색' 및 2장 '필리핀 민다나오 원주민들의 문화 종교적 갈등 연구'이다.

의 의도를 소개하고부터 침묵 사이에서 사회자 개입 없이 모든 것은 자연스러운 물흐름처럼 대화가 이어졌다. 내가 새벽 세시가 넘도록 듣다가 몰려오는 잠에 그대로 들어가서도 가끔 들려지는 소리는 마찬가지였다. 가장 남루한 옷차림이었지만 가장 신성한 대화의 장면을 내 생에 처음으로 목도하면서 내가 가진 잠재의식에 갖고 있던 미개인으로서 원주민에 대한 편견을 고치게 되었다. 집단 속에서 침묵이 말함을 초대하고 화답하고 엮어져 들어가고 전체 공간이 진지한 연결된 분위기로 승화되는 그런 장면을 이전에는 본 적이 없었던 나로서는 뜻밖의 충격이었다.[19]

'뜻밖의 충격'이라 함은 이를테면 이런 것들이었다. 사회자가 모임을 열었으나 거의 하는 일이 없이 자연스럽게 이야기가 흘러간다는 점, 침묵이 정말 눈으로 보기에도 믿지 않을 정도로 강력한 영향력과 끈끈한 연결의 작용을 하고 있다는 점, 자신들에게 가해진 국가폭력과 타종교의 영토침범에 대한 차이와 이견들이 전혀 상대방을 밀쳐내지 않고 마치 서로 뜨개질하듯 짜지면서 적절한 영역에서 다양한 목소리들이 엮여 들어간다는 것, 각자의 목소리에는 그 자체로 숭고한 에너지가 담겨 있고 전체에 기여할 뿐이라는 점. 말하는 이보다 전체가 함께 온전히 듣고 있다는 성스러운 경청의 분위기가 압도하고 있다는 점 등등일 것이다.

나중에 돌이켜 생각해보니 이런 특이한 분위기는 침묵으로부터 듣고 있었

---

19) 이 충격이 얼마나 강했던지 나는 일어나자마자 지난 밤의 인상이 너무나 강렬해서 밖에서 어지러움을 느껴 땅에 주저앉아 회상을 추스르는 시간을 가져야 할 정도였다. 그 어지러움의 핵심은 내가 목도한 장면은 누가 미개인이고 누가 문명인인가 그리고 무엇이 가르침의 본성인가에 대한 나의 착시에 대한 강한 문제 의식을 갖도록 하였기 때문이다. 그렇지만 나의 이러한 서클과 경청에로의 주목은 그런 충격에로의 집중을 갖도록 내 삶이 금방 바뀐 것은 아니었다. 그만큼 이 사회에서 생존의 두려움은 내가 무엇이 중요했는지에 대한 통찰을 접어두도록 할 정도로 나의 일상적인 의식과 현실의 요구가 습관화되어 있었기에 나중에 여러 인연으로 서클과 경청의 중요성에 몰입하게 된 것은 거의 '행운' 즉 나 자신이 선택한 것 이상으로 운명처럼 다가온 것이 있음을 고백한다. 눈으로 보고 들은 익숙한 것들이 자신이 선물로 받은 한 두 경험의 진실성을 따르는 것에 장벽을 만든다는 점에서 서클과 경청의 문화를 간절히 바라는 사람들에게 나의 경험으로 볼 때도 간단한 일은 아니었음을 공유한다.

고, 그 무언가 각자 말하는 것들이 그 모임의 어떤 중심으로 향해지고, 그 전체의 중심으로부터 그들이 듣고 있었다는 생각이 들게 되었다.[20] 이에 대해 조금 더 살펴보기로 하자.

서클에서 침묵은 매우 중요한 역할을 지니고 있다. 일반 대화에서 침묵은 두려움의 표현일 수 있지만 서클에서 침묵은 긍정적인 기여의 역할을 한다. 그래서 종종 "서클의 다른 동료인 침묵이 말하도록 침묵을 초대합니다."라고 말하는 것이다. 서클에서 아주 일상적인 침묵의 사용은 의식rituals으로서 서클열기와 서클닫기에서 사용된다. 또는 생각의 정리나 성찰을 나누기 위해 침묵을 요청하기도 한다. 다른 또 하나는 참여자 중의 누군가가 강한 발언이나 강한 감정을 표출했을 때 연결을 위해 침묵을 진행자가 요청하기도 한다.

그러나 진행자 개인 혹은 서클 진행에 있어서 침묵의 요청은 더 깊은 영역에서의 듣기에 관련된다. 자신의 앎과 생각이 적절한지, 혹은 아는 것이 갖는 편견이나 선입견에 대해 자동으로 반응하지 않고 침묵을 통해 그 사건의 진실에 마음을 여는 방식으로 침묵에 의존한다. 진행자는 자신에게 혹은 서클의 흐름에 그러한 침묵의 시간을 요청하기도 한다. 그럴 때 침묵은 또 하나의 '앎'의 방식이 된다. 그것은 지식으로서 앎이 아니라 지금 이 공간에서 숨 쉬고 있는 생기있는 지성이 자신을 열어 보이는 방식으로서 침묵을 초대하는 것이다. 또한, 더욱 결정적인 침묵의 역할은 결국 사고에서 존재로의 되돌아감의 기회를 얻는다는 점일 것이다. 침묵은 앎에 의존하는 것이 결국은 자신의 에고를 작동시키는 방식임을 이해하고, 침묵을 통해 자신의 본래적 자아인 존재가 말을 할 수 있는 또 다른 기회를 얻도록 한다. 이런 점에서 서클에서 침묵은 중요해 보이지 않는 참여자이자 공동진행자임은 틀림없다.

---

20) 그러나 이런 자각도 서클에 대한 관심과 그 작동 원리에 관한 궁금증의 탐구 과정에서 알게 된 것이지 처음 경험에서 혹은 초기 서클진행 경험에서는 그다지 알아차리지 못한 영역이었다.

침묵의 또 다른 기능은 중심에로의 감각을 열어준다는 점이다. 중심에 대해 이야기하자면, 서클에서 대화는 중심에서 말하고 중심으로 듣는다는 표현으로 간단히 설명될 수 있다. 풀이하면 일반적인 이해는 내 중심인 가슴에서 말하고, 듣는 것도 내 중심에서 듣는 것이라 할 수 있고, 더 나아가 서클의 중심으로부터 듣는다는 것을 포함한다. 그렇기에 말할 때 서클 중심에 물리적인 상징으로 있는 센터피스를 향하여 말하고, 그 센터피스로부터 들음을 통해 참여자 중 누군가를 건드리지 않고, 자신의 진실을 말하거나 전체의 진실을 듣는 방식으로 '중심'이라는 표현을 사용하는 것이다.

서클의 중심으로부터 듣는다는 것은 매우 함축된 비유이기도 하다. 물리적 공간인 센터 피스로부터 거기에 놓인 서로의 공유된 진실이나 공유된 의미로부터 듣는 것을 뜻하기도 한다. 각자의 차이 이면에 어떤 연결된 의미나 진실이 있는지를 자각하면서 각자가 '진실의 목격자^{증언자}'가 되어 서클 안에서 말하고 들으면서, 자신이 '나I'라는 피부에 갇힌 개별자를 넘어 전체로서 '우리we'라는 진실된 자아의 확장과 일치의 영역 속에서 듣는 것을 말한다. 그럴 때 마음의 일치과 신성한 교류라는 감각이 개인들에게 일어나며 어느새 자신을 넘어선 신성한 에너지의 흐름이 전체로 목격된다.

그러나 이렇게 공유된 의미나 진실의 목격자는 상호성에 대한 자각으로서 경청만은 아니다. 더 나아가 그 공간을 안내하고 있는 '숨은 전체성'^{봄과 파머} 혹은 '친절한 영'^{원주민}의 안내에 대한 경청이 작동하기 때문이다. 이럴 때 각자는 전체성의 혹은 영의 통로이며, 참여자는 자기 자신, 상대방, 그리고 우리를 넘어선 존재나 영이 안내하고 있음에 대한 신뢰와 내려놓음이 발생한다. 그 공간에는 충일된 에너지가 생생하게 참여자를 감싸고 있으며 그럴 때 각자는 이제 명사가 아닌 동사, 혹은 흐름임을 저절로 이해되면서 일어나는, 자신들을 넘어선 하나 된 그 무엇에 대한 승복과 신뢰의 에너지를 함께 보게 된다. 이것이 우리는 서클의 중심으로부터 듣기라는 비유적 표현에 담긴 의미이다. 그럴 때 관계적 자아로서 더 깊고 넓은 영역이 작동하면서, 각자의 정체성과 차이의 경계선에도 불구하고, 중심으로 작동하면서 서로를 붙잡아준다.

이는 개인의 차이보다 성스러운 공간에 대한 몰입으로부터 발생하는, 통일장으로서의 서클 중심의 영향력이다. 그렇게 해서 각자는 파편이 아니라 더 큰 전체의 부분으로서 그 차이에도 불구하고 연결되어 결속하면서 우정어린 교감이 발행하게 된다. 각자는 이렇게 서클 중심으로부터 듣기를 통해 자신의 본래적 정체성과 가능성에 대한 새로운 지원과 통찰을 받으면서 풍족해진다. 중심이 지지해주고 기여해주기 때문에 각자는 더욱 풍성한 통찰과 진실한 경험을 통해 자신의 정체성이 확대되기 때문이다.

4부…서클대화의 이해

서클대화는 서클이 지닌 작동원리와 그 공간에서 일어나는 대화의 독특성을 주목하고, 그 가치의 소중함을 지켜나가고자 하는 마음에서 2010년대 중반부터 사용된 용어이며, 서클 프로세스라는 말을 한층 더 나아가 서클의 대화에 대한 그 자체의 주목하기를 요청하는 말이다. 이와 비슷한 사례는 이미 일반적으로 이해하는 대화와 구별하여 '비폭력대화NVC'란 용어로 대화에 대한 일정한 원리와 가치에 기반한 대화 실천의 장을 연 마셜 로젠버그의 용어사용과도 같은 맥락이다.

지금까지 3부에 걸친 진술은 바로 서클대화를 위한 터전을 잡는 영역들이었다. 서클대화는 대화자라는 입자나 고전물리학의 질량과 외부의 힘의 입력input이라는 주목에서 공간과 파동의 에너지와 그 흐름에 의식을 집중하면서 진행된다. 서클에 대한 번역서들이 어느 정도 출간되었기에 서클진행자로서 서클대화의 본성과 그 작동원리에 대해 놓치지 않고 계속해서 유념할만한 핵심요소들을 이곳에서는 확인한다. 그리고 6부의 서클 리더십은 진행자로서 태도를 다루어서 함께 서클에서 대화의 본모습을 이해하도록 돕는다.

1장의 〈서클대화의 의미와 비전〉은 서클대화 용어의 태동과 이유를 다룬다. 특히 이 책 전반에서 녹아있는 서클진행의 일관성과 진행자로서의 충실성이 그 의미로 제안된다. 그뿐만 아니라 한국에서는 어떤 서클진행 모델들이 활동하고 있으며, 그 통전적인 비전은 어디까지 현재 와 있는지도 다룬다.

2장의 〈서클대화에서 환대와 축하〉에서는 서클대화의 출입문에 해당하며, 실제로 서클이 가진 부드러우면서도 강력한 분위기를 형성하는 요소에 해당한다. 참되고 선하며 강한 실재의 이해가 환대와 축하의 인식론적인 토대이다. 이 주제가 중요한 것은 갈등작업에 오랫동안 직업이나 삶으로 몰입하다 보면 존재를 잊어가기 쉽기 때문이다. 환대와 축하는 사고에서 존재로

가는 통로를 잊지 않게 상기시킨다. 그리고 또한 줌과 기여가 자신에게 선물이 되게 한다는 점에서 삶을 보는 다른 인식론적 렌즈를 얻게 된다.

3장의 〈존중과 돌봄의 에너지와 그 일관성〉은 가장 많이 현장에서 필자가 강조하고 유념하는 주제이다. 존중과 돌봄을 하고 싶지 않은 외적이거나 내적인 '타당한' 요소와 저항의 이유가 존재한다고 여겨지기 때문에 그렇다. 일관성의 이해는 진행자 자신을 위해서도 필연적인 것이기도 하다. 존중과 돌봄의 본성과 그 의미를 다시 성찰하고, 이것이 데이비드 호킨스의 의식지도와 연결하여 의식의 차원을 끌어올리는 데도 중요한 것임을 이론적으로 연결한다.

4장의 〈서클대화의 작동요소들〉은 서클 진행을 개인의 '능력'이 아닌 '이치'로 다가가자는 필자의 호소에 대해 그 이치가 무엇인지를 진술한다. 서클대화는 이미 15,000년의 역사를 지닌 것이고, 대화, 배움, 사회적 기획, 갈등해결, 질병 및 트라우마 치유, 비전탐구 등의 현대 문화 영역에 적용되는 보편적인 원리들의 핵심이기도 하다. 머리에 새기도록 아예 표로 이미지화하였다. 그만큼 유념하고 여기에 서클의 경험을 계속 녹아 들어가 보면 내가 아니라 서클이 나와 공동체를 안내하는 것과 같은 전환의 경험을 맛볼 수도 있다.

5장의 〈서클에서 그림자 다루기〉는 서클의 본성과 그 작동원리라는 빛이 결여될 때 나오는 의식상태와 서클 진행이 힘들어지는 영역으로서 그림자에 대해 진술한다. 일반적으로 각 존재의 취약성을 놓치거나, 과정에서 힘을 행사할 때 작동되는 부분들이다. 서클 진행 이전에 개인이 가지고 들어온 부분도 있다. 그림자의 예시와 그 대안들 그리고 필자의 적용사례가 포함된다.

1장. 서클대화의 의미와 비전

　2020년 1월 노근리 평화공원에서 전국에서 온 70여 명의 서클진행자들이 처음으로 4일간의 일정으로 모였다. 이들은 그간의 서클 현장을 돌아보고 성찰하며 서클진행자로서 역사적인 첫 모임을 하고 참가자들은 '서클진행자한국네트워크'를 발족시켰다. 서클대화와 서클진행 모델들에 대한 주요 확인과 향후 비전을 공식적으로 나누는 서클진행자들의 연대모임의 출발을 알린 셈이다.[1] 본인은 이미 2008년 이명박정부시절 촛불집회를 기점으로 서클로 진행하는 비폭력 실천과 평화훈련을 단체의 미션으로 세웠고, 서클 프로세스 워크숍과 국제적인 서클 모델들을 알려왔으며, 2010년대 중반부터는 이미 '서클대화'라는 용어를 공식적으로 사용하기 시작하였다.

　'서클대화'라는 말을 공식적으로 사용한다는 뜻은 서클이 수많은 모임과 워크숍에 이미 시민사회와 교육현장에 사용됐지만 둥그렇게 앉은 모습만 아니라 그 가치와 철학을 의식한다는 뜻이다. 즉, 서클이 이슈나 학습주제의 탐색환경이라는 수단의 역할을 넘어, 서클의 작동원리에 의존해서 삶이 어떻게

---

[1] 서클진행자한국네트워크가 출범되기까지는 한 개인이나 단체의 노력을 넘어선 긴 과정이었다. 서클의 작동원리인 참여하는 리더십과 공동의 논의 프로세스 그리고 전국 단체들의 참여의 평등성과 투명성 등에 대한 일련의 과정과 논의가 계속적으로 이루어진 공동 프로세스에 의한 결과였다. 물론 간사단체로서 비폭력평화물결이 수고를 좀 하였지만, 거의 20개 가까운 단체들이 공동주최 단체와 참여단체로 등록하였고, 첫 모임(Gathering)에서 다양한 서클모델들에 대한 확인, 서클모델들의 현재, 미래기획 등이 논의되었으며 향후 6년에 걸쳐 격년으로 연차모임과 또한 격년으로 서클진행자 훈련워크숍에 대한 결의가 있었다. 이를 토대로 2021년 1월 코로나 상황을 감안하여 100명이 화상을 통한 훈련워크숍에 참여하였다.

펼쳐지는지를 성찰하며 생에 대한 분별과 이슈를 다루는 역량을 세운다는 의미이다. 다행히도 평화훈련, 회복적 실천[2], 그리고 개별적인 인문학 모임이나 단체 운영과 기획 등의 영역에서 서클로 하는 진행방식은 빠르게 흡수되어 적용되기 시작했다.

2020년 말 기준으로 서클로 각종 프로그램을 운영하는 전국 단체들이 필자가 아는 곳만 약 20곳이 될 만큼 단체의 활동과 정체성에 서클이 강한 친화력을 갖게 되었고, 2010년대 중반부터는 서클에 관련된 책들도 어느 정도는 번역되어 현장의 필요에 대한 자료로 제공되고 있다. 이렇게 서클을 실제로 운영하는 단체나 개인 실천가들의 급속한 증가, 관련 서적의 번역과 출판, 서클로 진행되는 여러 국제 모델들의 친밀한 상호교류의 분위기, 그리고 네트워크의 연례 모임과 포럼의 시작 등은 개인의 성장 그리고 조직이나 사회의 변화에 서클의 향후 기여의 가능성이 더욱 가시화되고 확대될 기회를 예고하고 있다.

서클로 하는 각종 대화, 모임, 회의에 매료를 느끼는 이유는 대화의 부드러움과 편안함, 그리고 누구나 발언권을 얻는 평등성과 같이 직접 피부에 와닿는 분위기 때문이었을 것이다. 흔히 서클 안에서 많이 말해지는 '안전한 공간'의 필요성과 그것이 작동되는 힘과 영향력이 예민하면서도 결정적인 차이가 일반적인 모임이나 회의와 다른 점이기 때문에 처음에는 낯설어하면서도 점

---

2) 회복적 실천(Restorative Practices)이란 용어는 회복적정의운동의 사법, 교육, 도시, 교도소, 노인복지, 성폭력 등의 다양한 변형된 같은 개념군의 일련의 운동들을 포함하는 용어이다. 여기에는 예를 들면 한국에서는 회복적 사법(법원), 회복적 경찰활동(경찰청), 회복적 생활교육(학교), 회복적 마을교사(지역, 마을) 등으로 번져가고 있다. 평화와 회복적정의에 대한 책들을 출간하는 데 헌신하고 있는 출판사인 〈대장간〉의 간행물들을 보면 그 영역은 더욱 확산되고 있음을 알 수 있다. 회복적정의의 아버지라 부르는 하워드 제어 이후의 활동 영역이 광범위로 일어나고 있는 것이다. 대장간에서 지금까지 출판한 새로운 영역의 책의 제목만 예시로 나열하면 다음과 같다. "노인을 위한 회복적 정의", "대학에서의 회복적 정의", "성학대와 회복적 정의", "교도소에서의 회복적 사법" 등이다. 회복적 실천은 다양한 현장에서 같은 패러다임을 사용하는 실천적 측면의 보편적인 흐름을 칭한다. 회복적 정의에 대한 종합적인 접근 이해는 동료 활동가의 다음 책을 추천한다. 이재영 저, 『회복적 정의, 세상을 치유하다』(2020, 피스빌딩).

차 매료된다. 서로의 이야기가 들려지고, 진정성 있는 내면의 목소리들이 오가는 것을 경험하면서 대화에 몰입되는 과정을 목격하면서 서클대화가 지닌 힘을 저절로 알게 된다.

그러나 평화 훈련가로서 활동하면서 필자에게 서클대화가 주는 의미는 단순히 거칠고 힘든 말을 부드럽고 편안하게 말하는 것에 머물지 않는다. 사실상 나에게는 그간의 활동을 성찰하면서 가장 우리에게 문제가 되는 것은 '인식의 오류'에 대한 것이고, 이는 실재를 제대로 경험하거나 사건을 제대로 보는 데 있어서 장애가 되는 그 핵심이 바로 '커뮤니케이션'이라는 대화의 무능력과 힘 권력의 남용에 대한 무감각에서 모든 것들이 엉클어지고 망가진다는 것을 깨달았기 때문이다. 커뮤니케이션의 무능력과 권력의 무감각을 동시에 행사하는 개인과 조직이 너무 많다. 또한, 힘을 가진 사람은 커뮤니케이션을 할 줄 모르고, 역으로 커뮤니케이션을 돕는 개입자라 할지라도 자신이 힘을 쓰고 있다는 사실에 자각하지 못하는 경우가 비일비재하기도 하다.[3]

2차 세계대전에 반나치운동의 독일신학자 디트리히 본훼퍼는 교회의 역할이 폭력에 의한 희생자를 무덤에 안치시키며 죽은 영혼을 달래며 장례식을 잘 치러주는 것이 아니라, 난폭하게 차를 모는 운전자를 운전석에서 끌어낼 필요가 있다는 말을 남겼다.[4] 신학교 시절에 인상 깊었던 그의 말은 평화훈련의 영역에서 어떤 근본적인 대안이 필요한가에 대한 고민으로 가슴에 씨앗 질문으로 남아있었다. 소방수처럼 불난 데 불 끄러 가는 역할을 넘어서 어떤 대안이 실천의 영역에서부터 일어나야 하는 고민에 대한 응답을 뒤늦게 비폭력실천과 평화훈련 영역에 뛰어들면서 서클 모임에서 가능성을 찾았다. 서클

---

3) 커뮤니케이션과 권력 문제는 단순히 대화의 효용성과 그 실천성이라는 행동의 적절함이라는 이슈에 국한되지 않는다. 오히려 이는 관계의 적절한 어울림의 문제에 있어서 근본적인 균형·불균형을 초래할 뿐 아니라, 실재(reality)의 본성에 대한 이해와 자신의 정체성에 관련한 왜곡과 치유의 인식론적인 토대를 마련해 주는 근원적인 이슈인 것이다.

4) 디트리히 본훼퍼 저, 손규태 정지련 공역, 『저항과 복종』(2010, 대한기독교서회).

대화는 커뮤니케이션과 권력의 사용에 있어 민감성을 배우고 익히는 실천의 장을 제공해 줄 수 있다는 신념을 계속된 여러 서클 모델들의 진행 경험을 통해 얻게 되었다.

서클의 작동원리에 충실한 대화의 나눔에서는 모호함과 복잡함 안에서도 의미의 흐름이 일어나면서 지성이 발생하게 된다. 각자에게 보이지 않는 신경망이 연결되듯 정보와 에너지가 흐르면서 함께 움직여 나가는 커뮤니케이션의 역동성이 일어난다. 유기적인 그물망처럼 서로가 참여하고 연결됨으로써 리더십도 분산되고 돌아가며, 때로는 통합되거나 개인의 것이 초월 되어 더 큰 의미에 다가간다. 좋은 아이디어를 갖거나 더욱 연약한 참여자가 중심이 되면서 서로의 열망과 필요를 지원하고, 서로 기여하는 방식으로 보완하고 충족하여 풍성함을 나눈다. 각자는 추상적인 생각을 지닌 명사처럼 시작하나, 흐름의 역동성이 일어나면서 그 흐름을 타는 동사로서 살아있는 존재들의 유기적인 결속을 가져온다. 그렇게 흐름은 공동의 이해와 우정어린 친교의 상태로 나아간다. 이렇게 하여 커뮤니케이션은 마음의 일치라는 커뮤니온communion과 그로 인한 우정어린 커뮤니티community가 형성된다.[5]

서클의 대화방식은 그 모든 것을 갖추지 않았어도 일반 대화모임에 서클의 형태로 앉아서 토킹스틱을 갖고 돌아가는 대화만으로도 다른 분위기와 몰입을 가져올 수 있다. 거기에 더해서, 서클의 중앙에 센터피스를 놓고, 전체가 관심을 지닌 주제에 대한 열린 질문이나 명료화하는 과정일명 '컨센서스'라 불리우는 동의과정을 가지면, 다루는 주제에 대한 깊이 있는 대화나 만족할만한 의사결정이 이루어진다. 물론 이런 방식은 충분히 들려지거나 의사결정 때까지

---

5) 영어를 일부러 쓰는 것은 커뮤니온, 커뮤니케이션, 커뮤니티 간에 일정한 연관성이 있음을 명료히 이해하도록 하기 위함이다. 우정어린 교제, 대화, 공동체라고 각각 부르면 서로 간의 연결성을 놓친다. 그러나 영어로 제시한 것은 커뮤니케이션의 내적인 상태가 커뮤니온(우정어린 교제와 마음의 일치)에 달려있고, 커뮤니티는 사실상 커뮤니케이션(의사소통)과 권력분산의 결과임을 알아차리게 된다.

많은 시간이 걸리기도 한다. 그러나 다수결로 결정해서 목적을 실현하기까지의 중간과정에서 일어나는 논쟁과 소모적인 시간에 비한다면 훨씬 결과를 보는 시간은 앞당겨지며, 공동체로서 소속감은 훨씬 나은 결과를 가져온다.[6]

시간과 효용성이 중요한 현대문화에서 서클에 시간과 노력을 들이는 것이 어려운 것 아닌가 하는 오해에 대해 그 효용성이 일반 모임이나 회의보다 못지않거나 더 훨씬 낫다고 주장하는 것만 아니다. 의미의 공유에 대해 말한 것처럼 일의 효율적인 대처만 아니라 실상은 관계에 있어서 자신이 누구이고 무엇이 가능한지에 대한 새로운 성찰과 소속감을 증진시킨다는 점에서 관계의 질과 가치로서 '신뢰'를 강화한다는 점이다. 이미 앞선 장에서 신뢰는 지성을 발생시키고 공동체의 핵심 가치이자 작동에너지라는 것을 밝혔다. 신뢰는 무력감과 소외감에 대한 긍정적인 실존의 기반을 제공한다. 신뢰한다는 것은 자신에 대한 긍정, 도전에 대한 용기와 참여 그리고 활발히 서로에게 자신이 자원이 되어주고 기여할 수 있는 지혜와 에너지를 공동체 안에서 창출한다.

만일 우리가 경쟁의 문화에서 개인의 능력 중심의 사고와 생활 방식에서 서클대화가 갖는 원리적인 특성들을 인식하고 이를 생활과 문화 속에 담아낼 때는 매우 중요한 새로운 의식, 새로운 관계와 조직문화가 출현할 것이다. 능력에서 원리로 의식을 집중하고, 서클대화가 지닌 안전한 공간과 존중과 돌봄의 에너지를 사용하는 방식으로 사건과 관계를 접하는 태도가 패턴으로 그리고 문화로 형상화되면, 매우 많은 일이 손쉽게 그리고 편안하게 진행되고 그 결과도 풍성해질 것이다. 즉 일관성과 충실성을 통한 서클대화의 흐름이 잡혀지면 진정성이라는 열매들이 개인의 삶과 조직문화에 일어나게 된다.

---

6) 논의과정에서는 시간이 다수결보다는 더 걸릴 수 있다. 그러나 결정을 진행하는 과정은 매우 빨라지고 협력과 지지를 얻어 사실상 더 이른 시간에 목표를 달성한다. 그리고 중요한 것은 리더십이 세워진다. 다수결은 결정을 진행하는 데 있어서 계속적인 마찰이나 비협조를 초래하고, 실수가 생기면 책임문제가 이슈로 등장한다. 그리고 더 이상 그 자리에서 그 일을 하고 싶지 않아서 리더십 형성이 어렵거나 조직문화의 경직성을 불러온다.

따라서 서클대화라 함은 서클의 가치와 작동원리에 대한 일관성coherence 과 충실성integrity을 지키며 대화를 삶의 소중한 방식으로 살아가자는 말이기 도 하다. 여기에 서클대화가 주는 비전과 그 미래에 대한 약속이 있는 것이다. 원주민이 물려준 삶의 신성함에 대한 감각을 다시 회복할 뿐만 아니라 바쁘 고 힘들고 거칠어진 세상을 변화시킬 수 있는 의식과 관계의 메커니즘을 서 클대화 방식을 통해 창출해 낼 수 있는 길을 여는 비전을 여기에서 찾을 수 있다.

물론 과거의 삶의 상황과 현대의 삶의 상황은 많이 달라졌다. 그러므로 창 조적인 수정과 적용현장에 관련된 새로운 적절한 방법이 필요하다. 이와 관 련하여 본인이 한국에서 참여하며 진행자로 함께하고 있는 서클에 대한 국제 모델들은 그러한 적용현장들을 고려하여 새롭게 리모델링된 것들이다. 이런 모델들은 이제 한국에서는 그 역사가 10년이 넘어서서 진행자들이 수십 명씩 자체적으로 있어서 활동하고 있다. 예를 간단히 들면 다음과 같다. 능력부여 empowerment와 관련된 모델로서 퀘이커의 영향을 받은 '삶을변혁시키는평화 훈련AVP'과 '청소년평화지킴이HIPP'가 있다.[7] 이 두 자매 모델은 폭력의 근원 을 통찰하고 온전한 삶을 사는 데 방해하는 요소들을 주제로 삼아 경험적 학 습방법을 통해 그 배울 주제를 숙달해 간다. 직접 민주주의를 위한 민주역량 강화를 위해서는 '스터디 서클'이 있다. 공동체의 문제나 사회적 이슈를 학습 주제로 학습팀을 구축하는 서클형 성찰-행동 모임을 만들어낸다. 퀘이커의 사상가인 파커 파머를 통해 내면 작업과 영혼의 분별을 다루는 '신뢰 서클'도

---

7) 카페를 소개하면 다음과 같다. https://cafe.daum.net/avpkorea; https://cafe.daum.net/HIPP 이 임파워먼트 워크숍에서 다루는 주제들은 다양하며, 각각 2박 3일의 숙박을 기준으로 입문, 심화1, 심화2, 훈련가 과정들이 있다. 다루는 주제들로는 긍정과 자존감, 커뮤니케이션, 신뢰, 힘든 감정, 사회정의, 힘/무력감, 젠더, 편견/선입견, 팀구축과 공동체구축, 분별, 트라우마 등 이다.

존재한다.[8] 회복적 서클 이외에 이러한 3가지 국제 모델들은 그 목적과 다루는 현장에 따라 변형된 서클 진행방식의 훈련모임이다.

그 외에도, 최근에는 서클대화가 다양한 현장 속으로 파고들고 있다. 몇 가지 예를 들면 다음과 같다. 갈등전환에서 회복적 서클은 이미 한국에서 10년의 경험이 상당한 수준에 달해서 그 진행자의 숫자나 지역의 분포도가 급속도로 퍼져나가고 있다. 평화 감수성이나 일반 수업에서의 서클 프로세스의 적용도 다양하게 접목되고 있다. 교사나 실무자 간의 공감과 지원을 위한 서클 모임이나 본인이 소속한 단체처럼 서클로 하는 운영 회의나 기획 회의가 상시적인 문화가 되어가기도 한다. 트라우마 치유나 인문학적 소양을 위한 서클형 학습모임은 내면 작업과 관련하여 수년간 꾸준히 해왔고 참여자들이 자신의 경험을 나눌 기회가 있어서 만족감과 꾸준한 열정을 참여자들이 보여주었다.[9] 또한, 필자가 속한 신앙공동체는 거룩한 현존과 영적 동반을 위한 서클진행 방식을 평화 영성의 영역에서 7년 넘게 시도해 오고 있다.[10]

사실, 나만 아니라 많은 동료 서클진행자들도 활동가를 위한 성찰 모임, 인문학 모임들을 다양하게 서클 형태로 진행하고 있으며, 이들을 통해 가정, 종교기관, 단체, 공동체, 이웃대화모임 등에 적용하고 있는 실천사례들이 각 현장에서 퍼져나가고 있다.[11] 물론 다양한 서클 프로세스의 방식에 따른 새로운 형태의 서클대화 모임들이 서클진행 기획자의 필요와 목적에 따라 많이 생성되는 것도 사실이지만, 서클과 연결되어 시너지 효과가 일어나는 방법들

---

8) 한국에서는 '교육센터 마음의 씨앗'에서 파머의 비전을 이어가고 있다.　https://blog.naver.com/innerteacher

9) 마음자리 인문학 독서 모임, https://cafe.daum.net/heartfelt-readings

10) 평화서클교회, https://cafe.daum.net/thepeacechurch

11) 서클대화에 대한 이해에 도움이 되는 사람은 아무래도 케이 프라니스와 크리스티나 볼드윈일 것이다. 그들의 책을 추천한다. 케이 프라니스 『서클 프로세스-평화를 만드는 새로운/전통적 접근방식』, 크리스티나 볼드윈, 앤 리니아 『서클의 힘-창조적 변화를 이루어내는 협력적 대화법』

과의 융합도 일어난다. 여기에는 예를 들면 회의기술로서 오픈 스페이스 테크놀로지, 월드 카페, 긍정조직혁명AI; Appreciative Inquiry 등이 결합하여 조직과 운영에 관련된 영역이 서클과 융합되기도 한다. 과거에는 생존과 방어, 공동체 소속원으로서의 상호확인에 서클이 주요한 영향을 끼쳤다면 지금은 사회과학의 기여를 통해 서클은 공동체의 성장과 사회 변화를 위한 새로운 대화 문화의 창조와 사회복지의 실현을 위해 서클의 긍정적이고 적극적인 역할을 요청하고 있다.

참고로, 갈등 해결·갈등 전환의 영역에서 특히 회복적정의운동에 있어서 서클의 도입은 꽤 오래된 역사를 지니고 있다. 이는 역사적 평화교회들[12] 중, 특히 메노나이트의 공헌에 힘입은 바가 크다. 오랜 세월 회복적 서클, 혹은 평화형성서클peace-making circles을 일반 명사로 그 사용하기도 하다. 그러나 90년대 이후 도미니크 바터의 브라질 청소년 갱단들의 경험으로부터 나온 그의

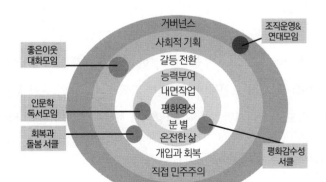

서클의 형태와 그 적용 영역

---

12) 기독교는 통상 다음과 같이 크게 나뉜다. 가톨릭, 정교회, 개신교, 역사적 평화교회 등이다. 역사적평화교회는 메노나이트, 퀘이커, 형제교회가 속해 있으며 신앙과 복음을 평화의 관점에서 이해한다.

회복적 서클이 전 세계에 50여 개 나라에 빠르게 퍼져가고 있고 인지도가 강해진 데다가, 특히 한국에서는 지난 10년 동안 도미니크 바터의 회복적 서클이 강력한 영향력을 시민사회와 학교영역 등으로 퍼져나가서 통상 한국에서는 회복적 서클하면 도미니크 바터의 모델을 떠오르게 되었다.

앞장의 도표는 지금까지 진술한 서클의 비전과 다양한 적용에 대한 이해를 통합하여 그 서클의 전망을 보여주는 것이다. 이는 필자가 속한 단체의 서클에 대한 비전과 사회적 기여를 위한 방향이기도 하다. 서클은 이렇게 현대의 사회과학과 맞물려지면서, 그리고 현장의 다양한 필요에 적용하면서, 진행방법을 조금씩 달리하며 현대인의 삶 전반에 걸쳐 그 적응력을 발전시키고 있다. 개인의 평화영성에서 공동체 문제해결, 더 나아가 사회적 기획과 조직운영에 이르기까지 다양한 영역들을 포괄하며 그 유연성과 효능을 발휘해 나가고 있다.[13]

---

13) 서클의 조직운영과 공공영역에로의 서비스 확대는 다음 책을 참고. 앤 리니아, 크리스티나 볼드윈 저, 봉현철 역, 『서클의 힘:창조적 변화를 이끌어내는 협력적 대화법』(2017, 초록비책공방). 특히 "4부. 어떤 조직이든 서클은 제대로 돌아간다" 참조.

2장. 서클대화에서 환대와 축하

1부 대화에서 필자는 데이비드 봄이 제시한 근원적인 문제의식인 '사고와 존재의 분리'에 대해 언급하였다. 즉, 과거 경험에 대한 추상화된 기억에 의존한 사고가 존재를 대신해서 행위자로 나서지만, 자신이 아니라 존재가 행한 것처럼 자신을 숨기는 근원적인 문제에 대해 다루었다. 이는 무언가 이슈를 다루거나 갈등작업을 하게 될 때 우리가 경험하는 보편적인 현상들이다. 예를 들어, 회복적 서클이 적용되는 '일'과 '행위'의 현장에서는 그 사람이 행한 일이나 행위에 따라 가해자, 피해자, 혹은 문제아, 반대자, 이탈자, 공모자 등의 딱지를 붙이게 된다. 이로 인해 그가 한 일이나 행위에 대한 평가에서, 그리고 그 평가는 사고에서 나온다는 것을 대부분은 잊게 된다. 결국, 그러한 평가라는 사고에 의해 정당성과 옳고 그름의 긴 어둠의 터널 속으로 들어가면서 그 결과가 비극적이게 된다. 어떻게 우리는 이러한 비극을 막고 사고에서 존재력을 키우는 방향으로 우리의 대화가 진행될 수 있겠는가?

다른 비유를 들어보기로 하자. 죄수가 있다. 그의 행동 혹은 그가 한 일이 공동체나 사회에 부정적인 영향을 미쳐서 그는 그 어떤 형태로든 '죄수'라는 낙인을 받고 쇠창살 안에 있다. 갈등작업자로서 나는 '간수'의 역할로서 혹은 그 간수에 대한 조언자로서, 그 죄수의 치유와 회복 그리고 그 쇠창살로부터 석방이라는 목표를 향해 서비스를 제공하고 있다고 치자. 쇠창살이 무엇을 상징하든 간에 사회적 합의에 따라 만들어진 잘못과 범죄에 대한 구역화를 하고 있다. 갈등작업자로서 혹은 회복적정의 활동가로서 기존에 만들어진 쇠창살의 구역과 죄수라는 의복이 부당하거나 적절치 않아서 다른 대안적인 공간이나 의복을 제공하고자 하는 간수로서 또는 그 간수와 죄수에 대한 조언자로 활동한다 할 때 숙고해야 할 이슈는 무엇인가?

그것은 다른 대안의 태도와 마음을 가진 간수로서 혹은 간수의 조언자로서 내가 아무리 쇠창살 밖에 있다고 할지라도 내 삶과 분위기는 어느덧 쇠창살과 죄수와의 연결 속에서 나의 의식과 생활이 패턴화된다는 것이다. 그래서 나도 무의식적으로 그 공간과 그 분위기文化에 의해 전염이 된다. 아이러니하게도 쇠창살 밖에 있어도 그리고 의복이 달라도, 심지어 그 간수나 죄수와는 다른 마음과 태도라는 선한 의도로 다가간다 할지라도 어느새 사고의 경직성이 내 존재의 가능성을 점점 감추는 일들이 발생하게 된다. 이는 우리의 사고가 빚어놓은 잘못, 범죄, 손상에 대한 이미지에 대해 아무리 선한 의도로 다가간다 할지라도 결국은 안티-프레임은 기존의 프레임을 강화하는 역할을 한다는 점에서 잘못, 범죄, 손상에 대한 쇠창살의 필요성그 쇠창살이 어떤 모습으로 바뀌든 간에을 강화하는 데 쉽게 빠지게 된다.

대화실천가 혹은 갈등작업자로서 쇠창살의 안과 밖의 죄수와 간수, 혹은 갈등무대의 약탈자, 희생자 그리고 구조자의 프레임[14]에 가급적 영향을 덜 받고, 삶에서 일어나는 것들에 대한 의미의 흐름을 누리면서 사고에서 존재로 다가가는 일상의 실습은 매우 중요하다. 대화나 갈등작업이 단순히 일 년에 한두 번 사회적 기여가 아니라 자신의 직업이 되고 삶이 될 때는 특히 그렇다. 일과 행위에 대한 작업이 내 시간과 공간의 중심이 될 때, 사고가 주는 추

---

14) 사실 이는 갈등의 영역만이 아니라 질병의 영역에서도 그러한 프레임의 작동은 똑같다. 환자(죄수)), 수술대(쇠창살), 의사(간수)의 질병 무대와 프레임은 대안적 상상력을 막고, 기존의 프레임의 권위를 강요한다. 그렇게 사고의 경직성은 체제의 구조를 유지하는 결정적인 역할을 한다.

상화와 경직성을 넘어 존재의 감각을 느끼는 작업이 필요한 것이다.

서클이 존재의 감각을 느낄 수 있게 해 주는 방식은 바로 환대와 축하를 통해 그 가능성을 연다. 물론 다음 장에서 존중과 돌봄의 에너지도 있는 그대로의 나됨과 진정한 나됨에 기여하지만 환대와 축하는 서클대화의 명료한 특징이면서 일과 행위를 넘어 존재로 참여하도록 하는 중요한 문[門]이다. 통상 서클대화는 환대로서 시작하고 축하로 서클을 닫는 문의 역할을 한다는 점에서 환대와 축하는 시작과 끝이라는 공간상의 문으로 볼 수 있다. 또한, 일과 행위 그리고 사고에서 존재로 초대하고 격려하며 빛의 옷을 존재에 입히는 차원에로의 들어감이라는 뜻에서 문이라고 비유할 수 있다.[15]

서클에서 안전한 공간의 준비는 그 서클 모임을 기획하거나 초대하는 이의 선한 의도에서부터 시작된다. 환대hospitality는 통상 초대로 시작되며, "초대하다"는 뜻은 서클에 진실, 자비, 열정, 평화, 치유, 일치와 같은 가치가 참여자들을 통해 그 공간에 들어오도록 기대하며 기원하는 마음을 갖는 것이다. 서클진행자는 그러한 환대의 마음을 통해 그러한 선한 의도들이 참여자들에게 영감과 활기를 주도록 서클을 준비하고 또한 관련된 사람들을 참여자로 초대한다. 기원이나 환대의 진술, 혹은 기타의 여는 의식rituals을 짧게 가짐으로써 서클이라는 다른 공간에 들어섰음을 참여자들이 알게 하고 마음으로 준비하고 그러한 선한 의도에 마음을 모으도록 안내한다.

환대로서 공간을 여는 것은 서클의 목적과 참여자의 배경에 따라 다양한

---

15) 이미 이 책 초반의 대화 부분에서 실재-존재(의식)-행위-결과에 대한 일관성과 충실성의 이슈가 중요함을 언급한 바 있다. 사회과학과 활동 분야가 세분되고 영역화되면서 대화, 갈등작업, 회복적 정의, 민주시민운동 등등의 각각의 분야가 독자적인 자기-논리를 갖고 활동하고 있다. 그래서 의도하지 않은 경직성과 사고체제의 프레임에 갇히게 된다. 그러나 실재나 자연물이 유기적인 관계를 갖고 있듯이 각 개별체는 봄이 말한 것처럼 접혀진 질서와 전체성에서 그 본래성을 일시적으로 취득하는 것이기에 전면에서 논의되는 담론 뒤에 후면에 더 큰 실재(리얼리티)가 존재함을, 그리고 사고의 프레임을 넘어선 무한성에 참여와 제 2의 순수(윌리엄 아이작스의 용어)에 대한 직관은 언제나 필요한 것이다. 그리고 환대와 축하는 그러한 가능성을 여는 서클의 중요한 기여이기도 하다.

여는 의식을 행하지만, 그 핵심은 각 사람의 있는 그대로의 존재 그 자체에 대한 환영과 수용 그리고 기대와 의미 있는 새로운 방향에로의 안내받음을 위한 긍정적이고 진정성 있는 서클의 분위기를 위한 것이다. 강요가 아니라 초대에 대한 나의 선택으로 기꺼이 왔다고 하는 것에 대한 자각과 책임이 이러한 환대를 통해 자신을 스스로 이해하게 된다.

환대는 개인적인 의도의 순수성에서 시작하거나, 참여자들이 소속한 공동체의 미션이나 가치와 연결되어 시작할 수 있다. 혹은 인간의 본래 있는 휴머니티가 지향하는 것을 상기시키거나, 때로는 맥락에 따라서 그들 공동체의 창시자, 선배, 조상 혹은 후세대와의 연결을 상기하며 할 수도 있다. 그들의 현존이나 특질을 상기하고 연결하며 전체와의 관련성 속에서 각자 자신의 연결됨과 시간과 공간 그리고 특질을 받은 것에 대한 회상으로 시작할 수도 있다.[16] 그렇게 하여 문제, 이슈, 갈등상황 등의 프레임에 갇혀서 다람쥐 체바퀴 돌리듯 문제에 대한 정보를 나누는 것을 강화하는 데서 일정한 틈을 만들어 내어 마음을 살피고 그것을 신뢰하는 분위기를 창조하는 것이 환대이다.

환대는 단순히 참여자를 선하고 친절하게 대하는 윤리적인 태도만은 아니다. 오히려 서클의 공간이 지닌 '사회적 용기'social container [17]를 형성하는 자기장과 에너지 형성을 튼실하게 형성하고 감당할 수 있는 경계를 세워준다. 그

---

16) 한 예로 공동체내 갈등상황이나 학교폭력 사건에 대한 개입에 문의를 받고 회복적 서클을 진행해야 할 필요성을 탐색할 때, 나는 어떤 문제나 어떤 상황인지보다는 어떤 삶의 의미나 과제, 바라지만 안되어 아쉬운 것 등에 대한 탐색을 복잡하거나 힘든 상황의 경우에는 그것을 의뢰자에게서 꼭 듣는 시간을 갖는다. 그렇게 해서 '문제로부터 이야기하기'에서 존재로서 자신을 느끼고 환대받은 분위기를 만든다.

17) 서클대화 진행자는 단순히 서로가 하는 말의 내용에 대해 진정성 있는 듣기와 공감의 연결자 역할만 하지 않는다. 공간을 유지하는 역할을 하는데 그것이 바로 서클의 공간이 갖는 사회적 용기(그릇)의 의미를 이해하기 때문이다. 사회적 용기란 격하거나 힘든 반응과 표현의 압력을 감당해내고 그것을 잘 표출해서 변형될 수 있게 만드는 것을 말한다. 이른바 전기밥통처럼 쌀이 밥이 되기 위해 압력을 통해 폭발해서 흩어지지 않게 보호해 주는 지지의 경계선 역할을 하는 것과 같다. '사회적'이라 함은 관계나 감정의 상호반응에 관련되며, '용기(그릇)'란 그것을 감당하고 가능하게 하는 입방체적 공간의 형성을 뜻하는 말이다.

러한 사회적 용기가 형성되기 시작하면, 참여자들은 자기 내면을 더욱 쉽고 솔직하게 열어 놓는다. 그리고 처음에 감정의 폭포가 흐를지라도 그로 인해 참여자들이 쓸려나가지 않고, 그 격량을 함께 견디며 결국은 함께 방향을 찾아 노를 저어 나갈 수 있게 한다. 환대는 이렇게 참여자의 능력과 특질을 또한 신뢰하고, 그 신뢰를 유지하며, 그러한 과정을 강화하는 태도이기도 하다. 이 환대를 통해 처음에는 어둠일지라도 희미한 빛들이 과정을 통해 나타나기를 기다리며, 그러한 기다림은 어느 순간 필요한 지혜를 발휘하는 직관이 참여자로부터 떠오르는 국면으로 전환된다.

환대는 모든 인간은 삶의 의미를 추구하고 있으며, 삶은 목적을 가지고 세상에 보내진 존재임을 상기한다. 일과 행위의 구도the scheme of doings에서 사고와 사회적 역할에 의해 손상이라는 잘못, 실패, 상실, 갈등, 폭력의 다양한 스펙트럼의 삶의 실상들이라는 무거운 짐burdens들을 각자가 지고 있을지라도, 환대는 그 너머의 가능성을 열어주는 열쇠가 된다. 그의 사회적 딱지가 무엇이든 간에 그 너머의 전체성으로부터의 기원함과 그 딱지를 넘어선 가능성으로서 이 땅의 여행자로서 순례와 목적지를 기억하고 역량을 부여한다. 환대는 그것을 위해 우리 각자는 초대받은 존재이고 그러한 요청과 초대에 대한 기억을 잊지 않도록 하게 한다. 환대받음을 통해 참여자는 남에게 보여지고 자신이 이해한 자기 자신의 한계를 넘어 더 큰 가능성의 나에 대한 감각을 얻는다. 공격과 방어의 두꺼운 갑옷을 벗고 좀더 편하고 가벼운 옷을 갈아입어서 더 움직이고 더 활동하며 생생할 수 있는 자신을 경험한다.

환대는 선한 의도에 있어서 마음의 성실성과 일관성을 타고 일어난다. 그것은 서클에서 누구든 '환영한다'는 의미가 전달되는 언어, 눈짓과 몸의 자세로 표현된다. 서클대화의 과정에서는 몸의 자세, 화자의 말에 귀기울이기, 모두에 대한 존중과 침묵, 때때로 필요할 때 눈 마주침과 지지의 표정을 통해 환대가 일어난다. 혹은 더 잘 이해하기 위해 호기심을 지닌 채 판단없이 명료화나 연결을 위한 열린 질문[18]을 적절한 타이밍에 따라 함으로써 마음의 연결과 깊이에 닿도록 하는 일련의 응답을 통해 일어나기도 한다. 환대는 그 사람의 신을 신고 그 사람의 심장으로 느끼고 그 사람의 눈으로 보는 의식적인 작업이기도 하다. 그렇게 하여 그 사람의 세계로 기꺼이 들어갈 수 있게 한다. 그런 방식으로 모두는 두려움을 통한 자기방어 없이 마음을 열어 상대방을 환대할 수 있는 마음의 공간을 허용한다.

축하는 그간의 서클에서 일어난 경험에 대한 감사를 표현하는 것이다. 신화학자인 조셉 캠벨[19]은 "종교의 가르침은 놀이이다"라고 말했듯이, 삶의 의미는 여행자로서 각자가 삶이 제공한 것을 누리고 삶의 축복과 가르침에 감사하는 데 있다. 실재가 참되고 자비롭고 강하며 무한하다는 대화 이론의 형이상학적 전제가 시간과 공간에서는 빛과 어둠으로 나타나고, 빛은 열매로서 선물을 그리고 어둠은 배움과 성장의 기회를 준다. 그렇게 하여 어둠이 주는 배움과 성장의 기회는 또다시 궁극적으로는 선물로 전환된다. 어둠은 빛과 대치되는 것이 아니라 빛의 결여이기 때문에 그 자체의 존재론적 특성을 지니는 것이 아니라 빛의 결핍으로서 2차적 속성을 갖는다. 그렇기에 환대와

---

18) 여기서 '열린 질문'이란 단순히 예, 아니오라고 말할 수 없는 성찰을 요청하는 질문이라기보다는 닫힌 마음이 열리고 연결되어, 말한 내용을 타고 그 뒤의 마음의 '어떠함'을 이해하고 연결되는 결과가 일어나는 질문을 말한다. 이에 대한 것은 이미 필자의 『회복적 서클 가이드북』의 "8장, 열린 질문이 새로운 미래 가능성을 출현시킨다"에서 보다 자세히 다루었다.

19) 신화학자인 조셉 캠벨은 인생을 여행으로 설정하여 플롯이 있는 드라마로서 그리고 놀이 (play)와 희열의 추구자로-모든 인간은 '영웅의 여정'을 암묵적이든 의식적이든 걷는다- 표현하였다. 그의 아이디어는 모든 드라마 작가나 시나리오 작가에게 많은 영감을 주었고, 고통과 기쁨의 경험을 관조하는 희극적인 시각과 유머의 감각을 통한 성스러운 삶에 대한 이해를 통해 많은 종교학자에게 영향을 미쳤다. 필자는 약탈자/희생자/구원자의 갈등무대나 간수/죄수/쇠창살의 무대를 상정한 기존의 갈등작업에 대해 놀이 무대로서 인생이라는 그의 원형적 신화 패턴(소명-관문통과-시련-홍익-귀환-자유라는 패턴 혹은 공간-생명의 자궁-창조-변신 등의 패턴)이 갈등작업에 더 큰 통찰과 우주라는 공간의 방향성을 준다고 믿는다. 참고도서: 조지프 캠벨 지음, 다이앤 K. 오스본 엮음, 박중서 옮김, 『신화와 인생』 (2009, 도서출판 갈라파고스); 조셉 캠벨 저, 이윤기 옮김, 『천의 얼굴을 가진 영웅』 (2012, 2판, 민음사).

더불어 그동안에 경험한 것은 직접적인 열매로서의 선물이든, 아니면 배움과 성장의 기회로서의 선물이든 간에 충분히 감사gratitude하고 축하blessing할 이유가 있는 것이다.

서클은 모든 존재가 그 기원에서 수백억 광년 전에 하나의 별먼지stardust에서 극히 작은 순간에 함께 시작해서 각자 진화라는 여정을 거쳐 시간과 공간 속에서 자신의 독특성과 생명이라는 동질성을 나누는 다양한 형상으로 자신의 모습을 형성해 온 기나긴 여정의 동반자됨에 대한 감사와 경이를 담고 있다. 지구 여행자로서 참여자들은 또한 서클대화에서 나눈 경험이 자신의 영혼을 위한 영양분을 제공하고, 삶에 대한 통찰과 용기를 가져다준 것에 대해 서클의 공간과 참여자들의 기여에 감사를 드린다. 그렇게 하여 서로를 지탱하고 서로를 위한 기여를 하며, 조화롭게 사는 교제의 기쁨을 표현하고, 영혼 어린 삶의 감각을 되살리며 강화한다.

축하한다는 것은 내가 무엇을 얻었는지에 대한 것만 아니다. 축하할 수 있는 마음이 생긴 그 자체로 인해 자신이 누구인지를 새롭게 각성하게 된다. 축하해주는 것은 단순히 상대방에 대한 표현만이 아니라 이미 그러한 선물과 통찰의 자각과 기쁨을 알아차린 자신의 상태가 어떤 변화를 느끼고 있는지를 알아차린다. 그렇게 해서 축하와 블레싱은 나의 숭고한 내적인 자아를 일깨운다. 따라서 축하를 받는 사람에게만 아니라 축하하는 사람에게도 의식의 고양高揚이 일어난다. 축하해주기는 그렇게 상대방에게 흘러가는 것만 아니다. 실제로는 축하를 해 주는 당사자 내면에도 순수, 기쁨, 그리고 자각의 내재함이 일어난다. 그렇게 해서 받는 자와 주는 자는 함께 빛에로의 조명을 받는다.

다시 말하거니와, 서클대화는 다루고자 하는 이슈, 일, 도전, 문제행동에 대한 논의의 선한 해결에 대한 감사에 머무르지 않는다. 오히려 가슴과 가슴이 연결되는 존재의 충만함이나 삶의 살아있음, 혹은 공유된 의미의 재확인이라는 지구 여행자로서의 각자의 존재가 지닌 진정성진, 기여선 그리고 조화미라는 것이 모두에게 필요하고 소중한 것을 자각시키고 그것을 채우고 풍성하게 해준 경험을 통해 자신의 본래됨과 자신의 또 다른 잠재적 가능성을 확인하며, 공동체 안에서 소속함이 주는 안전과 평화에 대한 상호확인을 축하하기를 통해 이룩한다.

'감사합니다'라는 내면의 심장에서 울려 나오는 떨림의 목소리는 그것을 받은 당사자만 아니라 그것을 함께 목도하는 전체 참여자를 하나로 결합시킨다. 그리고 서로의 찢어지고, 상처받고, 무력해진 심장을 치유하고, 돌보며, 갱생시키고, 재활성화하고, 연결하여 심장을 확대시킨다. 감사를 주는 것은 인간이 경험할 수 있는 가장 순수한 경험이며, 그 순수함으로부터 우리는 가슴과 머리가 하나 되게 하고, 개인과 공동체가 하나 되게 한다. 그렇게 하여 서로에게 주는 것과 주는 기회를 더욱 활성화시킨다. 그렇게 서로에게 선물gifts이 되면서, 인정과 수용, 자발적 돌봄, 공공의 선을 위한 자기희생과 자비의 베풂을 문화화한다.

이렇게 서클대화 진행자가 환대와 축하를 선한 의도를 통해 의식적인 '주기giving'를 흐름으로 서클의 에너지를 형성할 때, 일과 행동의 결과와 상관없이 존재로서 그리고 지구 여행자로서 자기됨과 소속된 공동체의 일원됨이라는 자기 자각을 선물로 얻게 된다. '나'가 나됨이 되는 것이 바로 '너'와 '우리'로부터 온다는 재각성과 재확인을 선물로 받으면서, 우리는 기꺼이 돌보는 자로 서고, 주는 자로서 설 수 있게 된다. 그것은 희생이 아니라 자신에게 다시 돌아오는 것이고, 주는 것 그리고 선물이 되는 것만이 자신의 것이 되는 것을 알기에 기꺼이 자발적인 열정과 비전에 다시금 투신하도록 만든다. 왜냐하면, 자기됨은 소유가 아니라 선물이 되는 것, 열정의 불꽃에 춤을 추는 것이라는 것을 깨닫게 되기 때문이다.

생명의 그물망 속에서 환대와 축하라는 증여로서의 선물은 타자를 위한 돌봄이 결국은 나의 돌봄이었다는 사실을 깨닫게 만든다. 내가 누구이고 무엇을 할 수 있는지 그러한 선물 되어 줌을 통해 내가 선물 받은 것이 무엇인지를, 내 영혼이 진정으로 기뻐하는 것이 무엇인지를 알아차리게 한다. 그러한 자각을 통해 나는 이제 의식적으로 그리고 열정적으로 나에게 다가오는 것들을 자기 내면의 일어나는 것들과 타자 및 외적 상황과의 관계에서 일어나는 것들에 대해 환대와 축하로 일관성과 충실성을 갖고 맞이할 수 있게 된다.

행위가 이처럼 환대와 축하라는 순수한 에너지로 전환될 때, 그 행위는 더 이상 일과 과제를 위한 행위로 있지 않는다. 그것은 본연의 존재를 일깨우고 우리의 의식을 승화시켜 빛 앞에 서게 한다. 인도의 철학이 가르치는 것처럼 명상 외에도, 박티^{헌신}을 통해 궁극 실재에로 다가가는 길이 열린다. 환대와 블레싱은 처음과 끝의 문이기도 하지만, 우리 삶의 의미에 있어서 알파와 오메가이기도 하다는 것을 알게 된다.

3장. 존중과 돌봄의 에너지와 그 일관성

대화, 갈등전환 등의 주제와 관련된 서클진행자 양성 워크숍을 진행하면서 2010년대 초기부터 참가자들한테서 나왔던 질문이 있었다. 초기에는 매우 세게 튀어나오는 질문이었지만 이제는 서서히 그 질문의 빈도수가 누그러드는 질문이기도 하지만 여전히 다른 유형의 질문으로 변형되어 나타나는 질문이기도 하다. 그것은 훈련가인 필자에게 악한 상대방에 대해 언제까지 봐주고 참아야 하는가 하는 질문이었다. 이야기를 풀면, 서클로 하는 워크숍의 내용과 과정이 맘에 들고 많은 도움이 되었지만, 그렇게 존중하고 돌보는 방식을 고수하다 보면 그것이 적용 안 되는 상황을 맞닥뜨려질 때, 곧, "지옥에서 온 아이동료/상사/학부모의 경우 어떻게 할 것인가?"라는 직접적이고, 도전적인 질문들이었다.[20]

이러한 질문들은 그 질문의 상황이 어떠하든-학교이든 이웃이든 조직에서든 간에- 서클 진행에 있어서 일반 대화와 구별되는 서클대화의 특징인 공간과 에너지 다루기를 설명하는 과정에서, 존중과 돌봄의 에너지와 그 일관

---

20) 초기에 이런 질문은 필자를 당황하게 하거나 내가 하는 내용에 대한 비판이나 의심으로 받아들여서 또 다른 설명과 더불어 그의 생각을 교정시키는 방향으로 반응했던 적이 있었다. 점차 여러 다양한 사람들이 계속해서 지옥에서 온 타자(아이/학부모/상사/동료)의 경우를 내놓고 그에 대한 증거들과 사건 내용을 들으면서 그 사람의 견해를 바꾸어주고자 하는 자동반응을 멈추고 그 말 뒤의 고통과 무기력감을 듣기 시작했다. 연결과 더불어 직접적인 설명보다는 재차 성찰 질문을 던져서 그가 스스로 생각할 수 있는 시간을 허락하는 방법을 선택하게 되었다. 이 질문이 매우 중요한 근본적인(즉, 습관적이며 태도적이고 가치 판단적인 자기 이해를 지닌) 신념을 품고 있는 것이어서 그 즉시 단순한 설명으로는 그의 마음을 채울 수 없다는 것을 인식했기 때문이다. 필자도 자동반응에서 서클진행자로서 서서히 훈련되어 가고 있었다는 예를 드리는 것이다.

성을 다룰 때 자주 나왔던 튀어나온 반문反問이다. 지옥에서 온 타자의 경험은 구체적인 증거들을 가지고 있었고, 그로 인한 고통의 현실은 매우 비극적인 것들이었다. 진행자로서 나는 한동안 듣고 있다가 두 가지 질문을 하게 된다. 그 하나의 질문은 이것이다. 그렇게 '존중과 돌봄'을 그 당시, 그 지옥에서 온 OOO에 대해 철회하고 반응했을 때 어떤 결과를 맞이했는가? 또 다른 질문은 진행자로서 자기 반응의 결과로 무엇이 상대와의 관계와 특히 자신에게 일어나기를 기대하는가?

이 두 질문은 자신의 과거 경험의 쓰라림에 대해 부드러운 애도와 더불어 성찰을 통해 자기 모순적인 상황을 들여다볼 수 있게 해 준다. 그것은 상대에 대한 자기 반응의 정당성은 이해가 되지만, 본인이 도달하고자 했던 목표지점에는 왜 도달하지 못하는지에 대한 쓰라린 교훈을 얻게 한다. 특히 진행자로서 자신에게 자기 반응의 결과가 무엇으로 남기를 기대하는가는 자기 행동의 일관성을 점검하는 데 있어서 중요한 성찰 질문이다. 자신의 정당한 반응이 유효한 결과를 가져오는 데는 무력해진다는 통찰은 존중과 돌봄의 에너지가 주는 중요성과 그 일관성을 고려할 때 매우 중요한 요소이다.[21]

이 장에서는 존중과 돌봄의 에너지에 대해 다루고자 한다. 이미 다른 책에서 다룬 적이 있지만 아무리 이해를 해도 몸으로 잘 작동되지 않는 부분이 이이슈이기에 다시 주목하기를 바라는 마음으로 다루려는 것이다.[22]

서클대화에서 공간이 안전한 분위기로 유지되는 것과 더불어 진행자는 그 공간이 어떤 에너지로 채워져서 흐르고 있는지 눈치채야 그로 인해 결과가

---

21) 이미 이는 갈등작업에 있어서 비극적 결과를 맞이하는 10가지 대응패턴에서 다룬 내용이기도 하다. 특히 정당성과 옳고 그름의 초점화는 그러한 비극을 초래한다.
22) 『회복적 서클 가이드북』, "17장 존중의 일관성이 내면에 흐르게 하기" 참고. 존중과 돌봄의 에너지와 그 일관성의 이슈는 머리로 이해한다고 저절로 작동되지 않는다. 의식적으로 자각하면서 자신 안에서 흐르게 하지 않으면 쉽게 잊거나 혹은 무의식적인 반응인 공격과 보호로 넘어가게 된다.

어떠할지를 예측할 수 있다. 공간과 에너지는 필자가 종종 언급한 '자기충족예언의 법칙'을 거의 확률적으로 예측할 수 있게 작동시킨다. 자신의 '능력'에서 서클의 작동 '이치'에 주목하자고 하는 이유는 공간에서 이루어지는 그 어떤 행위는 이미 자신의 행위 보다 그 공간의 자기장이 주는 구조적 역동성에 의해 영향을 받기 때문이다. 예를 들어, 물고기들 몇 마리가 물에서 이리저리 헤엄치며 서로 쫓고 쫓는 놀이를 한다고 할 때, 자신들은 자신의 선택과 상대방의 행위나 방향 등에 민감하게 반응하며 논다고 생각하기 쉽다. 그러나 거기에는 물살의 세기와 방향이 그 물고기들의 상호반응에 매우 큰 영향을 미친다는 사실을 간과할 때가 있다. 특별한 이유를 제외하고는 무의식적으로 물을 거슬러 올라가며 노는 습성은 자신의 선택이 아니라 물의 흐름에 이미 영향을 받고 있는 것이다.

한 가지 더 비유로 말하자면, 못들이 각기 흩어져 있다고 치자. 거기에 자력이 붙은 무엇인가가 그 공간에 영향력을 미치면, 영향력이 미치는 그 공간 안의 못들은 일정한 질서나 패턴을 보이게 된다. 마찬가지로 갈등이나 폭력이라는 자력이 있는 사건이 미치게 되면 구성원들은 자신의 선택을 넘어선 집단적 무의식의 어떤 패턴 안으로 들어서게 된다. 갈등의 공간에서는 이미 개인의 선택을 넘어선 집단적 무의식의 본능과 선이해[23]가 문화적으로나 구조적으로 작동하게 되어 있어서 그 흐름을 깨기가 어려워진다. 에너지의 흐름은 감정을 일으키고, 그 감정에 의해 생각·사고가 주조되어 표현되기 때문에, 생각·사고는 결과이고 원인이 아니기에 결과로 나타난 생각·사고를 초점으로 변화를 일으키려는 시도들은 대부분 무력해지거나 힘들어지는 것이 당

---

23) 이에 대해서는 데이비드 봄의 『창조적 대화론』의 "3장. 집합사고의 본질"을 참조하라. 집합사고 이외에 집단 무의식은 사실상 구스타프 융이 프로이드와 구별된 현대 심리학의 큰 기여 부분이다. 융이 가진 집단 무의식으로서 원형과 동시성은 실재와 사고를 이해하는 데에 매우 중요한 통찰을 제공한다. 참고: 머리 스타인 저, 김창한 옮김, 『융의 영혼의 지도』 (2015, 문예출판사).

연해지는 것이다.[24]

공간의 설정을 어떻게 할 것인가와 더불어 그 공간에 어떤 에너지를 불어넣을 것인가는 중요한 문제이다. 갈등무대라는 공간이 만들어지면 이미 경향성이 자력처럼 자극-반응의 경향성과 방향이 잠재적으로 세팅된다. 그래서 비난과 강요, 불안과 분노의 감정적인 언어들이 검으로 사용된다. 그런 상황에서 존중과 돌봄의 에너지는 그러한 자동적인 경향성을 느리게 작동시키거나 아니면, 멈춤과 성찰의 다른 차원의 자력을 발생시키면서 흐름을 바꾼다. 이는 그러한 강한 감정적 언어의 표출은 두려움과 위협에서 발생한 것이었기에, 그것을 상쇄시키는 존중과 돌봄의 에너지가 들어오게 되면 자동반응은 서서히 멈추게 되면서 변형이 일어나게 되기 때문이다.[25]

존중은 이미 이전의 책에서 다루었으므로, 핵심을 첨가하자면 앞서서 경청하기에서 진술한 자기판단을 내려놓고 상대방 마스크 뒤의 존재에 대한 주목하기를 뜻한다. 돌봄은 상대의 그 어떤 거친 표현도 나의 정체성을 건드리는 것이 아니라 화자 자신의 충족하고자 하는 욕구의 자기-표현으로 알아듣고, 언어 뒤에 마음이 어떤 도움의 요청을 하고 있는지를 알아차리는 것이다. 그리고 존중과 돌봄은 단순히 마음의 태도만 아니라 심장에서 우러나오는 에너지임을 기억할 필요가 있다.[26]

---

24) 이것이 필자가 말한 자기충족 예언의 법칙의 본질이다. 드러난 결과를 중심으로 변형을 가한다고 해서 원인이 되는 숨어있는 요소를 건드리지 못하고 그 현상의 근원이 지각되지 않으면 결과는 이미 그 속에 잉태하고 있다는 뜻이기도 하다. 이런 경우 개인의 선택과 능력의 범위를 넘어서게 된다.

25) 이에 대해서는 이미 1부에서 대화의 4 국면에서 설명하였으며, 더 확인하고자 한다면 윌리엄 아이작스의 책의 "11장 대화의 필드"를 특히 참조하면 도움이 된다.

26) 심장 지성을 다루는 유명한 하트매스 연구소의 연구 결과에 따르면, 심장의 전자기장은 뇌보다 5천 배 강하며, 마그네토미터라고 불리는 민감한 탐지기로 2.5미터에서 3미터 떨어진 곳에서도 측정된다고 한다. 즉, 주변에 에너지의 파장을 일으켜 영향을 미친다. 그 정도의 거리는 바로 갈등을 다루는 서클에서 약 10 여명이 모이는 작은 공간에는 매우 큰 에너지의 자장력이 형성되는 것이다. 닥췰드리,하워드 마틴 저, 하영목 역, 『스트레스솔루션』(2004, 들녘미디어), 76쪽.

존중과 돌봄은 도덕적인 가치로 고려하거나 윤리적 코드로 진행자가 명심해야 할 자세의 단순한 이슈가 아니다. 억울해 분노하고 있거나 상처와 혼란으로 힘들어하는 사람에 대해, 만나고 싶지 않은 당사자에 대해 가장 잘 작동이 되는 것은 바로 존중과 돌봄이긴 하다. 더 고려할 점은 이것이다. 무엇이 옳고 그른가와 자신의 정당성에 대해 에너지를 소비하면 당사자들의 영혼은 왜소해지고, 부정적인 감정이 쌓이게 되면서 선한 것을 주고자 하는 의지를 박탈하게 된다. 그래서 자신에게 객관적으로 옳은 증거들이 많다고 해서 그것을 말해주는 것이 원하는 결과로 안내하는 것은 아니다. 이것이 바로 비극을 낳는다. 왜냐하면, 원하는 결과로 안내하는 것이 아니라 이기기 위한 결과로 치닫도록 만들기 때문에 그 가속도가 붙은 열차에서 누구도 뛰어내릴 수가 없게 된다. 그래서 끝까지 가게 되는 것이다.

솔직히 말하자면 폭력사건으로 와달라는 부탁을 받을 때, 나는 대부분 무엇을 어떻게 해야 할지 머릿속에 그리지 않고 가게 된다. 내가 유일하게 의존하는 것은 내 에너지가 어떤 상태로 있는가에 대한 주목하기이다. 내가 힘들 때는 사건의 복잡한 내용의 성격보다는 상대방이 자기주장을 계속 굽히지 않고 자기 합리화나 자기방어처럼 들려지는 이야기를 반복하면서 있을 때라든지, 거센 비난과 저항으로 진행자인 나의 역할까지 심지어 의심할 때를 만나는 순간 등이다. 그런 순간에 자발적인 참여를 원치 않기 때문에 내가 정당성이나 옳고 그름의 판단에로 기울기 시작하여 '말해주기' 모드로 들어가고 있다고 느끼면 다시 정신 차려 존중과 돌봄의 에너지로 다시 돌아온다. 그렇지 않고 뭔가 잘못된 것에 대해 은연중에 가르치려 한다면 순식간에 상대방은 달팽이처럼 자기 방어선을 치고 뒤로 물러나 버리기 때문이다.

존중과 돌봄은 실재가 구체적인 현실에서 작동하는 실제적인 방식이자 원리이기도 하다. 그런 점에서 존중과 돌봄은 실제로 무엇이 일어나고 있는지를 이해하는 인식론적인 렌즈까지 준다는 생각에까지 미치고 있다. 갈등과 폭력의 상황에서 대부분이 두려움과 불안, 정당성과 옳고 그름의 프레임이라는 덫에 갇혀 있게 되므로, 그것으로부터 빠져나올 수 있는 더 큰 현실을 볼 수 있는 인식의 열쇠를 지닌 것은 바로 존중과 돌봄이라고 말할 수 있다. 존중과 돌봄은 갈등의 무대에서 각자 부여된 역할과 특정한 연기를 넘어서 각각이 본래 그러한 자기 정체성에 대한 신뢰와 더 큰 현실, 그리고 보고자 하는 미래의 가능성을 볼 수 있는 능력을 선사한다.

무엇보다도 진행자에게 있어서 존중과 돌봄의 일관성이 중요한 이유는 바로 그것을 상대방에게 줄 때, 비로소 그 주는 자에게 되돌려지는 자기 존엄과 삶의 신성함에 대한 자각이라는 보상이 있다는 점이다. 존중과 돌봄은 그것을 받을만한 가치가 없는 상대방에게 줌으로써 뭔가 희생의 미덕을 발휘하는 것이 아니다. 상대방이 잘못이거나 비난할만한 타당성이 있다고 내 안에서 판단이 되는 순간에 그 판단은 이미 존재의 존엄성과 삶의 거룩성이 미치지 못하는 예외적 공간이 있다는 나의 사고와 신념을 세우고 나서야 남에게 언어나 행위 혹은 태도로 표현되는 것이다. 즉 먼저 나에게 납득되고, 나에게 그러한 비난이나 강제의 신념을 허락하고 나서야 남에게 표현한다. 그렇게 해서 먼저 손상이 되는 것은 아이러니하게도 내 정체성에 대한 구겨짐과 손상이다. 나를 먼저 훼손하지 않고서는 남에게 손상을 가할 수 없다. 손상에 대한 신념을 내가 받아들여야 남에게 손상을 입히는 것이 자연스럽게 나올 수 있다. 그러한 이유로 비난과 강제가 그 정당성과 옳음의 객관성이 있다 하더라도 내 정체성에 미치는 영향은 남에게 닿기 전에 이미 내 안에서 일어나게 마련이다. 역설적이지만 일차 희생자는 우선 자신이 된다.

반면에 존중과 돌봄은 단순히 '남을 해치지 말라No harm'의 원리를 넘어서서 자신의 존엄과 삶의 신성함을 지키고 세우며 풍성케 하는 원리로써 작동한다. 이것은 베풀수록 희생이라기보다는 자신이 오히려 선물을 되돌려 받는 경험을 갖게 되는 것이다. 그러므로 '네가 받고 싶은 대로 남에게 대접하라'는 황금률은 매우 중요한 영적 차원을 말해주고 있다. 즉, 남에 대접하는 존중과 돌봄은 내가 받는 것이라는 뜻이다. 이것은 단순히 내가 뭔가 반대급부로서의 소유나 긍정적인 대접을 받는다는 의미를 넘어선다. 그것은 내가 나에 대해 평소에 알고 있었던 영역을 넘어서 내 안에 있는 알지 못했던 잠재적인 존엄의 리얼리티를 불러내서 내가 생각한 것 이상의 나에 대해 그리고 무엇이 더 될 수 있겠는지를 상기시켜준다. 이렇게 되면 갈등과 폭력에 대한 직면은 나의 존엄과 잠재적인 미래 가능성의 문을 노크해 주는 전령자로 방문객을 만나는 기회가 된다.

나에게 진정한 기적이라 생각되는 것은 내가 존중과 돌봄이라는 방식으로 남에게 다가갈 수 있는 능력을 주게 되는 성실성integrity과 영혼의 순수한 기쁨이 내 메마른 가슴에서 올라오는 것을 본다는 데 있다. 나에 대한 의심에서 나에 대한 신뢰로 점차 바뀌는 것이 기적이라고 볼 수 있다. 이것이 바로 내가 존중과 돌봄의 치열한 일관성을 되찾고자 의식적으로 신경 쓰면서 일어나는 새로운 배움이다. 따라서 존중과 돌봄의 일관성은 단순히 그 작동의 효율성 문제만이 아니다. 자신의 충실성을 위한 것이기도 하다.

현대물리학이 실재를 에너지 즉 파동으로 이해하는 것은 대화와 갈등작업에서도 중요한 실마리를 준다. 그것은 우리의 눈을 보이는 형상과 현상을 넘어서 어떻게 에너지가 흐르고 있는지에 대한 감각을 키우면, 그 보이는 형상과 현상들은 에너지의 패턴화된 일시적인 꾸러미이기 때문에 그 변형도 쉽게 온다는 통찰이다. 이렇게 복잡한 현상들의 외적인 표상들에 매몰되지 않고 그 현상들의 뒤에 있는 에너지를 느끼면 그리고 존중과 돌봄의 에너지라는 자장력 안에서 모호함과 복잡함이라는 대화의 터널을 통과하고 있다 보면 희미한 빛이 점차 강해지는 영역으로 들어서게 된다. 이제 진행자는 마음속에서 희망의 신호를 보게 된다. 아무리 그것이 몇 년 묵은 사건이라도 새로운 전환의 가능성이 다가오고 있다는 실마리를 얻는다.

존중과 돌봄의 에너지로 서클대화에 몰입하고 있으면 그러한 가능성이 확실하고, 방향이 제대로 가고 있다는 두 가지 기준이 자신에게 직감적으로 확인된다. 이것은 진행자로서 내가 제대로 가고 있는지에 대한 신뢰할만한 보편적인 기준이다.[27] 첫째로, 대화의 내용이 점차 각자 화자의 내면과 연결되면서 '진정함'에 대한 자신의 표현과 그 강도 그리고 자기 심장에 머무르는 시간이 길어진다. 진정성이 점점 직감적으로 느껴지고 참여자들은 그것에 전염되는 현상을 목격하게 되는 것이다. 둘째로, 점차 각자는 감정의 무거움에서 벗어나면서 가벼워지고, 거칠고 못 참는 즉각적인 반응들이 서서히 느려지고 점점 표정이 풀리면서 마음이 가벼워지는 태도를 취한다. 자동반응에서 멈춰서 생각하는 것이 늘어나고 점차 무거운 감정이 녹아 사라지는 것을 느낀다.

진정성과 가벼워짐이라는 신뢰할만한 내적인 측정은 진행자 자신의 진행 상태와 방향감각에 도움이 된다. 그리고 여러 변수의 모호한 상황에서 어떤 선택의 갈림길에서 직감적으로 어느 것을 다루어야 할지를 선택하는 데 중요한 공헌을 한다. 즉 무엇이 '적절한' 과정인지 머리로서 알 수 없다면 심장의 목소리를 그 두 채널로 맞추어 그대로 따라가는 것이다. 그렇게 되면 결과에 대해 후회하는 일이 없어지게 된다. 또 하나는 진행자로서 참여자들이 제대로 가고 있는지를 자각시키기 위해서도 이야기 되고있는 내용의 의미진정성을 확인하여 대화의 공간에 깔고, 감정상태를 체크해서 스스로 그리고 전체가

---

27) 필자에게는 윌리암 아이작스처럼 대범하게 대화의 '절대적 원리'라고 단언할 수는 없지만, 보편적이고 신뢰할만한 그래서 대화, 회의, 모임 등에서 진행자가 그 모임의 질을 측정하는 데 사용할 수 있는 두 원리를 경험적으로 깨닫게 되었다. 그것은 심장과 관련하여 진정성의 감각이고 또 하나는 정서적 상태이다.

자각하도록 하여 제대로 방향을 가고 있다는 사실을 알아차리도록 하게 하는 것이다.

필자의 경험적 방식인 진정성의 강도와 감정의 가벼워짐의 경험적 방식은 이론적인 영역에서는 정신의학자이며 영성가인 데이비드 호킨스의 〈의식지도〉[28]를 이해하면 이론적인 도움이 된다. 그는 행동신체운동학Behavioral Kine-siology 테스트의 참·거짓 확인을 의식에 적용하여 의식의 객관적인 분류를 에너지로 로그화하여 주관적 실재에 대한 측정이 어떻게 가능한지를 제공하였다. 아래에서 보이는 그의 도표에 따르면 에너지에 따라 용기라는 200의 에너지 수준을 기준으로 그 아래로 내려가면 파괴적이고 그 위로 올라가면 창조적인 과정이 일어남을 수많은 실험을 통해 증명해 내었다. 각각의 에너지 수준은 그가 어떤 감정과 과정을 겪게 되고 그렇게 해서 어떤 삶과 실재를 보게 되는지를 자동으로 결정하게 된다. 우연의 일치처럼, 필자가 경험적으로 이해한 진정성과 가벼움은 그의 이론과 연결해보면, 에너지 로그 200 이상의 과정으로 가면서 느껴지는 것이고, 진정성이 감춰지거나 거짓 혹은 환상에 머물거나 감정이 무거워지는 것은 로그 200 아래로 내려갈수록 점차 심해지게 된다는 점을 알려준다.[29]

---

28) 데이비드 호킨스 저, 백영미 역, 『의식혁명』 (2012, 11판, 판미동), 83쪽.

29) 데이비드 봄의 사고와 존재(실재)의 이슈를 여기에 대비해 보면, 용기 이하의 수준으로 내려가면 사고의 영역이며, 죄책감이나 수치심처럼 판단과 확고한 신념이라는 사고가 강해짐을 알 수 있다. 용기 이상의 수준으로 올라가면 사고가 아니라 존재의 영역이 강화된다. 아이러니한 것은 사고에 매일 때 거기에서 보이는 현상과 증거들도 그 감정과 보는 수준에 적절하게 현상적으로 나타나고 그렇게 이해되므로 자신은 환상이나 거짓에 있다고 느껴지지 않는다는 것이다. 그럴 때 외부에서 아무리 교정하려고 정보를 제공하고 말해주기로 한다 하더라고 자신의 정신 구조에서는 논리적인 일관성 속에 있기에 외부의 입력은 그다지 도움이 되지 않는다. 상담이든 가르침이든 갈등전환이든 간에 적절한 방법은 사고에서 존재로 나올 수 있도록 자기 성찰 과정의 메커니즘을 작동시키는 것이 필요하다.

〈데이비드 호킨스의 의식지도〉

신을 보는 관점	삶을 보는 관점	수준	로그(에너지)	감정	과정
큰 나	존재한다	깨달음	700~1000	형언못할 강도	순수 의식
모든 존재	완벽하다	평화	600	지복	광명얻기
하나	완전하다	환희	540	평온	변모하기
사랑한다	상냥하다	사랑	500	존경	계시받기
지혜롭다	의미있다	이성	400	이해	추상하기
자비롭다	조화롭다	받아들임	350	용서	초월하기
격려한다	희망적이다	자발성	310	낙관	마음먹기
가능하게한다	만족스럽다	중립	250	신뢰	풀려나기
허용한다	해낼 수 있다	용기	200	긍정	힘얻기
무관심하다	부담스럽다	자부심	175	경멸	부풀리기
앙갚음한다	적대적이다	분노	150	증오	공격하기
부인한다	실망스럽다	욕망	125	갈망	사로잡히기
벌주려한다	공포스럽다	공포	100	불만	물러나기
업신여긴다	비극적이다	비탄	75	후회	낙담하기
심하게나무란다	절망적이다	무의욕	50	절망	팽개치기
앙심을 품고있다	악의적이다	죄책감	30	원망	망가뜨리기
하찮게여긴다	비참하다	수치심	20	굴욕	없애기

원주민들의 서클대화의 오랜 전통은 나름의 철학적이고 인식론적인 영역과 과정을 정형화하였다. 그것은 '치유바퀴'medicine wheel라는 이미지로 표현할 수 있다. 그 이미지의 변형들은 매우 다양하고 세상과 인간 실존의 다양한 영역들을 담아낸다. 예를 들어, 동·서·남·북이라는 방향, 우주의 원소로 이해되는 불·물·흙·공기, 또는 계절의 봄·여름·가을·겨울, 또는 인간의 인지요소인 정신 감정 신체 영 등등을 나타내면서 실재의 온전하고 전일적이며 신성함에 대응하는 인생관을 나타낸다. 서클을 우주와 인생을 이해하는 상징으로, 그리고 이를 통한 선택과 행동을 위한 상상력의 토대로 삼고 있다. 아래 도표는 그 예시이다.

치유바퀴의 예시

이 도표에서 필자가 의미있다고 생각되고 계속해서 사색해온 서클대화의 인식론적 과정과 요소에 대해 참조가 되는 부분은 바로 4 동서남북 영역의 마지막 항목인 비전-관계-지식-행동에 대한 것이다. 서클의 이미지를 활용해서 본 장에서는 서클의 작동요소을 먼저 다루고 서클의 인식론적 과정을 다룰 때 이것에 대한 재해석을 소개하고자 한다,

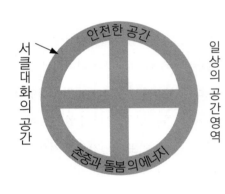

옆의 도표에서 보듯이 이미 앞선 장들에서 서클에서 가장 중요한 것은 '안전한 공간'과 그 공간이 담고 있는 '존중과 돌봄의 에너지'임을 앞서 진술하였다. 서클은 우리의 일상이 지닌 공간과 시간과 구별된 공간과 시간의 경험을 제공한다.

먼저 안전한 공간이란 거칠고 힘든 이야기를 감당하고 들릴 수 있는 '사회적 용기그릇'의 역할을 말한다. 말하기 힘든 자신의 연약하고 부끄러운 모습도 들려질 수 있는 공간으로서의 안전함이 마음을 열게 만든다.[30] 그리고 앞서 다룬 것처럼 그 공간에 존중과 돌봄의 에너지가 흐르도록 배려한다. 이는 초대에 따른 자발적인 참여에 따르며, 존중과 돌봄은 비난과 강요의 에너지를 중화시키고, 잠재적인 가능성이 그 형상을 드러내도록 생각의 경직성을 부드럽게 하여 의미가 출현하는 토대를 조성한다. 존중과 돌봄은 거친 것을 감당해야 하는 힘든 시간크로노스의 경험을 몰입하여 열중하게 만듦으로써 의미의 적절하고도 숙성된 시간카이로스이 도래하도록 돕는다. 이렇게 서클의

---

30) 이에 대한 자세한 설명은 이미 발행된 책 『회복적 서클 가이드북』 "6장, 서클은 안전한 소통의 공간에 기반한다"에서 다루었다.

공간과 시간을 특별하게 만드는 것은 바로 안전한 공간에 대한 감각과 존중과 돌봄의 에너지가 지닌 경계선boundary의 능력이다. 사회적 상호작용의 그릇 컨테이너라는 입방체적 경계선의 설정은 서클대화라는 질적인 경험을 가능하게 해주며, 이를 위한 공간과 시간을 허용한다.

서클대화에서 공간과 시간의 자장력이 안전함과 존중과 돌봄의 에너지를 통해 서클 분위기가 조성되면서, 각 참여자들은 이제 옆의 도표에서 보는 4가지의 작동요소들의 첨가요소들에 의해 그 질적인 경험을 강화하게 된

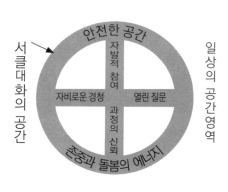

다. 비유하자면 촉매제의 역할을 하는 것이다.

첫 번째로 유념할 요소는 자발적 참여이다. 참여는 공동체 구성원들 혹은 그 이슈에 관심 있는 참여자들의 그 공간에로의 들어옴과 현존을 말한다. 서클의 공간은 관심을 지닌 혹은 영향을 받은 이들의 신체적인 착석presence으로 형성되며, 다양성은 서클의 질을 높인다. 신체적인 몸을 지닌 각자가 공간의 주변the marginal에 앉음으로써 서클의 중심the center은 형성된다. 물론 여기에는 신체적인 착석만 아니라 서클을 향한 각자의 마음선한 의도도 서클로 가져와야 할 필요가 있다. 이렇게 참여는 신체적인 면과 내면적인 마음까지도 함께 참여하는 것을 요청한다.

물론 그러한 참석은 참석자 모두의 자발적 선택에 따른 것이다. 서클로의 부름에 각자는 강요가 아니라 '기꺼이' 그렇게 함이라는 자신의 기여와 함께하는 것에 있어서 책임의식이 참석의 중요한 요건이다. 서클진행자는 도입부나 환영의 부분에서 그러한 기꺼이 시간을 내준 것에 대한 감사의 표시를 하

거나 혹은 혹시나 비자발성으로 앉을 수 있는 상황에 있어서도 무의식적인 자기 선택에 의한 참여에의 숨은 선한 의도에 연결함으로써 자발적인 참여에로의 분위기 전환을 도울 수 있다.

두 번째 첨가제로서는 '자비로운 경청'이다. 이미 경청과 관련하여 5개 주제로 설명한 부분이 있었던 것처럼 서클은 말하기보다는 듣기가 서클 분위기의 가장 큰 특징이다. 심장으로부터 듣기라는 자비로운 경청은 비유로 말하자면, 들려진 사운드 뒤에 메신저의 마음이라는 피아노 건반을 무엇이 어떤 의미로 터치했는지에 대한 것이다. 언제나 들려진 사운드보다 들려지지 않은 영역이 더 많으며, 특히 감정의 특정 우주인 블랙홀에서는 더욱 그러하다는 것을 이미 진술하였다.

일반적으로 말하는 '적극적 경청' 혹은 '능동적 경청'이란 말 대신 '자비로운'을 쓰는 이유는 두 가지이다. 하나는 상대방의 거친 말이나 행동의 메시지의 내용과 메신저의 태도 뒤에는 선한 의도가 있다는 점에서 '자비로움'을 지닌 인식이 필요하다는 점이다. 그리고 두 번째 그러한 인식을 위해서는 먼저 청자 자신이 자신에 대한 자비로운 공간을 마음속에 품고 있어야 한다. 이는 상대에 대한 판단보류와 자신의 중심과 자기 존재는 말과 행위로 상처받을 수 없음에 대한 자기-인식과 자기-존중이 요구된다는 점에서 자비로움은 청자 자신의 몫이지 상대방에 의해 결정되지 않는다. 사실 자비롭지 않으면 들려지지 않기도 한다. 이런 점에서 상대의 거친 말과 행동은 나의 자비로움의 숙달할 좋은 기회이기도 하다.

세 번째 요소는 '열린 질문'의 사용이다. 서클에서 말하는 열린 질문은 말해지는 것의 '깊이'로 들어가 그 마음을 열게 하는 것을 말한다. 질문은 대화에 방향, 에너지, 몰입, 감정의 정도, 그리고 말할 내용의 경계와 규모까지 미리 설정한다. 서클이 맨 먼저 듣기에 의식과 에너지의 초점이 있다고 한다면,

열린 질문은 그러한 경청을 질적으로 강화하고, 명료화하여 이해와 연결을 돕는다. 그리고 판단 대신에 성찰과 탐구를 통해 진실과 의미가 출현하도록 하게 한다. 이 주제는 앞서서 출판된 책에서 언급한 적이 있으므로 두 가지만 추가로 다루고자 한다.

하나는 인간의 의식과 행동 변화를 촉진하는 열린 질문으로서 흔히 '건설적인 질문' 혹은 '회복적인 질문'이라 불리는 것이다. 인간의 경험은 생각, 느낌, 행위로 드러나며, 특정 행동에 대해 그 행동 변화를 추구하고자 할 때 열린 질문을 각각에 던져서 강제나 비난이 아닌 성찰의 힘으로 자기 행동을 변화시키는 것이다. 예를 들어, 어느 학생의 지각이라는 바람직하지 않은 행동에 대한 변화를 원한다면, 생각, 느낌, 행위에 대해 각각 열린 질문을 통해 스스로 성찰하도록 돕는다.

생각: "네가 지각했다는 것을 알아차렸을 때, 어떤 생각이 올라왔어?"

느낌: "네가 오면서 지각했다는 생각이 들었을 때 어떤 느낌이었어?"

행동: "지각했다는 것이 누구에게 어떤 영향을 미쳤다고 생각하니? 너 자신에게는?" "이를 돕기 위해 어떤 행동이 필요하니? 너의 행동은 어떻게 할 것이니? 그리고 친구의 도움이나 지원이 필요하다면 무엇이니??"

혹은 건설적인 질문으로써, 상황에 대한 생각, 느낌, 행동 등에 대해 "무엇이 소중했던 것이니?"라고 물어서 의미나 가치의 영역을 탐색하게 한다. "그것과 관련하여 무엇이 너를 기쁘게 하니? 어째서 그러니?" "그것과 관련하여 너에게는 무엇이 소중하니?" "너의 소중한 의미나 가치와 관련하여 무엇을 하고 싶으니?" 등이다. 그렇게 하여 생각으로부터 진정함을, 느낌으로부터 자기 의도와의 조화아름다움의 기쁨이나 부조화에 대한 유감을, 그리고 행동으로부터 선함을 추출하여 진선미의 통합적인 감각을 갖게 한다.

다른 하나는 열린 질문의 타이밍과 관련된 것이다. 탐구할 이슈나 주제, 상황에 대해 보통 열린 질문은 다음과 같은 변형들을 갖고 다가간다. 먼저, 탐구할 주제의 호기심 어린 에너지로 탐구를 개시하는 시작으로서의 '여는 질문' opening inquiry의 기능을 한다. 또한, 이야기가 들려지는 과정에서 더 그 주제를 심화시키거나 확장시키는 '심화 질문deep inquiry'의 기능이 있다. 그리고 논의된 것을 명료화하거나 통찰과 지혜를 확인하는 '명료화 질문identifying inquiry'의 기능을 할 수 있다. 마지막으로 대화의 결과로 오는 삶의 적용과 배움에 대한 축하하기의 '맥락화 질문contextualizing inquiry' 등으로 열린 질문은 변형될 수 있다. 이러한 질문들은 대화의 흐름과 시간 속에서 일어나는 변형된 열린 질문 유형들이다.

네 번째 요소는 '과정의 신뢰'이다. 모호함과 복잡함 속에서 탐구 주제에 대한 과정의 단계를 마련하고 이를 충실히 따름을 통해 지성이 발생하고, 의미의 흐름이 생긴다는 것이 그 핵심이다. 이는 이미 처음의 대화 과정에서 설명한 부분이자 앞서 출판한 책에서 다룬 주제이기도 하다.[31] 공유된 의미나 목표에 대한 창조적 생성은 '과정'의 형성과 그 흐름에 대한 신뢰를 통해 발생한다. 과정이라 함은 압력밥솥에서 요리를 할 때, 서클 요소들을 재료로 넣고 나서 온도를 높이고 시간을 들여서 숙성의 시간을 갖는 것을 말하며, 또한 이에 덧붙여 어떤 재료가 먼저 들어가고 어떤 재료는 나중에 넣는지에 대해 순

31) 상게서, "9장. 과정이 지성을 일으킨다" 참조.

서와 절차를 적절히 갖는 것도 포함한다.

　과정의 신뢰에 관하여 이 장의 서두에서 말한 치유바퀴의 "비전-관계-지식-행동"에 대해 다음의 도표를 통해 간단히 설명하고자 한다. 이 도표는 서클의 인식론적 과정을 필자의 경험과 사색을 통해 다시 재해석한 것이다. 이 책 대화 부분에서 설명한 대로 윌리엄 아이작스는 대화의 4국면인 예의-분열-의문-몰입의 단계로 설정했지만, 서클대화는 좀더 서클의 대화과정을 충실히 살펴보자면 다음 도표와 같다. 그것은 환대-연결-성찰-행동으로 진행되어 나간다.

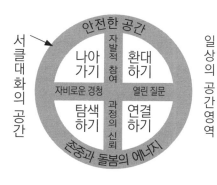

도표에서 보듯이 서클의 처음 시작은 환대(환영)이다. 환대는 먼저 서클을 여는 선한 의도와의 연결을 통한 준비와 이에 응답하여 오는 참여자들에 대한 따스한 영접과 관련된다. 서클대화의 시작 몇 분이 어떠한가에 따라 나머지 시간에 대한 기대나 참여 자세가 크게 결정되므로 환대는 매우 중요한 여는 문임을 다시 상기했으면 한다. 환대를 통해 참여자들이 일상에서 메고 올 '감정적인 짐(배낭)'들이 빠르게 내려 놓여서 서클에 몰입할 수 있게 된다. 그 보이지 않는 감정적인 짐 배낭은 사람마다 내려놓는 시기가 다르지만, 그 짐이 내려놓을 기회를 주지 않으면 그 짐을 어깨에 지고 있는 자는 가끔 서클에서 짐의 무게에 대한 인식으로 돌아가서 서클의 흐름을 놓치게 된다. 그러한 짐을 내려놓고 서클에 들어오기 위해서 진행자는 따스한 환영, 감사, 선한 의도를 담은 서클의 취지 등을 간단히 긍정적인 느낌을 담아 표현함으로써 참여자들이 서클에 주목하도록 하게 한다.

환대에서 서클진행자가 염두에 둘 것 하나는 선한 의도에 대한 충실성은 때때로 진행자의 능력을 떠나서 서클 공간에서 마치 자신보다 더 큰 '영적 안내자혹은 친절한 영'가 전체를 맞이하고 있다는 감각에 자신을 맡기는 것이다. 주제가 어렵고, 참여자가 까다로운 다수들이 앉아 있을 때, 이 서클에는 보이지 않은 영적인 동료진행자가 혹은 과정이라는 영이 함께 진행하고 있다는 것에 대해 신뢰를 하는 것이다. 이는 실제로 그러한지 아닌지는 둘째로 치고, 실용적으로도 효과가 종종 나타난다. 최소한 자신이 고립된 한 개인으로서 모든 것을 책임져야 하는 안내자가 아니라, 무언가 돌보는 영적 동료가 과정에서 함께 한다는 의식만으로도 도움이 된다. 그렇게 서클에는 자신이 이해 못하지만 풍성한 그 무언가의 지혜가 작동됨을 신뢰하는 것도 환대에서 진행자가 가져야 할 덕목이다.

환대를 통한 두 번째 서클의 진행의 단계는 '연결하기' 부분이다. 서클대화에서는 모이자마자 시간의 효율적 사용을 위해 단도직입적으로 탐구할 이슈나 주제 혹은 상황에 들어가지 않는다. 일이나 주제에 대한 행동의 분별하기 이전에 각 사람의 목소리와 참석함이라는 현존을 느끼는 시간을 갖는 것이다. 이 연결하기는 필자가 때때로 '진주목걸이 꿰기'라고 비유하는 것으로 각 존재라는 진주 알을 연결하기를 통해 하나의 진주목걸이가 되도록 하는 것을 의미한다. "내가 여기 있어요Here I am"라는 자신의 현존을 상징하는 목소리를 서클 가운데에 말하고 이를 모음으로써 자신, 타자 그리고 서클 전체를 의식하는 관계적인 존재로 앉아있음을 의식하게 된다.

그러한 연결하기는 자기소개, 지금의 감정, 모임에 대한 기대, 혹은 모임 주제에 대한 진행자의 한 열린 질문에 대한 간단히 말하기와 심장으로부터 모두가 함께 경청하는 분위기에서 이루어진다. 연결하기는 적절한 그리고 호기심 어린 에너지가 일어나는 질문 하나에 의해 돌아가며 말하기를 통해 통상 진행된다. 대부분은 말하기 상징물토킹피스로 진행되기도 하고, 말하는 것은 자발적 선택이며, 패스하는 경우 나중에 재차 기회를 줄 수 있다. 물론 말하기 상징물 말고 상징적인 연결하기 몸동작을 통해 이루어지기도 한다. 그리고 연결하기에는 서로를 안전하게 연결해줄 '우리들의 약속ground rules'이 참가자들로부터 제시되어 동의를 받거나 아니면 시간이 없는 경우 진행자가 제안하고 그에 대한 동의를 받는 경우가 포함된다.

세 번째 흐름의 단계는 '탐구하기'이다. 이는 배우고자 하는 주제, 다루고자 하는 이슈 혹은 해결해야 할 과제나 상황을 참여자들의 지혜와 힘으로 탐색하는 과정을 말한다. 이 단계에서 중요한 것은 '서클은 직선이 아니라 우회하며 간다'는 진행원리에 대한 이해이다. 데이비드 봄이 인간의 심리나 관계에서 일어나는 것들은 '문제'가 아니라 '역설'의 구조 속에 있다는 말은 서클의 탐색하기에서는 중요한 암시이기도 하다. 왜냐하면, 대부분은 문제의 해결이라는 목표를 향해 빠르게 정답 맞히기 경주를 시간 없다는 이유로 하기 때문이다. 그래서 일정 부분 도움을 받지만 어려운 상황에서는 분열과 상처라는 비극적인 결과나 후유증을 오래 겪는다. 역설은 목표지향적인 해결책이라는 직선도로를 가지 않고 우회하면서 숙고하는 것이다. 그렇게 함으로써 역설이 지닌 에너지가 충전되고, 충전된 에너지가 민감하고 연약한 부분을 돌보게 되면서 방향감각과 의미의 지평을 열어준다.

탐구하기에서 우회라는 말은 질문을 통해 돌아가기rounding를 한다는 뜻이다. 다루고자 하는 이슈의 정황과 도전의 현실 이해와 그로부터의 영향, 각자의 필요나 의미영역의 명료화, 그리고 공동의 의미 실현을 위한 방향모색에 대한 각각 열린 질문을 통해 돌아가며 말하거나 팝콘 스타일열정이나 지혜가 있는 사람이 먼저 말하기의 방법으로 이슈를 우회하며 다룬다.

탐구하기는 대화에서 새로운 잠재적 가능성을 방해하는 기억에 대한 우상숭배, 추상적 관념, 분열된 사고로부터의 자기-확신, 그리고 침해라는 폭력의 장애물들을 제거하기 등을 기억하며 진행한다. 그 장애물의 제거를 위해 펼치기, 참여, 살아있는 것에 대한 인식, 그리고 일관성 등의 대화의 4 놀이자를 기억한다. 그래서 참여자가 어떤 놀이자의 모자를 쓰고 역할을 하는지를 주시하며 판단 없이 경청과 열린 질문을 통해 과정들 속에 녹아있는 의미의 지하수를 퍼 올려 전체가 이를 보게 한다.

탐구하기에서 진행자는 과정은 목적이고 과정에 목적이 있다는 것을 항상 유념할 필요가 있다. 목적지보다 과정에서 샘솟는 지하수의미의 출현과 그 시냇물의 흐름의미의 흐름을 확인하는 것이 탐구하기에서 계속 점검해야 포인트이다. 이것이 바로 공동 의미의 출현이라는 명료화와 동의과정이다. 탐구하기가 의미의 명료화와 공동의 의미에 대한 동의 과정통상, 이를 '컨센서스', 곧 마음의 일치를 통한 의사결정이라 부른다에 도달하면 탐구하기는 자신의 과정을 종료한다.

마지막 과정은 '나아가기'이다. 이 최종과정은 공유된 의미와 의미의 명료화를 통해 어떻게 어디로 향할 것인지에 대한 행동기획에 해당한다. 탐구하기에서 공동의 의미라는 물이 저수지에 담겼다면, 이제는 그 저수지 물을 통해 어디로 물을 지원하여 지원과 돌봄을 어떻게 할 것인지를 계획하는 것이다. 탐구하기가 보통의 의사결정보다 느린 속도로 결정된다 할지라도 나아가기는 매우 급진적인 전환과 에너지를 가져온다. 그 까닭은 공유된 의미나 목적이라는 저수지 물이 풍성하고 모두가 이를 인식하고 있기에 대부분이 자발적이고, 그 공유의미나 공유목적을 실현하고자 하는 열정이 충분히 일어나기 때문이다. 그러므로 이 과정은 매우 쉽게 진행되거나, 결정에 대한 이해와 존중의 분위기에서 협력하는 분위기가 조성된다. 그뿐만 아니라 이는 매우 강력한 과제실행팀Task Force Team을 구축하게 되며, 그 결속력은 신뢰와 협력의 속도 안에서 매우 장기적이게 된다.

　나아가기에서는 개인인 '나'나 '너'가 아니라 '우리'라는 팀스피릿이 결속의 지혜와 힘으로 작용한다. 그렇게 되어 전체 속에서 관계적인 존재로서의 나를 이해하게 되거나, 아이작스가 말하는 '전체의 옹호자'로서 개별적인 책임을 이행하기도 한다. 이 지점에서 서클진행자는 의사결정과 공동의 의미나 목적의 발견에 대한 축하와 감사 그리고 자발적인 자기-책임으로 가져가는 일의 분담과 수용에 대한 고마움, 그리고 남은 과제의 확인과 참여자들의 모임에 대한 자기 느낌 표현들로 서클대화 모임은 마무리된다. 이러한 서클 요소들과 과정들을 통해 서클은 거칠고 힘든 것으로 시작하지만 아름답고 선한 것으로 나아갈 수 있게 되는 것이다.

5장. 서클에서 그림자 다루기

서클대화는 그 자체의 원이 지닌 형태와 가치로 인해 서클에 익숙해질수록 서클이 주는 의식과 삶의 방향 그리고 삶을 대하는 긍정적인 에너지에 대해 서클진행자는 점차 익숙하게 된다. 온전한 자아와 온전한 삶에 대한 감각이 일어나는 것이다. 여기서 '온전함wholeness'이란 완전함이라는 이상적인 차원에 대한 도달이라기보다는 실제적이면서도 자신의 약점이나 결함이라는 취약성에 대해서도 받아들여지는 것을 말한다. 긍정적인 재능과 수완만큼이나 부족하다 여겨지는 약한 부분들이 역설을 통해 통합되어 간다. 물론, 이러한 과정은 시간이 걸리며 자각을 통해 그러한 유연성이 형성된다.

문제는 서클에서 그러한 온전한 자아와 온전한 삶에로의 여정은 직선적이지 않고 우회적이며, 또한 실족과 고양된 느낌, 나아감과 뒤로 물러남이라는 과정이라는 점이다. 서클이 에너지를 담고 있다는 말은 파장이라는 골과 마루 그리고 간섭 파동과 결이 생겨난다는 뜻이다. 이를 확대해서 이해하면 서클 진행에서는 따스하고 만족스러운 대화라는 빛의 경험만 있는 것이 아니라 그림자shadow의 경험도 통과해야 한다는 의미를 담고 있다.

구스타프 융으로부터 켄 윌버에 이르기까지 인간 의식의 일면인 "그림자"는 인격의 통합과 자기실현에 있어서 매우 중요한 영역이다. 융은 모든 자아페르소나는 그림자자아에 내재한 어두운 마음를 지니며, 부지불식간에 세계에 적응하고 대응할 때 그림자가 무의식적으로 작용하고, 종종 타자에게 투사한다고 한다. 그는 그림자와 페르소나는 자아의 양극성이며 이 대극의 통합이 자아의 성장에 중요하다는 인식을 하고 있었다.[32] 켄 윌버는 그의 통합적 비전에서 자유와 충만한 삶을 위해서 전통적인 심리학이 다루었던 핵심모듈인 몸, 정신, 영에 대해 그림자를 추가한다. 그는 의식의 발달은 아래를 포함하고 통합하며 위로 상승하면서 발달하는 것이기 때문에 그림자 모듈에 대해 먼저 작업하는 것이 가장 중요하다고 한다. 왜냐하면, 그림자와 관련된 작업을 하지 않으면 자신의 무의식적인 동기에 의해 다른 모든 모듈이 방해를 받고 파괴될 수도 있다고 점에서 그렇다.[33]

'그림자'라는 심리학적 용어를 서클로 가져왔을 때, 서클진행자가 겪는 그림자의 유비는 크게 두 가지 상황과 연관된다.[34] 그 하나는 서클의 공간에서 대화 과정에서 일어나는 그림자들이고, 다른 하나는 참가자가 가져오는 내면의 그림자들이다. 먼저 그림자에 대해 이해해야 하는 것은 그 그림자의 상황이 어떠하든 갈등작업에서 진술한 '덫 올무'라는 용어와 다르게 이 그림자는 현실이며, 또한 긍정적인 면에서 통합, 즉 서클 과정에서 드러내서 다루고 그 안에 있는 에너지를 전체 에너지에 합류시켜서 함께 앞으로 나갈 수 있는 부분들이라는 점이다. 덫과 올무는 사전에 빠지지 않도록 진행자가 대비해야 할 영역이지만, 그림자는 있으나 숨겨진 부분이어서 이는 진행자가 드러내고 전체가 주목하고 다루어서, 그 그림자가 생긴 빛의 방향으로 전환해야 할 필

---

32) 머리 스타인, 『융의 영혼의 지도』 "5장 타자와의 드러내고 감추는 관계(페르소나와 그림자)" 참조.

33) 켄 윌버 저, 정창영 역, 『켄 윌버의 통합비전』(2009, 물병자리) 168,189-192쪽. 이 장에서는 그림자에 대한 심리학적 사용에 대한 깊은 이해를 위한 것이라기보다는 서클에서 그림자라는 용어가 서클 진행에서 일어나는 무의식적이고 어려운 현실을 상징적으로 그리고 언어로 잘 표현하기 때문에 그 용어를 차용한다.

34) 서클에서의 그림자 작업에 대해서는 다음을 참조하면 더 상세한 이해를 할 수 있다. 크리스티나 볼드윈, 앤 리니아 지음, 봉현철 옮김, 『서클의 힘-창조적 변화를 이루어내는 협력적 대화법』(2017, 초록비책공방), 220-277쪽.

요가 있는 것이다.[35]

먼저 서클 공간에서 일어나는 그림자들에 대한 부분이다. 먼저 이해하고 확인할 점은 혼란, 갈등, 폭력 등과 같은 사건들이나 상황들은 서클이 다루어야 할 주제임은 맞다. 그러나 그 어떤 특정 주제를 서클에서 다룰 때 대화의 과정 그 자체가 힘들어지거나, 그 핵심의 의미에 다가가지 못하고 겉돌거나, 속에 있는 중요한 것을 말하지 않거나 하는 것은 그림자에 속한다. 구체적으로 필자가 경험한 사례들로 보자면 다음과 같은 예들이다.

1. 한두 참가자들의 발언이 길어지거나 주장을 길게 하고 있고, 다른 참가자들이 그에 대해 집중하는 것을 잃어가고 있거나 참으면서 억지로 듣고 있다.

2. 참가자가 자신이 아는 것을 이야기하거나 주제에 대해 '정보' 혹은 '그것 it'을 말하면서도 자신에 관해서는 이야기하지 않는다.

3. 서클에서 일어난 이슈가 뜨거워지면서 대화가 순서를 잃고 중간에 다른 사람이 뛰어들어 발언하거나, 긴장이 계속 강화되는 방식으로 분위기가 험악해지는 방향으로 돌진하고 있다.

4. 그와는 반대로 모두에게 중요하고 의견이 있을 것 같은 데도 조용히 침묵하며 말을 꺼내지 않는다. 그래서 뭔가 내용 안으로 들어가는 것 같지가 않다.

5. 혼란을 진정시키거나, 혹은 말하지 않고 침묵하는 것이 길어져서 진행자

---

35) 서클대화에서는 어느 정도 숙달된 진행자가 있는 경우에는 일반적으로 일상에서 보는 논쟁이나 싸움의 경우처럼 언어나 행동으로 '폭탄'을 던지는 행위는 좀처럼 일어나지 않는다. 폭탄 터뜨리기보다는 대화의 과정에서 예기치 않던 '지뢰'를 밟아 터지는 경우가 발생하는 것은 일어난다. 지뢰에 대한 예측이 어느 정도는 가능한데 서클진행자는 바로 그림자 다루기를 통해 이를 사전에 예측하거나 지뢰가 터지는 경우 이를 손상을 입히지 않고 그 에너지를 다룰 필요가 있다.

가 설명이나 제안 등으로 말을 많이 하거나 강제로 호명을 해서 말하도록 하게 함으로써 분위기가 진행자 중심으로 옮아가고 있다. 특히 참여자들이 집중하지 않고 옆 사람과 대화나 장난 등 혼란을 일으킨다 할 때 강하게 전체 흐름을 통제하며 진행하려는 경향을 보인다.

6. 서클대화가 어느 정도 주제에 대해 이해가 공유되었다고 생각되었는데, 의사결정 과정에서는 누군가가 부당함이나 불공평함에 대한 강한 감정을 쏟아내서 전체가 긴장하면서 좋았던 분위기가 깨져 버린다.

두 번째 그림자 요소는 서클 공간에 들어온 참여자들 속에 있는 그림자들이다. 전자가 서클대화의 과정 자체 속에서 발생하는 그림자들이었다면, 이는 참여자들이 각자 서클에 갖고 들어오는 선입견, 성향, 기대 혹은 예측 등으로 인해 일어나는 그림자들이다. 예를 들면 다음과 같은 사례이다.

7. 논의에 대해 형식적인 참가를 하고 있고, 실질적인 자기 이야기를 꺼내 놓는 것을 주저하고 있는 느낌이 든다. 모두가 자기 이야기를 하고 있고 그 패턴에 대한 분위기가 모여 대화가 흐르고 있는데, 누군가는 서클 밖의 관찰자처럼 혹은 유체이탈의 존재처럼 몸은 있는 데 그의 감정이나 자기 생각이 들려지지 않는다.

8. 던져진 열린 질문이나 지금 흘러가고 있는 내용의 흐름과는 상관없이 자기 이야기를 하거나, 상대의 말에 꼬리를 무는 이야기를 한다. 즉, 흐르는 내용을 듣고 있지 않으며, 자기방어나 상대 비난의 에너지에 머물러 있다.

9. 특히 직장 상사 등의 지위나 직책 등으로 인해 눈치를 보며 안전한 발언과 자기 처세의 자세로 응답하면서, 실질적인 기여나 모험이 있는 중요

한 의견은 내놓지 않는다.

10. 일이나 관계에서 갈등이나 불편해하는 당사자가 이미 서클 안에 함께 있다. 이들이 서클 회의에서 함께 앉을 때 묘한 긴장이나 서로를 의식하며 핑퐁게임처럼 대화한다. 서클대화가 공격과 방어가 있는 분위기로 가고 있는 것이 관찰된다.

위와 같은 사례들은 대화 흐름을 굴절시키며 서클의 에너지를 어둡게 만들어 서로를 향한 연결과 지지가 사라지게 된다. 그 결과로 진행자는 이번 서클 진행은 망치거나 힘들었다는 생각이 올라온다. 아무리 능숙한 서클진행자라 할지라도 때때로 서클 안에서 일어나는 그림자를 예방하고 피하기는 어렵다. 오히려 그림자를 다루는 핵심은 이를 직면했을 때, 어떻게 그 그림자를 통과하는가이다. 서클대화를 이상적으로 우리는 경험한 문화 속에서 그 상속자로 있는 것이 아니라 서클이 펼치는 가능성인 온전한 자유와 풍성함에로의 여정을 갖는 것이어서 과정에서 일어나는 일에 대해 최선의 대처를 하는 것이 그림자에 대한 태도이다. 따라서 최선의 대처를 통해 그 그림자 안에서 드러나서 다시 빛이 되어줄 숨겨진 진실을 배우고자 마음을 다할 뿐이다.

서클의 생명은 진정성에 있고 서로에 대한 신뢰에 의존한다. 그런데 참여자 중에 누군가가 자신의 진정성을 드러내지 않고 숨기는 것이 있거나 형식적인 말로 자신을 드러내지 않는다면 이는 전체에 금방 영향을 미친다. 서클에서 온전한 참여자가 되는 것을 요청하는 이유는 바로 그러한 이유 때문이다. 사건에 대한 논리적인 이해를 넘어서 자신의 두려움, 열망, 꿈, 아쉬움 그리고 내면의 소중한 것을 보여주고 이에 대한 목소리를 내는 것은 연결과 함께 있음을 위해 매우 중요한 측면이다. 어떻게 하면 진실할 수 있을까? 어떻게 하면 약점이나 취약점을 드러낼 수 있는가? 이는 진행자가 참여자들과 함께 늘 염두에 두고 생각해야 할 도전이다.

필자는 배우자, 가족 혹은 가까운 친구에게도 말하지 못한 이야기를 서클모임에서 자신을 드러내어 전체 참가자들이 그 이야기에 공명하면서 서로 깊이 연결되는 장면들을 많이 목격하였다. 심지어 한 예는 아버지로부터 성폭력을 당한 여성이 수십 년간 숨겨둔 자신의 비밀을 털어놓음으로써 깊은 연결과 치유로의 변화가 자신에게 찾아오고, 그로 인해 다른 참가자들은 더욱 서클모임에 대한 몰입과 선물 받은 느낌의 고마움을 표현하는 것도 목격할 정도였다.

그러한 빛의 경험에도 불구하고, 다른 형태로 그림자가 전체 서클이나 개인에게 드리울 때, 가장 큰 요소 중의 하나는 결국 '안전한 공간'에 대한 신뢰의 여부를 서클에서 다루어야 할 필요가 있다. 두려움이나 불안이 암묵적으로 존재하면 이는 아직 충분한 신뢰의 형성이 안 되고 있다는 간접증거이기도 하다. 그래서 참여자 중에 누군가 염려나 주저함을 보인다. 서클은 자신의 진정한 자아가 초대되는 곳이기 때문에 서클진행자는 서클의 작동원리와 요소들에 대한 기본적인 것들을 다시 체크할 필요가 있다. 이것들은 다음과 같다.

1. 서클에서 '우리들의 약속동의'를 다시 검토한다. 필요한 요소들은 참여자들의 제안을 받아 추가로 포함한다. 이는 초기에는 일정 기간 모임 때마다 점검하거나, 어떤 혼란이나 그림자의 상황이 발생했을 때, 그에 대한 성찰로 우리들의 약속으로 연결하여 충분히 안전한 공간이 되기 위한 제안으로 가져간다.

2. 서클의 요소인 환대와 축하, 존중과 돌봄의 에너지, 토킹스틱의 사용, 서클 중심에 말하기, 머리에 저장한 내용보다 가슴에서 올라오는 것을 말

하기 등에 대해 수시로 자각하며 진행 속에 언어, 몸짓, 억양과 어조 속에 담는다.

3. 서클진행자가 필요한 경우 먼저 자신의 취약성이나 약점 등에 대해 자기표현을 함으로써, 서클에 있는 무거움이나 긴장을 전환한다. 그리고 그와 비슷한 다른 사례가 있는지 초대한다. 그럴 때 누군가를 지명하지 않고 서클 가운데로 질문을 던져서 기다린다.

4. 어느 특정한 한 두 사람이 힘을 사용하는 것을 부드럽게 전환시킨다. 이는 그의 말의 의미를 경청하여 반영하되, 다른 사람의 경우는 어떤지를 물어서 다른 사람의 순서로 넘어가도록 한다.

5. 특히 진행자에게 묻거나 할 때 그것을 진행자가 답하기보다 참여자들이 응답하도록 받은 질문을 참여자에게 돌려준다. 그렇게 해서 힘을 진행자가 행사하고 자신이 중심이 되는 것을 피한다.

6. 진행자가 서클 모임의 주제에 대해 그리고 진행 이외에 많은 설명을 혼자 독차지하지 않는다. 그리고 참가자 중에 주의력이 분산되거나 옆 사람과 이야기를 하고 있어서 개입하고 싶을 때, 가능한 전체의 흐름에 집중하고 그 즉시 훈계나 제지를 해서 무안을 주지 않도록 한다. 개입할 상황에 한 번 더 고려하고, 같은 패턴이 지속하면 부드럽게 개입하되, 진행자의 선한 의도가 전달되도록 나-진술어I-message로 말한다.

7. 응답이 없을 때 초조해하지 않는다. 참여자들이 침묵을 보이는 것은 그 나름대로 속으로 생각을 하면서 적절한 시기를 기다리고 있는 것이다. 침묵을 메꾸려고 진행자가 이야기를 이끌어 나가기보다는 침묵을 적절히 사용하고 기다린다. 한 번 더 초대하고 그렇지 않으면 진행자가 자기 경험을 이야기할 수 있다.

8. 서클대화가 혼란이 있을 때 어디까지 우리가 와 있고, 어떤 것이 소중한

것으로 드러나고 있는지를 중간에 요약해서 전체에 알려준다. 지금 어느 것에 논의하고 있는지 어느 방향으로 가고 있는지를 때때로 알려서 방향감각을 갖도록 한다.

9. 비난이나 강한 감정의 표현 혹은 자신을 드러내지 않는 정보에 대한 분석과 논리적 설명 등에 대해서는 진행자는 필요하고 적절한 순간이라면 그 의미나 의도를 읽어서 거울 비추기로 반영해주거나 아니면 그 표현 뒤의 의도나 의미를 드러내기 위해 명료화하는 질문을 할 수 있다.

10. 누군가 말하기 어려운 자신의 약점이나 취약성이 말해질 때 진행자는 그에 대한 부담스럽지 않은 감사나 전체 참여자들의 존중 어린 경청에 고마움을 표현한다. 그러나 이는 목격자로서 하는 것이지 진행자로서 힘을 행사하는 태도로써 하는 것은 아니다.

필자가 서클의 그림자와 관련하여 가장 곤혹스럽게 직면했던 사안을 통해 주제에 좀더 다가가려 한다. 단체의 운영을 서클 프로세스 방식으로 처리해 오면서 가장 힘든 사안은 실무자들 중에 누군가와 더 이상 단체 안에서 활동을 할 수 없게 되었을 때나 일하는 방식에 있어서 여러 상황에서의 부딪침으로 인해 잠재적인 갈등이 표면에 올라왔을 때이다. 후자의 경우는 임시로 해결은 그때그때 했고 평상시에는 '괜찮은' 듯한 표정들이었으나 그 어떤 계기로 인해 이것이 다시 분출되면서 과거의 상황들이 다시 송환되고 기억되어 괜찮지 않은 사건으로 단체 분위기에 큰 영향을 주는 경우이다.

이러한 사례는 조심스럽게 드러내어 다룰 필요가 있고 비록 부담스러운 논의 주제이나 어떻게 안전하게 다룰 수 있는지에 대한 원칙적인 합의 과정을 도출하고, 이에 대한 필요성과 자신에게 주는 영향들을 계속해서 진행 과정을 설정하고 6개월 이상 다루었다.[36] 그 결과 근본적인 차이가 명료해져서 탈퇴나 재배치 등으로 가게 되지만, 존중과 돌봄의 에너지는 상실하지 않는 한도 내에서 아쉬움과 고마움을 갖고 헤어지게 되었다. 그림자에 대한 최선의 선택은 아니었어도 차선책으로 선택할 수 있는 명료화의 과정을 가진 셈이다.

단체 내에서 일어나는 그림자의 경우에는 지속적인 과정을 갖고 이를 전체가 진심을 표현하고, 자신의 진정성이 무엇인지 들리도록 서클대화를 갖는다면, 다른 사례는 장례식에서의 경험이다. 친척중에서 시어미가 영면하셨는데 며느리 중의 한 사람이 여러 이유로 결혼 후 오랜 기간 틀어져서 서로 보기가 껄끄러운 상황이었다. 장례식에 모두가 참석하고 여러 아쉬움과 섭섭함이 회한처럼 몰려오는 상황에서 사위 중의 한 사람인 필자는 고인에 대한 모두의 진정한 송별과 어색한 분위기 없는 소중한 장례의식의 진행과 참여 그리고 서로에 대한 남은 자로서의 연결을 어떻게 할 것인지가 중요해졌다. 가족 구성원들이 지닌 그림자를 다룰 갑작스러운 상황이 생긴 것이었다. 고인의 소속 교파의 신앙공동체가 의식을 진행하기에, 가족으로서 함께 영정 앞에서 돌아가며 고인을 기억하는 돌아가며 한마디씩 하는 시간을 갖고, 묘소에서 하관 후에도 각자의 기원과 블레싱에 대한 의식을 돌아가며 할 기회를 가졌다. 이런 경우에는 가족 구성원의 관계 속에 있는 서로에 대한 불편함의 그림자를 다룰 때 서클의 직접적이고 충분한 진행방식은 아니지만 서클대화의 정신에 따라 참여, 돌아가며 말하기, 주제에 대한 가슴에서 나오는 자기 이야기하기 등으로 고인에 대한 진정한 애도와 서로 간의 위로와 연결을 경험한 사례이다.

서로에게 있는 분리의 고통이 괜찮은 표정으로 익숙해진 채 지내왔던 지

---

36) 물론 여기에는 서클 프로세스의 여러 모임과 회복적 서클의 방식이 적절히 사용된다.

난 오랜 나날을 서클대화를 통해 그림자를 다루거나, 서클대화에서 기대하지 않았던 그림자의 출현은 진정한 상태로의 변화를 가져올 수 있는 중요한 시점이다. 자신의 상태를 감추지 않고 자신을 노출할 기회를 서클진행자는 주고, 이를 안전하게 다룸으로써 우리 각자가 일관되게 진정성 있고 참되게 살아갈 수 있게 해 준다. 그렇게 함으로써 불안한 현재나 고통스런 과거가 목격되고 다시 치유되며, 이를 통해 서클의 힘과 그 지혜에 의존할 기회를 더 얻게 된다. 취약성이 그리고 고통의 표현이 자기 발견과 사랑하는 공동체의 회복에 도움을 주는 것을 경험했기 때문이다. 이렇게 해서 우리는 진정성과 자비가 어떻게 그 힘을 발휘하는지를 이해하게 되면서 두려움에서 벗어날 용기와 자신을 넘어선 전체 세상과 실재에 대한 신뢰를 배우게 된다.

5부…회복적 서클 톺아보기 및 그 변형적 적용

회복적 서클은 그 진행이 단순하고 소박하면서 강력하다. 그러나 일반적인 서클 진행방식과는 사뭇 다른 자신의 독특성이 존재한다. 회복적 서클을 서클대화의 관점에서 풀어내는 이 책의 의도 중 하나는 서클의 본성과 그 보편적 작동의 원리 전체의 지평에서 보도록 안내함과 동시에, 회복적 서클이 지닌 잠재적 가능성을 끝까지 가보면 무엇이 가능한지를 상상해보는 것이다. 특히 진행은 진행 교안 앞뒤로 두 페이지 한 장짜리로 족한 데, 여기에는 소박하면서도 간단히 넘기기엔 아까운 들여다볼 것이 보석처럼 존재하기 때문이다. 그리고 회복적 서클은 공공영역에 있어서 다른 서클 모델보다 가장 **빠르게** 적용하고 자신의 효능을 보여주고 있고 또한 진행자가 가장 많은 모델이어서 그 흐름의 방향을 잘 세우는 것이 필요하다는 생각이 있기 때문이기도 하다.

회복적 서클의 진행방법은 이미 앞서 나온 책에서 자세히 언급하였으므로 여기서는 다시 들여다봐야 할 핵심들과 지난 경험들이 축적으로 이해된 진행상의 요소들, 그리고 알려지지 않은 영역에서 회복적 서클을 변형한 새로운 적용 방법에 대한 것을 안내하기로 한다.

1장의 〈회복적 서클의 본성 재성찰〉은 도미니크 바터의 워크숍에서 이제야 새롭게 보이는 통찰들을 살핀다. 여기서는 회복적 서클의 핵심으로서 경청, 진행자의 권력 문제, 공동체의 재 확인, 갈등을 꽃피우기 그리고 회복적 시스템 등의 중요성을 다시 음미한다. 또한, 바터의 '회복'에 대한 통찰, 소외된 자들의 경험적 지식의 존중, 정의 시스템과 경제 시스템의 결합 등의 통찰도 다룬다. 한국적 토양에서 어떻게 더 나가고 있는지에 대한 암시도 포함된다.

2장의 〈사전 서클의 재성찰과 변형〉은 그간에 언급이 안 된 사전 서클의 핵심 점검 사항들을 다룬다. 회복적 서클의 진입으로서 사전 서클 혹은 사전 서클의 준비는 매우 중요하기에 그 실천에 대한 접근 방법을 그간의 경험을 기반으로 자세히 다룬다. 그리고 사전 서클의 변형된 적용으로는 개인의 혼란에 대해 어떻게 돌 볼 수 있는지도 그 과정을 개괄한다.

3장의 〈본 서클의 핵심포인트와 변형〉은 진행에 있어 가장 긴장도가 높은 자리여서 두 가지로 나누어 살펴본다. 하나는 본서클 진행 자체에 있어서 유의할 핵심과 또 하나는 아예 이행약속을 따로 구별해서 어떻게 이행약속을 하는 것인지 진술한다. 이는 그동안의 경험을 작동원리에 대한 오랜 고찰을 통해 뽑아낸 것들이다. 이런 원칙적인 가이드가 사례들은 달라도 진행에 도움이 될 것이다. 그리고 변형 적용으로는 화해에 대한 프로세스로서 특히 진행자인 내가 갈등상황에 들어갔을 때 어떻게 대응하는지를 개괄하고 있다.

4장의 〈사후 서클의 핵심포인트 및 변형〉은 가끔 그 중요성을 놓치는 사후 서클의 필요성과 그 위치를 다시 자리매김한다. 갈등을 꽃 피운다고 할 때 결정적으로 작동하는 단계가 바로 사후 서클에 있기 때문이다. 감사와 축하에 정성 드리기가 핵심이며 그 이유를 설명한다. 그리고 사후 서클은 모든 일과 기획의 피드백에 도움이 되기에 그 변형 적용을 일반 피드백에 어떻게 하는지를 안내한다.

5장의 〈회복적 시스템을 중심화하기〉는 바터로부터 그동안 놓쳤던 가장 강력한 통찰을 여기에서 나눈다. 그것은 지원 시스템에 대한 것이다. 외부 환경의 몰이해에 대한 실천 공간의 유지를 위해서 그리고 실천가의 실수와 잘못을 서로 돌보는 지원 자원과 그 메커니즘을 만드는 것에 대한 비전이다. 그리고 한국적 토양에서 어떻게 바터와는 다른 관점에서 실천해 왔는지를 예시로 보여준다. 그것은 회복적 서클과 서클대화의 만남에 대한 것이다.

1장. 회복적 서클의 본성 재성찰

도미니크 바터가 2014년 10월에 한국에 2주간 머무르면서 회복적 서클 심화 워크숍과 기타 회복적 서클 소개를 위한 언론사나 모임에 함께 했을 때 필자가 들은 것을 메모한 내용을 훑어보면서 중요하게 다가온 것들이 있다. 이것들은 그동안 잊고서 간과했던 것들인데 이제 다시 곰곰이 생각하니 놓쳤던 부분들이 다시 새롭게 주목되는 점들이 보인다. 아마도 그간의 현장 경험들이라는 오랜 숙성의 기간이 있어서 보이는 요소들이라 생각이 든다. 회복적 서클 진행에 대해서는 이미 출판한 책인 〈회복적 서클 가이드북〉에 자세히 진술되어 있으므로 여기서는 어느 정도 회복적 서클 실천가로서 수완이 있는 경험을 한 독자들을 염두에 두고 좀더 회복적 서클에 대한 중요한 개념과 확인해야 할 요소들을 언급하고자 한다.

이 책의 여러 곳에서 개인의 '능력'에서 눈을 돌려 '이치^{작동원리}'에 주목하자는 이야기를 종종 했었다. 회복적 서클이 2011년 12월에 한국에 소개된 이후 10년이 되는 이때[1], 갈등과 폭력 사건 다루기를 10건 이상 한 실천가들만 해도 전국에 시민사회와 학교현장에 수백 명이 되기 때문에 능력에 관련해서는 그다지 더 아쉬움이 없이 사건을 요청받으면 피하지 않고 적극적으로 뛰

---

[1] 2021년 4월말 현재 회복적 경찰활동(Restorative Policing)에 함께 하기 위해 경찰청으로부터 위임받은 회복적 서클 활동가는 100명이 조금 넘는다. 그들이 속한 조직이나 단체에도 위임받지 않은 회복적 서클 활동가들이 존재한다. 또한 회복적 서클은 학교영역에서 교사들에게 쏠은 비율이 회복적 서클 훈련 전체 양의 70~80%이기 때문에 학교는 최소 500명 이상의 회복적 서클진행자들이 전국에 분포되어 있다.

어드는 상황으로 전환이 되어가고 있다. 회복적 서클이 배우기도 쉽고 적용하는 데 그다지 무리가 없어서 처음에 약간의 용기와 꾸준한 의지를 지닌 사람에게는 무난히 체득되고 그 결과도 좋기에 어느 정도 적용능력이 검증되면 회복적 서클에 대한 더 이상의 아쉬움을 갖지 않게 되기가 십상이다. 경험을 어느 정도 했으니 이제야 오히려 회복적 서클의 비전과 그 원리에 대해 다시 제대로 숙고할 시기가 되었다는 생각이 필자 생각이므로, 이 장에서는 다시 도미니크 바터가 남긴 주요한 통찰을 되새기면서 앞으로 나가는 데 필요한 몇 가지를 확인하고자 한다.

도미니크 바터는 "회복적 서클은 갈등을 다른 식으로 읽는 것이다."라고 말했다. 이것의 첫 번째 의미는 소통과 관련된다. 갈등은 독백과 독백의 충돌을 통해 점점 더 감정의 고조에 따라 폭력적이게 되는 것이므로 '들리게 하는' 것을 회복적 서클은 역점을 둔다는 뜻이다. 그래서 화자에서 청자의 반응을 확인하고 명료히 들려졌는지 화자에게 확인함으로써 충분히 들려지는 것을 진행자는 돕는다. 들려지기 위해서는 물론 공감의 자세가 필요하기도 하지만 질문을 어떻게 하느냐가 중요함을 염두에 둘 필요가 있다고 한다.

두 번째 의미는 권력과 관련된다. 그는 말한다. "서클은 둥그런 것의 의미가 아니라 우리가 권력을 기꺼이 공유하겠다는 의미이다." 그 뜻은 권력이나 위계질서를 공격하고 저항하는 것이라기보다는 갈등을 창의적으로 대면하기 위해 사람들 간의 차이를 잠정적으로 중단하는 것을 말한다. 그래서 이렇게 설명하였다. "서클은 위계에 대한 반대가 아니다. 위계를 일시로 정지시킨다. 이는 상호이해를 위한 잠정적인 정지이다." 갈등은 구조적으로나 문화적으로 권력과 악연을 맺고 있고, 위협과 소유와 관계 맺고 있어서 억압적이게 되고 폭력적이게 된다는 점에서, 욕구에 기반하여 가장 깊은 차원으로 가면 권력이 지닌 신념, 부, 국적, 피부 색깔 등에 관심을 두지 않고, 그리고 의견보

다 그 욕구에서 진실을 말할 수 있다는 것이다.[2]

세 번째로 회복적 서클의 진행은 회복적 서클 실천가가 아니라 '공동체'라는 점이다. 이는 개인이 진행하는 것이 아니라 공동체가 진행하고, 공동체가 요청하여 그 부름에 당신이 수용하여 진행한 것이어서 대표권은 공동체에 있다는 점이다. 이 점에 대해 그는 두 가지를 언급했는데 하나는 시작할 때 '와 주셔서 감사합니다'라는 말을 안한다고 한다. 왜냐하면, 내가 부른 것이 아니라 그들_{공동체}이 부른 것이기 때문에 그렇다는 것이다. 그리고 또 하나는 진행자의 이상은 그들로부터 "해고당하는 것"이라고 한다. 위임받아서 했지만, 공동체가 주체가 되어 스스로의 능력이 있어서 진행자인 나를 이제는 필요로 하지 않는 것이 이상이라는 것이다.

네 번째는 갈등의 본질에 대한 이해의 차이이다. 회복적 서클은 예방이나 해결이 아니라 "갈등을 꽃피운다"는 점에서 접근한다. 그는 이에 대한 이해를 가장 초기 갈등에 주목을 했던 볼펜을 가져간 것으로 인한 학생 간의 싸움 사건을 예로 든다. 해결로서 다른 볼펜으로 변상함으로 끝나는 문제가 아니라, 행위자actor가 볼펜을 가져가게 된 필요나 그 볼펜을 잃어버린 영향받은 자the received가 각각 어떤 욕구가 있었는지를 들리게 함으로써 의미를 이해하고 관계를 개선하는 근본적인 치유와 회복을 돕는다는 점에서 갈등을 꽃피운다는 뜻이다. 여기서 중요한 통찰은 '잘못'에 대한 주목과 에너지가 아니라 '의미'과 '관계'의 재창출에 대한 것이다.

회복적 서클은 갈등을 대화방식으로 그리고 그 대화에 있어서 권력의 분산을 위해서 '서클'로 진행한다. 그런데 바터가 소개하는 '응보적retributive'이

---

[2] 특히 진행자의 권력에 있어서 대화 지원 이슈가 있다. 흔히 회복적 서클의 번역지원 그리고 의미지원에 대해 참여자가 알아듣지 못해서 진행자인 내가 '도움을 줄게'라는 마음으로가 아니라 들은 것에 대한 차이의 확인에서 한다는 점에서 진행자의 권력사용에 대한 조심성을 갖도록 워크숍의 참가자들을 이해시켰다. 친절을 주는 듯이 보이지만 메시지는 너는 스스로 못하고 도움이 필요한 자라는 인식을 주어서 존엄을 키우지 못한다는 것이다.

란 용어와 '회복적restorative'이란 말의 정의는 매우 흥미로운 통찰을 보여준다. 응보적이란 말의 영어는 원래 왕에게 조공의 1/3tri=tree을 다시re- 바치는 것을 말한다는 점에서 왕에 대한 책임을 백성이 지는 것을 말한다. 이는 세금 부과와 연관된 강제의 용어이다. 그러나 회복적이란 용어는 '넘어진 것을 다시 세운다standing up again'라는 뜻이다. 이는 인간관계에서 그 어떤 조율이나 능력부여를 말한다. 응보가 재산 혹은 물건에 집중해 있다면, 회복은 잃어버린 것, 깨져버린 것의 회복으로서 인간관계의 회복을 말한다. 그럴 때 공동체는 강해진다고 한다.

그러므로 '회복'의 본래 취지는 '왕통치자을 돌보는 것'이 아니라 '사회를 돌보는 정의'를 뜻한다고 한다. 더 나아가 회복은 넘어진 그 위치로 되돌아가는 것이 아니다. 오히려 '정체성의 변화'를 의미한다. 다시 일어나서 새로운 정체성을 받은 것을 뜻한다. 예를 들어 피해자를 예전의 상태로 돌려놓는 것이 아니다. 피해자에서 벗어남을 뜻한다. 이는 넘어진 사건에 대해 그것이 어떤 의미였는지를 숙고함으로 행동으로부터 받은 고통, 자기 연결에 대한 단절의 고통, 그리고 관여된 타인의 고통을 헤아려 "꼬여 있는 마음"에 대해 호기심을 갖고 들여다보면서 함께 있는 사람과 연결되어 있다고 느끼고, 느낌과 의미에 공명하여 끝날 때는 '우리'로 되는 것을 말한다.

이미 회복적 서클을 진행하고 있던 실천가들을 불러모아 심화 과정으로 도미니크 바터를 초대했을 때, 참석자들의 기대와는 달리 진행에 대한 더 새로운 기술보다는 회복적 서클의 본성과 그 갈등작업 영역에서 그 자리매김에 대한 것들에 그는 더 많은 시간을 할애하였다. 몇 가지 중요한 점들을 추가로 요약하자면 다음과 같다.

첫째, 회복적 시스템 구축의 중요성을 여러 차례 언급했다는 사실이다. 이는 회복적 서클을 "내가 어떻게 진행할 것인가?"보다 더욱 중요한 것이 회복적 서클의 실천공간을 "어떻게 세울 것인가?"에 주목할 필요가 있다는 것이다. 이는 회복적 서클 활동가들이 먼저 고려한 점으로서 갈등이 개인의 것이라기보다 공동체의 것이기 때문에 그렇다. 그리고 또한 개인의 능력이 아니라 구조적인 공간이 있어야 지속해서 실천되기 때문이다. 바터는 공간의 중요성에 대해 역설하기를 "우리는 누가 갈등에 관여되어 있는지는 놀라울 정도로 알고 있으나 그것을 표현할 공간을 주는 것"에는 등한시한다고 말한다. 대화가 쉬워지려면 공간space이 있어야 한다는 것이다. 그래서 회복적 시스템에 있어서는 3가지가 필요하다. 첫째는 시스템공간이요, 둘째는 프랙티스실습 그리고 세 번째가 퍼실리테이션진행이다. 그중에 기초는 실천 공간이다.[3]

두 번째는 정의 시스템과 못지않게 고려해야 할 부분이 경제 시스템이라는 점이다. 먼저 정의 시스템과 관련하여, 권력 구조 하에서 회복적 정의 모델로 나온 몇 가지는 권력에서 소외된 하층민들의 '육화된 지식embodied knowledge'으로부터 나왔다는 점을 언급한다. 뉴질랜드의 마오리 족, 캐나다의 토착민 그리고 브라질의 슬럼가흑인노예, 원주민, 유럽의 가난한 이민자들의 혼합된 빈민촌에서 모델들이 탄생한 것에 주목할 필요가 있다고 한다. 바터는 가장 주변화된 사람들이 정의에 대해 무엇을 할지 잘 알고 있다고 하였고, 브라질에서도 권력 중심에서 가장 멀리 있는 이들이 회복적 서클을 어떻게 할지를 잘 알고 있다고 하였다.[4] 그러한 소외층에 능력을 부여하고 돌볼 수 있는 정의 시스

3) 한 예를 들고자 한다. 필자는 여러 대안학교에 회복적 서클을 소개하는 데 많은 노력을 기울였다. 일반 학교처럼 교사가 전출하지 않고 또한 여러 프로젝트로 인해 학생들 간 그리고 학생과 교사 간 관계나 활동이 빈번하여서 회복적 서클이 다른 곳보다 우선해서 필요한 곳이라는 생각에서였다. 대부분 알만한 주요 대안학교들에 이 모델을 전수했으나 교사 개인이 자신의 능력과 선의의 한도에서 진행했지, 시스템에 녹아내지를 못해서 결국은 대부분의 대안학교에서는 회복적 서클 훈련과정은 가졌으나 문화로 정착된 곳은 없어서 개인 교사가 학교를 그만두면 사라지게 되어 정착하지 못하고 있다. 교사들이 문화로 장착하려는 공동의지를 내지 못해서 전수는 있었으나 실천은 곧 사라지는 매우 아쉽고 안타까운 실정이다.
4) 처음 회복적 서클이 지금의 형태를 갖추기 전에 초기 10년 정도는 가장 단순한 질문 3가지를 가지고 무장 청소년 마약갱단들과 슬럼가 현주민들의 경험을 폭력에 대처하기 위해 대화를 나누었다고 한다. 그것은 갈등과 폭력에 대처할 때 무엇이(어떤 방법이) 잘 작동되게 하였는가? 무엇은(어떤 방법은) 잘 작동되지 않았었는가? 그리고 우리가 갈등과 폭력이 없는 이상적인 공

템의 구축이 그 하나이다. 또 하나는 브라질처럼 극빈의 슬럼가에서 가진 것이 없기에 특히 선물경제의 중요성을 실천해 왔다고 한다. 자발적 기여giving 의 정신이 필요하고, 이는 회복적 서클 실천가에게는 체제를 바꾸려면 정의 문제만 아니라 경제문제에도 신경 써야 한다는 것이다.[5] 자발적 기여는 한국에서는 변형되어서 필자의 소속단체를 중심으로 전문가로서의 특권보다는 민중의 지혜로서 적정기술의 성격으로 회복적 서클을 모두가 공유하고 서로 지원하는 문화를 유지하려 노력하고 있다. 이러한 특성으로 인해 다른 중재모델과 달리 회복적 서클은 자발적 기여와 헌신에 의한 '갈등의 폭풍우에 기꺼이 들어가기'라는 가치와 그 문화를 상업성과 전문가의 특권에 가능한 전염되지 않으면서 일반 민중의 지혜와 그들이 속한 공동체의 자산으로 가져가기를 애쓰고 있다.

바터에 대한 언급에 있어서 마지막 부분은 회복적 서클의 한국판 버전에 대한 가능성을 열어둔 것이다. 그가 확실히 말한 것은 "회복적 서클은 정해진 모델이 아니다. 그대로 복제는 아니다."였다. 초기 10년은 유인물 없이 직접 보고 경험하는 것으로 전수되었으나 UN이 그의 모델을 인정하고 훈련과정을 만들어야 해서 진행안을 마련했지만, 그 진행안이 회복적 서클 그 자체라고 하지 않았다. 회복적 시스템은 각 문화와 각 공동체가정, 교도소, 학교에 조금씩 본래 있으며 이를 주변the marginal에서 찾아 중심으로 가져올 필요가 있다

동체를 바라볼 때 무엇이 그려지는가?에 대한 질문이었다. 그는 이를 '씨앗 질문(seed questions)'이라고 하였고 이는 공동체 안에서 종종 일관되게 숙고할 질문이라는 점에서 그 이름을 붙였다.

5) 예를 들어, 그는 오랫동안 워크숍에 등록비를 공지하지 않고 참가자들이 알아서 낸 것을 마지막에 전체 참가자들과 함께 경비와 사례를 정산하면서 서로에게 선물이 되는 방식을 취한다고 한다. 이는 개인의 자발성에 기초한 도제 형태의 훈련을 택한 브라질과는 달리 한국에서는 평화훈련단체의 지속성과 시민사회 실무자의 생존 등의 조직운영에 관심이 있던 필자로서는 실천하지 못한 아쉬운 영역이다. 또한, 먼저 빠르게 전파한 동기가 회복적 서클 전수교육을 받자마자 며칠 후에 대구학생자살사건에 의한 '학교폭력'의 관심도가 갑자기 언론에 장기적으로 지속되면서 재정이 있는 혁신학교 등의 회복적 서클 전수 교육에 대한 문의가 늘어나면서, 문자적으로 실행하지는 못했지만, 자발적 기여의 정신은 가능한 유지 하려 애쓰고 있다.

고 한다. 그는 이렇게 말했다, "우리의 역할은 그것을 찾아서 공동체 중심으로 가져다 놓는 것이다. 그런 것을 발견하는 곳은 공동체에서 가장 소외된 곳이다." 돌봄이 필요한 곳에 이미 있는 회복적 문화의 것에 어떻게 창조적으로 회복적 서클을 한국적으로 접목시킬 것인가에 대한 긍정적인 변형의 가능성은 열어두었지만 실제로 그것이 어떻게 진행될지는 아직 뚜렷이 나타나지 않고 있다.[6]

　도미니크 바터의 한국방문과 그의 회복적 서클에 대한 몇 가지 주요 통찰들을 지금까지 나누었다. 회복적 서클의 핵심은 사람 중심이 아니라 역동적 관계의 흐름에 있다. 이는 공식적인 진행방식이든 아니면 비공식적인 접근방식을 택하든 '공동체의 자기돌봄 프로세스'에 대한 적절한 판단과 일관성 있는 과정에 대한 동의를 공동체와 참가자로부터 동의받아 진행하는 데 회복적 서클의 생명이 있다. 공식적인 과정 이외에도 비공식적인 순간이 존재할 수 있다. 사전 서클이 시작되기 전에 기획과 준비 과정에서 발생하는 회복적인 과정이 있는 것이다.

　당연히 회복적 서클은 '절차'라기 보다는 갈등의 태동과 전개 그리고 그 영향과 충격의 시기에 대한 타이밍의 접점을 찾는다. 비공식적인 회복적 과정은 초기 태동에는 사건을 알고 서로의 욕구를 드러내는 것을 통해 문제에서 필요를 확인하는 것이다. 충격과 영향에 대해서는 과정을 동의하에 만들고 어떻게 안전한 공간에서 대화로 할 수 있는지 과정을 세팅하는 것이다. 그리

---

6) 필자는 지금까지 원래의 회복적 서클에서 전수 받은 내용을 가능한 보존하고 전파되는 것에 책임을 지고 그동안 노력해왔다. 바터가 문화적 수용과 한국적 토양의 변형 가능성을 제시했지만, 아직 나는 그것을 못 찾고 있었다는 게 나의 솔직한 입장이다. 항간에 회복적 서클 진행에 있어서 사전, 본, 사후 서클에 몇몇은 상담식의 기법이나 질문을 변형시키거나 느낌이나 욕구 카드 사용을 하거나 중재 모델을 혼용하여 쓰거나 하는 경우를 동료들한테서 듣는 일도 있었지만, 그것이 한국적 토양의 변형 가능성에 대한 바터의 진의는 아닌 것으로 필자는 이해하고 있다. 나에게는 다양한 방식의 혼용이 아니라 간단하면서도 회복적 가치에 본래적이며, 진행자의 권력 중심에서 참가자 중심의 몇 가지 원리의 일관성은 지키는 것이 효율적이라는 생각을 아직도 하고 있기 때문이다.

고 과정이 진행되었으면 마지막으로 어떤 변화가 있었는지를 확인하는 피드백을 통해 무엇이 일어났고, 무엇을 더 할 수 있는지를 확인한다.

물론 이러한 비공식적인 흐름은 느슨하며 여러 상황에 대한 일반적인 가이드이다. 그러한 아이디어 속에서 실제로 진행할 때에는 그럼에도 불구하고, 거의 대부분 우리가 훈련받은 사전, 본, 사후 서클의 방식이 유용함을 발견할 것이다.[7] 물론 여기에 참여자들의 예측하지 못한 일정이나, 사건 내부에 또 작은 사건들의 얽힘과 같은 것들을 통합하거나 혹은 분리해서 과정을 이원화하기, 때로는 사전 서클을 여러 차례, 사후 서클도 여러 차례 하는 경우도 생길 수 있다. 그 핵심은 과정의 역동성이 갖는 흐름을 읽어내고, 절차의 투명성, 그리고 공동체의 동의를 통해 전체 과정의 동반자가 되어 회복적인 가치를 존중하며 갈등으로부터 배우는 자세로 하는 것이다. 그 어떤 융통성과 유연성이 존재하든 간에, 핵심은 공동체로부터 시작요청하고 공동체 강화회복로 간다는 것이 무엇을 의미하는 지를 배우는 것이다. 그리고 그 목적이 필요의 돌봄이라는 것에 초점이 있으며, 마지막으로 과정의 흐름을 공유하고 의미가 출현하도록 과정에 일관성과 충실성을 부여한다는 점이다.

끝으로 회복적 서클은 아직 그 성장의 가능성이 남아있다. 이것이 바로 한국의 토양에서 회복적 서클을 풍성하게 할 수 있는 것이다. 첫째는 회복적 서클이 3개의 서클로 이루어진 것은 각각 사전, 본, 사후 서클이 그 자체의 독립적인 적용영역을 갖는다는 점에서 응용이 필요하다. 다음 장들에서 각각 설명되겠지만 사전 서클은 혼란의 분별, 본 서클은 화해 그리고 사후서클은 성

---

7) 예를 들어, 서클의 질문은 아무리 참가자들에게 익숙한 한국식 문장으로 바꿔봐도 다시 원래의 자리로 돌아와 익숙치 않은 질문이 오히려 생각하게 만드는 효과가 있다는 것을 발견하고 있다. 질문의 적절함과 익숙치 않음이 경청을 돕는다는 것을 이해하게 된다. 즉, 질문이 청자에게 익숙한 스타일이 중요한 것이 아니라 질문의 낯설음을 통해 '이는 무슨 뜻이지?'라는 성찰을 일으켜 생각을 집중하게 만든다는 것이 바터의 이야기였다. 필자는 한국식 번역에 있어서 이 바터의 권고를 깊이 고려해야 한다는 똑같은 생각을 가지고 있다.

장과 배움을 위한 피드백에 각각 적용될 수 있다. 두 번째는 관계에 있어서 대화 모델인 회복적 서클은 다른 것과 융합되어서 내면 대화에 적용할 수 있다. 이에 대해서는 7부에서 한 장을 할애하여 다루게 된다.

서클에 대한 기존의 국제 모델들이 있는 상황에서 회복적 서클의 합류는 한국사회에 중요한 대화문화로의 변혁을 예고해주는 견인차 구실을 하고 있다. 대화, 경청, 열린 질문, 회복적 시스템, 갈등을 꽃피우기, 적정기술, 공동체 회복 등의 용어와 그 활용들이 여러 삶의 현장들에 창조적으로 융합 적용되어 시민사회운동과 교육현장의 변화에 크게 이바지할 것으로 기대하고 있다. 그러한 비전은 이제 각 주요 도시와 지역에서 서클을 활동 중심에 두는 단체들이 2010년대 중반부터 세워지고 있고, 2020년부터 향후 6년의 공유된 비전을 갖고 '서클진행자한국네트워크'가 전국적인 연대모임 및 훈련모임을 정규적으로 갖기 시작하면서 더욱 강화될 전망이다.

사전 서클로의 진입

공동체의 자기돌봄 과정으로서 회복적 서클의 시작은 대략 두 가지 방법 중에서 어느 문으로 들어오는가에 따라 달라진다. 일반적으로 회복적 서클에 대한 사전이해가 있고, 구조적으로 문화가 정착된 경우에는 곧바로 회복적 서클로 들어가고 이는 사전 서클을 그 시작부터 직접한다는 뜻이다. 예를 들면, 회복적 경찰활동[8]에 참여하는 모델로서 위임장을 받은 각 지역의 회복적 서클진행자들은 이미 경찰서 안에서 사건에 대한 선정과 전문기관과의 업무 협력사항들이 시스템으로 갖추어져 있어서 사전 서클부터 공식적으로 직접 들어가게 된다. 이는 학교의 경우 학생부장을 중심으로 시스템이 갖추어져 있는 경우에 적용되며, 회복적 서클 운영 단체들에 대한 사건 진행 의뢰의 경우에 대부분 해당된다.

그러나 아직 회복적 정의에 대한 이해가 부족하고 과연 사건에 대한 적용이 가능한지를 문의하는 예도 적지 않다. 이런 사안일 때 필자의 경험은 문의자를 통해 어떤 염려나 필요가 있는지를 확인하고, 회복적 서클에 대한 간단

---

8) 회복적 경찰활동은 2019년 〈회복적정의 시민사회 네트워크〉 단체들이 경찰청과 MOU를 체결하고 15개 경찰서와 시범사업을 하고 나서 2020년부터 전국 250여개 경찰서에 점차적으로 적용확대를 해가고 있다. 2021년에는 약 200개 경찰서에서 청소년 폭력, 가정 폭력, 그리고 주차나 층간소음과 같은 이웃분쟁 등의 사건들을 중심으로 민관협력 프로그램으로 서서히 정착해 나가고 있다. 2021년 하반기부터 국가경찰제에서 자치경찰제로 바뀌면서 이 프로그램의 중요성은 더욱 확대될 전망이다.

한 소개와 더불어 진행에 대한 의지가 있는지 확인한다. 그 의지 확인에는 당사자들이 참여에 대한 동의 가능성이나 장애물의 여부, 어떻게 과정이 흘러갈 것인지에 대한 대략적인 방향에 대한 상호이해를 포함한다. 그래서 결과로 무엇을 보고 싶은지 확인한 후에 문의자를 회복적 서클 신청자로 하든지 아니면 사건의 핵심에 관련하여 누가 신청자로 적절한지를 그 조직이나 공동체의 관계 구조나 사건과의 관계 속에서 정하여 사전 서클을 시작하게 된다.

복잡하고 오래된 사건일수록 사전 서클 이전에 함께 직면하고자 하는 의지와 분위기를 형성하는 데 노력을 들이는 일도 있어서 한두 번 더 그 공동체 핵심인원과 만나는 경우가 있다. 그래서 그 사건을 공동체에서 공식적으로 감당하도록 하는 위원회와 같은 프로세스를 담당하고 이를 인준하는 공동의 리더십을 세우고 나서 사전 서클을 하는 경우도 있다. 예를 들어 대안학교의 어느 담임교사가 문의해 왔을 경우, 개인의 열망이 만일의 실패나 그 과정 자체에 대한 내부의 불만을 줄이기 위해 이를 담당할 평화위원회일명와 같은 임시조직을 만들어 학생, 학부모, 교사들의 개별적인 다른 목소리들에 대해 공식적인 프로세스로 일임받도록 미리 요청하기도 한다. 그렇게 해서 내부 논의를 통해 공식적으로 다룰 수 있도록 시스템이 만들어지고 나서 사전 서클을 시작하는 경우도 많다.[9]

사전 서클이 시작되기 전에 몇 가지 진행자로서 필자가 관심을 가졌던 행동의 가이드는 다음과 같다.

---

9) 어떤 사건은 몇 년 된 것이 악화하여 재발하기도 하고 어떤 사건은 다양한 주체들의 다른 목소리들과 적대감이 학부모와 교사 간에 있기도 하다. 이런 경우에는 사건을 공식적으로 다루는 과정을 책임지고 공동체와 소통할 임시위원회를 만드는 것은 필수적이다. 대략 이런 경우 한 달 이상 두세 달이 한 사건을 다루는 데 걸리기도 한다. 이렇게 하지 않은 경우, 외부 진행자로서 들어가서 사건을 잘 마무리해도 그것은 그 공동체 내부에 회복적 서클에 대한 이해의 동기를 유발하지 못하고, 잘 해결되었다는 정보로 흘려보내고 자신들은 기존의 방식을 그대로 유지하거나 다른 말들이 여전히 오가기 때문이다. 그래서 회복적 서클진행 전에 공식적인 책임과 그 결과에 대한 성찰을 담당할 공식 조직을 내부로부터 세우도록 권하는 것이 필요하다.

1. 사건에 대해 들을 때, 문제의 심각성과 누구의 잘못에 대한 정보를 많이 들게 될 것이다. 들을 때 어떤 두려움이나 필요가 그 뒤에 있는지를 상상하며, 호기심을 갖고 듣는다. 필요할 때는 공감과 경청으로 반영하며, 진행자로서 알고 싶은 것을 가능한 한 캐묻지 않고, 상대방의 말을 따라간다.[10] 진행자로서 내가 해결사로 가는 것이 아니고 당사자들이 내용을 더 잘 알고 있을 것이므로 경청의 중요 핵심은 연결이기 때문에 그렇다.

2. 사건에 대한 문건이나 진술서 등의 자료에 대해 관심을 두지 않으며, 직접 당사자들의 입에서 나온 이야기와 경험에 초점을 둔다. 자료를 보게 되면 진행자로서 편견이나 일방적인 시각에 치우칠 경향이 있을 수 있기 때문이다.

3. 진행자로서 자신의 에너지가 어떤지, 어떤 불안이나 두려움이 내면에서 올라오고 있지는 않은지를 점검해서 감정과 에너지를 긍정적으로 관리한다. 만나게 되는 당사자들에 대한 중립자이자 연결자로서의 충분한 에너지나 마음 상태를 유지하며 지치거나 긴장이 있는 것을 줄인다.

4. 회복적 서클의 진행 주체를 진행자가 아니라 공동체나 위원회 혹은 그들 자신의 그룹이며 진행자는 요청받아 온 사람임을 할 수 있으면 자각하도록 한다. 진행자가 해결사로 가는 것이 아니라, 서로의 진정성이 들려지는 대화의 공간을 함께 마련하고 이것을 소통시키는 연결자로 진행자가 가고 있음을 이해시킨다. 그렇게 해서 자신이 속한 공동체가정, 단체, 마을가 이를 이끌고 결과도 공유하는 주체임을 이해할수록 참여에 대한 의

---

10) 적절한 핵심질문을 제외한 호기심 어린 추가 질문들은 두 가지의 이유로 화자의 집중과 에너지 분산을 가져온다. 첫째는 화자의 이야기 궤도를 질문자에게로 돌려서 이야기의 깊이와 그 흐름에 대한 궤도 이탈을 강화한다. 둘째는 초점이 질문하는 청자에게로 쏠림으로써 권력을 행사하고 있다는 것을 청자는 의식하지 못하게 된다. 화자가 청자의 질문에 대답해야 하고 이를 통해 청자를 대접해야 함으로써 부지 부식 간에 화자는 자기방어와 자기 논리의 강화라는 작동 기제를 대화 속에서 은연중에 발휘하게 된다.

지와 결정이 분명해지고 참여 동기도 강해진다.

5. 강한 감정의 표현으로서 비난, 분노, 그리고 강한 주장 등에 대해 진정한 경청을 보여주되, 그런 감정의 타당성에 대한 동의나 지지는 않는다. 그 러한 동의나 지지를 하게 되면 진행자가 자기편인 줄로 오해하고 나중에 본 서클에서 그렇지 않을 때 실망하며, 진행자에 대한 신뢰심을 잃을 수도 있다. 상대의 감정에 연결은 하되 휩쓸리지는 않는다.

사전 서클이 시작되면 다음을 염두에 둔다.[11]

1. 정서적인 환대와 안전의 공간을 시작할 때 마련한다. 처음 만나는 5분 이내의 분위기와 인상 그리고 본인 기대의 암묵적인 확인이 전체 과정에 중요한 영향을 미칠 때가 많이 있다. 특히 진행자에 대해 잘 모르는 참여자인 경우가 그렇다. 따스함과 부드러움, 몰입하는 경청, 지지와 돌봄의 분위기 등은 중요한 환대의 표현이자, 심리적 안정감을 제공한다. 물론 이는 물리적인 공간의 편안함도 고려되어야 한다.

2. 시작할 때 긴 설명과 진행자의 시간을 많이 갖는 것을 가능한 피하고 듣는 데 주된 시간을 보내도록 한다. 사전 서클의 질문의 의미를 진행자가 확실히 알고 있어야 제대로 질문할 수 있다. 정해진 질문과 적절한 흐름을 타면서 경청과 돌려주기로 함께 있는다. 당신의 역할은 경청동반자임을 알고 그것에게서 벗어나려 하지 않는다. 즉 교훈을 주거나 상담하거나 기타 사례나 설명을 하려고 하지 않는다.

3. 의미를 체크하는 두 번째 사전 서클 단계에서, 사건이 복잡하거나 참여에 대한 주저함이 상대방의 표정이면 의미를 충분히 다룰 필요가 있다.

---

11) 사전 서클의 진행 팁에 대해서는 이미 『회복적 서클 가이드북』에 나와 있어서 여기서는 중요하게 확인해야 할 요소들만 다룬다. 이는 본 서클, 사후 서클을 다루는 뒷장에도 마찬가지이며, 진행 팁이 아닌 핵심포인트를 다루게 된다.

통상 그 당사자 개인의 의미에 대해 탐색을 하지만 필요하다면, 그의 상대방, 상대 그룹의 의미나, 공동체의 의미도 탐색할 수 있다. 그렇게 발견된 의미의 풍성함은 참여의 동기를 강화해준다.

4. 왕따와 같이 한쪽 인원이 많은 경우에는 파워 밸런스를 고려한다. 즉, 본 서클에 참여할 사람 중에 한쪽이 현저하게 상대보다 적을 때나 상대가 여럿이고 본인은 혼자인 경우, 심리적으로 대화의 균형이 이뤄질 수 있는지 점검해서 보완한다. 통상은 더 필요한 쪽의 참여 숫자를 늘리며 그렇게 할 수 없는 경우에는 많은 쪽의 참여 숫자를 줄인다.

5. 누가 참여자가 될지는 때때로 예상보다 더 필요할 수 있다. 참여자 숫자를 충분히 고려하는 이유는 갈등을 해결하는 것이 목적이 아니라 관계의 회복과 공동체의 구축을 위한 것이기에 영향을 받은 사람은 배제하지 않고 함께 포함될 필요가 있기 때문이다. 이는 필자가 학교의 학생부장으로부터 참여 대상으로 이해하고 가는 때와 회복적 경찰활동에서 사건의뢰를 진행자로 위임받을 때 경찰이 알고 있는 참여 대상과 차이가 간혹 발생하는 이유이기도 하다.

6. 사전 서클은 갈등 당사자들을 일대일로 따로 하는 것이 통상이지만, 정해진 일정에서 불가피하게 본 서클까지 진행해야 하는 때, 필요하다면 두세 명을 묶어서 사전 서클을 할 수도 있다.[12] 그럴 때도 핵심 당사자들은 따로 일대일로 만나는 것을 추천하고, 공동진행자 혹은 협력진행자가 그 외의 사람들은 나누어 다른 공간에서 동시에 진행해서 사전 서클 시간을 줄인다.

---

12) 여기서 '불가피하다고' 여기는 때에 사전 서클과 본 서클을 하루에 오전, 오후로 나눔을 이해할 필요가 있다. 서클진행자는 공동체 구축을 위해서 가는 것이어서 시간적인 숙성의 타이밍이 필요하다. 한꺼번에 해치우는 해결의 마음이 우선적이지 않기를 바라는 뜻이 담겨 있다. 그리고 오전, 오후로 나누어 진행할 때 서클에 몰입할 에너지 상태도 염두에 둘 필요가 있다. 에너지가 나중에는 딸려 형식적인 이행약속이 나올 가능성이 높아지기 때문이다.

7. 과정을 신뢰하고 참여자를 신뢰하며, 또한 공동진행자를 신뢰한다. 사전 서클을 다 했다고 본 서클의 결과로 문제가 해결될 방식에 대한 감이 온다는 뜻이 아니다. 여전히 사건이 여전히 복잡하고 모호해도 그리고 어떤 방식으로 해결될 것인지 예측이 안 되어도 과정, 참여자, 공동진행자를 신뢰함으로써 본 서클 진행의 불안을 내려놓는다. 공동진행자의 신뢰 부분은 주진행자와 역할 분담과 참여 진행에 대한 긍정적인 상호 확인과 진행상에 도움을 주는 공통의 신호를 확인한다는 뜻이다.

8. 공식적인 사전 서클 진행의 경우 금지어 사용을 피한다. 그것은 진행자의 의도는 선한 것일지라도 참여자 중에는 뜻밖에도 반발을 일으키는 용어들이 있기 때문이다. 예를 들면, 용서라는 단어나 관계 회복 혹은 화해라는 단어는 상황에 따라서는 불에 기름을 붓는 기능을 한다. 요즈음은 자기 권리의식이 강해졌고, 또한 그 단어가 일상의 문화에서는 종교적인 낯선 단어로 받아들이는 사람들이 있다는 것을 명심한다. 나중에 대화의 결과가 용서나 화해가 일어나도 그것은 어디까지나 나중의 일이다. 의도에서 밝힐 일은 아니며, 진행자로서 당신의 의도는 고통이 들려지고, 진실이 확인되는 대화의 가능성을 선택하도록 지원하는 것이다.

9. 사전 서클의 과정에서 참가하지 않겠다고 할 때는 상대방의 두려움이나 불안이 무엇인지를 추측해서 상대의 마음과 연결한다. 먼저 피해야 할 것은 "왜?"라는 질문이다. 그 이유를 알고 싶어서 질문할 때 상대방은 하지 않고자 하는 이유를 찾아내고 열거함으로써 안 하고 싶은 마음을 더욱 견고하게 갖는 거부의 타당한 근거를 자기 자신에게 제공하게 된다. 염려에 대한 마음을 읽어서 연결하고, 그 염려에 대한 최대한의 진행자로서의 방지와 지원에 대한 적극성을 보여준다.[13]

---

13) 참석해야 할 필요가 있는 사람이 거부했을 때, 진행자 중의 한 사람이 '대리자'가 되어 본 서클

10 참여자의 특수성이나 민감한 사건들에 대해 깊이 숙고하여 적용한다. 이미 회복적 서클이 공동체의 자기돌봄 프로세스라 말할 때는 돌봄의 영역과 대상에 있어서 자격과 요건을 가능한 제한 두지 않고 필요할 때 제공할 수 있다는 자발적 선택이 전제된 것이다. 그러므로 일반적으로 장애우 폭력, ADHD이 있는 자의 참여여부, 성폭력, 습관적인 가정폭력 등의 민감한 사안 등은 전문 기관에 보내는 것으로 이해하고 있지만, 바터나 필자는 가능하다는 입장이다.[14] 진행자 개인의 선택이 아니라 공동체가 이를 인지하고 회복적 과정의 필요하다고 할 때 시도할 수 있다. 소통 방식이 문제라면 그림이나 격리된 방에서 혹은 필요한 시간에 참석하게 하는 방식 등으로 진행할 수 있다.

사전 서클의 변형

앞장에서 이미 진술하였듯이 사전 서클은 자체의 자립적인 적용영역이 존

에서 그 사람을 대표하여 정보를 서클 전체에 주고, 이행약속에서는 대리자는 침묵하는 방법을 택할 수 있다. 처음 전수받았을 때는 대리자의 활용에 대해 교육을 받았지만, 그간의 경험에서 낯선 문화여서 사전 서클에서 소개할 때 이게 많은 오해와 지루한 설명의 시간을 들게 해서 빼버렸다. 수십 건 사건 중에 하나 나올까 하는 비율이기 때문에 그렇다. 그러나 참석자 중 누군가(일명, 가해자이든 피해자라고 할지라도) 협조를 안 해서 공동체라는 차가 늪에 빠져서 나오지 못한다면 그러한 힘을 행사하지 못하게 하고 공동체라는 차가 조금이라도 나갈 수 있도록 대리자 제도를 둔 것이다. 바터는 이 이슈에 대한 질문에 응답하면서 매우 적극적으로 그 필요성을 역설하였다. 필자는 지금까지 두 건을 대리자 활용을 한 사례를 직면했을 정도로 그 사례는 드물게 일어나지만 필요할 경우 적극적인 검토를 하고 본 서클 참석 예정자들께 그 필요성을 제시해서 동의를 받아 진행하면 된다.

14) 회복적 경찰활동의 경우 이런 사례는 담당하지 않기로 경찰청과 다른 단체들과 합의되어 있다. 이는 회복적 경찰활동의 초기 단계에서 이 활동의 안착과 대중적인 전파를 고려한 것으로서 공공영역에서 회복적 실천의 책임에 대한 부담을 되도록 작게 하려는 의도이다. 그러나 시민사회 활동 중에서 그리고 공동체를 돌보기 위해 자체 내에서 지원이 필요한 경우 자립·자조의 가치에 따라 소통의 방식을 바꾸어 적용할 수 있으면 회복적 서클의 가능성을 계속 갖는 것을 필자는 권한다. ADHD에 가까이 있는 중학생이 연루된 집단 가해 사건을 맡은 적이 있었는데 사전 서클과 본서클 초기가 가장 힘들었지만 무언가 흐름이 이해되었을 때 협조를 받아 결과가 놀라웠던 사례가 지금도 잊히지 않는다. 물론 다시 강조하지만, 전문기관의 도움을 받을 수 있으면 받되, 서클을 할 수 있는 가능성도 활용하는 것이다. 서클은 안전한 공간에서 서로 돌보기 위해 만들어 놓은 것인데 그것을 활용하지 못하면 공동체 구성원으로서 무엇을 할 수 있을 것인가?

재한다. 그것은 혼란에 대한 명료화와 선택을 어떻게 도울 수 있는지에 대한 과정을 지원한다. 예를 들어, 일대일 대화에 있어서 상대방이 그 어떤 혼란이나 도전에 힘들어하면서 어떤 결정을 해야 할지 모르고 있는 상태에 대해 사전 서클의 과정이 도움을 줄 수 있다. 그런 상황에서 상대방에게 해결책이나 조언의 내 방식을 상대에게 알려주지 않으면서 상대방을 지원하는 방법이다.

1부에서 개별자로서 우리는 자기 문제를 해결할 수 있는 창조적인 능력이 있으며, 실재는 참되고 결핍없이 풍성하다는 인식과 더불어 개별자는 숨겨진 질서이자 전체성에 참여하고 있음을 진술하였다. 이를 일관성 있게 유지하고자 한다면, 상대방의 혼란이나 그 어떤 도전에 힘들어 하는 것을 보고 자기 안에서 지혜와 힘을 꺼내도록 산파 역할을 할 수 있다. 방법은 사전 서클의 프로세스를 그대로 참고하여 대화를 진행한다.

먼저, 사전 서클의 첫 번째 질문에 따라 자신의 고민이나 혼란 혹은 도전이 무엇인지를 말하도록 한다. 여기서 들을 때 경청의 방식으로 들은 것을 돌려준다. 즉, 메시지의 사실, 느낌, 메신저의 마음을 거울처럼 돌려주는 것이다.

두 번째 질문에 의해 상대방의 고민, 혼란, 도전에 대한 생각 이면에 어떤 의미를 추구하고 있는지를 탐색한다. 이미 첫 번째 질문에서 나온 마음에 대한 정보와 새롭게 탐구한 의미들을 충분히 확인한다. 의미지원을 위해 추가로 "고민, 혼란, 도전이 어떻게 해결될지는 아직 모르지만, 어떤 의미나 가치가 담겨서 결과로 보고 싶은가?"라고 질문을 보완할 수 있다.

세 번째 질문은 원래 다음 과정에 대한 정보 제공과 과정에 대한 이해를 돕고 참여 의지를 확인하는 것을 어떤 선택을 하고자 하는지를 탐구한다. 즉, 두 번째 탐구에서 나온 마음의도, 동기, 목적, 욕구과 의미가치들에 기초하여 첫 번째 질문에서 확인된 자기 상황에 대해 어떤 접근이나 선택 그리고 그 실현 과정의 가능성을 확인하고, 그중에서 가장 다가오는 것을 최종 선택하게 하는 것이다. 선택과 실현 과정에 대해 왜 그런 선택이나 과정을 갖고자 하는지 추가로 확인하여서 상대방의 자기 내면이 진정으로 참되고 원하는 목소리와 연결하도록 돕는다. 필요하다면, 상담자나 청자로서 나도 상대방에게 내가 너라면 어떤 선택을 하고 그 이유는 무엇인지를 포함해서 선택의 '자원'으로 제공해 줄 수 있으나 그것이 강요가 아닌 참조할 내용으로 제공한다.

마무리는 축하와 격려 그리고 필요하면 나중에 다시 만나 상황이 어떻게 변했는지 다시 만날 약속을 하고 대화에 대한 소감을 서로 한 후 마친다. 여기서 핵심은 내가 상대방에게 해결책을 주기보다는 상대방의 내적인 지혜와 힘을 촉발하는 자기-발견식 대화를 한다는 점이다. 이렇게 해서 상대방을 배움의 주체로 세운다. 필자가 종종 말하는 '돕지 않고 돕기'라는 말이 그런 의미이다. 영혼의 경계선을 침범하지 않으면서도 지원하는 것이다.

상대방이 지닌 불안, 혼란, 도전은 성장과 배움을 위한 충분한 에너지가 포함되어 있다. 그러므로 비유컨대, 심리적 파도가 일기 시작하면, 청자로서 나는 상대방이 파도를 피하지 말고, 오히려 마음과 의미를 윈드서핑 보드로 만들어 파도를 타고 즐기도록 해서 그것을 통과하도록 하게 하는 것이다.[15] 과정을 만들면 거기서 지성이 발생하게 되고, 그렇게 되면 스스로 지혜와 힘을 발휘하여 나갈 수 있게 된다. 이렇게 해서 내가 상대방의 고민, 혼란, 도전에 대한 경험이나 지식이 없더라도 산파적인 역할을 통해 지원할 수 있다. 그렇게 해서 청자인 나 또한 상대방의 경험을 통해 배울 기회를 갖는다.

---

15) 실제로 필자는 서로의 혼란을 지원하는 간단한 서클진행 방식으로서 '윈드서핑 서클'이란 이름으로 워크숍에서 그 방식을 전달하기도 한다. 이는 집단을 서너 명의 한 그룹으로 나누어 돌봄이 필요한 한 사람을 동료들이 집중해서 경청과 자기 경험들을 자원으로 활용하는 방식이다.

본 서클은 긴장과 불안을 안고 참여자들이 모이기 때문에 초기에 정서적 안정에 도움이 되는 분위기를 만드는 것이 무척 중요하다. 과정 중에서는 진행자의 눈에 보이는 말의 내용, 억양, 표정만 아니라 말로 표현되지 않는 몸동작과 자세 등에 대한 집중과 진행자가 지닌 연결의 에너지 등이 도움이 된다. 말로 표현되지 않지만, 연결에 도움이 되는 예는 진행자가 서클 중에 앉아있는 참여자 중에 화자에게 말이 끝날 때까지 집중하고, 끝나면 시선을 적절할 사람에게 옮기는 것, 참여자 중에 어떤 몸짓 등에 진행자가 당신을 보고 있고 돌보고 있다는 싸인, 그리고 때때로 필요할 때 침묵을 과정에 허락하는 것 등이다.

사전 서클에서도 언급했듯이 진행팁은 이미 다른 책에서 상세히 언급한 것이 있어서 추가로 본 서클에서 유념해야 할 것들을 진술하고자 한다. 두 가지로 나누어 본 서클을 진행하는 과정에 대한 것과 이행약속에 대한 것을 분리하여 살펴보기로 한다.

본서클 진행 과정에서 핵심포인트

가장 사소하면서도 때로는 치명적인 영향을 미치는 진행자의 태도 중의 하나는 누군가 말을 할 때 진행자가 고개를 끄덕이는 것이다. 일대일 상담 등에서는 잘 듣고 있거나 따라가고 있다는 뜻에서 그렇구나 하는 뜻에서 고개를 끄덕이는 것이 대화에 도움을 주는 것으로 이해하고 그런 습관이 부지불식간에 본 서클에서 튀어나오게 된다. 그런데 서로 적대감을 가진 참여자들이 함께 앉아있는 경우, 진행자가 한 사람의 말에 동의처럼 보이는 몸짓은 오해나 신뢰에 대한 의심을 불러일으킬 수 있다.[16] 그리고 공동진행자의 참석은 서클의 긴장을 풀고 서클의 에너지를 완화시키며 주진행자의 심리적 편안함을 위해서도 크게 기여한다. 그렇지만 주 진행자의 진행에 간섭으로 보이지 않기 위해서는 공동진행자와 언제 어떻게 협력할 것인지도 사전에 논의할 필요가 있다.[17] 이 두 가지 전제 하에 다음의 것들을 고려한다.

1) 먼저, 시작에 있어서 정서적 안정감을 줄 수 있는 환경과 도입부를 활용한다.

환경은 대화가 보호될 수 있고 남들에게 보이지 않은 편안한 공간과 센터피스나 음료 등의 제공과 관련된다. 일부 학교에서는 회복적대화모임방이 지정되어 있고 거기엔 몇 가지 가치나 대화 방식 등이 벽에 이미지로 적혀 있기도 하다. 도입 부분은 이미 진행교안에 나와 있지만, 환대와 존중의 에너지 그리고 대화의 소중한 기회에 대한 진정성이 느껴지는 부드러운 억양이 도움이 된다. 그리고 에너지의 흐름을 고려하여 좌석을 배치하는 것도 필요하다.[18]

---

16) 실제로 이런 진행자의 무의식적인 습관이 본 서클을 제대로 마무리하지 못하게 된 사건이 흔치는 않지만, 동료진행자들로부터 보고된 사례가 소수 있다.

17) 이 문제가 정리되지 않으면 서로 답답해하고, 다른 진행자를 파트너로 선택하는 경향까지 보이게 된다. 회복적 서클이 공동체 구축이 목적이라면 진행자 간에도 될 수 있으면 파트너십을 사전에 확인하여 가는 것이 좋다. 이는 그 사람과 일생을 억지로 잘 지내는 것을 말하는 것이 아니고, 진행자로서 그 사람의 진행 능력을 돕고, 자신에게는 누구나 파트너로서 함께 진행할 수 있는 감당의 환대능력을 키우기 위함이다.

18) 좌석 배치의 경우 두 명의 갈등은 T자형이 아닌 Y자형으로 앉고, 서클의 경우에는 가장 적대적인 당사자가 주진행자 좌우로 앉는다. 그들로부터 같은 입장의 사람들이 옆에 앉으며 주진행자의 건너편이 중립적인 사람들이 앉는다. 공동진행자는 주진행자의 좌나 우 혹은 건너편에 앉는다.

2) 대화의 패턴에 참가자들이 빠르게 익숙해지도록 한다.[19]

서클대화는 진행자의 인격과 능력에 의존하기보다는 에너지 패턴에 따를 때 잘 작동된다. 그리고 서클대화는 소통과 힘의 사용 내려놓기에 대해 민감해야 하는 데, 진행자는 잘 돕고 싶고, 참여자는 진행자가 어떤 리더십을 잘 발휘하여 진행을 잘 이끌어가기를 기대하므로 소통보다 중간에 개입하여 소통의 맥락을 끊거나 참견을 해서 힘을 행사하기가 십상이다. 본 서클은 대화의 리듬과 경청의 반복돌려주기이 있어서 참가자들은 초기에 낯설어한다. 리듬과 흐름에 대한 진지함을 보여줌으로써 패턴을 이해하고 거기에 적응하면 물 흐르듯 대화가 흘러가고 진행자는 에너지를 많이 쏟지 않고 자연스럽게 전체가 몰입하는 분위기를 느끼게 된다.

3) 본 서클 과정에서 존중과 돌봄의 에너지가 느껴지게 한다.

이를 과정에 녹여서 나타나게 하기 위해서는 자발적 선택과 의무나 강요가 아니라 '기꺼이 줌'의 정신이 중요하다. 질문을 서클 가운데 던지고 기다려서 지명하지 않는다. 그래도 아무도 입을 열지 않으면 그제야 마음에 피를 가장 많이 흘리고 있을 거라 생각되는 사람에게 질문에 먼저 말을 꺼낼 수 있는지 부탁을 한다. 대화가 특정한 사람에게 머물러서 두어 번 핑퐁식으로 오고

---

19) 사건 진행에 대한 초대를 받아 가는 경우 본 서클 참여자들은 대부분 진행자가 뭔가 잘하는 것을 기대하고 앉아있기에 본 서클에서 진행자가 뭘 하는 것 없이 반복된 패턴을 보여주는 것에 실망하거나 오해하게 된다. 그리고 지루해할 수도 있다. 진행자로서 할 수 있는 것은 진정성 있는 집중과 몰입 그리고 한두 사람에 너무 오래 대화가 머물지 않고 말할 순서를 다른 참가자에게 돌리는 것이 도움이 된다. 내 경우에는 지루해할 틈이 없이 대부분 몰입이 된다. 그러나 서클에 있지 않고 외부 관찰자가 있는 경우 그에게는 이것이 지루하게 보일 것이다. 그러나 서클 내부에서는 그렇지 않다. 이는 에너지의 영향을 서클 내부인과 외부인에게는 각각 다르게 느껴지기 때문이다. 그리고 통계적으로 나이가 어린 학생일수록 패턴에 잘 몰입되고 성인이나 노년에 가까울수록 자기 방식의 대화습관이 있어서 늦게 몰입된다. 때로 대화의 패턴이 살아있기 위해서 대화지원이 꼭 필요한 경우 아니면 대화지원을 하지 않아도 잘 흘러가게 되어 있다. 바터는 대화지원(번역지원과 의미지원을 말함)을 친절히 도움을 주기 위해서가 아니라 청자가 들은 것과 진행자가 들은 것에 '차이'가 있을 때 개입한다는 가이드를 주었다. 매우 중요한 포인트로 생각된다.

갔으면, 다음 사람으로 넘어가도 괜찮은지 허락을 받는다. 화자가 자기 이야기를 해야 하는 때 상대방에 대해 질문을 하면 멈추게 하지 않고 청자에게 질문을 질문으로 받아 돌려주도록 배려한다. 이야기 차례가 아닌데 다른 참여자가 개입할 경우 부드럽게 "하실 말씀이 있다는 것 알겠어요. 곧 순서를 드릴께요"라고 하면서 기존의 이야기 흐름이 단절되지 않도록 한다. 또한, 청자가 들은 것이 아닌 거부나 반박 혹은 딴 이야기를 한다면 "이에 대해 할 말씀이 있다는 것 알겠어요. 먼저 들은 것을 돌려주시면 순서를 드릴께요"라고 흐름을 지속한다. 이 모든 예시는 고의든 실수든 부당한 개입이나 잘못된 말이나 행동이 들릴 때 진행자는 제지나 교정의 에너지가 아니라 존중과 돌봄의 기본 에너지를 활용하여 상황에 접근한다는 의미이다.

4) 대화 과정은 진행교안의 표준예시대로 가는 것이 효율적이고 안정적이게 된다.

서클에서 과정은 그 자체가 목적이고, 목적은 이미 과정에 있다고 이 책에서 언급하였다. 그만큼 대화는 과정의 흐름을 탄다. 대부분의 경우, 첫 번째 단계인 상호이해의 단계가 가장 시간이 오래 걸린다. 거칠고 힘든 것들이 상대에게 쏟아져 나오고 나면 그다음 단계인 자기책임 단계에 깊이 들어갈 수 있다. 자기책임으로 가는 단계의 징조는 말이 느려지고 억양이 낮아지거나 생각하는 모습이 나타나기 시작할 때이다. 각 단계는 그 나름대로 숙성될 시간이 필요하다. 상처받거나 찢어지거나 무거운 마음은 금방 쉽게 자신을 열지 않기 때문이다. 때때로 상호이해, 자기책임, 그리고 이행약속의 단계에서 다른 단계의 내용이 튀어나오는 경우가 있다. 예를 들어 상호이해 단계에서 자기책임의 내용이나 이행약속에서 다루어야 할 제안이 나오는 경우가 그것이다. 그것을 청자가 그대로 돌려주게 하되 화자가 맞다고 확인하면 원래의 단계로 돌아가 계속 대화를 진행한다. 그리고 필요하면 그다음 단계에서 앞서 나온 지금의 단계 이야기를 다시 깔고 진행해 나간다. 예를 들어, 이미 나온 제안예, 사과받기은 이행약속 단계에서 먼저 제안으로 받고 다른 제안들을 추가로 받는다.

5) 공동진행자의 참여에 마음을 열어 놓는다.

본 서클에서 공동진행자협력진행자의 역할은 통상 그리 많지는 않다. 이를테면, 도입에서 서클대화 원칙을 알려준다든지, 이행약속에서 제시된 제안들과 동의된 것들에 대한 기록과 확인, 휴식시간에 각각의 그룹을 주진행자와 공동진행자가 맡아 따로 돌보는 것, 뭔가 진행에 어느 사람으로 인해 장벽이 발생해서 잠시 주진행자가 서클을 중단하고 그와 잠시 이야기를 나눌 때 나머지 참여자들을 돌보기 등이다. 그 외에 대화가 겉돌고 있고 사전 서클에서 나온 중요한 정보가 서로에게 확인되지 않고 형식적이라면 잠시 멈추고 긴장감을 서로 가진 두 그룹을 각각 확인할 경우, 그리고 다음 단계로 넘어갈 때 주진행자가 공동진행자에게 넘어가도 될지 확인할 수 있는 정도이다. 그러나 공동진행자의 현존 자체만으로도 서클진행자는 매우 큰 진행의 에너지를 얻는다. 서클의 안정에 현존만으로도 기여가 되기 때문이다. 또한, 보이지 않는 공동진행자가 서클에는 항상 존재한다. 서클의 또 다른 참여자 혹은 진행자라고 할 수 있는 '침묵'이다. 침묵의 적절한 사용과 침묵의 관여는 서클의 에너지에 생생함과 깊이를 더해 주고 대화의 질을 강화해 준다. 강한 감정의 표출이나 여리고 힘든 내용을 말할 때 특히 침묵이 진행에 적절히 들어오는 것은 큰 변화를 일으킨다. 물론 그 침묵과 더불어 진행자의 몸짓, 자세, 그리고 속도도 여기에 미묘하게 도움을 준다.

이행약속의 핵심포인트

이행약속의 단계는 그동안의 이해로의 과정이 다시 갈등으로 증폭될 수 있는 지점이다. 왜냐하면, 상황에 대한 관점의 차이와 이해의 여지가 생겼더라도 원하는 것을 실현하는 방식과 내용에 또한 차이가 노출될 수 있기 때문이다. 여기서 중요한 것은 '실행할 수 있는do-able, walk-able'에 대한 명료함이다. 즉 모든 제안은 구체적으로 어떻게 하는지 그려질 수가 있어야 하고, 측정 가능하며, 실천으로 옮길 수 있어야 한다. 거기에 또 하나의 관문은 '기꺼이'라는 자발성의 존중이 이행하는 자의 가슴에서 일어날 수 있어야 한다는 점이다.[20]

1) 제안들을 평가의 필터링 없이 일단 모은 다음, 하나씩 꺼내어 다룬다.

앞서 진술한 대로 본 서클에서 그동안 이해에 도달하기 위해 충실한 과정을 밟아왔어도 특정 제안에 대해서는 즉각적으로 좋고 싫음, 타당함과 부당함의 내부 반응이 이행할 사람에게 올라오게 된다. 그러므로 제안 하나에 대해 적절하니 부당하니 하는 의견 수렴은 시간을 소모하게 하고, 그 결과 충분히 제안들을 마무리하지 못하고 시간 제약이나 에너지가 딸려서 적절한 수준에서 타협하기 마련이다. 그렇게 되면 이행의 결과에 대한 불만족한 감정이 빈번히 쌓이게 된다. 게다가 표면적인 사건 이외에 근본적인 균열의 내용이 다루어지기 때문에, 제안은 전체적인 것과 더 근본적인 요소를 고려하여 다룰 필요가 있는 것이다.

---

20) '기꺼이'라는 말은 회복적 경찰활동처럼 가해자와 피해자가 분명하고 인정한 상황에서 사건을 다루는 경우 애매할 수 있다. 즉, 범죄사실을 인정하고 회복적대화모임을 요청하는 경우에 가해자로 지목된 사람에게 '기꺼이'라는 말은 책임이행에 있어서 모호한 정도의 차이가 발생한다. 이행에 대한 어느 정도의 감수해야 하는 법적인 압박이라는 전제가 있기 때문이다. 그래도 최소한 그 정도는 할 수 있다는 수용과 상황에 대한 자기 이해가 필요하다. 진행자는 이행 약속의 최종 부분에 있어서 기꺼이 수용하겠는지를 물음으로써 책임이행의 의중을 확인한다. 그렇지 않다면 어떤 조건에서 가능한지를 논의한다.

2) 추상적인 수준에서 구체적인 수준으로 실행 계획을 만든다.

'약속을 지킬 것인가'라고 물었을 때, '네'라고 말했을지라도, 예를 들면 '욕은 안하겠다', '보상은 하겠다', '사과하겠다'라는 긍정적인 약속을 받았을지라도, 그것이 추상적이면 실행할 수 없기에 약속으로서의 가치가 보장되지 않는다. 또한 '기꺼이' 하겠다는 이행의 약속이 진심으로 말해졌다 할지라도, 그 진심으로 걸어갈 수 있는 가이드가 없다면 진심은 오해되기 마련이다. 단순하게 예시하자면, 사과했는데 안 받아주고 진심으로 느껴지지 않는다고 얘기를 한다면 사과한 사람은 이제 자신은 사과했기에 공은 상대방에게 넘어간 것이라고 상대방의 문제로 이해할 가능성이 크다. 비유로 말하자면, 볼을 받는 포수가 투수에게 스트라이크 지대를 설정해 주지 않으면, 투수는 일단 공을 던진 것으로 공을 잡아야 할 포수의 잘못이 더 크다고 비난할 가능성이 높아진다. 그러므로 '기꺼이'에는 실행 가능한 가이드라인이 쳐져야 한다.

3) 이행약속의 영역은 다음 3가지가 있다. 즉, 손상다루기(과거), 대안행동(현재) 그리고 관계구축(미래)에 대한 것이다.

그것들을 어디까지 본 서클에서 다루고 사후 서클로 넘겨야 할지를 고려한다. 이행약속은 우선 일어난 손상의 결과를 처리하는 영역이 있다. 손상에 대한 복구가 그것이다. 이것은 결과에 대한 책임을 이행하는 것이다. 또 하나는 그런 결과를 가져온 행동에 대한 대안을 마련하는 것이다. 마지막 영역은 미래의 관계를 구축하는 것이다. 갈등에 관련된 당사자들의 구조적 역동성과 사안에 대한 주관적 심각성의 정도에 따라 손상에 대한 복구만 요구하고 그 이상 관계 등에 대해 서로 보고 싶지 않은 정도의 이행약속이 나오고 더는 제안에서 진척이 안 되는 경우가 있다. 신뢰가 더 쌓여야 더 마음을 낼 수 있는 경우이다. 대개는 손상에 대한 책임 이행과 폭력이란 결과를 일으킨 행동에 대한 대안을 마련하는 것으로 본 서클이 끝나는 경우가 대부분이다. 상황에 대한 이해는 대화를 통해 서로의 차이를 알게 되었지만, 분이 안 풀리거나, 그동안의 상처가 깊었다거나, 아니면 상대에 대한 신뢰가 아직 생기지 않아서 그렇다. 관계를 악화시키거나 재발하지 않는 범위에서 이행약속이 만들어졌다고 할지라도 진행자는 더 숙고할 여지를 어떻게 창조할 수 있을지 고민할 필요가 있다.[21] 왜냐하면, 회복적 서클의 목적은 문제해결이 아니라 관계개선과 공동체 구축과 상호돌봄이기 때문에 그 목적 실현에는 아직 미흡하기 때문이다.

4) 제안이 서로 충돌하거나, 제안에 대한 수용을 거부할 때 두 가지 질문을 갖고 작업한다.

이런 경우에 대개 진행자는 좋게 타이르거나 공동의 이익을 위한 서로의 양보를 위한 조언을 할 경우가 많다. 그렇게 해서 본의 아니게 진행자의 권력을 사용하게 된다. 아니면 만족스럽지는 않지만, 타협하게 하여 일을 봉합하게 만든다. 겉으로는 해결된 것 같지만 관계에서 마음은 서로 연결되지 않았기 때문에 신뢰 회복의 수준은 기대하기 어렵게 된다. 따라서 그러한 개입을 하지 말고, 두 의견이 충돌할 경우, 제한limitation을 주어서 받아들일 수 있는 조건을 확인한다. 제안에 대한 수용을 거부할 경우, 첫 번째 질문은 이것이다. "어떤 소중한 것이 이 제안에 담기지 않아서 받아들이기가 어려운 것인가

---

21) 이런 경우에 진행자는 이행약속에서 조건을 달 수 있다. 지금은 서로 건드리지 않고 멀리 떨어져 있지만 어떤 조건(일정 기간, 특정 상황)에서는 달리할 수 있는지를 고려하게 한다. 혹은 사후 서클에서 어느 정도 신뢰가 생겼으면 미래를 구축하는 기회를 얻는다. 이행약속은 만족할 수준에 대한 스펙트럼이 존재한다. 당사자들이 이행약속에 대해 그 정도면 만족한다는 최소한의 만족 요건이 있다. 그것은 다시 문제가 발생하지 않을 것이라는 이해에서 나온 만족감일 것이다. 진행자는 속으로 이것이 인권의 최소 수준과 관계의 회복이나 공동체의 구축에 실마리가 될 것인지에 대한 최대한의 만족 요건을 염두에 두고 그 스펙트럼 사이에서 참여자들의 이행약속을 지원한다. 본 서클에서 최소한의 만족 요건으로 이행약속이 잡혀도, 사후 서클에서 더 나아갈 수 있는지를 재차 확인하는 것이 바람직하다.

요?" 그러고 나서 이유를 들으면, 다시 두 번째 질문을 던진다. "그렇다면, 당신의 그 소중한 것도 고려하여 어떤 수정 제안이 있나요?" 이렇게 쌍방을 한두 번 오가면 제대로 이행약속의 도달 지점에로 찾아가게 된다. 명심할 것은 설교가 아니라 질문을 다시 하는 것이다. 왜냐하면, 질문은 방향, 내용, 에너지를 품고 있어서 그 질문을 성찰하면 도달할 지점에 스스로 찾아가게 된다.

5) 사건의 복잡성이나 본 서클 진행의 진행이 길어지는 경우 이행약속만을 따로 시간을 내어 할 수 있다.

서클대화는 직선으로 가지 않고 우회한다는 것을 이미 진술하였다. 그만큼 과정을 중요시 한다는 뜻이다. 한 사건을 다루는 것이 관계의 역동성 속에서 보면 전체 관계 중에서 일부분에 해당하는 사건이어서 그냥 해결하는 것으로 빨리 넘어가면 좋지 않겠냐는 합리적인 의문이 들 수도 있다. 그러나 파커 파머가 말했듯이 '리얼리티는 관계의 그물망이다'라는 명제는 여기서도 빛을 발한다. 즉, 하나의 사건에 대한 충실한 과정과 이행약속을 통한 신뢰의 회복은 단순히 해결책의 묘수의 문제를 넘어 그 개인과 우리에 대한 새로운 시야를 열어주어서 다른 사건이나 관계의 역동성에 긍정적인 영향을 미친다. 그리고 갈등은 당사자의 문제가 아니라 공동체의 문제라는 점을 이해하면 특히나 과정에 공을 들이게 된다. 그래서 시간이 없는 경우에는 상호이해와 자기책임은 한 번에 하고, 시간을 다시 갖고 빠른 기일에 다시 모여서 이행약속을 구체화한다. 이행약속은 사건의 무마나 땜질이 아니라 이행약속을 논하는 시간에 좀더 각자의 관점과 이해를 하는 시간이 되기 때문에 단편적인 사건 하나가 전체적인 상황과 질적인 관계를 성찰하도록 하는 데 도움이 된다. 특히나 단순히 이해를 넘어 서로에게 주고 기여하는 행동을 배우는 시간인 셈이다.

본 서클의 변형

갈등당사자 둘 이상의 사람들이 개입된 상황에 제삼자로서 진행자가 되어 들어가 진행하는 본 서클의 기본 진행과정은 실제로 그것 자체로 '화해'에 대한 영역을 커버하는 서클 진행방식이기도 하다. 즉, 내가 갈등 당사자가 되어 상대방이 적대적인 감정 혹은 강한 불만의 감정을 나에게 표출할 때 다가갈 수 있는 과정을 본 서클 진행방식은 예시하고 있다. 본 서클의 기본적인 진행 방식을 내가 연루된 상대방의 적대적인 감정표출에 어떻게 다가가서 대화로 연결할 수 있는가에 관해 이 방법을 적용한다. 중요한 것은 본 서클의 패턴을 충실히 이행하겠다는 의지가 필요하다.[22] 왜냐하면, 상대방이 적의를 가지고 달려들 때 나 자신도 감정이 올라와서 본능에 따라 응대하기 쉽기 때문이다. 그 과정은 다음과 같다.

먼저, 일 단계로서 상대방의 비난이나 듣기 힘든 언어나 행동을 듣고 반영한다.

정당하지 않은 것에 대한 자동반응이나 반박을 멈추고 일단 일 단계의 질문을 자신에게 한다. 상대의 심정에 대해 내가 무엇을 알아주었으면 하는 것인지를 묻고 들은 것을 평가 없이 요약해서 반영해준다. 너무 기계적인 반영

---

22) 상대방이 위협적인 모습을 취하고 있을 때 이런 방식으로 대화하고 싶지 않은 많은 충동과 나름의 타당한 이유들이 존재할 수 있다. 그래서 이런 행동으로 하지 않을 때 감당할 고통의 비용을 어느 정도 감당할 것인지 생각해보는 것도 좋을 것이다. 앞서서 설명한 갈등 무대에서 부르토에게 그런 패턴을 만들어 주는 것은 올리브의 공조도 있는 것이다. 비유로 개싸움에 대한 관찰을 이야기하고 싶다. 세 가지 패턴이 있다. 하나는 둘이서 지지 않고 피 흘려가며 상대방의 급소를 물어뜯는 모습이다. 나름의 각자 타당한 논리와 힘의 사용이 존재한다. 두 번째는 하나는 도망가고 하나는 추격하는 싸움이다. 그런데 도망이 추격의 에너지를 가세시킨다. 그러다가 도망가던 개가 뒤돌아 물불을 가리지 않고 이제는 맞붙는다. 이 두 가지 방식은 나름의 타당한 논리와 이성으로 하지만 결국은 비이성적인 비극으로 끝난다. 세 번째 양상은 한 쪽이 벌렁 누워서 자기 급소를 내미는 것이다. 이것은 비이성적이고 위험한 것 같지만 뜻밖에도 공격하던 개를 뒤로 물러서게 만들고 다시 같이 놀게 한다. 타당성을 가지고 싸우는 것이 아니라 상대의 공격을 내려놓게 하고 같이 협력해서 논의할 수 있는 가능성이 세 번째 방식에는 있는 것이다. 그러므로 위협을 받을 때 논리는 먼저 내려놓고 연결을 시도하는 것이 핵심포인트이다.

은 상대를 더 화를 돋게 만드는 경향이 있다. 그대로 들은 것을 돌려주는 것이 아니라 핵심에 에너지를 담아 반영해준다. 언제나 호흡의 원리를 기억한다. 먼저 들이쉬고 그다음 내쉬는 것처럼 먼저 들어주는 것이 가장 자연스럽고 강력한 것이다. 더 알아주었으면 하는 것이 있는지 추가로 묻고 또한 이를 반영하거나 상대의 흐름을 끊는다고 생각하면 재차 반영하는 것 대신에 말해줘서 고맙다고 응답한다.

두 번째 단계로 자기 책임의 질문을 다시 던지고 또한 들은 것을 반영해준다.

상대방이 나에게 불만이고 이미 뭔가를 말해야겠다고 마음먹고 말하는 상황이므로 내가 말하지 않고, 상대방에게 두 번째 질문으로 넘어가는 것은 자연스러울 것이다. 내가 상대방의 말에 응답하면 여전히 논쟁을 강화하고 상대방은 내 말을 자기방어로 알아듣고 내 논리를 깨뜨리는 데 더 집중할 것이기 때문이다. 그러니 차라리 하고 싶은 말이 있어도 인내하고 존중하며 두 번째 질문으로 들어간다. 자신의 진심이 무엇인지 들은 것을 반영해주되, 내가 동의하든 안 하든 그 진심에 대해 잘 들은 표시로 진정성 있게 반영해주도록 한다: 그리고 그것이 맞고 더 자신의 진심에 대해 들어줄 것이 있는지 확인한다.

세 번째 단계는 이제 당신이 말할 차례이다. 첫 번째와 두 번째 질문을 자기 자신에게 속으로 하고 그에 대한 정보를 상대방에게 준다.

여기서 중요한 것은 상대가 이미 말한 것을 건드리지 않고, 즉 상대의 이해가 오해라든지 타당하지 않다는 의도로 말을 건네지 않고, 문제가 되는 상황에 대해 자신의 심정을 먼저 말하고 자신의 진심은 무엇이었는지 나-진술어로 전달한다. 꼭 필요한 경우 그리고 상대가 그렇게 할 수 있다고 믿는 경우 무엇을 들었는지 내 말을 들은 것만큼 돌려달라고 부탁해도 좋으나, 반영을 받는 것이 어렵다고 여겨지면 이해가 되었는지 확인한다.

네 번째 단계는 위의 3번째까지가 이해하기 단계였으므로 이행 약속을 만들 단계이다.

상대방에게 지금까지 들은 정보에 근거해서 먼저 어떤 제안이 있는지 묻는다. 중요한 것은, 먼저 상대방이 제안하도록 해서 존중의 모습을 보여준다는 점이다.[23] 그리고 그 제안이 타당하지 않더라도 '예'의 태도로 조건을 두어 그것이 가능하면 내가 할 수 있다고 확인한다. 아니면 두 번의 질문을 기억하고 과정을 밟는다. 내게 어떤 소중한 것이 그 제안이 놓쳤는지를 알려주고서 수정 제안을 해서 상대방의 의견을 구한다. 상대방이 안 받으면 똑같은 두 번의 질문으로 다가간다.

제삼자로서 갈등을 진행하든지 아니면 직접 갈등 당사자가 되어 위의 변형된 과정으로 진행하던지 이행약속의 '책임지기'에 대해 유념할 것이 있다. 그것은 대화의 결과로서 각자에게 무엇이 마음에 남기를 원하는가에 대한 질문이다. 자신들의 부적절한 언행이 대화를 통해 다루어지고 나서 이행약속을 할 때, 동의라는 말의 깊은 의미는 자신의 의도는 아니었어도 상대방과 공동체의 안녕과 복지에 부정적인 영향을 주었다는 것을 자각하고 기꺼이 이에 대한 자발적 선택을 한다는 뜻이다. 그러므로 대화에 참여자들은 나쁜 행동

---

23) 감당할 수 없을 제안을 할 것이란 추측을 하지 말고 먼저 제안을 하도록 한다는 것이 핵심포인트이다. 그리고 그것을 조건을 달아 수정 제안을 해서 감당할 수 있는 수준으로 낮춘다. 그렇게 하여 상호 협력할 여지를 만든다. 핵심은 상대방은 무리한 요구를 할 것이라는 추측의 확인이 아니다. 협력할 여지의 공간으로 함께 들어가는 과정을 서로 함께 생각하고 만드는 것이다. 그렇게 함으로써 함께 작업하기가 가능한 것을 서로 깨닫게 된다.

에 대한 것보다 안녕과 복지에 대한 그동안 놓쳤던, 보다 진정성 있는 이해와 자각이 여운으로 남을 필요가 있다. 또한, 책임지기는 언제나 갈등 당사자의 갈등 비지니스에 한정하는 것이 아니라 공동체의 참여도 포함된다는 사실을 잊어서는 안 된다. 그물망의 관계에서 '공동체의 자기돌봄 프로세스'라 함은 관련된 당사자들만의 문제는 아니다. 역동적 관계의 구조 속에서 약한 고리를 통해 터져 나온 사건이기에 그렇다. 그렇다면 책임지기에서 애도와 그 기여에 대해 공동체의 일정한 몫도 존재하는 것이다.

이제 마지막으로 동의한 것을 축하하고 서로 현재 상태 확인을 하며 소감을 나누는 것으로 마무리한다. 내가 무엇을 배우고 무엇을 놓쳤으며 현재는 자각하게 되었는지를 축하나 감사로 표현하면 상대방이 나를 신뢰하는 데 도움이 될 것이다. 이 서클의 자기 상황에 대한 변형된 적용은 누가 얼마나 옳았느냐에 대한 것이 아니라, 자신의 소중한 것이 타인에게 들리게 하고 연결되어 배워가는 삶의 여정을 실천하는 데 그 목적이 있다. 설사 상대의 오해나 나의 잘못이 있는 상황일지라도, 그것을 통해 소중한 것진실에 대한 감각을 키우는 것이 여행으로의 삶을 풍성하게 해 주는 지혜의 빛으로 승화되는 경험을 얻게 한다.

4장. 사후 서클의 핵심포인트 및 변형

이미 여러 곳에서 진술한대로 대화에는 흐름이 존재한다. 이미 대화에 4가지 국면이 있으며, 회복적 서클에도 4가지 과정이 존재함을 설명하였다. 상처, 손상, 두려움, 어둠 등으로 발생하는 무의미의 충격에서 벗어나서 의미의 출현을 통해 방향감각을 되찾고 공동의 선·의미·복지로 도달하고자 할 때, 그 흐름에는 보이지 않는 생명의 완결단위가 있는 것이다. 인간의 사고나 행동도 개별적인 것이라기보다는 시스템적인 전체성이 내재되어 있다.

바터는 갈등을 식물에 비유하여 '갈등을 꽃피우기'라고 하였다. 매우 통찰적인 용어로 내게는 다가오는 말인데, 주관적인 이해는 이렇다. 갈등이라는 나무가 성장하면서 빈약해져서 시들어지고, 외부의 어떤 악조건이나 침해로 부러지거나 뒤틀리는 경우에 영양분을 공급하고, 막아주고 세워서 돌본다. 그의 행동이 최종 목적이 거기에 있는 것이 아니라 결국은 꽃피거나 열매를 그 나무가 잘 열도록 하기 위함일 것이다. 즉, 진행자의 책임과 갈등의 돌봄의 끝이 어디로 봐야 하는가에 대한 이해의 차이가 여기에 있다. 어떤 갈등 모델들은 당사자들이 분쟁을 논의하고 합의를 하면 그것으로 진행자의 책임은 끝이라고 본다. 이 모델의 이해는 갈등을 예방이나 해결의 관점에서 보기 때문에 그럴 것이다. 그러나 회복적 서클은 그 목적이 꽃피우고 열매 맺기 위한 것에 있다는 점에서 사후 서클의 의미가 매우 크다.

인간의 삶은 경험하기 위해 세상에 온 것이고 그 경험을 통해 풍성해지고,

누리며, 성장을 통해 자기실현의 기쁨과 자유에로의 초대에 대한 것이라면, 혼란, 도전, 손상, 실패의 사건에서도 그런 사건들이 가진 내적인 진실이라는 쓰면서도 달콤한 꿀을 마셔서 기쁨과 자유라는 꽃을 피우거나 열매를 맺게 하는 것은 중요한 부분일 것이다. 일어나지 않았으면 좋았을지 모르지만 일단 일어난 일에 대해 상대방의 내면, 나의 내면, 그리고 서로의 관계라는 사이 속에서 무엇이 일어나고 있었는지를 연결하고, 그것으로 꽃의 향기와 열매의 영양분으로 그 경험을 받아들이는 것은 살아있는 지혜이기도 한 셈이다. 원주민들은 서클을 통해 '치유 바퀴medicine wheel'을 돌려서 그러한 경험들이 치유의 약이 되도록 한다. 회복적 서클은 쓰디쓴 경험을 '약'으로 만드는 것을 사후 서클에서 한다.

바터가 갈등을 꽃피움으로 그리고 원주민들이 서클에서 약으로 조제하는 것을 회복적 서클은 사후 서클에서 한다는 필자의 진술에는 두 가지가 더 함축되어 있다.

첫째는 참여자들의 배움과 성장을 위한 것이다. 사전 서클과 본 서클에는 만남과 사건을 다루는 것에 대한 부담과 긴장 그리고 이것을 어떻게 다룰 것인지에 대한 몰입의 시간이다. 여기에는 각자 가져온 '감정의 배낭' 속에는 고통, 미움, 기대, 의심 그리고 자기 보호와 상대에 대한 공격의 역동적인 긴장과 보이지 않은 사고의 움직임들이 감정과 함께 복잡하게 일어나 흐른다. 그리고 각자는 그 흐름 속에서 이를 경험한다.

그러한 행위의 흐름 속에서 본 서클의 이행 약속과 더불어 어느 정도 이에 대한 실천의 여부를 보게 되면서 그 행위의 흐름 속에서 나와 사건의 원인과 과정을 다시 돌아볼 여유가 생기는 것이다. 그리고 대화 과정과 이행약속의 실천 여부를-대개 구체적인 이행약속이라면 실천의 성공률이 높다- 성찰할 여유가 일어난다. 멈추고 돌아보면서 자기 자신, 관계, 사건의 본성, 원하는 미래에 대한 피드백의 시간이 주어지는 것이다. 그러한 피드백을 사후 서클 이 과정으로 가져가기 때문에 배움과 성장이 가능해진다. 이 배움과 성장의 핵심은 두려움으로부터의 놓아짐, 삶의 악조건 속에서 여전히 사라지지 않는 내면의 순수한 휴머니티의 재학인, 그리고 인생에 대한 신뢰가 자리 잡는다.

두 번째는 에너지의 충전에 대한 것이다. 참여자들은 일어난 관계의 분리 와 그로 인한 손상으로 인해 염려, 고통, 내적 어둠이라는 감정의 무거운 배낭 으로 지치거나 힘들어진다. 한마디로 살맛을 잃어 에너지가 소진된다. 사후 서클에서 확인되는 안심과 안전 그리고 미래에 대한 기대와 동료들에 대한 신뢰와 지지의 받음은 삶의 낮은 에너지에 변화를 가져와 충일된 기대와 의 욕을 다시금 선물 받는다. 활력이 돌아오고 얼굴이 펴지는 것이다.

그러한 활력은 참여자들만 아니라 진행자 자신에게도 돌아온다. 진행자가 이상적으로 존중과 돌봄의 에너지로 일관성 있게 본 서클까지 잘 진행해 왔 어도 신경 쓰이는 여러 가지 것으로 인해 에너지 소모가 일어난다. 그리고 직 업으로서 대화 실천가나 갈등작업자가 되는 경우, 종종 갈등과 폭력의 사건 에 개입하거나 때로는 한주에 다른 사건을 동시에 따로 진행해야 하는 진행 의 압력을 받게 되기도 한다. 대부분 사람은 에너지 소진에 대한 충전에 대해 휴식, 여행, 체력관리용 운동, 명상, 산책 등 다른 시간과 다른 공간에서 일에 대한 보상이나 충전거리를 찾는다.

그러한 대안의 선택들은 어느 정도 도움이 될 것은 틀림없다. 여기에는 더 생각해 봐야 할 점들이 있다. 먼저는 실제로 다른 시간과 공간을 내기가 바쁜 한국사회에서는 원하는 만큼 그대로 되는 것은 아니다. 그리고 비용도 들어 야 한다. 또 하나는 갈등 다루기는 에너지의 소진을 가져온다는 무의식적인 판단은 어느 정도의 횟수 내에서는 자발적인 기여의 동기가 일어나지만, 그 횟수의 한계를 넘으면 부담과 귀찮음으로 다가오게 한다는 점이다. 그래서 처음에는 배워서 사회에 기여하고자 하는 간절함으로 훈련받은 것이 나중엔 자신의 복지에 부담이 되는 상태가 된다.

사후 서클의 진행에 대한 신실성과 사전, 본, 사후 서클 진행을 통으로 가는 일관성의 문제는 그러한 에너지 소진과 지침에 대한 '약'을 주는 것이다. 즉, 실행의 과정과 결과에 대한 명료화와 변화에 대한 목격을 통해서 오는 기쁨과 감사로 인해 우리는 에너지의 충전을 받게 된다. 다른 공간과 시간에서 에너지 충전을 하는 것이 아니라, 사후 서클 안의 중심에 보이지 않는 엔진을 돌려서 지혜와 힘이라는 동력을 얻는다.[24] 삶과 인간에 대한 여전히 신뢰할 수 있는 시야를 얻고, 눈과 심장이 두려움과 불안으로부터 정화되고, 더 큰 실재에 대한 이해와 지성을 얻는다. 이것이 사후 서클이 피드백을 통한 배움과 성장의 동기와 에너지를 준다는 뜻이다. 이렇게 에너지 공급의 엔진을 사후 서클 안에서 형성하기 위해서는 다음과 같은 몇 가지를 유념할 필요가 있다.

사후 서클의 핵심포인트

1) 처음 시작에 있어서 존중과 돌봄의 에너지만 아니라 긍정적인 기대로 시작한다.

잘못과 문제의 프레임에 아직 벗어나지 않고 있는 상태에서 제대로 했는

---

24) 다시 강조하거니와, 활동가가 자신의 에너지 충전을 자기 활동 이외의 시간과 공간에서 여행이든 명상이든 하고서 자신의 일터나 활동 장소에 에너지를 쏟아붓는 자기 이해는 암암리에 일과 존재의 분리를 가져온다. 자신의 활동이 소명이 되고, 거룩한 헌신이 된다는 것은 자기 활동의 공간에 에너지가 분출되는 엔진(임파워먼트 공급처)을 세움으로 가능하다. 그럴 때 그것은 일이 변형되어 소명과 헌신의 공간으로 다가온다. 기가 막히지 않은가? 자신의 한번 밖에 없는 삶을 자신이 좋아하는 일에 쏟아붓고 그 일이 에너지 소진을 가져온다고 생각하는 자기 모순적인 논리가 오히려 자발성과 생생함을 좀먹고 있는 셈이다. 일 그 자체가 에너지 소진을 가져오는 것이 아니라 그 일을 보는 나의 사고 패턴이 에너지를 갉아먹는다. 서클은 최소한 삶이 성스럽다는 애니미즘의 문화에서 전통으로 내려온 것이다. 모든 일, 사건, 행위가 거룩한 암호이자, 안내자라고 믿었던 문화 안에서 그러한 신성한 에너지를 만나는 공간의 하나가 서클이다.

지 못했는지 확인하러 온 것으로 참여자들은 이해하기 때문에, 대화는 약속을 지키지 못하거나 안한 것에 초점이 가 있을 수 있다. 그런 경우에는 자신들이 무언가 긍정적으로 했다는 것을 말하는 것이 자연스러운 분위기가 아닌 경우도 생긴다. 그럴 때 긍정적인 기대의 언급은 말문을 열게 하고 주저했던 속마음을 열도록 돕는다. 그렇다고 '잘했을 것이라고 기대합니다'라는 단정보다는 호기심 어린 기대의 수준이 좋다. 설사 중요한 약속이 이행되지 않았을지라도 그러한 호기심 어린 기대는 도움이 된다.

2) 감사와 축하하기의 나눔에 정성을 쏟고 진행자로서 몰입한다.

정성을 쏟고 몰입한다는 것은 이를테면 이행하기로 한 구체적인 약속들만 아니라 '약속으로 잡지는 않았지만, 그 외의 것'에서 나아지거나 변화된 것이 있는지 확인하고 감사와 축하를 나눔에 있어 세밀해지는 것을 말한다. 누구에게 하는 것인지 청자를 확실히 하고 그 청자가 온전히 화자의 감사나 축하를 받도록 한다. 전체에게 했으면 필요하면 각자 개인이 들은 것을 응답하게 하여 그 메시지를 서서히 그리고 각자에게 촉촉이 가슴에 스며들 시간을 갖는다.[25] 그리고 그 외에 '사소한 것이나 개인적인 것'이라 할지라도 감사나 축하할 것이 있는지 축하와 감사의 영역을 넓히고 일상적인 영역에까지 확인한다. 습관적인 것에 대한 행동 변화는 금방 나아지지 않을 수 있다. 여기서 '나아짐'과 '축하나 감사'의 범위에 대해 생각할 지점이 있다. 비유로 하자면 강물이 급류인 상황에서 나룻배라는 이행약속이 위에로의 진행은 안 되었지만, 더 뒤로 퇴보하지 않고 그 자리에 있는 것도 나아짐이라는 영역에 있는 것이

---

25) 쑥스러워서 당사자를 지명하지 않고 말하는 수도 생긴다. 당사자 지명을 놓치고 일반적으로 언급하는 감사를 들었을 때는 다 듣고 그것을 누가 먼저 알아주었으면 하는지 확인해서 듣는 사람을 명확히 하는 것이 중요하다. 감사에는 에너지가 있어서 당사자에게 가지 않으면 사람들 공간 사이로 흩어지기 때문이다. 참고로 사후 서클에 대한 중요한 기본적인 진행 팁은 이미 발행된 책자에서 진술하였다.

며 이것도 감사할 일이라는 점이다.[26]

3) 만일 첫 번째 단계인 평가하기에서 기대 이하로 실망하는 메시지가 들렸을 때는 더욱 신경써서 감사와 축하하기 단계를 진행한다.

본 서클에서 이행약속이 추상이 아니라 구체적이고 측정 가능한 그리고 '기꺼이' 자발적 선택의 정신에서 나온 실행 계획들이라면 사후 서클에서 그러한 이행하지 않았다는 부정적인 메시지가 들리기는 정말 경험상 쉽지가 않다. 그래도 그런 부정적인 메시지가 들렸다면 거기엔 반드시 실행할 수 없었던 이유가 존재한다. 그런 부정적 메시지가 들릴 때 진행자는 다음과 같이 두 번째 단계를 진행할 수 있다. "어떤 것은 만족스러운 실천이 되었고 어떤 것은 아쉽게도 기대만큼 되지 못했다는 이야기를 나눴습니다. 그렇다면, 이제 그럼에도 불구하고 조금이나마 나아간 것이 있다면 약속에서나 그 외에서 그것이 무엇이고 누가 무엇을 알아주길 원하나요?" 여기서 매직 단어는 "그럼에도 불구하고, 조금이나마"라는 용어이다. 그러면 실행하기로 된 형태로는 안 되었지만, 마음 자세나 다른 행동으로 전보다 나은 그 무엇인가를 시도한 것이 나타나게 된다. 그것을 축하한다. 그러면 참여자들은 그의 하지 않은 행동 뒤의 그의 의도에 대해 연결되어 상황을 이해하게 될 것이다. 그리고 또한 상황에 맞는 제안이 다음 단계에서 펼쳐지게 되어 있다.

4) 또 다른 제안하기 단계에서는 과거의 손상처리를 넘어 현재의 대안 행동과 미래의 관계구축(공동체구축)의 가능성을 재 확인한다.

---

26) 습관적이고 만성적인 것은 금방 시원하게 달라지지 않는다. 비유처럼 금새 나아져서 앞으로 나가는 변화를 보기 원하겠지만, '나아진 것'의 분류에는 이전의 강물 흐름에 역으로 올라간 것만이 나아진 것은 아니다. 실제로 그 강물 흐름에 뒤로 떠내려가지 않고 그대로 그 자리를 고수한 것도 나아진 것임을 진행자는 염두에 두어야 한다. 그러므로 이에 대해 축하의 정성을 들이는 것은 중요한 계기를 다시 주게 된다.

대부분의 사안은 1회의 사후 서클로 회복적 서클모임이 종료된다. 본 서클의 이행 약속은 상대가 이행하는지 안 하는지 지켜보겠다는 의심과 불안의 단계여서 미래 구축은 생각하기 어려운 사건들이 많다. 그러나 사후 서클에서는 대안 행동의 추가와 미래를 구축할 가능성이 있는 약속을 시도한다. 그뿐만 아니라 본 서클의 이행약속을 그대로 폐기할 것인지 아니면 더 진행할 것인지도 확인한다. 대개 경우는 더 가지고 가기를 원할 것이다. 그러면 기간 연장을 하고 서로 논의해서 나중에 폐지하도록 이행약속으로 재설정한다.

사건이 오래된 복잡하거나 습관적인 행동의 변화에 대한 것은 한 번 이상의 추가 사후 서클모임이 필요할 수도 있다. 때로는 회복적 시스템을 구축하기 위한 회의구조를 만들어 정책을 만드는 일련의 과정에 진행자가 서클 프로세스로 도움을 더 주어야 할 경우도 생긴다. 예를 들면, 갈등 사건을 통해 향후 갈등을 다룰 때 이런 존중의 방식을 다른 사례에도 도입하기 위해 내부 이견 조율과 훈련과정의 기획 등에 진행자가 기여할 기회를 얻게 되는 경우가 종종 생긴다. 바로 그러한 공동체 구축의 방향이 제대로 회복적 시스템을 구축하는 방향이기도 하다.

사후 서클의 변형

사후 서클은 배움과 성장을 위한 피드백의 기본 과정을 독자적으로 다룰 수 있다. 즉, 피드백 과정을 다루는 서클이라는 뜻은 어떤 가르침 배움, 기획 프로젝트, 행동, 모임 등에 대한 경험이 일어났을 때, 그 경험의 장점과 유익함을 선순환positive feedback하여 개인의 내면화나 조직의 활동을 돕는 교훈으로 삼는 것을 말한다. 이와 반대로 경험이 의도된 목표와 다르게 가거나, 미흡하여 도달하지 못했을 때 부정적인 순환negative feedback을 안전하게 다루어서 새로운 가능성의 기회로 전환하는 것을 뜻하기도 한다.

피드백을 할 것이 정해지면 일단 사후 서클의 기본 흐름을 따르되, 중요한 것은 자기-진술어나 메시지로 하는 것이 안전하다는 것을 명심할 필요가 있다. 맨 먼저 다룰 의제를 정한다. 그것은 이미 말한 대로 실천된 모임, 행동, 배움 그 무엇이든 전체에게 중요한 이슈를 선정한다.

도입하는 단계에서 환영과 주제 그것의 취지나 의미 그리고 대화 가이드를 소개하여 동의를 받는다이는 모든 서클이 공통적이다.

첫 번째 돌아가기 질문을 그대로 갖고 평가하기를 한다. 토킹 스틱을 돌리거나 하여 자기 메시지로 그 주제와 연결한다. 패스할 수 있으나 나중에 한 번 더 기회를 주며, 시간을 효용적으로 사용하고자 할 때는 두 개 이상의 그룹으로 나누어 동시에 진행할 수 있다. 그 결과는 모조지 등으로 요약 정리하여 전체가 보게 한다.

두 번째 질문으로 감사와 축하하기를 충분히 한다. 이미 에너지가 여기서 공급된다는 사실을 이야기했으므로 구체적으로, 그리고 다양한 관점에서 성취하거나 나아간 것의 기쁨을 공유한다. 누군가는 전체가 보도록 요약정리하는 것은 과정에 충분히 몰입하는 데 도움이 된다.

세 번째 질문인 제안하기를 다룬다. 여기서 포인트는 먼저 제안과 그 제안의 의미를 확인하는 것이다. 제안자가 제안이 무엇이고 그것이 어떤 의미를 채우고자 하는 것인지 말하며, 여기에는 평가나 필터링이 없이 그 어떤 것이든 제안할 수 있게 한다. 제안과 의미를 간단히 종이에 써서 발표하고 서클 안에 놓는다. 제안들이 다 나왔으면 모두는 일어서서 스티커나 사인펜 등으로 모두에게 필요하고 소중한 것에 투표하게 한다.

네 번째 과정은 제안하기에서 더 나아가 동의절차를 갖는 것이다. 이는 투표의 결과를 보고 가장 많이 나온 몇 개의 아이디어를 확인하여 전체의 동의를 구하여 이행약속으로 잡는다. 예를 들면, 필자는 엄지투표를 사용하는 데 양손 엄지척은 전적인 찬성, 한손 엄지척은 긍정적이며 지지함, 양손 엄지를 수평으로 놓는 경우는 찬성하지만 조건이 있음, 그리고 양손 엄지아래는 찬성 안 함으로 알린 후 하나씩 엄지투표를 한다. 약 30명 내외인 경우 전체의 2명 이하가 찬성하지 않으면 전체 동의super-majority vote로 간주하며, 조건은 일단 찬성이며 들을만하면 괄호로 조건부를 단다.[27] 그리고 세 명 이상이 찬성을 안 하면 일단 어떤 조건에서 찬성을 할지를 다시 물어서 조건부 찬성인지 여전히 거절인지를 확인한다. 그래도 3명이 상이 거절이면 그 모임에서는 의사결정을 보류하고 그들을 포함한 의사결정위원회를 구성하여 지금까지 나온 결과를 존중하고 차이를 해결할 방안을 마련하여 전체와 나눌 것을 확인한다.

이제 마무리를 하며 서클을 닫는다. 지금까지 과정에 대한 축하와 감사 혹은 소감을 각자 돌아가며 짧게 혹은 시간이 없으면 팝콘식으로 열의나 아이디어 있는 참여자 몇 사람이 나누고 마무리 의식으로 침묵, 노래, 혹은 상징적인 짧은 의식 등으로 마친다.

이 장에서 마지막으로 언급하고자 하는 것은, 사후 서클까지 회복적 서클의 한 생명 단위로 이해하는 이유의 근본적인 지점은 단순히 회복적 서클을 능숙하게 진행하고 그 절차로 가져가는 것이 아니라 삶의 방식으로 가져가기 위함이라는 강조에 대한 것이다. 삶의 방식에서 중요한 것은 서클의 정신 혹

---

27) 참고로 필자의 단체 운영은 10명 이하로 진행되기에 전원 찬성제를 유지한다. 다시 시간을 내어 다루거나 아니면 결정하지 않고 유보시킨다. 이는 최소 한 사람의 반대라도 함께 가야 하는 상황에서 '일'보다 '관계'를 우선시하는 것이 중요하기 때문이다. 또는 찬성을 하지 않지만, 옆으로 비켜 서 있을 수는 있다. 그렇게 해서 다른 동료가 하는 것에 찬성은 하지 않지만 막지는 않는다는 것을 분명히 한다. 견해나 가치가 상대적이고 다를 수 있음을 인정하기 때문이다. 소수가 단체를 꾸려갈 때는 그 어떤 방식으로든 투표로 이기는 것은 후유증을 남기거나 일을 신나게 하는 데 방해물이 된다.

은 서클의 영spirit이다. 환대와 존중, 연결과 탐구, 동의와 나아감의 과정과 경청과 열린 질문, 안전한 공간, 과정의 신뢰 등과 같은 것은 정신적이고 영적인 영역에로 연결된다. 살아있는 영과 지혜 그리고 능력부여라는 새로운 힘에 대한 충실성이 몸과 마음에서 새겨져서 그러한 이치가 능력으로 발휘되기 위함이다.

그중에 사후 서클은 갈등을 꽃피우고 삶의 쓰라린 경험에도 불구하고 신뢰할만함을 배우는 과정의 클라이맥스가 되는 지점이다. 사후 서클은 어두운 터널이 끝나고 빛이 비추는 곳이 시작되었음을 알리는 중요한 전환의 기회를 제공한다. 혹은, 지금까지의 터널보다는 쉽고 긍정적인 가능성이 보여서 다시 시작할 수 있도록 용기를 줄 수도 있다.

퍼실리테이션진행에서 프랙티스과정의 실천와 시스템실천 공간과 실천 공동체 형성을 통합시키는 회복적 서클의 목표는 단순히 진행의 명료화만 아니라 서클이 주는 영 곧 서클-의식circle-consciousness의 내재화와 조직화이다. 내면화로는 존재를 꽃피우고 조직화로는 평화와 복지를 공동체나 단체 안에 구현한다. 이렇게 서클을 진정성 있게 온전히 경험함은 진행자 자신 또한 서클이 주는 고양高揚된 내면 의식의 상태로 올려놓는다. 이에 대해서는 다시 서클 리더십에서 다루고자 한다.

5장. 회복적 시스템을 중심화하기

도미니크 바터의 한국방문에서 가장 많이 강조된 것이 회복적 시스템이었다는 것을 유념하고 있었지만 이제 10년이 되는 지금에 와서 활동가로서 절실히 이 문제가 회복적 서클을 펼치는 데 매우 중요하게 생각하게 되는 때가 요즈음이다. 이에 대한 마음속의 동의는 초기에 어느 정도 활동가들이 이것으로 무엇을 어떻게 할 수 있는가에 대한 막막함이 이젠 어느 정도 걷히고 여러 주요 지역에서 활동가들이 개인이나 단체를 통해 혹은 학교를 통해 현장들이 형성되면서부터이다. 이제는 회복적 서클의 발전에 대한 염려나 전망에 대한 임계점을 지났다고 판단되기에 무엇이 근본적이고 더 중요한지를 다시 성찰하는 시기로 필자는 접어들었다고 판단하기 때문이다.

다시 되풀이 강조되거니와 회복적 서클이 단순히 진행교안을 넘어서서 바닥에 누워있거나 소외된 사람들을 힘을 내서 '일어서게 하기standing up; 바터가 회복의 의미로 제시한 용어임'위해 공동체의 자기-돌봄 과정이라는 광의의 의미를 제시했음을 기억할 필요가 있다. 여기서 공동체에 대한 그의 견해는 위험을 같이 감수하고 지원해 주는 실천가들을 말한다.[28] 지금까지 대부분 활동가

---

[28] 공동체의 정의에 관련하여 갈등과 폭력의 현장에서 공동체를 위험을 함께 경험하고 서로를 지지하는 커뮤니티로 바터는 워크숍에서 설명하였다. 공동체는 한국에서 여러 의미를 지니고, 시민사회활동가 중에는 이로부터 깊은 좌절의 경험도 갖고 있어서 꼭 긍정적인 이해만 갖고 있지는 않다. 필자가 제시하는 것은 공동체가 현실의 상황에서 이상적인 모습으로 존재하지 않아도, 그리고 혼자 프리랜서로 활동하고 있다 할지라도 인식론적이고 존재론적인 측면에서 공동체의 의미를 서클 활동가는 깊이 생각할 필요가 있다고 생각한다. 내 존재의 뿌리가 닿고 있고, 내가 무언가를 제대로 아는 인식의 뒷배경에 공동체에 의해 보살펴지고 안내되고 있

는 사적인 필요에서 퍼실리테이션진행의 숙달과 그 경험에 주로 관심을 가졌다고 한다면, 공동체는 시스템과 프랙티스의 문제를 해결할 수 있는 곳이라는 점에서 활동의 전망을 돌려서 회복적 서클 정의에 따라 프로세스와 자기 돌봄의 주체이자 시원적 토대인 공동체를 다시 생각할 필요가 있는 것이다. 즉, 그동안 공동체에 대해 간절히 그리워하던 사람이든 아니면 공동체에 대한 상처의 경험이 있어서 단어를 듣는 것조차 반발이 일어나든 간에, 활동가로서 자기 경험의 상태가 어떠하든 의미와 목적에 대한 관점에서 실현 여부를 떠나 공동체를 진지하게 고려할 때이다.

이 장에서는 퍼실리테이션을 넘어 회복적 서클은 시스템과 프랙티스를 포함하며 그 3가지의 상호 통전이 중요하다는 바터의 비전에 동의하면서 퍼실리테이션에 대해서는 이미 충분히 진술했으므로 시스템과 프랙티스에 대한 이야기를 나누고자 한다. 먼저 바터의 제안을 살펴보고 그 연장선에서 필자의 경험을 통한 한국에서 흐름을 소개한다.[29]

회복적 서클 심화 워크숍 첫날에 회복적 서클은 정해진 모델이 아니니 그대로 하지 말라고 시작한 바터는 다음과 같이 말했다.

> 회복적 서클은 힘든 갈등을 어떻게 대응할 것인지 거기에 맞게 질문을 해서 해결하도록 돕는 것이다. 창조는 우리가 프랙티스할 때 나온다. 그렇게 하기 위해서 서클을 해 볼 필요가 있다. 서클은 모두가 목소리를 들리는 공간을 말한다. 모두가 대화와 소통을 발견하는 공간이다.

다는 신념은 매우 중요하다는 뜻이다.
29) 여기서 인용하는 바터의 말은 메모한 것을 따른다. 그의 심화 워크숍 당시에는 정신없이 적었던 것인데 그동안 어디에 두었는지 까마득하게 잊고 있다가 10주년 기념 월례포럼이 기획되고 첫 발제자가 되어서 힘들게 찾아냈다. 오랫동안 묵혀 둔 것이다.

그의 설명은 이어진다. 위와 같은 방식으로 갈등을 경험하고 있는 사람들을 서클로 초대하면 놀라운 일들이 일어나게 된다. 즉, 말 뒤에 어떤 뜻이 있는지 이해하게 되어서 약속들을 하게 된다. 한두 시간 전에는 기대하지도 못한 변화가 일어나게 된다는 것이다. 이러한 놀라운 경험을 하고 집이나 친구들에게 가게 되면, 서클 참석자에게 그들은 묻게 된다. "갈등에 대해 어떻게 하기로 했어?" 그러면 참석자는 말한다. "전에는 싸웠는데 잘 지내기로 했어." 그러면 가족이나 친구들은 이에 대해 의문을 제시하게 될 것이다. "너한테 고약한 짓을 했는 데, 너는 신뢰하겠다고? 넌 너무 순진한 것 아니야? 넌 속은 것이야! 그런 척하는 것이라고!"

위의 두 대비되는 바터의 진술이 회복적 시스템에 대해 4일 중 절반을 왜 그가 시간을 보냈는지 암시하는 문제의식이다. 갈등에서 서클을 통한 대화의 필요와 그 가치 그리고 이에 반하는 엄중한 우리의 사고체계와 문화의 견고성이라는 현실적인 간극이 진행자와 참석자를 곤혹스럽게 만든다. 이러한 이상적 목표와 '이에는 이, 눈에는 눈'이라는 의식이 보편화되어 있는 현실로 인해 그가 말했던 '갈등부엌'이라는 회복적 시스템 그리고 거기서의 프랙티스가 요구되는 것이다. 회복적 시스템에 대한 요청은 왜 필요한 것인가?

그 첫 번째 이유가 바로 '서클에서 약속한 것이 약해지기 때문'이라는 점이다. 그는 비유로 말한다. 차가운 겨울이라는 분위기 속에서 특별한 공간인 서클에서 눈사람이라는 약속을 함께 만들었는데, 그것은 일상의 공간인 바깥 공간인 뜨거운 햇볕에 나가면 녹게 된다. 모두가 의심하기 때문이라는 것이다. 서클 안에서 일어난 일이 별로 이해가 안 가기 때문이다.[30] 그렇기에 서클

---

30) 이런 일은 회복적 서클 전달 초기에 동료진행자들의 이야기를 통해 많이 접하는 상황이다. 아이들의 갈등과 폭력을 잘 해주고 왔는 데, 학부모 중에 이것을 듣고 오해하여 상대방 편을 들어주고 일을 무마했다는 종류의 의심 어린 반응이 그것이다. 요즈음은 이미 학부모 승인이 절차상 이미 규정되어 있거나 학부모도 참여에 포함되기 때문에 쉽게 일어나지 않는 사례이다.

안에서 만들어진 것을 밖에서 지원할 수 있는 분위기가 만들어질 필요가 있다. 바터는 단언하여 말한다. "회복적 서클이 존재하기 위해서는 회복적 서클 분위기가 필요하다." 대화를 손쉽게 선택하고 그 대화가 쉽게 일어나도록 공간이 만들어져야 한다.

그 공간이란 예를 들면, 음식을 요리할 때 부엌이 필요하고, 배고프면 부엌의 냉장고를 기억하고, 음식 재료가 있으며, 요리가 가능하다는 것을 부엌에 대한 회상으로 실천할 수 있는 것처럼, 갈등도 다룰 수 있는 '갈등부엌'이 필요한 것이다. 부엌은 매번 짓는 것은 아니나, 매일 배가 고파지는 것은 알고 있으므로, 그렇게 배고플 때 부엌을 항상 쓸 것이라는 점을 기대하게 된다고 한다. 바로 이러한 '부엌은 항상 쓸 수 있다'는 기대야말로 진행 이전에 진행을 기꺼이 손쉽게 선택할 수 있도록 해 주는 공간의 필요와 그 분위기의 힘인 것이다. 그래서 갈등이라는 물고기를 잡으면 갈등부엌이 있다는 것을 알고 있으므로 요리하고 싶은, 즉 갈등을 다루고 싶은 의욕과 자연스러운 선택이 쉽게 일어나게 된다.[31]

배고픈 것은 항상 일어나는 일이기에 배고프기 전에 부엌이 있는 것은 좋은 것이고 옳은 일이다. 공동체가정, 조직, 학교, 마을에서 갈등은 언제든 혹은 종종 일어날 수 있기에 갈등부엌을 만들어 놓는 것은 타당한 일이다. 여기서 갈등부엌의 핵심은 언제든지 쓸 수 있다는 기대와 그 공간에 대한 모두의 눈으로 인식하기이다.

갈등부엌을 만든다는 것은 바로 회복적 시스템을 구축한다는 것이요, 요

---

31) 이는 매우 중요한 통찰이다. 갈등은 일반적으로 쉽게 다루지 못하는 복잡하고 위험한 것이기에 전문가나 전문기관이 개입해야 한다는 통념을 일반인들이 지니고 있기 때문이다. 이렇게 해서 권력과의 공모가 이루어지고 엘리트의 그들만의 리그라는 지배체제가 구조화된다. 일반 서민은 전문 지성이 없고 무능력하다는 이데올로기를 작동시키기 때문이다. 또한, 부엌은 음식 요리만 하지 않는다. 음료나 다과를 나누는 이야기 공간으로, 창작의 공간으로도 활용된다. 이러한 확대된 활동에 대해서는 다시 뒤의 7부에서 설명한다.

리한다는 것은 프랙티스를 한다는 것이다. 그리고 갈등을 다루도록 부엌을 만드는 것을 지원하는 시스템이 바로 실천 공동체이다. 그 공동체에서는 지원시스템을 갖추고 바터의 공동체에 대한 비행기 비유에 따르자면, 그 비행기가 얼마나 비행할 것인지에 따라 어떤 비행기가 필요하고 특수 연료는 무엇이어야 하는지 등의 지원 시스템을 논의하게 된다. 그 논의하는 과정에서 공동체지원하는 구조나 체제가 만들어진다.

두 번째 이유는 바로 지원시스템이라는 용어와 결부되어 있다. 이는 공동체 구성원이나 회복적 서클 실천가가 "내가 쓸 수 있는 지원이 무엇인지"에 대한 실천적 응답을 말한다. 내가 쓸 수 있는 지원에는 여러 경우가 있다. 맨먼저, 누군가 자신의 손상에 대해 불평과 강한 감정를 표출해서 전체가 흔들릴 때, 이는 그가 혼자 고립되어 있고 어떤 도움이 저절로 이루어지지 않아서 강하게 주장할 수도 있다. 지원을 공급해서 어떻게 할지를 알게 하는 시스템이 있다면 다른 행동을 선택할 수 있을 것이다. 이러한 돌봄과 지원의 시스템이 바로 새로운 정의 시스템을 공동체에 가져오게 하는 것이다.

다른 경우라 할 때, 특히 회복적 서클 실천가에게는 사회의 권력구조에서 저항을 만나게 된다. 그리고 또한 개인적으로 실패나 좌절의 경험을 가질 수도 있다. 그럴 때 지금 하고 있는 것이 중요하다는 것을 개인의 능력에서가 아니라 지원시스템을 통해 지지를 받을 수 있다. 누군가 혹은 많은 이들이 저항과 방해를 할 때 많은 지원을 받아야 한다는 것이다. 목표를 이루기 위해 미리 준비프랙티스하면 일관성을 잃지 않고 사회의 권력 구조를 변화시키는 데 용기를 잃지 않을 수 있다. 그런 지원이 없으면 함께 있는 사람도 대가를 치르게 된다. 지원이 충분히 있지 않으면 충분히 대화를 돌보지 못하기 때문에 비난의 화살이 나를 지지했던 사람에게도 가게 되는 것이다.

그뿐만 아니라, 지원의 문제는 진행자의 실패와 잘못에 대한 근본적인 이해도 변화시킨다. 이에 대해 바터는 말한다. "회복적 서클 실천의 실수나 잘못은 다른 동료 진행자의 지원이 필요하다는 것의 징조이다." 회복적 서클은 통상 10건 중 7~8회 정도로 당사자 만족률을 가져오긴 하지만 항상 성공하거나 만족스러운 결과를 가져오지는 않는다. 그렇기에 수완 좋은 진행자라 할지라도 언젠가 일어날 수 있는 실수나 잘못에 대해 그 개인의 책임 문제가 아니라 공동체의 지원 시스템의 결여로 이해를 바꾼다는 것은 매우 중요한 의미를 지닌다.[32]

회복적 정의 시스템은 일어서게 하는 것이기 때문에 그러한 실패로 인한 고통은 개인의 잘못이 아니라 공동체의 지원과 돌봄을 상설화하고 문화화하는 것이 퍼실리테이션 만큼이나 중요함을 회복적 서클 활동가들은 가슴에 새길 필요가 있다. 더 나아가 자신의 실수나 실패를 감추지 않고 공감과 지원을 받을 수 있는 공동체가 필요하다. 황당하지 않은가? 회복적 서클이 적정기술로 자발적인 기여에 필요한 만큼의 능숙한 솜씨가 이상적인 것으로 스스로 말하면서도, 완벽한 전문가적 능력을 은연중에 기대한 것처럼 그렇게 실수나 실패에 대해 스스로 부끄러워하거나 감추어야 하는 문화 속에 산다는 것은 넌센스인 것만은 틀림없다. 사실은 전문가가 더욱 사회를 혼란스럽게 하고 망치는데도 그런 태도를 은연중에 따르는 분위기와 결별을 할 필요가 있다. 손을 들어 실수와 잘못을 말하고 동료로부터 지원을 받는 것이 명예로운 것임을 우리는 어떻게 문화로 정착시킬 수 있을까? 이는 회복적 서클진행자들이 점차로 증가일로에 있는 향후의 절실한 과제이기도 하다. 실천 공동체와

---

32) 필자는 여러 명의 회복적 서클 동료진행자들로부터 개인적인 연락을 통해 상담을 받는 것 중에 그동안 많은 갈등 사건들을 잘 해결했는데 어느 한 사건의 실패로 인해 좌절하고 한동안 갈등 사건에 대해 손 놓고 지냈다는 힘든 경험들을 들을 때가 종종 있다. 자신이 전에는 갈등에 대해 전혀 접근도 못했는데, 그동안 회복적 서클을 배운 이후로 네댓 건 혹은 열 건 가까이 잘 해결해서 본인도 뜻밖인 경험을 하고서도 하나의 만족스럽지 못한 고통의 경험으로 손을 놓게 되는 것은 그 사람의 능력 부족이나 인식 부족의 문제가 아니라 주변에 그를 지지하는 회복적 시스템이 작동하지 않기 때문이다.

그에 의한 지원시스템은 또한 활동가의 예상되는 향후의 실수나 실패에 대한 돌봄과 지원의 실천을 위해서도 필요하다.

회복적 시스템은 바터에 의하면 5개 영역을 고려하며 만들어진다. 이미 이는 회복적 서클 입문 워크숍에서 통상 언급되던 사항이어서 여기서는 간단히 스케치하고자 한다.

① 자원: 누구와 먼저 이야기를 나눌 수 있는가?

공동체 구성원들 사이에서 우리가 맞이하는 고통스러운 상황, 즉 손상, 갈등, 폭력 등에 직면해서 회복적으로 대응한다는 것에 대해 동의를 할 수 있는 사람들을 모으는 것이다. 그들과 더불어 이에 대한 필요성을 확인하고 어떻게 함께 할 수 있는지 아이디어를 모은다.

여기서 중요한 고려점은 무언가 기존 체제에서 다른 움직임을 시도할 때 권력 구조에서 의심이나 혹은 다른 동료들의 반대가 있다는 점이다. 비폭력적인 지성을 사용해서 권력과 협상하고, 다른 권위와의 협력적인 관계를 맺으려 노력한다. 적대적인 반대자들에 대해 적으로 인식할 때 변화의 시간이 오래 걸리게 된다. 적으로 만들지 않으면서 그들의 염려를 자유롭게 만드는 방법을 모색할 필요가 있다.

② 공간: 어떤 공간을 이용할 수 있는가?

공간은 그 자체만으로도 힘을 지닌다. 공간이 사람을 변화시키기 때문이다.[33] 그렇기에 공간의 확보는 영향력이라는 권력과 연결되는 지점이다. 바

---

33) 어떤 공간에 들어가는가는 그 사람의 행동과 감정 그리고 언어를 변화시킨다. 예를 들어, 댄스홀, 카페, 스터디룸, 격투기경기장, 연주장 등의 공간의 차이는 그 공간에 들어서는 사람의 생각, 언어, 관심, 감정, 이야기 내용 그리고 경험의 성찰 등을 변화시킨다.

터는 "공간 자체가 말하는 메시지가 있다."고 하였다. 그 공간을 회복적 실천에 어울리는 공간으로 만든다. 참여자는 장소가 어떤 곳이고 참가자에게 어떤 의미로 다가갈 것인가를 고려해야 한다. 예를 들어 학교에서 학생부장실이나 상담실에 있다고 치자. 그러면 다른 학생들의 시각은 문제가 있어서 학생부장실에 끌려가거나 자기 내면에 문제가 있어서 상담실에 갔다는 인식에서 벗어나기 어려울 것이다. 어떤 의미로 그 공간을 만나는가는 참가자들만 아니라 그 공동체 구성원들이 그 공간을 어떤 의미로 받아들이게 하느냐와 결부되어 있다. 편안하고 안전하며 사적인 보호가 지켜지며 내부에 회복적 서클에 대한 상징 그림이나 이해를 알려주는 것들과 진행에 편안함을 주는 분위기 등이 도움이 된다.

③ 역량: 누가 진행을 하며 어떤 지원이 필요한가?

역량은 회복적 실천의 호스트 일을 담당하는 것을 말한다. 여기서는 회복적 서클진행자로서 훈련받은 이가 실제로 사건을 맡고 진행하는 것과 관련된 일들을 맡는다. 실제 진행과 그 진행에 필요한 역량을 개발하고 교육과 훈련 일정표를 짜고, 실천 여건을 조직하고 실행한다. 즉, 실제로 실천과 관련된 책임과 실무를 맡는 것이다. 그리고 이들은 위의 ① 자원의 지지그룹과 함께 진행평가, 예산 기획, 다른 구성원의 진행자 훈련 등을 맡는다. 여기서 중요한 것은 권력의 상하구조를 형성하지 않으면서, 호스트이면서도 공동체 구성원으로 남아있는 것이다. 이는 특권이 아닌 돌봄을 위한 서비스인 것이다.

④ 홍보: 어떤 형식이나 방법으로 알릴 것인가?

공동체 구성원 모두가 이 회복적 과정에 대해 인식을 하고 있고, 그들이 언제나 사용할 수 있다는 것을 알리는 것을 말한다. 아무리 훌륭한 과정이 있어도 그것을 공동체 구성원이 인식하고 있지 않으면 활용이 빈약해질 수밖에 없다. 단순한 정보의 공유만 아니라 왜 이것이 필요하고, 어떤 의미가 있고, 어떤 변화가 가능한지를 때때로 정규적으로 알 필요가 있다. 그것은 우리의 응보적인 문화와 사회 흐름이 강해서 모래사막에 물동이를 몇 개 부은 것처럼 금방 기억되지 않기 때문이다. 있다는 것을 아는 것에서 그 가치가 소중하다는 전체 공동체의 문화 속으로 들어가는 것은 부단한 홍보에 관련된다. 실천가는 모두가 될 필요는 없다. 하지만 그에 대한 가치가 공유되지 않으면 그 실천가가 떠나거나 회복적 실천의 프로그램이 없어지면 일 년이 되지 않아 문화와 경험은 기억으로만 있고 과거로 손쉽게 돌아간다. 이 홍보는 회복적 대화모임의 공간이 존재하는 이유와 그 합목적성을 강화한다. 그리고 이에 대해 거부하는 이들에게 이에 대해 쉽게 말하지 않게 세력화하도록 한다.[34]

⑤ 개시방법: 어떤 수단을 통해 회복적 프로세스를 시작할 것인가?

공동체 구성원 전체가 회복적 서클이 존재하는 것을 알고 있으면, 그것을 사용하고 싶을 때 어떻게 시작하는지를 말한다. 예를 들어 전통적인 방식은 신청함이 있을 수 있고, 스마트 기술이 발달된 지금에서는 웹사이트나 긴급 전화 등의 방식이 있을 것이다. 그 핵심은 지위, 나이, 돈 등과 상관없이 그리고 누군가를 거쳐서 접수되는 것이 아니라 진행자 자신과 직접 연결되는 시스템이 필요하다.

지금까지 이야기를 이제는 한국적인 상황에서 회복적 시스템실천 공간과 프

---

34) '세력화'라는 말을 낯설어할 필요는 없다. '패러다임'이란 말을 처음 쓴 토마스 쿤은 새로운 모델, 새로운 패러다임은 그 자체의 진리나 타당함에 의해 생존하는 것이 아니라 그 새로운 모델이나 패러다임에 헌신하는 사람들이 기존 모델의 압력에 굴하지 않고 실천커뮤니티를 형성하여 대항하고, 흐름을 만들어냄으로 가능하다고 하였다. 이것이 바로 세력화의 의미이다. 토마스 쿤 저, 김명자, 홍성욱 역, 『과학혁명의 구조』(2013, 제4판, 까치).

랙티스에 대한 이야기로 넘어가고자 한다. 바터는 90년대에 10년간 씨앗질문을 통해 10대 무장갱청소년들과 슬럼가 마을 주민들과의 대화 경험을 통해 회복적 서클의 진행방식을 어느 정도 틀을 만들었다. 만들고 나서 그의 모델을 잘 설명해주는 지원 모델로서 창시자 마셜 로젠버그의 비폭력대화NVC; Nonviolent Communication였다.35) 즉, 필자의 견해로는, 바터는 회복적 서클을 이해하는 지원 모델로서 NVC의 순수한 에너지의 흐름과 공감의 중요성을 간파한 것으로 보인다.36) 추측하건대 회복적 서클과 나중에 개념적 설명으로서 NVC의 조합은 그에게는 대화의 순수성과 질적인 연결에 대한 창조적 결합이 그의 가치로는 매우 절실하게 다가온 것으로 이해된다.

반면에 나에게는 다른 회복적 시스템의 방향이 설정되었다. 필자에게는 이미 퀘이커의 평화증언과 그들의 평화형성을 위한 서클 모델들이 앞서서 전수되었고, 이미 또한 퀘이커 사상가인 파커 파머와 그의 모델을 추가로 접한 상태에서, 회복적 서클은 서클 프로세스의 일반 형태와의 조우를 통해 한국의 시민사회진영, 비폭력실천 현장 그리고 교육현장에 공급되는 것이 **빠**른 전략이 될 것이라는 직감적인 이해에 직면하게 되었다. 그리고 대화의 순수성에 대한 경험은 서클이 그 질적인 영역을 체화시키면 저절로 일어난다는 신뢰와 경험도 있었다. 그것은 이미 앞서 진술한 퀘이커 영성훈련기관인 펜들힐과 필리핀 민다나오 원주민의 서클대화의 목격에 따른 충격에 대한 통찰

---

35) 한국비폭력대화센터는 이를 실천하는 기관이다. 캐서린 한과 그녀와 함께 하는 몇몇 동료들은 매우 헌신적인 노력으로 2000년 초부터 한국에서 비폭력대화의 대중화에 노력해왔다. 필자도 초기 활동 때 캐서린의 도움과 지원을 많이 받았으며, 지금까지도 기관협력으로서 회복적 경찰활동 등에 함께 여러 동료 기관들과 함께하고 있다.

36) 도미니크 바터는 국제 NVC 인증지도자이기도 하다. 그런 자격으로 한국에서 회복적 서클과 NVC와의 관계를 다음과 같이 말한 것에 필자는 개인적으로 매우 감사하게 생각한다. 즉, 회복적 서클이 이미 만들어지고 그에 대한 개념적 설명으로 NVC가 매우 적합하였다는 것이었다. 필자는 민중의 적정기술로서 그리고 평화활동가의 미래 모델의 하나로서 회복적 서클이 가진 진행의 단순함과 더 많은 다양한 훈련 기술들이 사전에 필요하지 않은 소박함에 대해 철저히 밀고 나갈 수 있는 용기와 도덕적인 짐을 내려놓게 되었다.

이기도 했다. 아무튼, 바터가 회복적 서클과 NVC의 환상적인 조화를 꿈꾸는 것에 대신하여 필자는 회복적 서클과 그 본래의 원형이자 표준인 서클 프로세스와 다른 국제적인 서클 모델과의 창조적인 융합의 지평을 꿈꾸게 되었다. 그렇게 하여 주요 국제적인 서클 모델들에 필자가 진행자로 워크숍을 할 때는 다른 서클 모델들에 대한 정보를 점차로 공유하는 방향으로 갔다.

서클 프로세스는 이미 2000년대 중반에 연구 기획을 하였고 2008년 촛불집회를 기점으로 단체를 넘어 외부와 공유되기 시작하였다. 당시는 매우 초기여서 소박한 이해를 하고 있었음을 고백한다. 그러나 점차로 이슈를 다루는 문제해결 서클, 기획과 의사결정을 짧은 시간에 가능한 동심원 서클, 동료의 내면을 지원하는 윈드서핑 서클 등의 창조적인 개발이 이루어졌고, 인문학 주제를 다루는 서클대화모임의 형식들이 개발되었다. 그리고 2020년에 들어와서는 퀘이커에서 영향을 받은 서클형 분별지원 모임도 신앙공동체에서 실습하기 시작했다. 그리고 조만간에는 네덜란드에 기반을 둔 전문역량과 활동에 대한 동료지원모임이 소개될 예정이다. 이런 모든 서클들은 지원 시스템을 위한 실천과 퍼실리테이션의 확충과 심화를 위한 것들이다.

필자는 지난 20년 활동의 반 이상을 네트워크를 만드는 일에 노력과 시간을 쏟아부었다. 소속단체가 구멍가게 규모이면서도 조직 자체를 크게 하고 강화하기 보다 네트워크의 구성원인 지역의 단체가 살아나고 그들과 공동의 비전을 창출하는 데 힘을 쏟은 것이었다. 그 결과 남쪽의 제주에서부터 북쪽의 파주와 춘천에 이르기까지 어느새 약 20개 정도의 단체들이 서클에 대한 미션을 갖고 활동하는 것을 보게 되었다. 단체가 클 수 없었던 것은 다행히도 내 역량이 그정도인 것과 더불어 내 활동의 중요한 동기가 누군가의 제안이나 선물에 의해 내 활동이 강화되고 깊어졌던 순간들이 많았기 때문이었다 또한 그러한 선물로 다가오는 중대한 기회를 리더십으로 가지고 가면 무엇이

나타날지를 보고 싶었던 이유도 원인으로 있었다.[37]

지원 시스템을 강화하기 위해 서클의 구체적이고 다양한 접근 방법에 대한 연구가 일어났고, 이에 대한 같은 관심과 뜻을 가진 동료들의 헌신이 있어서 각 지역 현장이 세워지게 되었다. 그것도 그들의 내부에 어떤 희망과 지역 자체에 이미 있는 역량과 자원이 무엇이 있는지를 살피고 연결해서 새로운 단체들이 현실로 저절로 출현하였다. 각 지역의 기반들이 갖추어지기 시작하고 단체 이름이 공식적으로 지역에 공표되는 일들이 2015년을 중심으로 점차 가시화되면서 2019년에 뭔가 서클의 세력화가 절정peak에 올라오는 듯한 주관적인 체험이 있었다. 일단 경찰청의 회복적 경찰활동이라는 프로그램이 한 번의 것으로 지나가는 것이 아니라 주류화되는 과정이 됨을 이해하게 되면서 감당할 수 없는 규모의 진행자 필요가 현실로 다가오고 있다는 예감이 회복적 경찰활동 진행 2년 차인 2019년도에 이미 내게 보이기 시작했다는 것이다.[38]

그래서 2019년 중반기부터 서서히 서클진행자들이 각자 다른 모델을 모르는 지금의 상태를 넘어서고, 서클 진행의 깊이와 넓이에 대한 골고루 성장하고 기반을 다지는 시작을 본격적으로 할 필요가 있다고 생각해서 전국모임 준비를 10여 차례 단체 대표 및 실무자들과 긴 호흡으로 갖게 되었다. 만일

---

37) 최소한 서클에 대한 다양한 모델의 경험은 내 의지와 기획에 의해 이루어진 것이 아니다. 펜들힐에 가게 된 것도, 독일에서 진행자가 와서 '삶을변혁시키는평화훈련(AVP)'를 소개받은 것도, 파커 파머의 신뢰서클에 참여하게 된 것도 여럿을 돌아보면 선물로 다가온 것들인 것이다. 나는 단지 주목했을 뿐이고 그것의 가능성을 내 능력보다 먼저 보았기 때문에 다행히도 내 주변에서 그 모델들이 정착되기 시작했다. 그리고 그러한 정착도 자신의 마음을 내는 자발적 실천가들의 헌신이 뒷받침된 것임은 말할 것도 없다. 또한, 경제적인 도움도 한 개인에게서 왔다. 그냥 내 활동과 스탭 양성에 전적으로 쓰라고 1억5천만 원이 뜻밖에 주어진 것이다. 이 도움은 결정적으로 단체가 2명에서 3명 그리고 10명으로 점차 증가될 계기를 가져온 것이다. 이런 예상치 못한 선물들은 여러 상황에서 예기치 않게 다가왔다는 것을 당사자로 증언한다.
38) 물론 단순히 회복적 경찰활동이 회복적정의운동에 큰 기여를 할지 혹은 단체에 오히려 큰 부담이 될지는 여전히 모호한 상태이기도 하다. 그리고 시민사회에 대한 다른 전망도 있기도 했다. 그러나 공적 영역에 대한 책임의 문제와 그들의 일정과 속도에 대한 부담을 전망하면서 이대로여서는 어렵겠다는 전망이 2019년에 크게 다가온 것은 사실이다.

코로나 상황을 미리 예측하거나 한달만 먼저 인식되었어도 이 기획은 또한 수포로 돌아갔을 것이다.[39] 그래서 2020년 1월에 첫 모임으로 전국에서 서클에 관심을 가진 활동가들이 4일동안 첫 모임을 갖고 향후 6년간 3회의 연대모임Gathering과 격년제로 훈련 워크숍을 하기로 하고 그 모임을 〈서클진행자한국네트워크〉로 칭하게 되었다. 그 기획 과정에 14개 단체들이 함께 했고, 참석한 단체들도 추가로 몇 곳이 더 있었다.[40] 모임의 열매 중 하나는 서클의 지평에 대한 새로운 인식과 확인 그리고 열정과 관심이 증폭되었다는 사실이다.

지금까지 회복적 시스템 구축과 관련하여 한국에서의 성과 혹은 흐름을 이야기한 이유는 지원 시스템의 '구조화'의 구축에 대한 목격과 증언을 표현한 것이다.[41] 바터는 아주 짧게 '선한 이웃되기'라는 이야기를 한 적이 있고, 실제로 영문 매뉴얼에도 짧게 진술되어 있다. 그 의미는 같은 꿈과 비전을 가진 타 단체에 대해 연합해서 공동의 선을 이루는 것을 뜻한다. 필자는 지원시스템에 관련하여 브라질의 열악한 조건과 달리 87년 독재정권 이양 이후 다양해진 시민의 욕구들에 의한 시민사회단체의 다양한 분화를 목격하면서, 그

---

39) 참으로 운이 좋았던 것으로 혹은 시대의 선물이라고 여겨진다. 만일 이 때 적절히 준비하지 않고 진행하지 못했다면, 코로나의 충격으로 2~3년은 뒤처지게 준비되고 그때도 가능할 수 있었겠는지 궁금해진다. 준비 과정에 시간과 에너지가 많이 들어갔음에도 계속 진행할 수 있는 뭔가의 하나의 몰입이 준비하는 모두에게 때의 성숙과 필요에 대한 감각이 있었기 때문에 결과가 가능했었다. 2019년의 준비가 결정적으로 〈서클진행자한국네트워크〉라는 느슨한 연대체를 코로나 시기 바로 직전에 탄생시키게 되었고, 이를 통해 지역 간의 정보의 흐름과 훈련의 기반이 마련되었다. 향후에 회복적 서클과 다른 서클진행자들은 이때가 결정적인 전환의 시기였음을 이해하게 될 것이다. 참으로 아슬아슬한 결정적인 시기를 마련한 셈이다.

40) 3박 4일간 모인 첫 모임은 70명 정도였고, 2021년 코로나 상황에서 화상으로 4일간 진행된 훈련워크숍은 100명 내외였다. 그 당시에 일반 모임이 잘 안되어 기껏 40명 내외 사람들이 모이면 잘 된 모임으로 기대했던 때였다. 그만큼 서클에 대한 인식도와 그 필요성이 어느새 퍼져 있었다.

41) 지원시스템이 개인의 자발성을 넘어서 구조화와 시스템화로 나가야 한다는 것이 한국사회에서 회복적 시스템의 향후 방향임을 다시 역설하고자 한다. 이를 위해서는 회복적 서클진행자는 실천 공동체가 자신의 활동 터전이자 힘임을 새롭게 인식할 필요가 있다. 개인의 자발적 선택으로서 퍼실리테이션을 넘어 지원 시스템의 구조화라는 것을 나간다는 의미는 간단히 '배움'에서 '운동(movement)'으로 의식을 확대한다는 뜻이기도 하다. 진행자이면서 운동가가 되는 것은 어쩌면 소명일 수 있다.

리고 그동안 한국만의 강점인 시민사회역량의 지역과 부분의 역량을 보면서 서클이 줄 수 있는 비전이 매우 강력하고 광범위하다는 체험과 비전을 보게 되었다. 그리고 그것이 소속단체의 강화보다 지역단체와 공동의 꿈을 실현하는 협력적이고, 필요에 지원하는 네트워크 사업과 조직화에 많은 시간을 내고 있는 이유기도 했다.

나는 그러한 네트워크 사업이 지원 시스템의 매우 중요한 한국적인 특색이며 국제사회에 기여할 수 있는 독특성이라 생각한다. 즉 단순히 선한 이웃되기를 넘어서 비전을 향한 '촉진자'가 되는 것이다. 회복적 경찰활동만 하더라도 어느 한 단체가 어떻게 250여 개 경찰서와 12만 경찰의 회복적 과정에 대한 꿈을 시민사회단체에서 꿀 수 있었겠는가?[42] 이는 2000년 초부터 함께 계속 신뢰를 구축하고 모임의 영양가는 없어도 꾸준히 뭔가를 나누고 비전을 만들어가던 네트워크 동료들의 열정과 소명의 결합이 가능하게 해주는 것임은 말할 것도 없다. 나가 아닌 우리의 힘과 진실에 대한 꿈꾸기는 매우 강력하고 한 개인으로 금방 포기하고 싶은 것들도 타 단체와 나누는 상황에서는 다시 생각해 보고 함께 마음을 모아 역할을 바꾸면서 끌어주고 밀면서 나온 생생한 경험들이 있었기 때문이다. 그러므로 개인의 능력인 퍼실리테이션을 어떻게 잘할 것인가도 중요한 것이기는 하지만, 그만큼 함께 혹은 더 이상 꿈꿔야 하는 것은 '우리'라는 지원시스템의 구축, 회복적 시스템의 강력한 구조망이라 생각한다.

사실 처음 회복적 서클이 한국에 세 명의 외국 진행자들이 그 자신의 현장

---

42) 물론 이런 꿈들은 한 개인의 몫은 아니다. 다른 단체들의 회복적 정의와 그 실천에 대한 꿈들이 섞여 들어온 것도 있었다. 그리고 회복적 서클을 2014년 강원도지방경찰청에서 여성청소년과의 주무관으로 있었던 백두용경정(지금은 총경)의 리더십 아래 경찰들에 대한 연수와 실천 프로그램으로서 "너와 함께(With You)" 프로그램의 성공 사례에 대한 경찰청 내부의 공유도 있었다. 자그마한 샘들의 사건들은 어느 순간에 같이 모이면서 흐름을 만드는 것임을 보게되고 여기서 비전의 힘과 겸손을 배우게 된다.

에서 헌신적인 기여하고 있는 것에 감동한 참여자 대부분은 하나의 꿈을 꾸었었다. 처음에는 각자 이 새로운 모델을 자기 것으로 만들어 현장에 도움이 되길 기대하는 소박한 꿈으로 참여했는데, 과정에서 온 진행자들의 개인 이야기를 듣고 나서 마음이 달라졌다. 한국에 이 모델이 전파될 때 공동의 가치와 비전이 함께 전달되기를 바라는 뜻으로 마음을 모아 공동의 가치를 확인하는 과정이 함께 시작된 것이다. 단순히 퍼실리테이션의 개인화가 아니라 이미 회복적 시스템을 구축하는 것을 처음부터 시작부터 하고 있었다는 것이다. 필자는 이에 대한 목격자로서 이러한 흐름이 계속해서 자신을 넘어 회복적 서클을 포함한 서클대화의 실천 공동체 기반을 조성하고, 현장을 확대하며, 서로에게 지원이 되는 실천 공간들이 많아지고, 깊어지고, 확대되는 것이 간절한 마음이다.

6부···서클 리더십

서클 리더십은 공간의 리더십이다. 이는 공간이 지닌 에너지, 지성, 몰입에 대한 열쇠를 가졌다는 의미이다. 그리고 무엇이 참되고 그것을 어떻게 포착하며 그것이 나와 너를 함께 안내하도록 할 것인가의 질문이 서클 리더십이다. 질문이 이렇게 바뀌는 순간, 리더십이 내가 다른 이들을 이끌고 간다는 전통적인 리더십 이해와는 다른 종류의 리더십을 서클에서는 추구함을 알 수 있다.

서클 리더십은 가장 오해받는 개념이다. 일직선의 목표 실현의 문화에서 원의 문화를 이해하기가 쉽지 않기 때문이며, 자꾸만 이미 알고 있던 방식으로 서클을 대하는 충동이 종종 무의식적으로도 일어나기 때문이기도 하다. 그리고 수많은 리더십에 관련된 것들이 서클 리더십을 변질시키기도 한다. 그래서 서클진행자는 이에 대한 반복적인 확인을 통해 어떤 의식으로 서클에 앉아있는지 혹은 어떤 의식으로 일상을 살고 있는지를 살필 필요가 있다.

1장의 〈서클의 공간과 리더십〉은 서클 리더십이 공간의 리더십이라는 이유와 그 의미를 여러 각도에서 살펴본다. 공간을 잘 유지하고 이를 잘 챙긴다는 것은 어떤 의미나 효험이 있는지 그리고 더 나아가 서로에게 둥지가 되어주는 그 의미도 살펴본다. 여기에는 '안전한 공간'의 가능성으로서 '거룩한 공간'의 의미도 확인한다.

2장의 〈서클 진행의 연금술적 변형〉은 서클이 지닌 갈등을 꽃피우기, 존재를 개화하기 그리고 내면에 진실과 순수라는 황금의 형성에 대한 중요한 변형술에 대한 것이다. 그러한 연금술적인 변형은 상처에서 치유로, 갈등에서 온전함으로, 부분에서 전체성으로 나가는 길을 여는 데 있다. 그러한 과정이 어떻게 일어나는지 피드백을 통해 그리고 짐이 선물로, 방해자가 안내자로 전환되는 내면의 과정에 대해 언급한다.

3장의 〈**스토리텔링과 진실의 직조**〉는 리더십과 연금술적 변형의 자원으로서 스토리텔링의 힘과 그 의미를 탐구한다. 자신의 작은 이야기 속에서 들려지기를 원하는 '진실'의 끈들이 서로 엮이고, 그 엮는 것을 통해 '진실이 직조'되는 것을 통해 우리가 어떻게 변화하는 지를 성찰한다. 여기서 중요한 것은 '진실이 울린다'는 서클에서의 체험이다. 진실에 대한 감각의 회복은 스토리텔링의 가장 소중한 기여이다.

4장의 〈**진행자의 내면의 덫**〉에서는 서클 리더십과 관련하여 진행자가 내면에 직면하는 덫에 관한 내용을 다룬다. 이는 진행자 자신의 자기 수용 감각을 일깨우는 영역이기도 하다. 여기서는 특히 진행자 자신의 내면의 공간의 필요성, 여리고 약한 것이 리더십을 갖게 하기, 공동진행의 중요성 그리고 추상화의 덫들에 대한 끊임없는 주의 등을 다룬다.

5장의 〈**진행자의 자기-중심 세우기**〉는 자기 돌봄의 필요성과 그 의미 그리고 어떻게 과정으로 가져갈 수 있는지에 대해 살펴본다. 자기-돌봄은 중요함을 알고 있지만 자각하기 쉽지 않은 주제이고, 특히 그 과정을 어떻게 할지에 대해 회복적 서클의 3 과정을 기초로 내면 작업에 적용할 방법을 모색한다.

1장. 서클의 공간과 리더십

서클대화는 물리적으로 동그랗게 앉아있는 것 자체가 하나의 영감을 주는 상징이다. 참석자들이 착석하여 원을 만들어 주변에 앉으면 그 주변이 하나로 연결되어 빈공간이 모아진다. 그렇게 해서 빈공간이 중심의 자장력을 갖는다. 물론 센터피스를 놓아서 중심을 상징화하기도 하지만 모든 서클대화가 항상 센터피스를 놓는 것은 아니기 때문에 서클에서 빈공간은 매우 중요한 역할을 한다. 그나마 센터피스가 가운데 놓여있을지라도 빈공간이 자신의 앞에 펼쳐지는 것을 보고 있는 것 자체가 처음에는 낯설고 어떤 이에게는 충격일 수도 있다.[1] 이처럼 둥글게 앉는 것은 특히 공적인 모임 등에서는 큰 도전이고 낯선 문화이다. 실제로 이처럼 앞뒤로 의자를 놓은 것을 둥그렇게 놓는 것만 하나로도 분위기는 달라진다. 그만큼 어떤 형태의 공간에서 이야기를 나누는가는 어떤 경험을 하는가에도 지대한 영향을 미친다.

서클 리더십이라는 용어를 소개하면서 이 장을 리더십에 대한 서클의 특이성을 소개하려는 이유는 이 주제야말로 일반적인 대화나 모임의 사회자와

---

1) 2014년 처음으로 강원지방경찰청에서 실시한 경찰들을 위한 회복적 서클 워크숍에서 첫날 시작 전 30분쯤에 참석자들이 워크숍 공간에 들어올 때 그 인상을 잊을 수가 없다. 적지 않은 참석자들이 안에 서클로 의자가 놓여있고 센터피스만 있는 것을 보고 놀라서 다시 방을 나갔다가 확인하고 들어오는 일들이 벌어졌기 때문이다. 일반적으로 PPT 화면을 보고 강의를 듣는 훈련으로 기대하고 왔다가 모두가 노출되는 원으로 앉는 방식이 크게 이질적으로 느껴진 것이다. 그러한 이질감을 하루 내내 갖고 있던 참석자들이 여럿 있었다. 평상시에는 두세 시간 정도 지나면 적응하는 데 일부 특수 직업군의 참여자는 하루 혹은 이틀이 지나야 서클에 몰입을 하게 된다.

는 다른 핵심적인 차이를 서클이 만들어내고 있을 뿐만 아니라, 실상 이에 대한 이해가 다양한 서클을 진행하거나 기획할 때 질적인 경험에 매우 중요한 차이를 또한 가져오기 때문이다. 그리고 더 나아가 시중에 쏟아져 나오는 수많은 리더십에 대한 소개와 전적으로 다른 리더십을 서클은 갖고 있으며, 이는 향후에 서클을 배움과 기여를 위한 다양한 현장에 연결하고 자기 삶의 방식으로 살고자 하는 활동가들에게는 리더십에 대한 구별이 도움이 되기 때문이다.

서클대화가 익숙해지면 참여자들은 서클의 공간에 대한 진입에 일상과 다른 마음의 자세를 갖는다. 편하고 안전하며 부드러워지고 때로는 흥분되거나 웃음이 터지며, 어떤 경우에는 진지해지고 몰입을 하게 된다.[2] 서클의 목적과 내용의 차이에 따라 분위기가 다르지만, 가식을 갖지 않고 솔직하게 자신의 있는 모습 그대로 있을 수가 있어서 서클 모임은 각자에게 소중한 것으로 다가온다. 회복적 서클처럼 서로 적대자의 이미지를 갖고 있던 상황에서 서클대화모임을 통해 그 결과를 체험했을 때 이는 마찬가지로 소중한 경험이 된다. 그래서 학생들은 심지어 갈등이 있을 때 "서클을 열어 주세요"라는 자발적인 요청까지 하게 된다.

일반적인 이해로 리더십은 무언가 다른 구성원들보다는 특출하거나 카리스마가 있는 누군가가 전체를 이끌어가는 능력으로 생각하기 십상이다. 그는 전체에 대한 통솔을 잘하고, 목표에 대한 스마트한 지성이 있으며 말하는 데 있어서 설득력이 있는 이미지를 떠올린다. 그래서 그가 부재한 상황에서 무언가 하려면 비교가 되고 모임이나 일이 잘 안되어 어려움을 구성원들은 느

---

[2] 개인적인 경험으로는 일반 회의나 모임에서 내게 긴장이 되는 습관적 행동은 나도 모르게 터져 나오는 내 특이한 웃음소리에 대한 언급이었다. 나쁘지는 않지만 어울리지는 않는다는 어투의 언급을 받는 적들이 있어서 고민거리였다. 그런데 서클 모임을 통해서는 스트레스 없이 더 많은 빈도수로 언급을 받는 데도 신경 쓰이지 않고 심지어 웃음이 도움이 되는 경험까지 하게 되었다.

낀다. 구성원 대부분이 그의 있고 없음이 큰 차이를 가져오는 것을 경험한다. 그의 있음은 추진력에 있어서 도움이 되고 그의 부재는 뭔가 부족하고 아쉬움의 흔적을 남긴다.

이와 반대로 서클의 리더십은 공간의 리더십이다. 이 말이 함의하고 있는 것은 매우 크다. 우선 진행자는 카리스마의 능력을 통해 일이나 모임을 주관하여 일사불란하게 이끄는 주체가 아니다. 서클에서 진행자는 공간에로 초대하는 역할을 한다. 초대를 통해 서클이라는 공간을 형성하고 취지와 목적에 공감하는 이들이 앉으면 진행자의 역할은 공간을 잘 유지해 나가는 것일 뿐이다. 나머지는 서클 참여자의 몫이다. 물론 대화의 흐름이 주제에서 벗어나거나 간간이 가는 흐름을 확인할 수는 있어도 그 대화의 흐름이 자유롭게 흐르도록 공간을 열고, 공간을 유지하고, 공간 안에서 각자의 목소리가 들리도록 최대한 공간을 잘 붙잡고 있는 것이 진행자의 일이다. 비유컨대 축구 경기에서 심판은 정해진 시간에 경기 규칙에 따른 페어플레이를 돕고, 실제로 그 공간에서 뛰고 노는 이들은 선수들이다. 서클진행자는 참가자들이 플레이어가 되도록 공간의 상태와 각자의 움직임을 살핀다. 이렇게 진행자는 공간을 열고, 유지하고, 그 공간에서 움직임의 흐름을 주목한다. 그리고 그 공간에서 움직이는 주체는 참여자들이다. 즉, 움직임이라는 리더십은 참여자들에게 있다. 그것도 골고루 목소리를 내도록 대화의 공간을 살핀다. 누가 플레이어가 되고 누가 소외되고 있는지, 어떤 내용이 그리고 누가 더 기여할 수 있는 플레이어가 되겠는지를 살핀다.

서클 리더십에 있어서 공간을 잘 챙긴다는 것 외에 또 하나 주목해야 할 것은 그 공간의 놀이자는 참여자들만 아니라 파커 파머가 이야기한 주제나 사물이 주는 '위대한 사물의 은총'[3]이 빛을 발하게 한다는 점에서 공간이 빛을

---

3) 이 말은 파커 파머가 릴케의 에세이에서 따온 말로서 리얼리티를 구성하는 존재의 비인간적인

발하도록 서클진행자는 공간을 유지한다. 서클의 리더십은 진행자의 역량과 특질에 초점이 있지 않고, 공간을 확보하고 그 안에서의 움직임이 잘 일어나고 흐르도록 함에 있어서 주제나 사물도 플레이어로 참여하도록 한다. 즉, 우리는 그 공간에서 주제텍스트, 사건, 상황를 다룰 때, 그 주제가 가진 진리나 참됨 혹은 은총이 그 공간에서 드러나 전체를 안내하도록 그 공간을 유지한다. 그래서 주제가 지닌 내면성, 곧 진리나 은총의 출현과 그로 인한 상호관계성이 깊어지도록 엮는다. 그렇게 해서 숨어있는 전체성으로 모두가 몇 걸음 더 다가가도록 공간을 돌보고 보살핀다. 여기서 중요한 것은 진행자는 그러한 위대한 사물의 은총 혹은 진리가 자신을 드러내도록 진행자는 자신을 뒤로 물러선다는 점이다. 그래서 전체 참여자들은 진행자의 존재보다는 주제의 내면성의 말걸어옴에 온통 주목하게 된다.

지금까지 공간을 열고 그 공간을 유지하는 것과 참가자들만 아니라 다루고자 하는 주제도 자신의 진실을 드러내도록 주제도 플레이어가 되도록 공간을 열고 있는 서클 리더십이 무엇인지 확인하였다. 바로 이 지점에서 서클대화에서 자주 말해지는 '안전한 공간'에 대해 서클 참여자들은 왜 주목하는지를 이해하게 된다. 그래서 이 이슈가 때때로 서클진행 분위기에 대한 불만을 말할 때 "나는 안전하게 느껴지지 않아요."라고 말하는 경우를 목격하는 이유이다.

일반적인 의미에서 보자면 서클에서 '안전한 공간'은 내가 무엇을 말해도 비난받거나 판단 받지 않을 것이라는 신뢰에 대한 것이다. 그리고 또한 내가 서클에서 말한 것이 나중에 다른 곳에서 나도 모르는 새에 누군가에게 말해지지 않을 것이라는 사적이야기 보호에 관한 신뢰의 문제이기도 하다. 하지

형태를 말한다. 리얼리티가 상호관계성으로 구성되어 있다면, 사물이나 주제 등의 '그것(it)'은 '나(I)'와 '타자(you)'에 대해 상호관계성을 구성하는 주체가 된다. 즉 주제나 사물도 그 자신의 내면성을 갖고 우리의 대화에 참여하는 구성원이 되는 것이다. 『가르칠 수 있는 용기』 201쪽.

만 이렇게 말하고 싶은 것이 두려움 없이 말해지고 내가 숨기고 있던 것을 드러내어 표현하거나, 내 진실을 말하는 데 걸림돌이 되는 비난과 판단이 없는 것에서 '안전함'의 이슈가 계속해서 다루어져야 하지만, '안전함'은 언어 행위보다 더 깊이에서 다루어질 필요가 있다.

안전함에 손상을 주는 것은 비난 비판 판단만이 아니다. 더 교묘하게 안전을 침해하는 것은 가르쳐주기나 해결책을 상대의 궁지나 혼란에 대해 친절하게 주고자 하는 데서도 발생한다. 그리고 이는 리더십에 대한 일반적인 이해와 가장 충돌이 일어나는 지점이다. 세상에서 리더십이 필요한 것은 그가 해결책을 쉽게 찾아낸다는 점에서 리더로 인정하는 것인데, 서클의 리더십에서는 이에 대해 안전함에 대한 침해의 가능성을 보기 때문에 충돌이 일어난다. 즉, 가르쳐주거나 해결책을 주는 것이 아니라 공간을 유지하면서, 퀘이커의 용어로 하자면 각자의 내면의 빛이라는 자신의 지혜와 힘이 발생하도록 하는 리더십이 서클의 리더십인 것이다.[4]

여기서 우리는 안전함이 솔직하게 말하고 잘 들어주기라는 것을 막는 장애물인 판단이나 해결책 제시의 제거에 있는 것보다 더 깊은 영역의 의미를 암시함을 이해하게 된다. 그것은 공간을 유지한다는 이유는 아무것도 하지 않는 소극적인 행위가 아니라 그 공간을 통해 각자의 내면에 있는 빛 지혜 교사가 스스로를 안내하도록 하고자 하는 '내면의 리더십'을 각자에게 충분히 부여하는 여지로서 공간에 대한 것임을 깨닫게 되는 것이다. 이미 이는 1부 대화편에서 실재에 대한 이해로서 실재는 참되고 강력하며 무한히 풍성함에 대한 이해와 연결되는 지점이기도 하다. 실재에 상호연결된 나라는 각자 존재는 그 내면에 충분한 지혜와 힘을 가지고 있다. 그의 영혼을 침해하지 않

---

4) 퀘이커 사상가 파커 파머는 서로 구제해 주기가 아니라 말과 행동을 스스로 '스스로 창조해내기authoring'라는 리더십에 대해 말한다. 그의 책, 『온전한 삶으로의 여행』 "제 5장, 여행을 위한 준비 -신뢰의 서클 만들기"를 참조.

으면서 그의 내면의 리더십이 작동하도록 공간을 마련하는 것이 바로 서클의 리더십인 것이다.

그렇게 될 때, 그 서클의 공간은 안전할 뿐만 아니라 어떤 때는 신성한 공간이 되기도 한다. 자신이 알고 있는, 사고thoughts로서 제한을 둔 자기 정체성과 자기 가능성이 재정위되고 더 큰 진리의 초대에 기꺼이 응답하면서 성장과 변화가 일어난다. 그리고 이는 관계의 측면에서 실천적 효능성의 문제를 넘어 참됨, 곧 진리의 출현과 그로 인한 거룩함의 경험 그리고 그에 따른 복종과 헌신이 발생하는 것이다. 따라서 공간은 단순히 안전함을 위해서 있는 게 아니다. 결국은 '거룩한 공간'의 접촉에 따른 삶의 신성함과의 조우의 가능성이 서클의 공간에서 맛볼 수 있는 궁극적인 깊이라 볼 수 있다. 이렇게 서클은 안전함에서 신성함에로의 여정에 대한 공간을 체험할 수 있는 곳이며, 서클의 리더십은 개인의 탁월한 능력이 아니라 진리의 안내함에 대한 승인과 그에 대한 헌신에의 길로 참여자에게 손짓하며 초대한다.

한 가지 더 서클의 리더십에 있어서 '공간'이 갖는 의미와 그 은유에 대해 말하고자 한다. 그것은 '둥지 되어주기'라는 공간의 의미이다. 둥지라는 용어는 파머가 신뢰서클에서 자기 내면탐구를 하는 화자인 중심인물을 돕는 명료화위원들에 대해 썼던 용어이다. 이 용어로부터 영감을 받은 필자는 서클의 리더십에 그 의미를 확대하고 있다. 원래 파머의 말은 상처받은 새라는 중심인물을 보호하기 위해 사면을 통제하며 보호하거나, 또는 잘 날도록 부추기지 않고 둥지처럼 온전히 공간을 붙잡고 있으면서 새 스스로 자신의 힘으로 날게 만드는 것이다. 그렇게 영혼의 침범을 하지 않는, 오직 경청과 정직하고 열린 질문으로 돕는 모임에 대한 것이다. 필자는 참여자들이 서클에서 어떻게 그러한 영혼 침해 없이 서로가 둥지가 되어 주제가 빛을 발하고, 참가자들은 서로에게 경계선이 있는 안전한 공간에서 서로를 돌보며 도움이 될 것인가에 대해 숙고하고 있다.

이와 더불어, 필자의 둥지 되어주기 확대 개념은 영혼의 안전에 기초한 돌봄이 일어나는 연결망을 뜻하기도 한다. 즉, 둥지 되어주기는 거리를 둔 경계선을 갖고 존중과 돌봄의 에너지로 주목하면서 참가자들이 탐구하는 주제의 내면성과 참가자들의 타자성을 주목하면서 함께 내면의 여정을 가는 것을 말한다. 이는 종종 '경청동반자'listening companion라는 말과 중첩되어 사용된다. 앞서거나 뒤에 있지 않고 옆에서 서로의 내적 여행을 온전히 경청하며 들어주며 현존하기가 경청동반자이다. 즉, 옆에서 함께 가는 것이라 볼 수 있다. 그러한 경청동반의 문화가 커뮤니티 안에서 일어나면서 안전한 공간은 둥지가 되어서 서로의 영혼을 침해하지 않고 돌봄이 일어나도록 공간을 유지하는 게 둥지 되어주는 것이다.

사실상 둥지는 실재가 먼저 참되고 강하게 우리의 존재를 둥지로써 돌보고 유지해 왔다는 자각에서 출발한다는 게 더 근본적인 이유일 것이다. 실재가 그러하고, 또한 상호관계성이 우리의 본성이기에 이미 있는 실재의 풍성함과 그 실재의 개별자인 참여자의 내적인 선한 의도를 끄집어내는 것이 서클이다. 우리 각자도 서로에게 둥지가 되어주는 것, 그리고 실천 공동체 안에서 그러한 양육과 보살핌을 통해 스스로 힘을 받아 자유의 역량이라는 날개를 펴도록 하는 게 서클 리더십인 셈이다.

각설하고, 서클 리더십은 공간에 대한 리더십이라고 필자는 이야기하였다. 그것은 관계의 공간과 마음의 공간을 서로에게 허락하는 것이다. 부서지고 분열된 관계와 마음 안에, 그 공동체의 관계와 개인의 내면에, 상대방과 사건에 대한 꽉 차 있는 프레임을 새롭게 다룰 수 있는 여지를 주어 새로운 가능성이 출현하도록 하게 한다. 공간의 리더십이 가능한 이유는 서클의 공간은 본성상 에너지, 몰입, 지성을 지니고 있기 때문이다. 공동의 관심사에 서클진행자의 초대함으로 참여가 일어나며, 참여자들은 연결을 통해 그 대화 공간이 작동하게 된다. 동의와 과정이 정해지면 공간이 리더십을 갖고 스스로 공동의 의미를 향해 흘러가게 된다.

일단 공간이 리더십을 갖게 되면, 진행자도 힘을 내려놓고 공간이 갖는 에너지, 몰입, 지성에 자신을 맡긴다. 그렇게 함으로써 자신도 참여자의 한 사람으로서 1/N이 되어 참여한다.[5] 그렇게 되면 서클의 중심이 리더십을 취하게 되고, 이럴 때 '나'와 '너'는 '우리'에게 자리를 양보한다. 떠오르는 전체성에 자신을 허락하게 되는 것이다. 출현하는 전체성 혹은 더 큰 진실에 자신을 허용하면서 흐름에 몰입하여 머물고 있게 되면, 참가자들만 아니라 진행자도 서클의 주변에서 각자가 자신의 견해 뒤에 더 깊은 중심과 연결되어 더욱 자신이 참된 자아와 연결됨을 느낀다. 그렇게 하여 점점 더 드러나는 각자의 중심과 서클의 중심은 상호교류를 하면서 다루는 주제의 내면성인 진리를 목격하는 공동의 지성이 작동되고, 존재로서 연결된 함께함이라는 풍요로움이 펼쳐진다.

서클의 리더십은 이렇게 특정한 개인의 재능과 성품의 안내가 아닌 공간이 펼치는 진정성과 그 풍요로움에 대한 것이다. 혼돈, 손상, 어둠에 있어 치유와 빛으로의 온전함, 그리고 존재의 풍요로움에로의 안내됨이다. 그리고 이는 이미 리얼리티가 이미 온전히 갖추고 있는 참되고 아름답고 선한 본래의 것들이 다시 드러나고 발견된 것뿐이다. 모두가 이미 지녀온 광자빛를 드러내어 원래 있었던 것을 확인하게 된다. 그렇게 공간은 각자의 내면의 빛을 가리고 있던 것을 녹이고 벗게 만들어서 스스로 드러나게 하는 것이다. 다시

---

5) 이것이 일반적인 퍼실리테이터(facilitator)와 서클진행자와의 차이이다. 전자는 참여자 그룹 밖에서 관찰하고 진행한다. 후자는 서클에 참여하며, 진행자가 동시에 참여자이다. 그는 서클 밖으로 나가지를 않는다. 전자는 가르치고 설명하지만, 후자는 초대하고 연결한다. 이렇게 퍼실리테이터보다 서클진행자는 될 수 있으면 힘을 내려놓고 연결을 중시한다.

말하자면, 리더십은 무언가를 잘 하는 것이 아니라 이미 있는 리얼리티의 작동이 인간적으로 드러나게 허용하는 것이다. 서클진행자는 그러한 공간에 대한 목격자이자 연결자이다.

앞장에서 서클진행자는 서클의 공간이 갖는 리더십의 연결자라고 소개하였다. 이는 서클 주변에 앉은 각자의 중심과 서클 공간의 중심을 연결한다는 의미에서 이야기한 것이다. 연결한다는 것은 마음과 관계에 공간이 존재한다는 것을 전제하며, 또한 진행자로서 힘의 지배를 내려놓는 것도 의미한다. 그러나 미묘한 의미에서 서클진행자는 연결자이기도 하지만 촉진자의 역할도 갖는다. 이는 서클 진행에 있어서 연금술적 변형이 일어나도록 기여자로서 있는다는 뜻이다.

연금술이란 어떤 물체를 녹이거나 무언가를 넣거나 제련해서 결과적으로 금으로 만드는 것에 대한 말이다. 서클에서는 거칠고 힘든 것으로 시작해서 아름답고 선한 것으로 변형이 일어나는 것을 비유해서 연금술적 변형이라고 필자는 말한다. 달리 말하면, 갈등의 잠재적인 에너지를 활용하여 갈등을 꽃피우는 것, 그리고 사고의 프레임에 갇힌 참여자들이 각자가 지닌 내면의 빛이 작동하여 존재를 꽃피우는 것이 연금술적인 변형이라고 말할 수 있다. 더 상세히 말하자면, 주변에서 중심으로, 환상에서 진실로, 손상에서 치유로, 분리에서 온전함으로 나가는 변화에 대한 것이기도 하다. 그리고 지금 보고 있는 현실이라는 현상phenomenon에서 더 나은 현실 곧 잠재적 가능성의 새로운 출현이라는 더 큰 이상적인 현실nomenon의 경험에로의 전환을 의미하기도 한다.

물론 비유처럼 중세의 연금술사가 하는 개인적인 비법이나 노력의 방식을 서클진행자는 따르지 않는다. 그는 혼란에서 의미의 샘이 솟고, 의미의 흐름이나 전환에 대해 그 일어남을 알아차리고, 언어라는 파도 밑에 있는 심층부의 흐름을 드러내며, 출현하고 있는 의미나 진정성 혹은 진리에 주목하고 연결함으로 그러한 연금술적 변형이 일어나는 것을 촉진한다. 즉, 아무것도 없는 것처럼 보이는 공간에서 에너지를 모으고, 참가자들이 주목하여 집중하여 몰입하도록 하며, 거기서 일어나는 의미나 통찰에 대한 자각^{지성}의 출현을 포착하게 한다.

서클에서 공간은 개인과 집단의 내적인 여행을 촉진한다. 그 공간은 아직도 기다리고 있는 미래의 잠재적 가능성이 현재의 문을 열고 나타나도록 하는 변형의 가능태를 상징한다. 그 공간에서 다루는 주제와 상대방 그리고 내 안의 일어남에 대해 몰입할 때 그 공간은 에너지장이 되면서 흐름이 일어나고 그 흐름을 타고 내면의 여행, 관계의 여행을 하면서 새로운 도착지로서 '지금 여기'로 돌아온다. 여행자들인 그들은 도착하고 나면 예전의 그들은 아니다. 변형된 모습으로, 즉 온전하고 풍성한 모습으로 있는 것이다. 이것이 어떻게 가능한 것일까? 이 장의 내용은 이에 대해 생각을 모으려 한다.

이 논의를 위해서 앞서 전제된 것들을 확인하고 가고자 한다. 현대 물리학자이자 대화론자인 데이비드 봄은 명시적 질서로서의 개별체와 숨겨진 질서로서 전체성에 대한 중요한 인식론적 패러다임을 소개하였다. 모든 개별체^{명시적 질서}는 전체운동holomovement을 지니며 자기 존재의 본래성이자 숨겨진 질서인 전체성으로 돌아간다. 이는 개별체는 접히고 펼치는 전체운동의 한 부분이며, 따라서 개별체는 전체성이 펼쳐지는 보이는 한 면^{즉, 전면}이고 그 후면에는 보이지 않는 전체성이 존재한다.[6] 이를 조금 더 다루고자 하는 주제와

---

6) 보이지 않는 질서 곧 전체성은 인식되지는 않지만, 에너지의 패턴이 조건화되면 개별자로서 출

연관시켜보면 펼쳐진explicate, unfolding 개별 사건이나 현상 혹은 사물은 홀로 그램처럼 암묵적으로 그 자신을 넘어서 접혀져 있는implicate, folding 더 큰 전체성과의 연결을 항상 지니고 있다는 말이 되기도 한다. 즉 보이는 면인 개별성은 언제나 숨겨진 전체성이라는 안 보이는 면을 지니고 있다.

또 하나 염두에 두어야 하는 것은 역설에 대한 것이다. 인간의 심리나 관계는 문제가 아니라 역설로 봐야 하고, 그렇기에 해결책이 오히려 문제를 일으키고 심각하게 만들며[7] 역설로 다루어서 창조적 긴장을 지니고 주목하고 탐구해야 할 것으로 봄은 말했다. 파머는 공간에서의 역설을 다룬다. 가르침과 배움의 공간에서 공간은 일련의 역설로 이루어져 있어서 그 공간의 역설은 우리를 자아의식이라는 더 강도 높은 의식을 전제로 한다는 것이다.[8] 이 두 사람은 심리나 관계 혹은 공간의 측면에서 각각 역설을 이야기하지만 그 내용의 초점은 유사하다. 파머의 말을 인용하자면 "양극을 포용하여 우리에게 의식적 각성을 일으키는 전류를 창조하는 것"을 뜻한다. 자아 인식의 심화봄은 이를 '자기수용감각'이라 칭함를 위한 창조적 긴장이 필요하다는 말이다. 창조적 긴장을 통해 일어나는 에너지가 발화되어 숙성된 시간이 되면 인식의 섬광이 일어나 사건과 상황의 본질을 제대로 볼 수 있고 통전시킬 수 있는 지성이 발생한다.

현하게 된다. 여기서 초점은 개별자로서 다양성, 차이와 같은 것들은 고정된 것이 아니라 에너지 수프의 패턴화 혹은 일시적 고정화로서 변형에 대한 유동성을 잠재적 가능성으로 언제나 지니고 있다는 점이다. 데이비드 봄 저, 이정민 역, 『전체와 접힌 질서』(2010, 시스테마). "1장 전체와 조각내기" 및 "7장 접히고 펼쳐지는 우주와 의식"을 참조.

7) 앞에서 예시된 데이비드 봄의 저수지에서 오염수 발생시키기의 비유가 이를 설명한다. 저수지 아래 마을 사람들이 아무리 오염수를 제거하기 위한 노력해서 각종 기계장치나 화학약품을 써도 저수지에 오염원을 붓고 있어서 문제해결은 근본적이지 않다는 뜻이다. 그 오염원의 핵심은 추상화된 사고이다.

8) 파머가 제시한 공간의 역설은 6가지이다. 1) 공간은 제한적이면서도 개방적이어야 한다. 2) 공간은 다정하면서도 긴장되어야 한다. 3) 공간은 개인과 집단의 목소리를 동시에 수용해야 한다. 4) 공간은 학생의 작은 이야기와 강제와 전통의 큰 이야기를 동시에 존중해야 한다. 5) 공간은 고독을 지지하면서 동시에 일체감을 부여해야 한다. 6) 공간은 침묵과 언어를 동시에 환영해야 한다.

위에서 진술한 내용의 요점은 개별체의 각 현상이 지닌 차이는 더 큰 질서와 언제나 교호관계를 갖고 있으며, 혼란으로 드러나는 것들도 더 큰 질서에 나름대로 참여하고 있다는 사실과 문제가 아닌 역설로서 창조적 긴장을 통한 통합 의식에로의 진화나 도약의 가능성이다. 이는 공간상의 모든 물체는 에너지 파동의 결합으로 드러나는 것이며, 카오스에서 질서는 언제나 있고, 과정과 흐름의 유동성을 통해 그 스스로가 갱신과 변화를 가져올 수 있다는 점을 확인시키는 것이다.[9] 이를 전제로 필자는 서클진행의 연금술적 변형에 대해 좀더 이야기를 하고자 한다.

이미 초기에 살펴본 대로 사고와 존재는 서로 다르다. 갈등작업에서 중요한 변화의 초점은 각자의 입장이라는 사고의 추상적인 주형물을 넘어서 어떻게 각 존재의 필요나 욕구에 주목할 것인가에서 해결의 실마리를 찾는다. 사고에서 마음으로 관심의 초점을 옮기는 것이 갈등과 폭력이라는 자물쇠를 여는 키의 핵심이 된다. 리얼리티가 관계의 그물망이며 나라는 리얼리티는 긍정과 소속이라는 두 핵심 고리의 그물망으로 되어 있다. 이 자기 긍정자기-존중이라는 내면적 측면과 소속감이라는 관계적 측면은 인간의 자아를 구성하는 중요한 씨줄과 날줄이다. 다른 한편으로 보면, 이 둘은 서로 역설적인 관계이기도 하다. 자기 긍정과 소속감은 서로를 배타적으로 밀면서도 서로가 상대의 일정한 지지로부터 각각이 충실한 영역이 보장되기 때문에, 창조적 긴장과 통합적인 연결이 함께 존재한다.

필자의 자아 인식과 소속감에 대해 좀더 세분화하여 레스터 레븐슨은 필

---

9) 물론 이런 변형에 관해서는 데이비드 봄은 기계적인 인식이 아니라 전체를 조망하며 부분을 볼 줄 아는 '창의적인 마음'의 상상력이 필요하고, 이는 우주의 모든 것은 부서지지 않으며 나누어지지 않은 운동안에서 '어울림(fitting)'이라는 실재의 자재운동(artamovement)으로 인한다고 말한다. 봄의 자재운동은 모든 측면이 저절로 어울려서 맞아 들어간다는 뜻이다. 데이비드 봄 저, 김정래 역, 『봄의 창조성』(2021, 박영사). 1장과 4장 참조.

요나 욕구에 대한 마음의 일어남에 대해 4가지 영역을 제시한다.[10] 그것은 인정거부, 통제무질서, 안정모험, 분리일치이다. 이런 것들은 통전적인 삶의 신성한 에너지를 삶의 구체적 현실에 조건화한다. 즉 인간의 욕구는 인정받는 것 혹은 그것에 신경을 안 쓰는 것, 질서를 형성하기 위한 통제나 아무런 통제없는 자유, 삶의 안정감 혹은 모험의 자유, 타자와의 분리나 혹은 일치가 그 핵심을 중심으로 일어난다. 문제는 마음의 내용인 사고의 움직임이 이 네 가지의 필요나 욕구에 의해 발생한다는 점이며 그래서 레븐슨은 사고의 놓아 보내기라는 단순한 방식을 치유의 방식으로 제시하였다.[11]

어떻게 욕구가 결핍과 갈증으로 인간의 에고를 작동시키지 않고 마음의 내용물이라는 사고를 존재로의 변형을 향하도록 할 수 있는가? 레스터 레븐슨과 데이비드 호킨스는 사고와 그로 인해 일어나는 감정을 놓아주기라는 단순한 방법을 제안하고 있다. 반면에 서클진행자는 활동가로서 일과 사람을 만나고 이와 더불어 작업을 한다. 일과 사람에 대해 어떻게 변형을 일으키는 작업을 의식적으로 수행하면서 연금술적인 변형을 일으키게 할 수 있는가가 필자의 관심이다.

리얼리티로서 낮과 밤은 역설이며, 낮은 선물로 밤은 배움과 성장의 기회로 우리를 초대한다. 그 모든 것은 빛의 경험에 대한 양면적인 측면이며, 빛의 충만함 혹은 빛에 대한 갈증빛의 필요성의 표현이다. 아인슈타인은 이미 모든

---

10) 레스터 레븐슨은 애리조나주 세도나에서 사고와 존재의 차이를 극명하게 이해하고 이를 명상기법으로 활용한 '세도나 메서드' 창시자이다. 레스터 레븐슨은 사고와 존재에 대해 데이비드 봄과 같은 견해에 속하며, 서로 다른 영역에서 사고를 내려놓고("흘려보내기" 방식) 존재로 가는 길을 열었다. 책 한권을 추천하면 그의 제자의 책을 추천한다. 헤일 도킨스 저, 편기욱 역, 『세도나 메서드:마음의 평화와 감정의 자유, 영원한 행복과 성공으로 가는 길』 (2021, 알에이치코리아). 필자가 참고한 4 욕구는 "7장, 네 가지 근원적인 욕구 흘려보내기"에서 왔다.

11) 필요·욕구가 갈등 해결에 중요한 요소가 되고 사고(입장)에서 마음으로 나가는 가는 길을 열어준다는 점은 중요한 기여이다. 하지만 그것이 결핍감을 발생시켜 에고의 활동에 대한 동기를 준다는 점도 역설적인 사실이다. 레븐슨은 마음의 내용을 일으키는 동기를 4가지 욕구로 보고 그것을 내려놓음으로써 마음의 바탕 곧 존재로 들어가 그곳으로부터 오는 충만함과 평화를 제시하고 있다.

질량이 있는 것들은 속도와 관련하여 에너지가 된다는 것을 증명하였다.

오른쪽 도표를 보면 활동가로서 우리가 직면하는 차원은 일과 사람이다. 일이 짐이 되고 사람이 방해물이 될 때 스트레스는 높아지고 낙심, 우울, 분노가 일어난다. 그러므로 일과 사람이

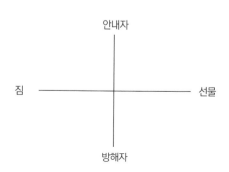

짐이나 방해자가 되지 않고 오히려 짐으로서의 일이 선물로서의 일로, 그리고 방해자로서의 타자가 안내자 혹은 스승으로서 전환될 수 있다면 우리는 빛의 경험 곧 온전함과 충만함을 경험하게 될 것이다. 물론 이는 이해한다고 되는 것은 아니라 의식의 프랙티스를 통해 서서히 변화되는 과정이기도 하다. 아인슈타인은 증거물이 보이기 전에 '사고실험mental experiment'을 통해 의식 속에서 이를 확인하였다. 예를 들어 시공간의 연결과 중력파 등의 과학적 증명이 그 당시에 불가능했음에도 의식의 논리적인 과정을 통해 이를 확증하였다.

삶이 선물과 성장의 기회로 일관성을 지니고 우리에게 주어지는 일과 사람과의 관계를 그러한 일관성을 가지고 과정의 흐름 속에서 머문다는 것은 중요한 일이다. 이는 무엇보다도 서클의 진행이 단순한 기술이 아니라 자신의 신념과 행위가 일치되고 서로 일관성coherence을 지님으로 오는 자아의 자기수용감각에 중요하기 때문이다. 실재가 그러하고, 나의 삶도 그러하다는 선택과 결단은 용기와 자기 수용을 강화하기 때문이다. 실재가 참되고 선하며 아름답고 강하며 무한히 풍성하다는 신념과 그에 대한 자기 삶의 일치는

자신이 누구이고 무엇이 가능한
지에 대한 일관적인 태도를 불   **실재와 결과의 일관성**
러일으킨다.[12]

    데이비드 호킨스의 의식지도   실재 → 존재(의식) → 행위 → 결과
를 숙고하면서 필자가 인간의
의식과 행위에 대한 이해는 옆의 도표와 같이 4가지 요소의 상호연관성에 의
해 일어난다. 즉, 각자의 의식이 어떻게 실재를 이해하는가에 따라서 그의 언
어와 행동은 암묵적이고 무의식적인 영향을 받으며, 그러한 언어와 행동은
결과를 만들어낸다. 그리고 실재에 대한 확고한 신념이 그 결과를 보면서 더
욱 강화되어 행동에 습관화routine가 일어나면 그 결과는 자동으로 같은 패턴
이 일어나게 된다. 이는 꽃향기가 멀리 있는 나비를, 악취가 멀리 있는 파리를
초대하는 것과 같은 이치이다.

    대부분 우리는 혼란, 손상, 파괴에 대해 행위와 결과에 대해 의식과 에너지
를 집중한다. 실수, 잘못, 실패, 손상이라는 결과가 현상으로 출현하게 되면
그것을 가져온 사람의 행위언어나 행동에 대한 교정과 변화를 기대하며 이에
대해 집중해서 학습과 훈련을-강제적이든 자발적이든- 하게 된다. 추가된 도
표에서 보듯이 나는 이를 일차적 피드백 혹은 표면적인 성찰이라 부른다. 내
적인 동기를 다루기보다는 겉으로 드러난 행동의 잘못에 대해 집중해서 다루
어 결과가 다르게 나타나기 위해 대안적인 행위를 모색하고 확약確約하는 방
법이다.

    그러나 잘못된 결과를 보고 행위의 변화를 다룬다는 것은 일시적인 것이

---

12) 나는 여기서 실재가 내가 진술한 대로 그러하다는 형이상학적인 전제를 강요할 생각이 없다.
단지 그러한 신념은 실용적인(pragmatical) 관점에서도 나의 태도를 일관되게 불러일으켜 삶
을 바라보는 관점, 지성, 행위, 선택에 대한 일관된 태도, 즉 충실성에 있어서 중요한 효과를 가
져온다는 점을 말하고자 한다.

며 그것은 결국 성장과 배움을 가져오는 것은 아니다. 또한, 행위와 결과는 사고의 선택에서 일어난 것이어서 존재를 다루지 못하게 된다는 점도 큰 이슈이다. 존재는 실재에 대한 어떤 감각

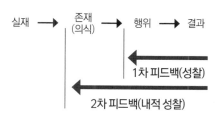

을 지니고 있는 지에 연관되어 있다. 그것은 사고 이전에 무의식적으로 일어나는 마음의 근본터전이다. 마음의 내용으로써 사고들은 그러한 근본터전에 대한 이해, 곧 의식으로부터 싹이 나서 성장하게 되고, 사고의 패턴이 형성되면 행위와 결과는 거의 무의식적인 자동반응과 그 결과로 조건화된다.

그러므로 사고에서 존재로 들어가는 문을 여는 방식으로 피드백을 하게 되면 존재의 변화가 일어날 가능성을 높인다. 우리는 이것은 내적 성찰이라 부를 수 있다. 즉, 선택한 행위나 일어난 결과 이면에 어떤 동기, 목적, 의도, 의미가 그에게 중요했는지를 살피는 것이다. 이러한 2차 피드백은 좀더 존재의 차원, 곧 마음의 근본 자리로 의식을 향하게 한다. 거기에는 실패, 잘못, 손상이라는 분리의 고통이 갖는 사고의 파편화가 갖는 고통도 순수한 에너지 혹은 파동으로 존재하는 영역이다. 그리고 그 순수한 에너지의 파동은 빛의 파동, 곧 무한한 리얼리티의 개별화인 각 존재의 순수한 인간성이 자리 잡고 있는 곳이다. 참고로 회복적 서클은 사전, 본, 사후 서클에서 1차 질문이 행위나 결과에 대한 피드백의 질문이며, 2차 질문이 2차 피드백인 '존재'를 건드리는 질문이다. 그렇게 1차와 2차 피드백을 통해 결과, 행위, 그리고 존재와 연결되면, 새로운 행동계획을 선택하는 방향으로 가는 미래의 가능성을 향한 3차 탐구 질문으로 회복적 서클은 구성되어 있다.

행위와 결과를 넘어서 좀더 내적인 영역인 자아의식의 창조적 긴장과 그

에너지를 타고 존재의 순수함과 실재의 참되고 자비로운 풍성함에로 돌파하는 연금술적인 변형은 의식의 일관성을 갖고 패턴을 만들어 내어 그 패턴이 흐름이 될 때 진화와 도약이 일어나게 된다. 그것은 진행자가 예측 못하는 상태에서 일어나는 변화이다.

옆의 도표를 보면 모든 것은 에너지의 패턴화된 꾸러미라는 것을 전제할 때, 존중과 돌봄이 질량 $E=MC^2$ 에서 M이라는 사건·상황·관계를 연금술적인 변형을 일으키는

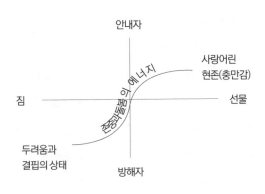

데 중요한 역할을 한다. 일이 짐이 되고, 사람이 방해자로 다가오는 것은 존중과 돌봄의 에너지를 상실할 때 일어나는 결과물들이다. 그러나 그 결과물들은 개별자로서 고정된 것들은 아니다. 모든 물체가 유동적이라는 것이 현대물리학의 양자인식론의 견해이다. 이미 앞장들에서 진술한 것처럼 존중과 돌봄의 일관된 에너지가 패턴을 만들어내고, 환대와 축하의 공간을 지속시키면 서클에는 충일된 에너지, 강한 몰입, 그리고 공동의 지성이 발생하면서 그 전에는 생각하지 못한 새로운 가능성의 문이 열린다. 그렇게 해서 짐과 방해자로 들어온 거칠고 힘든 것들은, 이제 선물과 안내자로 변형이 되어 전체를 맞이한다.

우리의 배움과 성장은 은총의 기쁨에서만 아니라 이렇게 어둠, 손상, 실패, 파괴라는 고통과 힘듦의 영역에서도 일어날 수 있다. 그리고 갈등작업을 하다 보면 새롭게 자신을 선물로 주는 일이 그러한 영역에서 강렬하게 일어남

을 목격할 수 있다. 새롭게 펼쳐지는 휴머니티인간성으로 인해 참여자들은 치유와 회복, 일치와 비전을 맛본다. 존중과 돌봄의 일관된 에너지가 어떻게 그러한 변형을 가져오는지 아직도 필자에겐 신비이다. 그러나 한 가지 실마리는 그러한 일관성으로 인해 그동안 실재에 대해 가졌던 신념인 우리의 삶은 두려움과 결핍이 지배한다는 것을 내려놓기 때문에 아닌가 하는 생각이 다가온다. 우리의 삶 혹은 리얼리티는 두려움과 결핍이 아니라 진리와 자비로운 기여giving에 의해 움직이고 있다는 실재의 근본적인 작동원리가 이해의 열쇠로 나의 마음을 두드리고 있다. 이것이 우리에게 '사랑어린 현존'의 가능성을 열게 한다. 나는 그러한 두려움이나 결핍이 아니라 내 존재의 정체성은 이러한 사랑어린 현존에 연결되어 있음을 자각하게 된다. 물론 이는 계속해서 자각이 필요한 훈련이다. 그러나 어느 날 그러한 자각이 서서히 변화되는 진화나 놀라운 도약을 불러올 수도 있을 것이다. 사랑어린 현존의 패턴화라는 일관된 삶으로의 진화와 도약이라는 내면의 황금을 만들어내게 된다. 이것이 서클진행자가 꿈꾸는 연금술적 변형이다.

3장. 스토리텔링과 진실의 직조

서클에서는 리얼리티가 공간에 부여하는 에너지, 몰입, 지성이 과정을 통해 무언가 딱딱하고 힘든 것들이 연금술적 변형을 일으키어 황금이라는 결과를 가져온다고 진술하였다. 서클의 공간이 지닌 스스로 안내하는 잠재적인 능력은 참여자들이 이에 참여할 때 그 서클 리더십의 가능성을 현실로 가져온다. 서클에서 참여자들은 그러한 공간에 무엇으로 기여하고 참여하는 것일까? 이 장은 그러한 질문에 응답하고자 마련되었다. 그것은 한마디로 말하자면 자신의 이야기를 가지고 참여한다는 것이다.

인간은 이야기를 지닌 존재이다. 그 이야기에는 각자의 실존적인 의미가 들어있다. 그래서 우리는 상대의 이야기에 관심을 두고 주목하며 귀를 기울인다. 이를 이해하기 위해 예를 들어, 고고학적인 발굴물들은 수많은 역사적 사실을 제공하며 때로는 흥미를 자아낸다. 여기서 우리의 흥미를 불러일으키는 것은 역사적 사실historical fact에 대한 정보에 있지 않다. 유물로부터 상상되는 그 당시 사람들의 관계, 문화, 생활이라는 맥락context이 어떠했는지가 관심을 끌게 된다. 중요한 것은 이렇게 역사歷史, 곧 큰 이야기His-story, Her-story의 '그것'이라는 정보가 아니다. 나의 작은 이야기small story와 역사적 유물 이면에 있는 이야기들과의 조우와 그 공명이다. 그래서 발굴한 그것에 스토리를 입힌다. 그렇게 되어 우리에게 생생한 말걸기를 할 수 있게 한다.

발굴과 탐험은 모두 스토리에 대한 궁금함에서 나온 것이라 볼 수도 있다.

그만큼 우리는 이야기에 대한 갈증과 굶주림을 지니고 있다. 갈등작업의 소외와 분리는 결국 이야기를 막고 왜곡하고 거절한 것으로 인한 결과가 아니었던가? 중요한 것은 '그것'에 대한 이야기가 아니라 '나의 이야기'이고, 갈등작업에서 그것에서 나의 이야기로 넘어가면 일단 어느 정도 빛이 보이게 된다. 문제는 나의 이야기는 고속도로 주행하듯 직선 가도를 빠르게 달리는 것이 아니라는 점이다. 꼬불꼬불한 길이 있고, 속도 늦춤의 안내판이 있으며 정지신호와 때로는 우회하는 길로 가야 하는 것이 이야기이다.

다시 말하자면 이야기는 '일어난 일'역사에 대한 정보의 교류가 아니다. 두 가지 이해가 이 진술에 연결된다. 하나는 내가 경험하고 본 것이 중요한 것이 아니라 그것을 통해 '내 안에서 일어난 일'이 스토리를 형성한다는 말이다. 즉, 이야기는 주관적 체험을 담고 있다. 다른 하나는 일단 이야기가 말해지면 그 이야기는 해석된 이야기라는 점이다. 이야기는 이미 보고 들은 그대로를 말하는 것이 아니라 이미 내 실존의 의미 영역과 가치의 렌즈를 통해 투사된 것이다. 그러므로 이야기에는 이미 내 의미와 가치 체계의 재구조화를 통해 나타난 해석된 내용이다.

이야기는 이렇게 단순히 '역사적 사실'에 대한 정보가 아니라 주관적이고 의미구조의 렌즈에 의해 비추어진 구성물로서 말하기라는 점에서 각 이야기는 화자의 실존적 맥락context을 독특하게 지니고 있다. 자신의 실존적 맥락을 표현하는 이야기는 그 맥락적인 특성으로 인해 그 자체에 의미text를 담고con- 있다. 그러한 숨겨진 의미의 존재함으로 인해 이야기는 듣는 청자를 필요로 하며, 스토리텔링은 이미 사람들이 경청하는 것을 강하게 요구한다. 그렇게 들려짐을 통해 스토리텔러는 자신의 실존이 의미있음을 확인받기 때문이다. 그러므로 스토리텔링을 통해 마음이 가벼워지고, 치유가 일어나며, 무의미에서 방향감각을 되찾게 된다. 그만큼 스토리텔링은 존중하며 듣는 청자를 전제로 한다. 또한, 그러한 이유로 존중하며 듣는 청자가 일상에서는 거의 부재하기에 스토리텔링이 아닌 역사적 사실의 정보 수준에 해당하는 표면적인 정보 나눔으로 우리는 일상의 대화를 잡담하기 수준으로 전락시키게 된다. 각자의 스토리텔링이 상실되거나 감춰버리고도 정상적인 모습으로 살고 있음을 태연히 보여줄 수 있으며, 아주 절친 이외에는 자신의 이야기를 나눌 엄두마저 내지 못하는 것이다. 그만큼 우리는 일상에서 이야기에 굶주려 가고 있고, 그에 따라 생기를 잃어가고 있다. 어린아이가 이야기할 때 얼마나 눈이 똘망똘망하며 생기를 띠고 있는지를 보면 알 수 있다. 스토리텔링은 우리를 생기있게 해준다. 생기를 북돋아줌이 바로 이야기의 힘이기 때문이다.

서클에서 이야기하기는 일상의 이야기와는 많은 차이가 있다. 그중에 핵심은 서클에서 펼쳐지는 이야기가 말하는 이의 마음과 듣는 이들의 마음을 연결하며, 내적인 진실을 연결하여 진실의 전체성으로 나가게 해준다는 점이다. 여기서 놓치지 않아야 하는 것은 마음의 내적인 진실을 이야기하므로 다루는 주제그것도 앞장에서 설명한 대로 자신의 '내면성'을 갖고 스토리 속에 인격성을 부여받는다는 점이다. 이것은 서클의 안전한 공간에서 판단 없이 존중과 돌봄의 에너지 속에서 서클 공간에 현존해 있는 참여자들의 내면적이며 실존적인 맥락con-text이 지닌 의미, 곧 진실text이 표출될 때 나오는 역동성이다.

서클이 생기있고 가슴을 연결해주는 힘을 느끼게 해 주는 이유는 각자의 스토리텔링이 지닌 '진실'이 공간에서 목소리를 내고 날개를 달고 움직이기 때문이다. 그리고 경청은 진실이 리더십을 갖도록 허락하는 공간을 제공한다. 일어난 일로서 관계, 상황, 사건에 대해 스토리는 환유換喩의 방식으로 '그것'에 대해 말하는 것 같으면서도 실상은 '나'에 대해 빗대어 말하면서 나의 진실을 스토리에 담아낸다. 당연히 이야기는 이미 자신의 실존적 맥락에서 그리고 내면의 의미구조의 렌즈를 통해 말하기 때문이다. 그러므로 말해지는 주제인 '그것'은 이미 자신의 내면을 보여주는 셈이다.

스토리텔링은 자신의 내면을 이야기하는 것이며, 본 것에 대한 정보가 아니라 본 것이 자신에게 의미하는 것을 환유해서 말한다. 물론 이렇게 빗대어 말함에는 좌절, 열망, 고통, 기쁨, 환희, 절망, 아쉬움, 간절함 등의 감정적인 요소들이 들어있다. 주관적인 경험은 그러한 감정의 내용물들을 융합해서 더욱 생생하고 강한 에너지를 품게 만든다. 그렇게 해서 자신만의 해석물version이 있게 된다. 그 사람 고유의 해석된 의미맥락과 그에 대한 구성이 유기적으로 조직화된 내용물이 형성되는 것이다.

스토리가 이미 자신의 버전으로 구성된 유기적 의미체라는 진술은 스토리텔링의 본성을 이해하는 데 도움이 된다. 스토리는 이미 플롯, 무대, 인물 등이 이미 조합되어 나타난다. 자체적으로 형태, 리듬, 색, 에너지, 전개 과정 등이 그 사람의 의미맥락 속에서 구축되어 나온다는 뜻이다. 그러한 독특한 색깔과 형태를 지니는 것은 내적인 의미 구조에서 일정한 흐름이 만들어져서 표현된다. 그러한 내면의 의미 체계에서 취사선택과 의미부여를 통해 자신만의 버전으로 그 내용이 형체를 갖추어 나타난다. 이것이 말하는 바는 스토리는 구성물composition이라는 것이고, 스토리를 들을 때는 바로 말하는 내용 뒤에 구성의 효모로서 작동한 의미가 암묵적으로 투영되어 있다는 뜻이다.

따라서 서클에서는 이야기하기가 온전한 경청과 연결되면 서서히 그 내용 그것에서 자신에게로 옮아가면서, 자신이 누구이고 자신이 무엇을 믿고 있고, 타자와의 관계에서 자신이 누구라 생각하는지를 드러나게 된다. 각자의 실존적 맥락을 이루고 있는 의미와 그 의미의 알짬인 진실이 드러나게 된다. 진실이 드러난다는 것은 쉬운 것은 아니다. 두려움과 불안의 문화 속에서는 언제나 진실보다는 입장과 관점에 머물기 때문이다. 서클에서는 이렇게 일상의 외적인 상황들에서 자신의 내면으로 들어가고, 그리고 점차 우리의 내적인 진실을 밝히면서 마음의 공명을 통해 '진실이 울리는' 경험을 참여자들은 경험한다.

'진실이 울린다ring true'라는 말은 조심스럽게 선택된 용어이다. 이는 진실을 머리로 안다거나 진실을 이해했다는 단순한 표현을 넘어서는 경험적 공감의 표현이다. '진실이 울린다'는 것은 청자의 가슴을 파고들고 청자의 가슴을 적시며 청자의 존재를 흔든다는 뜻이다. 그렇게 각자의 진실이 울리면 닫혔던 마음은 열려서 진실의 전체를 기꺼이 맞이하는 순간이 온다. 즉, 진실의 전체가 '나'와 '너'를 '우리'로 전환하면서 진실의 전체성 앞에 서게 만든다. 그리고 진실의 전체성은 공동의 의미나 방향을 제시하게 된다. 그동안 얽힌 경험의 실타래들이 풀리고 다시 연결되고 새롭게 엮이면서 삶의 추위를 견딜 수 있는 따스한 기운이 각자에게 스며든다. 이것이 각자가 지닌 진실의 실을 서로 하나로 모으고 공동의 스토리로 직조weaving하면서 나타난 변화이다. 이렇게 진실은 치유하고 회복시키는 강한 힘을 갖고 있다.

결국, 서클은 진실의 직조織造에 그 본성과 생명력을 지닌다. 그리고 이것은 참가자들의 스토리텔링이 그 큰 몫을 차지한다. 서클은 공간을 허용하고 스토리텔링은 그 공간에 내용으로써 진실을 담아 서클대화는 의미의 흐름을 창조하고 방향을 찾아간다. 진실은 치유하고, 용기를 주며, 다시금 꿈꾸고 일어서서 걸을 수 있도록 '내면의 황금'을 주조鑄造한다. 두려움과 결핍의 문화 속에서 진실이 꽃피운다는 것은 경이로운 일이다. 그만큼 진실은 감추어지거나 닫아있는 세상에서 서클의 궁극적인 비전은 바로 이렇게 진실을 꽃피우는 것이다. 그렇게 되면, 각 개인도 아름답고 참되며 선한 존재로서 개화하게 된다.

이렇게 진실이 꽃피우고 내면에 진실이라는 황금을 지니게 하려면 좀더 나은 스토리텔링이 되는 데에는 몇 가지 서클진행자로서 유의할 점이 있다.

첫째는, 솔직하기와 진실을 말하기의 미묘한 차이점에 대한 고려이다.
서클은 안전한 공간을 제공한다고 생각하기에 일단 안전하다는 느낌이 들면 솔직하게 말하는 데 용기를 갖는다. 자신 안에 있는 그대로 말한다는 정직함으로써 솔직하기와 자신 안에 있는 의미에 대해 진실을 말한다는 것은 작은 차이인 것 같으면서도 청자에게 큰 파장의 차이가 있다. 말하는 사람의 초점과 에너지에 따라 다른 결과를 초래하기 때문이다.

둘 다 내면에 대해 있는 그대로를 말하는 정직함에서는 같은 것 같지만 일단 그 영향력에 차이가 있다. 정직함으로써 솔직하게 말하기는 때에 따라서는 약이 되기도 하지만 독이 되기도 한다. 즉, 자신의 감정과 관점에 대해 정직하기는 하지만 그 말과 관점이 듣는 사람에게는 힘듦을 주는 상황이 발생하는 것이다. 듣기가 어려운 것은 듣는 사람의 마음 상태가 어떤지 혹은 마음의 경계선을 넘고 있지는 않은지 고려하지 않기 때문이다. 그래서 화자에게는 솔직한 것이 듣는 자에게는 판단이나 단언으로 비추어져서 듣는 것이 고역이거나 불편한 상황으로 몰고 가게 된다.[13]

진실을 말한다는 것은 정직함만 아니라 그 진실이 울릴 수 있는 상대방의 마음의 공간에도 연결된다는 뜻이다. 그것은 자신이 말하고 나서 상대방이 경직되지 않고 기쁨과 동의의 표정을 하고 있거나 호기심과 관심을 두고 있는지를 보면 알 수 있다. 일방적인 솔직하기와 진실을 말하기에는 공명이 일어나는지가 그 차이점이다. 전자는 암묵적인 저항을 일으키지만, 후자는 마음을 열고 수용하는 힘을 작동시킨다.

---

13) 물론 여기에는 상대방에게 처음에는 쓰지만, 나중에는 약이 되는 예도 있다. 그 핵심은 그의 솔직함이 청자의 마음을 울리지 못하고 청자의 판단을 유발시킨다는 점이다.

둘째는 스토리텔링에 있어서 감정의 중요성을 인식하는 것이다.

이미 말한 대로 감정은 생생한 에너지를 부여한다. 그리고 감정은 곧 화자가 자신의 주관인 경험을 표현하고 있다는 증거이기도 하다. 물론 그 표현이 자신의 정당성이나 불의한 일에 대한 자기 경험을 나타내기도 한다. 즉, 그것이 독단적인 주관이나 관점을 표출하기도 하지만 일단 그의 주관적 세계가 어떠한지에 연결하고 이해하는 데는 중요한 실마리가 된다. 감당하기 어려운 일을 만났을 때 당연히 감정이 한쪽으로 쏠려 있다는 인상을 청자가 받을 수도 있지만, 그의 내면에서 무엇이 벌어지고 있는지에 대한 이해는 감정을 통해 생생한 전달을 받을 수 있다.

청자가 감정을 제대로 경청하거나 화자가 자신의 감정에 더욱 들어갈 때는 감정도 여러 층이 있고 더 적절한 내면의 상태를 표현하는 길을 찾아가게 된다. 대개의 경우, 일단 일차 감정은 상황, 사건, 상대방에 관한 판단과 관련된 감정이 올라온다. 그중의 한 예시는 분노이다. 분노는 이차감정이며 여기에는 강한 더 깊은 감정과 이에 맞물린 옳지 않은 것에 관한 판단이 만들어내는 감정이다. 더 이야기하다 보면 그 분노의 감정은 자신의 외로움, 상실감 등의 일차 감정자기 내장의 감정이 있음을 알게 된다. 이렇게 감정에 주목하게 되면 머리보다는 가슴으로 가까이 접근하게 된다.

셋째는 말하기에 있어서 가슴으로 말하기에 대한 실천이다.

가슴으로 말한다는 것은 가장 일차적으로는 머리로 시뮬레이션을 하거나 머리의 창고에 말하기 내용을 저장하고서 하나씩 꺼내어 사용하는 방식으로 말하기가 일단 아니라는 뜻이다. 두려움의 문화에서는 안전하기 위해 무엇을 말할지를 통제하고 예측하며 생각을 정리하고 말하는 습관을 갖도록 한다. 그렇게 되면 논리적으로는 말해도 생생하게 말하는 것을 놓치게 된다. 왜냐하면, 생생하게 말하는 것은 가슴에서 나오는 방식이기 때문이다.

　머리에 정리하지 않고 자신의 가슴에 귀 기울여 출현하는 것에 신뢰하며 말하는 것은 위험한 것만큼이나 생생한 것을 전달한다. 위험하다는 것은 자신이 안전하지 않다고 스스로 느끼는 것이고, 청자는 화자의 가슴에서 직접 전달되는 메시지가 갖는 그 진실과 호소력에 가슴이 움직인다. 결국, 상대의 가슴은 내 가슴의 언어로 여는 것이고 가슴의 언어는 서로를 공명하도록 하기에 그렇다. 서클에서는 시작에서 진행자가 공동의 침묵으로 무엇을 말할 것인지 돕지만, 사실 서클이 익숙해지면 말하기는 던져진 주제나 질문에 가슴에 연결하는 시간으로 과정에서 침묵을 사용하는 것이 도움이 된다. 그렇게 하여 가슴이 말하는 대로 말하기를 통해 자신의 영혼이 더 쉽게 이야기할 기회를 높인다. 때로는 머리로는 예측하지 못한 것을 가슴이 말하는 경우가 있다. 그러한 경우에는 자신의 숨겨진 진실이 드러나는 경우가 많다. 숨겨진 진실이 목소리를 가질 때 화자인 그는 자신이 진실로 누구이고 지금 어떠한지를 정직하게 보게 된다.

마지막으로 스토리텔링을 심화시키기 위해 열린 질문을 사용할 수 있다.

　일단 서클에서는 상대방의 말을 끝까지 듣는 분위기이기 때문에 질문은 우선적인 선택은 아님을 기억할 필요가 있다. 그러나 경청을 명료히 하고, 화자와 연결을 위해서 마음과 연결한다는 의미에서 열린 질문을 할 수 있다. 이는 스토리의 의미맥락을 연결하고 확인할 필요가 있을 때 하는 질문이다.

　질문할 때 그것이 나의 호기심을 충족시키는 질문인지를 먼저 자신에게 물어야 한다. 자신의 궁금증을 해소할 목적으로 질문한다면 자기 이해를 위해 스토리의 흐름을 돌리는 것이 되기에 조심할 필요가 있다. 오직 에너지와 의식의 초점이 화자의 이야기가 지닌 진정성에 초점이 맞추어지고 그것과 연결되는 것에 필요하다는 내면의 직관이 일어날 때 질문을 하는 것이 적절하다. 때로는 상대방의 진실은 취약성·연약함을 드러내는 방식으로 말하기 때문에 숙고 없는 질문은 화자의 가슴에 상처나 불안을 잉태한다. '내가 괜히 말했나'하는 자기 의심과 청자들에 대한 신뢰의 상실이 일어날 수 있다. 진실이 이야기되는 순간은 위험하면서도 모두에게 선물이 되는 결정적인 순간이다.[14] 질문은 그 진실의 불꽃이 더 점화되는 데 쓰여지는 것이 좋다. 질문하는 것이 적절한지 의심이 들 때는 안 하는 쪽으로 기울이는 것이 나을 수 있다.

이야기를 통해 진실이 직조되고 공유된 의미와 진실을 맛본다는 것은 가장 큰 선물이자 희열을 선사한다. 그래서 스토리텔링은 연금술적인 변화를 가져와서 각자의 중심을 세우고, 서로를 북돋아서 다시 일상에서의 여정을 지속할 수 있는 지혜와 힘을 제공한다. 이렇게 중심과 주변의 차이는 진실과의 거리감에서 이해되는 것이다. 그리고 이는 얼마나 머리에서 가슴에 가깝게 다가가는가에 대한 거리이기도 하다.

서클에서 스토리텔링과 진실의 직조에 대해 경험을 쌓다가 보면 인생에 대해 한 가지 점점 더 뚜렷이 다가오는 교훈이 생긴다. 그것은 나의 고통의 핵심이 생존의 불안이나 신체적인 병질환, 혹은 예기치 못한 불행의 문제가 아니라 내 안의 진실이 감추어지거나 진실이 무엇인지 모르고 사는 것에 대한 만성적인 생활 습관이 더욱 고통스러운 점이라는 점이다. 그리고 청년 때 폐결핵을 앓아본 경험처럼 이것이 고통이라는 신호를 주지 않고 어느 정도 커

---

14) 크리스티나 볼드윈은 이야기의 4가지 선물에 대해 말한다. 1) 스토리는 상황 맥락을 창조한다. 2) 상황 맥락은 관계를 창조한다. 3) 상황과 관계는 비슷한 배움[대리학습]을 창조한다. 4) 비슷한 배움은 응집력있는[일관된] 행동을 창조하고 의식을 확산한다. 그녀의 책 『서클의 힘』 "7장 서클과 스토리텔링" 참조.

지고 진행된 다음에야 그 증상을 알아본다는 점이다. 그만큼 진실에 대해 우리가 무감각해질 수 있다는 것, 그것을 자연스럽게 정상으로 생각하며 살아간다는 것은 큰 무지이다. 서클에서 비로소 내 이야기를 하고 진실이 들려지는 경험을 통해서야 고통 중의 더 큰 고통을 모르고 지내왔구나라는 큰 뉘우침을 가진 것은 내 인생이 이미 오십을 훨씬 넘었던 때였다. 아쉽지만 누구를 탓하겠는가? 남은 세월에 정성을 기울여 삶이 변화되길 바랄 뿐이다.

4장. 진행자의 내면의 덫

서클이 점차 익숙해지고 자주 사용되거나 정규적으로 서클에 앉아 모임이나 회의 등을 하게 되면 안전한 공간이라는 서클 분위기에서 일상의 대화가 보여주지 못하는 내용들이 자연스럽게 튀어나온다. 물론 서클 문화에 익숙해지면 일반적으로 사람들은 대화 방식에서도 부드러워지고 솔직해지며 편안한 방식으로 대화를 하는 게 보통의 모습이다. 서클이 주는 안정감이 서클 밖에서 하던 방식과는 다르게 서클에 젖어 들면서, 서클에서 허용되는 분위기에 참여자들은 스스로 알아서 적절한 태도와 언어를 사용한다.

그런데 일상적인 대화에서는 익숙해서 못마땅한 방식의 말투라 할지라도 참고 견디는 상황을 서클에서 말하게 되면 충격을 받거나 당황하는 경우를 만난다. 예를 들어, 서클의 부드럽고 편하게 이야기하는 민감성으로 인해 일상의 말하기에서는 허용된 거칠거나 딱딱한 언어가 서클에서 들려질 때 불안이나 혼란을 일으키는 경우가 있는 것이다. 필자가 워크숍에서 비유하는 말로는 "일상에서는 맷집이 세서 아무렇지도 않은 것이 서클에서는 누가 때리면 아픔을 크게 느끼는 경우가 있다"고 말하는 부분이다. 이에 관련하여 이미 앞에서 '서클에서 그림자다루기'를 통해 참가자들이나 서클 진행 과정에서 일어나는 그림자들을 이야기하였다. 그리고 다른 장인 '서클 진행의 연금술적 변형'에서도 직면한 혼란, 잘못, 손상에 대해 어느 정도 다른 가능성을 만들어가는 과정에 대한 아이디어를 다루었다.

이 장에서는 진행자 자신의 내면에 대한 돌봄을 다음 장과 나누어서 다루고자 한다. 여기서는 서클 리더십과 관련하여 진행자가 내면에 직면하는 덫에 관한 내용이다. 참으로 안타까운 장면 중의 하나가 가슴에 걸리기에 나 자신을 포함하여 이에 관해 계속해서 주의했으면 하는 마음이 들기 때문이다. 그것은 본인 자신은 서클에 대한 감동과 그것을 삶의 방식으로 가져가고 싶은 열망이 있어서 서클 모임을 만들어 남들과 공유하고자 하는 열정이 있는 사람이지만, 참여자는 그 사람의 서클 진행방식에 만족하지 못하고 서클진행자로서의 신뢰를 주지 않는 경우를 보게 된다. 그 원인이 서클에서 일어나는 그림자를 적절히 대응하지 못하는 데서 오기도 하지만, 사실상 더 근본적인 문제는 진행자 자신의 내면의 덫에 걸려 있기 때문이기도 하다.

서클의 그림자는 눈에 보이기 때문에 어느 정도 자각하고 다른 대안을 모색하면 금방 서클의 힘을 느낄 수 있게 된다. 하지만 진행자 자신의 내면의 덫에 걸리면 이는 보이지 않기 때문에 알아차리는 것이 무척 힘들다. 그리고 알아차리면 자기 자신의 존재가 서클 진행에 부적합한 인간이 아닌가라는 자기의심으로 들어가기 때문에, 덫을 조심하기보다는 자기 존재를 탓하는 방식으로 가게 된다. 그래서 자신감이 없어지고, 열망과 존재 간의 틈이 발생하여 남에게 말하지 못하고 속으로 혼자 힘들어지는 상태로 전락轉落하게 마련이다. 그렇게 해서 모처럼 시작한 서클의 가능성에 대해 리더십을 계속 발휘하지 못하고 주저하는 상태가 되는 것이다. 필자를 포함해서 이런 경험은 통상적으로 쉽게 찾아오는 종류의 것이다.

'내면의 덫'이라는 용어를 필자가 선택한 것은 여러 의미를 이것이 담고 있기 때문이다. 우선 그 덫은 자신의 외부에서 일어나는 관계, 상황, 사람 때문이 아니라 자신의 내면이 원인이라는 점을 먼저 이해할 필요가 있다. 외부에서 오는 것은 '자극'은 되어도 실제로 원인은 자신의 '반응'에서 기인한다는 점에서 그렇다. 이는 정확히 내면의 것이 밖으로 '투사'[15]되어서 투사된 상황, 관계, 사람이라는 스크린에서 그 내용을 보고 있지만, 실제로 스크린의 내용은 영사기라는 나의 내면이 돌아가면서 만들어 낸 것들이다.[16]

그리고 덫이란 비유는 다람쥐 쳇바퀴처럼 계속되는 움직임에도 불구하고 더 이상 나가지 못하고 계속 그 상태에서 맴도는 것을 말한다. 더 나가지 못하고 맴돌고 있음은 자각해서 노력하고 열정을 내는 데도 상태는 나아지지 않는 궁지가 그것이다. 앞으로 계속 나가려는 노력과 행위에도 불구하고 계속 그 자리에 있는 것은 의식의 문제인 데 행위에서 대안을 찾고 있으니 진보가 없게 된다. 같은 프레임에서 다른 행위가 별다른 도움을 주지 못하기 때문이다. 따라서 덫은 더 나가지 못하게 방해하는 것만 아니라 또한 같은 의식의 프레임을 지칭하기도 한다.

그렇다면 개인으로서 일상을 살아가는 데 만족하지 않고 서클진행자로서 역할을 통해 세상에 기여하고자 할 때 그에게 일어나는 내면의 덫은 어떤 것일까?

우선적으로, 서클에서 그림자다루기 주제에서 언급한 것처럼 관계의 공간이 중요하다는 인식과 마찬가지로 진행자 내면의 공간에 대한 이해가 필요하다. 서클의 리더십은 공간의 리더십으로 공간을 만들고 유지하면 거기서 에너지, 몰입, 지성이 발생한다는 것을 이해했다면, 진행자 자신의 내면에서도

---

15) 투사(projection)는 매우 교묘한 마음의 작용이다. 가장 강력한 것은 눈에 본 것이 사실(fact)이라는 강력한 신념을 갖는 것이다. 이러한 신념적 사실주의는 내 본 상대방의 잘못된 행위가 그대로 일어난 것으로 사실이라는 가정을 추호도 의심하지 않는다. 즉, 특정 공간과 시간에서 일어난 것을 내가 그대로 인지해서 내가 보는 것은 옳다는 것이다. 그러한 유사-객관주의를 현대물리학의 인식론은 거부한다. 그리고 필자가 경청연습에서 '사실'을 선택하는 것은 옳고 그름의 프레임을 벗어나는 수단이지 목표가 아니었음을 여기서 밝힌다.

16) 데이비드 봄은 이와 관련하여 '자기수용감각'이 대화의 중요한 이슈임을 말하고 있다. 그의 책, 『창조적 대화론』 "6장. 유보, 육체, 자기수용감각"을 참고.

무언가를 내가 진행한다는 압박감이나 책임감에 앞서서 다루고자 하는 주제에 대한 자신의 환대와 축하, 존중과 돌봄의 에너지에 대한 공간을 의식할 필요가 있다.

내가 이끌어가야 한다는 생각은 무거운 책임감과 이에 대해 협력을 하지 않는 참여자에 대한 불만 어린 투사가 일어나게 된다. 상대방이 미워지는 것은 그의 행동이 아니라 나의 투사인데 이를 인식하지 못하게 된다. 그렇게 되면 진행에 대한 초조감과 더불어 잘 진행하고자는 바램에서 힘을 행사하게 된다. 즉, 설명하려 들고, 진행자로서 혼자의 말이 길어지고 심지어 방향을 가르쳐 준다. 이것에 대한 최고의 이미지는 목자와 양떼이다. 진행자가 양떼를 잘 몰고 적절한 풀과 물이 있는 곳으로 책임감 있게 안내하는 암묵적인 이해가 내면에 깔리면서 타당하다고 생각되는 강제적인 영향력을 행사하게 되는 것이다.

서클진행자는 서클에서 보기를 원하는 공간의 이미지가 자신의 내면에도 일어나기를 허락해야 한다. 진행자 내면에서 공간을 점유하여 다루고자 하는 주제를 이끌어가야 한다는 목소리가 바로 진행자의 내면의 덫 중의 하나이다. 이는 진행자의 자기 책임과 선한 목표의 달성이라는 이유로 쉽게 발생하는 덫이다. 그렇게 되면 서클 모임에서 진행자가 돋보이고 대화의 중심을 차지하고 있음을 모두가 눈치챈다. 당연히 참여자의 요구와 의견에 대한 민감성을 느낄 공간을 허용하지 않는다. 그러면 참여자들은 움츠러들게 마련이다. 또다시 이는 진행자의 힘이 행사될 필요에 대한 기회를 주게 되어 진행자는 어쩔 수 없이 자신이 이끌 수밖에 없다는 오해를 품게 되어 점점 더 힘을 행사하는 강도가 빈번해지고 더욱 센 방향을 선택하게 된다.

내면의 공간에 대해 이해해야 하는 것은 그 공간은 그냥 무無가 아니라 실재가 자신의 참되고 선하며 아름다움을 드러내는 장소라는 점이다. 공간이 주어지면 실재의 역동성은 그대로 출현한다. 자신의 사고가 그 공간을 점유함으로써 불안해지면서 초조해지고 노력의 필요성이 마음을 지배하여 참여자와 조율 없이 혼자 움직이게 된다. 관계의 공간에서 서클의 중심에 자신을 내어주는 방식처럼 내면의 공간을 허용하여 자신도 주변으로 가면 마음의 중심은 지혜와 힘을 출현시킨다. 왜냐하면, 실재는 이미 우리 각자 자아의 본성 깊이에 주어진 본래적 특성이기 때문이다. 이러한 실재의 본래적인 소여성所與性이 실존existence의 밑바탕이고 이를 존재참자아, 혹은 영혼라 부른다. 물론 파머의 말처럼 이러한 존재의 감각 혹은 영혼의 움직임은 소음을 싫어해서 고요한 공간을 필요로 하며, 또한 기다림이라는 인내를 요구한다.

두 번째로, 서클진행자는 점차 여리고 약한 것의 안내에 대한 자각에 눈뜨게 된다는 것이다. 여기에는 몇 가지 정황 이해가 필요하다. 일반적으로 우리는 세상이 두려움과 결핍의 에너지로 움직이고 있다고 교육에 적자생존을 받아와서 공격주장, 비난과 보호저항, 방어에 익숙해져 있다.[17] 그렇기에 자기 생존과 성장을 위해서는 강하고 힘들게 노력하는 것이 타당하고, 힘을 키우고 이를 저축하는 것이 자기 안전과 미래를 위해 중요하다는 것으로 삶을 이해한다. 그리고 결핍의 세상에서 목표 중심적으로 효율적으로 시간을 관리하며 사는 것이 타당하다고 여기기에 여리고 약한 것은 안전에 위협이 되는 것으로 오해하기가 십상이다. 그러한 익숙한 신념과 태도가 서클진행자로서 암묵적으로 서클에 적용할 가능성이 높은 것이다. 그래서 서클에서 참여자가 똑똑하고 말하는 데 명료하며 중언부언하지 않는 논리로 이야기하면 도움이 되고, 반대로 말이 벗어나거나 산만하고 어눌하거나 이탈적인 감정이 보이면 불편

---

17) 이것이 에고(ego)가 작동하는 본질이다. 에고는 삶이 두려움으로 이루어져 있어서 타자를 위험한 존재로 보고 자기 생존을 위한 보호가 안전의 길이라는 신념을 사용한다.

해지기 쉬워진다. 자연히 서클에서의 이상행동에 눈이 가면서 서클의 흐름과 전체에 주목하는 것을 놓치게 된다. 그렇게 비정상적인 상황에 더 눈이 가서, 이른바 필자가 말하는 '납치된 상태'에 종종 놓인다.

강하고 힘을 가지는 것에 대한 후유증에 대한 것과는 반대로 약한 것이 서클에서는 리더십을 갖는다는 것의 긍정적인 이해도 필요하다. 서클에 앉아서 이야기를 들을 때 가장 감명 깊고 이른바 마음을 울리는 상황은 스토리텔러가 자신의 취약점이나 여린 것에 대해 가슴을 열고 말하기 시작할 때이다. 일반 상황에서는 약점으로 혹은 자신을 판단 받는 위험 속으로 몰아넣을 수 있는 사례들이어서 자신의 배꼽까지 드러내는 그러한 연약함의 선택이 서클대화의 분위기를 바꿔놓는다. 즉, 자신이 삶에서 놓친 것, 실수, 혹은 부정적인 억압의 경험들을 서클의 공간에 펼쳐놓을 때 참여자들은 삶의 진실에 대한 선물을 받는 것과 같은 경험을 일으킨다.

서클에서 이루어지는 이러한 부드럽고 여린 것이 리더십을 갖고, 작은 것이 큰 영향을 미친다는 것을 이해하면서, 서클진행자는 자기 내면에도 강하고 견고한 것들이 해체되는 과정을 밟는다. 점점 더 빈번하게 작은 일이 마음에 크게 다가오고, 그동안 생존을 위해 도외시하거나 파묻어 놓았던 가슴속의 응어리들이 스멀스멀 올라와서 내면의 어둠을 보게 되는 상황이 일어난다. 이는 정상적인 해체작업이지만 당사자는 그 내면의 어둠 혹은 여린 부분들로 인해 상처받은 응어리들을 보는 게 괴롭고 불편한 것은 당연하다. 중요한 것은 그렇게 자신 안의 여린 점의 노출에 대해 어떻게 반응하는가이다. 자신에 관한 판단으로 가져갈 것인지, 아니면 연민어린 연결 실습으로 가져갈 것인지 두 길이 나 있고, 어떤 길을 선택하는가에 따라 변형이 일어날 것인지 아니면 서클진행자가 됨으로 자책감의 영향을 더 갖게 될 것인지 달라진다.

서클 공간에서처럼 일상생활에서도 여리고 약한 점에 주목하고 거기에 리더십을 준다는 것은 이해와 생각 이상의 계속되는 의식적인 훈련이 요구된다. 왜냐하면, 우리 주변의 모든 문화와 공기가 강하고 세며 힘을 가지는 것이 좋고 필요하다는 메시지로 층층이 덮여 있기 때문이다. 물론 연약하게 살자는 것이 아니라 그 핵심은 통합적인 접근, 곧 온전성을 향한 발걸음에는 연약하고 부드러운 지점이 반드시 자신 안에 통합되어야 유연해지고 생생해짐을 기억할 필요가 있다.

부드럽고 연약한 것에 리더십을 허용한다는 원칙은 이에 연장하여 추상적이기는 하지만 한 가지 더 언급할 내용이 있다. 자책감을 포함해서 잘못에 대해 다루는 문제에 관한 것이다. 타자의 잘못이든 자신의 실수나 잘못이든 간에 직접적인 다루기는 실제적인 교정보다는 자책감이나 분노 혹은 불안을 일으키기 쉽다는 점이다. 그래서 우회하기가 더 낫다. 우회하기란 그 잘못에 대해 직접적인 확인이라는 직면보다 그 행위의 선한 의도로 길을 먼저 내고서 잘못으로 간다는 뜻이다.

비유로 예를 들어보자. 논쟁이 되는 삶의 이슈를 다루는 문제해결 서클에서 일반적인 진행방식은 그 주제에 관련하여 불만족스러운 현재의 상황을 첫 번째 돌아가기로 하고, 이상적으로 살고 싶은 상황을 두 번째 돌아가기로 다루며 세 번째 단계에서 이 두 사이의 간극을 좁히기 위한 선택을 실행계획으로 다룬다. 그럴 때 이슈 그 자체보다 그것을 논하는 것이 특정 개인의 내면이나 공동체 분위기에 부담과 힘듦을 가져올 것이란 예측이 들면, 먼저 선한 의도를 삽입해서 나누고 위의 3가지 과정을 거치면 훨씬 서클은 안정적이고 결과가 풍성해지며 모두가 만족스러운 결과를 가져온다. 즉, 이슈를 직접 다루는 것에 앞서 우회하기의 길을 내어서 선한 의도[18]에 먼저 연결을 한다는 것이 변화의 핵심이다. 마찬가지로 자기 잘못에 대해 다룰 내면의 공간에서도

---

18) 선한 의도는 각자의 보람, 의미, 공동체의 가치, 행복했던 점 등을 포함한다.

그 접근은 선한 의도에 먼저 연결하는 우회하기가 중요하다.[19]

세 번째로는 공간의 창조와 그 유지holding에 대한 다른 측면에서 다른 동료의 리더십이 허용되는 공간의 창조와 그 유지에 대한 것이다. 이는 서클의 많은 경우 공동의 리더십이 필요하며, 따라서 팀워크가 효율적이고 안정성을 부여하기 때문이다. 그래서 서클에 대한 국제 모델들은 대부분 공동으로 진행한다. 최소 2명에서 많게는 6명까지 진행해서 어떤 경우에는 참여자 반 진행자 반이 되는 경우도 생길 정도이다. 물론 효율적이고 안정성을 부여하는 것만 아니라 팀워크 자체가 서클 리더십의 핵심이라는 것이다.

예를 들어 진행팀 자체를 꾸리고 팀이 된다는 것 자체가 서클 리더십의 출발이자 종점이라는 것은 신뢰 서클, 삶을변혁시키는평화훈련AVP, 청소년평화지킴이HIPP의 진행자됨의 핵심 요건이다. 이 모델들에서는 진행자로의 자발적 선택, 준비에로의 헌신, 진행의 성실성, 충실한 평가 등이 공동으로 이루어진다. 공동으로 이루어진다는 추상적인 이해 뒤에는 많은 실제적인 고려사항이 존재하고, 그 고려사항 뒤에는 상대방에 대한 배려라는 공간이 자리 잡고 있다. 서클처럼 돌아가는 리더십을 존중한다는 것은 생각 이상의 인내심이 요구되는 것이다. 필자처럼 오랜 경력자는 이제 시작한 신참 진행자들의 두려움과 주저함을 이해하고, 이미 뻔히 보이는 결과에 대한 예측과 더 좋은 아이디어에 대한 확신이 올라옴에도 불구하고 신참 진행자의 생각과 아이디어 그리고 목소리를 먼저 존중할 의식적인 선택이 요구된다. 이는 설득 이전에 상대의 의도를 경청할 시간과 공간을 허용하는 훈련과정이기에 조심스럽게 지켜질 필요가 있다. 그렇게 함으로써 수완 있는 사람이 모든 것을 주도하

---

19) 이는 모든 피드백의 원리이기도 하다. 먼저 긍정적인 것을 나누고 나서 부정적인 것은 논한다는 게 원칙이다. 더 껄끄러운 것은 한 가지 부정적인 이야기를 나누기 전에 3가지 긍정을 말하고 나서 한다. 알아듣는 것보다 섭섭한 것은 오래가고 미묘한 작용을 한다는 점을 명심한다.

지 않고 돌아가는 리더십, 공유의 리더십의 공간을 허용한다.[20] 리더십에 공유 공간을 허용한다는 것은 아까운 몫과 과정에 대한 기여를 낮추는 것이 아니다. 그것은 팀워크가 공동체를 구성하는 핵심이자 그 출발의 문이라는 점에서 의식적으로 그리고 계속 훈련해야 할 중요한 과제라는 점을 이해할 필요가 있다.[21]

팀워크에 관련한 서클 리더십에 있어서 나에게 중요한 선물이 되었던 것을 하나 더 말하자면 조직운영과 네트워크에서 필자가 말하는 '모자이크 리더십'에 대한 것이다. 모자이크는 말 그대로 나의 그물코와 다른 이들의 그물코가 서로 연결되어 하나의 그물망 혹은 서로의 작은 기여의 공간이 서로 결합하여 전체의 리더십이 되는 것을 말한다. 네트워크 사업에 있어서 이는 매우 중요한 활동원리이다. 필자가 속한 단체가 작고 탄탄하지 않은 상태로 여전히 있었음에도 연대 사업을 꾸리고 동료들과 지금까지 15년 가까이 잘 지내오고 중요한 흐름을 만들어 낸 것은 바로 이러한 모자이크 리더십의 결과라고 필자는 당연히 생각한다. 물론 수년 동안 보이지 않게 들어간 시간과 결과없는 노력들, 그리고 지금도 무엇인가를 함께 하려면 시간과 노력이 그 준비 과정에서 많이 들어가서 효용성이 떨어진다는 생각이 들 정도지만 모자이크 리더십이라는 하나의 신념이 그런 과정들을 통과하고 중요한 계기를 만들

---

20) 참가자들에게는 좋은 서클진행자로서 인상을 남겨도, 진행팀 안에서는 타 동료진행자에게 힘듦을 주는 진행자가 있다. 이는 열심히 잘 진행하는 퍼실리테이션만 중요한 것이 아니라 팀워크 자체도 서클 리더십이라는 그 사실을 이해 못하는 데서 오는 비극이다. 이런 일이 벌어지면 잔치를 벌여놓고 손님들은 즐기는 데 호스트 집안사람들은 고역을 맛보는 당황스러운 상태가 됨을 이해할 것이다. 그렇게 되면 참가자로 인하기보다는 동료 진행자에 대한 부담으로 인해 서클 진행하기에 있어 기꺼이 자발적으로 하고 싶은 마음이 없어지게 된다. 참으로 안타까운 일이 아닐 수 없다.

21) 대부분의 서클 모델에서 가장 큰 도전은 참여자의 문제가 아니라 진행자의 공유된 리더십에 대한 몰이해에서 나오는 섭섭함이 분열과 혼란을 일으킨다는 것이 나의 목격이자 경험이다. 물론 경험이라는 말은 나의 팀워크에 대한 쓰라린 실수도 있었다는 고백도 포함된다. 서클진행자들은 서클의 원칙에 많이 알기 때문에 더욱 민감해진다. 그리고 그 민감함이 터져 나오는 것은 동료 진행자를 어떻게 대하는가에서 일어난다. 이는 향후 서클진행자가 되는 이들에게는 꼭 명심할 거울이다.

어내고 있음을 목격한다. 지역의 리더십이 커지고 타 단체가 같은 종류의 활동에서 일어서는 것이 내 활동 공간에 대한 위협이 아니라 피자의 파이를 크게 만드는 것임을, 나중에는 도움과 지원이 된다는 사실을 깨닫고 있다.[22] 공간에서 의미의 흐름이 리더십에 중요하다는 것은 네트워크에서도 동일하게 작동한다.

네 번째로 여전히 필자에게는 이해의 과정 중에 있는 윌리엄 아이작스가 제시한 대화의 네 가지 장애에 대한 장기적인 성찰과 숙고에 대한 것이다.[23] 그것은 각각 관념, 우상숭배, 확신, 폭력에 대한 것이다. 그는 말한다. 추상적 사고가 경계선을 만들어 분열시키는 것의 대안으로 어떻게 주변의 더 큰 전체와 연결되는 참여가 가능한가? 과거에 대한 기억이라는 고정된 사고가 지금 일어나고 있는 진정한 것을 인식하지 못할 때 어떻게 그 기억을 내려놓고 현재가 펼치는 것을 알아차릴 수 있는가? 단편적인 이해에 근거한 확신과 신념이라는 고집을 어떻게 내려놓고 움직이고 있는 살아있는 것을 인식할 수 있는가? 마지막으로 자기 관점을 강요해서 상대방의 경계선을 침범하는 폭력에 있어서 타인의 의견 속의 의미를 수용하며, 이미 세상은 전체라는 것을 알아보는 일관성과 어울림을 어떻게 깨달을 수 있는가? 이 네 가지 질문은 서클대화에 있어서 미래의 잠재적 가능성을 현실화하는 새로운 행동을 형성하는 데 지극히 중대하며 장기적인 질문이 아닐 수 없다.

---

22) 모자이크 리더십의 하나의 큰 통찰은 이것이다. 필자는 지혜와 자원이 별로 없는 상태지만 열망과 비전은 다가오는데 이를 어떻게 실현할 것인가에 대해 모자이크 리더십은 큰 도움이 되었다는 사실이다. 즉, 상대방의 자질, 헌신, 자원을 통해 결합하여 각자가 모여서 풍성한 자원을 활용하고 그것으로써 목적과 방향이 서로에게 할 일을 제공하는 통로나 수단이 될 때 결과의 풍성함이 일어난다는 통찰이다. 이를 통해 필자는 누구보다 더 스마트해질 필요도 없었고 나의 결여된 재능과 비전에 대해 누가 가졌는지 그가 리더십을 발휘할 수 있는 데 기여할 방법을 찾음으로써 나의 활동은 더욱 뜻밖에도 넓어져 갔다. 오히려 동료들이 나를 일으켜 세운 것이다.

23) 『대화의 재발견』 "2장. 우리는 왜 홀로 생각하며, 대안은 무엇인가" 참조.

이 네 가지인 관념, 우상숭배, 확신, 그리고 폭력은 대화의 덫을 일으키는 핵심 주범이기 때문에 서클진행자는 자신의 삶에서 장기적으로 이에 대한 대안을 사색하는 것 자체가 큰 통찰과 변화를 가져올 것이 틀림없다. 놀랍게도 데이비드 봄과 윌리엄 아이작스는 대화에 관한 자신의 책 끝에서 낯설면서도 중요한 비전을 제시했다.[24] 예를 들면 봄은 무한전체성에 대한 '참여하는 사고'에 관한 것이다. 언어와 사고가 현실의 '일부'를 설명하긴 하지만 현실 '전체'는 감당할 수 없기에 감추어진 질서로서의 우주에 곧 만물이 만물에 참여하는 의식의 수준에 대한 전체에 대한 사고, 즉 사실적 사고가 아니라 참여적 사고가 어떻게 가능할지에 대한 것이다. 아이작스는 우선적으로 모두에게는 순수가 주어지지만, 그 주어진 순수를 취득하는 것은 자신이 얻어야 한다는 점에서 '제2의 순수'를 제안한다. 이는 분열되지 않고 일관된 내면의 선과 진과 아름다움이 계속해서 유동적인 균형의 상태를 의미하는 것으로 마틴 부버의 '공동의 풍요'가 찾아오는 근본적인 친화의 상태를 말하는 것이다.

진행자가 자신의 내면의 덫을 이해하는 것은 성장의 축복을 위한 것이다. 이미 회복적 시스템에서 바터가 말한 것처럼 진행자의 실수는 그 자신의 잘못이라기보다는 지원의 필요성을 제시하는 것이라는 놀라운 통찰을 여기서도 되새길 필요가 있다. 진행자가 내면의 덫을 이해한다는 것은 이미 그는 기존의 상태에서 더 나아가 장애물을 알아차리는 숙달의 과정에 한 걸음 들어섰다는 것을 뜻한다. 서클진행자들이 자신의 내면의 덫에 더욱 민감해지고 서로 공표하면서 동료나 실천 시스템에 의해 지원을 받는 문화와 구조가 형성되기를 기대하고 있다.

마지막으로 덫에 대해 말하고자 하는 것은 결국 계속해서 개인으로서 자

---

24) 『창조적 대화론』 260-263쪽; 『대화의 재발견』 463-465쪽.

신의 '능력'의 부분의 문제가 아니라 '이치'에 대한 보다 성찰적인 접근이 필요하다는 점이다. 능력의 차이는 존재하고 다양하며 색깔이 다르다. 그러나 이치에 관련해서 그것은 내 능력의 문제가 아니라 이미 삶 속에, 우주 속에, 그리고 실재 속에 풍성히 있는 보편적인 작동의 원리인 것이다. 이는 보편적으로 주어진 공동의 자원이자 개인의 차이와 상관없는 객관적인 작동의 원리들이다. 이치에 대한 주목하기를 의식적으로 할 때 덫의 문제는 능력의 문제가 아니라 이치에 대한 인식의 결여에 있었음을 이해하게 될 것이다. 사실상 우리의 사고가 우리의 능력을 제한한다. 우리를 제한시키는 사고에 속지 않고 이미 주어진 풍성한 실재로의 가능성, 곧 무한에 참여하는 사고 혹은 일관된 진선미의 유동적 조화와 공유된 풍요로움이라는 순수의 존재성으로 우리는 이미 초대된 존재이기에 그 가능성이 우리를 경이롭게 초대하고 있다는 점을 상기할 필요가 있다. 이러한 성스러운 초대가 우리를 부르고 있다. 덫을 깨닫고 그 덫을 벗어던져 새로운 자유를 만끽하도록 초대하고 있는 것이다. 서클을 통해서.

5장. 진행자의 자기-중심 세우기

대화는 '상대와 나 사이'에서 일어나고 있는 것, '상대 안'에서 일어나고 있는 것 그리고 '내 안'에 일어나고 있는 것의 연결을 통해 현재와 미래에 아직도 잠재적인 가능성을 현실화하는 것이라고 진술하였다. 지금까지 대부분 에너지를 관계와 상대 안에서 일어나는 것에 진술의 초점을 많이 두었다면 이번 장은 좀더 진행자인 내 안에서 일어나는 것에 대해 좀더 살펴보고자 한다.

진행자의 자기-중심 세우기 이슈는 단순히 서클 안에서만 아니라 일상에서 내 안에 일어나는 것에 대한 돌봄에 대한 것이다. 여기서는 그 의미를 살펴보고 서클의 원리로 자신을 어떻게 돌볼 수 있는지에 대한 아이디어를 확인하고자 한다. 이미 앞 장에서 진행에 관련하여 연금술적 변형과 내면의 덫에 대해 진술하였으므로 좀더 구체적이고 방법적인 면에서 일상에서 어떻게 흔들리는 자신을 세울 수 있는지를 다시 검토하고자 하는 것이다. 따라서 이 장에서는 중심세우기의 일반적인 의미를 탐구하고 서클의 원리를 통해 어떻게 중심을 세우는 의식적인 과정을 가져갈 것인지 실험적 탐구를 한다.

중심세우기는 비유로 말하자면 견디기 어려운 거친 풍랑에 대해서는 안전한 부두 안에 정박하는 것이나, 물결에 밀리지 않고 닻을 내려서 흐름에 머물거나, 아니면 역류나 밀려오는 파도에 대해 휩쓸리지 않고 엔진의 속도를 높여서 그 흐름을 가르며 나아가는 것으로 상상할 수 있다. 여기서 힌트는 외부적 조건이 좋지 않고 현실적인 도전이 되는 상황이 전제되고 그에 대한 대응은 정박, 닻내리기 혹은 엔진을 높여 나가는 것에서 보는 통찰처럼 그 배가 지닌 선택이나 여력capacity이 중심 세우기의 핵심이 된다는 점이다.[25)

이 책의 진술 내용을 따라왔다면 필자의 기본적인 가정과 의도는 빛의 경험만이 '살아있음'과 '생생함'의 에너지를 주는 것이 아니라, 갈등작업에서 경험하듯이 어둠도 배움과 성장의 생생함과 살아있음의 에너지를 준다는 것에 대한 확신의 나눔이었다. 인간은 명사입자가 아닌 동사파동이다. 관계에서든 내면에서든 의미의 흐름은 공간의 중력이라는 무거움을 내려놓거나 통과해나가면서 고양된 절정의 순간, 곧 무흠한 순수innocence라는 영역에 도달하도록 하게 한다. 무흠한 순수의 절정 경험이란 혼란, 상처, 실수, 잘못, 수치심과 죄책감이 물들지 않은 차원을 말하며, 여기서 갱생과 화해 그리고 온전함의 회복이 가능해진다. 이는 마치 가을에 벌레에 의해 뜯긴 빈공간의 얼룩이 있는 낙엽이 갑자기 눈부신 하늘을 계시하며 찬연하게 빛나게 다가오는 것과 같은 순수의 경험이다. 상처받은 것이 하늘을 더욱 생생히 드러내는 그 찬연함이 망가짐을 넘어 자신의 본질을 더욱 생생히 드러내어 준다.

그러한 찬연함 혹은 숭고함에로의 변화는 흐름과정에서의 어울림에서 일어난다. 대지와 공기 그리고 하늘이 그 이파리를 통해 흐르면서 그리고 그 이파리를 넘어선 주변의 풍광과 더불어 흐르면서 일어나는 존재의 본래의 모습에 의한 질적인 현실이다. 뜯기고 상처받은 것이라고 망한 것은 아니라는 사실, 오히려 찬연히 빛나는 것이 그러한 연약한 것에서 품어져 나온다는 역설

---

25) 통상적으로 명상의 효과가 중심세우기의 목표와 어울리는 짝이 되는 용어일 것이다. 그러나 필자는 명상가가 아니므로 그리고 활동가로서 정체성을 가지고 있으므로 그 용어를 쓰지 않는다. 먼저 고요한 침묵의 공간이 아니라 계속 움직이는 활동을 전제로 할 때 움직임 속에서 어떻게 자신을 세우는가는 명상가에 의존하기보다는 일차적으로 활동 안에서 고민할 책임이 활동가 자신에게 있다는 것이 필자의 여태까지의 소견이다. 누구는 앉아서 하는 '방석 명상'이 아니라 '역동적 명상'으로 표현할 수도 있을 것이다. 사실 전통적인 명상가에 의하면 활동은 무의식적으로 부정적인 위치를 차지한다. 필자는 활동가는 활동의 맥락 그 자체에서 일차적인 자원, 곧 자족적인 지혜와 힘을 얻는 방법을 새롭게 구상해야 하며 명상은 이에 대해 풍성함을 제공하는 조력이 되어야 한다는 게 필자의 소신이다.

을 목도하게 된다. 일상의 물체에서 고귀한 것이, 무르고 휘어지는 것에서 견고한 것이, 무거운 것에서 가벼운 것이 출현하는 창조적인 변용이 계속해서 일어난다. 그러한 창조적인 변용을 추출하고, 거친 것을 녹이고, 또한 다른 것과의 융합을 통해 그러한 창조적 변용은 우리에게 '살아있음'과 '생생함'을 전해준다. 물론 모든 사람이 이렇게 경험하는 것이 아니기에 활동가에게도 예술적인 시야를 위한 내면 작업이 필요한 것이다. 구체적으로는 삶의 찬연함을 발견하는 창조적 변형에 대한 예술적인 시야를 현장 활동의 영역에서 부딪치는 혼란, 적의, 그리고 일의 힘듦에 적용할 때 이를 진행자활동가의 자기-중심 세우기라고 부르기로 한다.

여러 차례 계속해서 자신의 '능력'에 대한 초점에서 '이치'로 눈을 돌려 서클을 진행해 보자고 한 것처럼, 리더십과 내면 작업에서도 이치로 눈을 돌리는 것은 자신을 편안하게 하고, 삶의 전반에 일관성과 충실성을 자신의 활동에 제공할 수 있어서 이를 계속해서 의식적으로 염두에 두는 것이 필요하다. 이는 비폭력대화의 창시자인 마셜 로젠버그와 현대물리학과 의식의 관계를 연결하면서 대화의 중요성을 간파한 데이비드 봄, 이 두 사람에 중요한 통찰을 제공한 지두 크리슈나무르티가 공통적으로 주장하는 앎의 문제가 우리 고통의 핵심이라는 점과도 연결된다. 즉, 온전히 주목하면 변화된다는 것이다.

우리에게 있어서 학습의 자원은 경험에 의존한다. 그 경험은 생각, 느낌 그리고 행동으로 표현된다. 생각이 온전히 되면 참진리되고, 느낌이 온전해지면 생생한 어울림아름다움으로 표현되며, 행동이 온전해지면 옳은 것선함을 이룬다. 각각 분열되고 파편화된 생각, 느낌, 행동이 진, 선, 미라는 통합적인 가슴의 지성으로 전환이 된다. 그러한 가슴의 지성은 실재리얼리티와의 연결을 통해 인식하는 것을 확대한다. 그것은 실재의 본성, 작동원리 그리고 힘이다. 실재의 본성은 진과 연결되고, 작동원리는 미, 그리고 힘은 선과 연결되어 있다.

대화는 이러한 실재의 이치와 가슴의 지성이 작동하는 방식에 따른다. 그것이 바로 대화의 본성, 대화의 작동원리 그리고 대화의 힘영향력에 관한 것과 대응한다. 이치에 대한 이해는 우리를 자유롭게 하고 풍성하게 하는 것이다. 그러므로 무언가 성찰할 때 그것의 본성기원적 토대, 작동원리과정 그리고 그 힘결과에 대해 꾸준히 숙고하는 것은 현실적으로 일을 수월하게 하고 더 적절하게 할 수 있게 만든다. 이치에 올라타면 무거운 물체인 비행기가 가벼운 새보다 더 높이 더 멀리 하늘을 날아가게 된다. 이치가 작동되면 무거운 물체인 배가 고래나 물개보다 더 멀리 바다 위를 항행한다.

자기중심세우기에 대한 이치와 관련하여 이제 서클로 진행되는 과정을 살펴보도록 한다. 이미 위에서 배가 선택할 수 있는 풍랑에서의 정박, 파도의 흐름에 닻 내리기 그리고 거친 물살을 뚫고 앞으로 나가기라는 비유를 언급하였다. 이를 회복적 서클을 기반으로 하여 진행자의 내면작업을 말해보기로 한다. 회복적 서클 톺아보기에서는 기존의 진행방식을 관계에서만 아니라 한 개인에 대한 지원에 대해 어떻게 변형하는지를 진술하였다. 여기서는 진행자 자신의 내면돌봄에 대한 또 다른 변형으로서 그 과정에 대한 소개를 한다.[26]

우선, 관계의 이슈나 상대의 이슈를 다루는 방식은 이제 자기 내면에도 같은 패턴으로 적용할 수 있다. 그러나 몇 가지 이해가 추가로 필요하다. 첫째는 우리는 대부분 나 외의 바깥의 것, 즉 그것이 사람, 관계, 상황에 대해서는 어느 정도 다루지만 자기 안의 것을 다루는 것은 익숙하지 않기에 성찰 시간이 필요하다는 점이다. 특히 투사projection는 안에서 일어나는 것이지만 밖에서 문제를 찾기 때문에 더욱 내적 성찰은 주목하기와 되돌아가 머물러 있어서 기다림이라는 시간이 걸린다.

---

26) 이 책은 이미 회복적 서클을 어느 정도 숙달한 사람을 독자로 전제하기에 구체적인 진행내용보다 간단한 과정을 소개하고자 한다.

둘째는 가슴의 지성을 이용하는 것으로, 내면의 목소리를 들을 때 먼저 일어나는 판단 생각들을 벗겨내고 침묵에서 심장의 목소리에 귀 기울이는 것이다. 태아는 먼저 심장이 만들어지고 머리가 형성된다. 심장은 전체성과 연결되며 개별성은 머리가 맡는다. 머리는 빠르게 목표 중심과 해결중심으로 세팅되어 있어서 머리가 먼저 작동되는 것이 일반화되어 있다. 심장이 목소리를 내도록 하기 위해서는 일정 정도의 긴 침묵과 기다림이 필요할 수 있다. 그러므로 때로는 먼저 일어나는 해결책의 아이디어에 대해 내려놓고 더 기다리는 것이 필요할 수 있다. 왜냐하면, 머리가 먼저 해결책을 제시하기도 하기 때문이다.[27]

셋째는 이미 말한 대로 회복적 서클의 3가지 각각은 혼란의 명료화분별, 상호배타적인 이중성화해나 상호풍성케하기, 그리고 앞으로 나가기피드백, 피드워딘에 해당되는 기초적인 과정을 보여준다는 점에서 그것을 자기 내면 작업에 사용한다. 이것들을 각각의 상황에 맞추어 어느 진행방식을 선택할지를 결정한다. 분별의 필요인가사전 서클, 상호배타적 충돌에 대한 것인가본 서클 아니면 행한 일에 대한 통찰과 배움사후 서클인가에 따라 진행방식이 선택된다. 다음은 이에 대한 내면 작업을 돕는 과정을 보여주고 있다.

1) 혼란을 다루기

회복적 서클의 사전 서클은 혼란에 대해 명료함을 돕는 과정을 의미한다. 따라서 자신의 혼란에 대해 내면 작업을 하고자 할 때는 사전 서클의 기본 흐름을 자기 내면 작업으로 가져간다. 이를 위해 다음의 과정을 시간을 갖고 메

---

27) 자신의 내면과 관련하여 머리가 주는 해결책에 선뜻 받지 않는 이유는 그것이 보통은 존재를 건드리지 않는 사고의 영역 수준에서 긴장을 일시적인 해결이나 진정한 자신의 내면의 목소리를 듣지 못하게 주의력을 '존재'에서 '그것'으로 돌리기 때문이다. 심장은 해결책이 아니라 존재를 그리워하고 있음을 기억할 필요가 있다.

모하든 아니면 녹음을 하든 간에 작업의 흐름에 집중하여 있다. 그 혼란이 가벼우면 일 회로 진행하고, 혼란이 무거우면 과정을 반복하면서 그 과정에서 각각 추가되는 정보들을 축적하여 나가되 심장에 물을 때는 정지하여 듣는다. 즉, 심장에 묻기 전까지는 정보를 축적할 수 있다는 뜻이다.

먼저 작업하고자 하는 자극상황을 의식에로 불러낸다. 그 혼란이 지닌 이미지, 감정, 생각을 그대로 수용하고 활성화한다. 감정이란 정서적인 측면과 감각적인 측면도 포함된다. 즉, 몸에서 어떤 자극이나 긴장이 올라오는지도 포함된다는 말이다. 혼란이 제대로 방어 없이 활성화되면 거기에 머물며 사전 서클의 질문을 따라간다.

첫 번째 질문인 그 혼란이 신청자가 되어 자신에게 어떤 상황이고 그에 대한 자신의 생각과 느낌을 듣는다필요하면 메모나 기록한다. 카오스혼란는 무질서가 아니라 내 이해를 넘어서는 차원에 있는 암묵적인 질서의 요청이다. 떠오르는 대로 연결하여 그 혼란의 목소리를 듣되 도덕적인 필터링을 하지 않고 그대로 듣는 것이 중요하다.

두 번째 질문인 그 혼란이 염려되는 선한 동기, 목적, 의도, 의미, 가치를 찾는다. 그 혼란은 어떤 선한 동기나 의미가 놓치거나 실현하기 어렵다는 두려움에 의해 일어나는지 그 염려를 일으키는 동기나 의미를 찾는다. 이 단계에서는 중간에 잠시 쉬고 다시 그 뒷배경이 되는 의미의 영역을 탐색한다. 발견된 것들은 각각 포스트잇지에 써서 눈앞에 놓는다. 의미의 전체는 다각면을 지닌 수정체로 상상하라. 여러 각도에서 들여다보면 다양한 의미가 출현한다. 내면의 열정과 상황의 구조의 측면에서 탐색하여 의미들을 발견한다. 모여진 그 의미들이 충분히 발견되었는지 확인한다.

세 번째 질문은 사전 서클의 질문과 다르다. 여기서는 그 의미들을 확인한 후에 자신의 가슴에 질문을 던지는 것이다. "지금까지의 과정에서 나온 이것들이 가슴은 무어라고 말하고자 하는가?"를 심장에 묻는 것이다. 이제부터 당신의 노력을 내려놓는다. 앞의 두 과정은 당신의 노력과 이해의 범위를 확대한 것이지만 여기서는 오직 침묵하며 기다린다. 계속 그 질문을 붙들고 침묵 속에서 머물러 있되 어떤 생각들이 일어나면 그것이 질문에 대한 심장의 목소리가 아니라 두뇌의 작동이라고 생각되는 것들은 내려놓고 다시 기다린다. 혹은 주의가 산만해질 수도 있다. 다시 질문으로 돌아온다. 필요한 경우 그 질문으로 하루 이틀 시간을 보낼 수도 있다. 질문이 씨앗이 되어 발화될 때까지 숙성되는 시간이 필요할 수도 있다. 일상을 그대로 활동하면서 가끔 자기가 한 질문을 다시 붙잡고 있다.

마지막으로 원래 사전 서클은 다음 과정 소개와 필요한 참여자를 물었는데 여기서는 이행과 관련된 부분으로 이해한다. 당신이 기다릴 수 있는 시간을 보내고서 세 가지 이행에 대한 선택이 가능하다. 먼저는 심장이 말해 준 것에 대한 감사이다. 들려진 것이 자신에게 절실한 것으로 다가오면 그것을 이행하기로 하고 축하한다. 혹은 아무런 것이 안 들리면 당신은 포스트잇지에 적힌 의미들을 보고 자기 나름의 이성을 사용하여 합리적인 선택을 할 수 있다. 또는 아무런 것도 못 들었고, 아무런 선택도 하기가 어렵다면 그 시간에 자신이 자신의 중심과 연결하고자 노력하고 그 실습한 것 자체에 대해 자신을 축하한다. 자동반응이 아니라 참된 영혼의 목소리에 따르고자 하는 자신의 의식적인 노력과 그 실습을 경험한 것 자체에 축하한다.

서클에서 혼란이나 문제에 대한 해답은 직접 그 주제와 관련되는 것이 아니라 그 사람의 내면의 자세와 관련될 수도 있다. 이는 해답이 필요한 것이 아니라 자기 존재에 대한 이해가 필요한 경우가 많다.[28] 성찰이 나중에 다른 방

---

[28] 자기 중심세우기의 핵심은 해결책이라는 파도의 제거가 아니다. 오히려 닻이라는 자신의 존재에 대한 감각을 되찾는 것이다. 그러므로 오해하지 말아야 하는 것은 해결책이라는 그것(it)이 다가와도 그에 머물지 않고 더 깊이 탐구한다. 중심은 존재와 연관되지 해결책(solution)과

식으로 기대한 것과는 다르게 나오는 경우가 있으니 기다리거나, 아니면 일상에서 혼란을 이런 방식으로 맞이하여 새로운 패턴이 되게 한다. 혼란에 대한 기존의 자동방식보다 아무런 만족할만한 응답을 그때그때 못 받을지라도 이러한 패턴이 실수를 덜 하게 만들 수도 있다. 더구나 창조적인 것의 출현은 자기 논리와 이성을 넘어선 더 큰 실재와의 연결에서 나오기도 한다. 이는 내가 하는 것을 넘어서 실재와 조율되어 나타나는 명료함이다. 모호하지만 신뢰가 일어나 문제나 혼란은 해결되지 않았어도 해소되어 그것이 장애가 되지 않는 자연스러운 감각이 일어난다.

2) 양극성이라는 분열의 고통을 다루기

본 서클은 기본적으로 적대적인 주체들의 대화에 대한 기본 과정이다. 그러므로 내면 작업에서는 통상 양극성, 곧 이것인가 저것인가에 대한 내면의 분열과 선택의 어려움에 대한 봉착에 있어서 대화를 시도하는 과정과 연결된다. 이 작업을 위해서는 방석이나 의자 3개가 필요하다. 안에 있는 것을 대화의 주인공으로 세워서 각자의 목소리가 들리도록 작업하는 것이기 때문이다. 그리고 A4용지 몇 장과 각 의자에서도 보일 수 있도록 굵은 펜^{수성펜이나 칼라}

^펜을 준비한다.

양극성은 모순이 아니라 역설임을 다시 이해할 필요가 있다. 역설은 창조적 긴장을 숙성시켜서 그 어느 순간에 에너지 전환이 일어나는 임계점까지 각자를 그대로 붙잡고 있어야 한다는 뜻이기도 하다. 예를 들어 날씨를 생각해보라. 따스한 기운과 차거운 기운이 발달하여 온랭전선이 생기고 그 두 세력이 커지고 나면 어느 순간에 천둥과 번개를 동반하여 소리와 빛이 나타난다. 소나기가 오고 나서 환히 주변이 개이게 되는 것과 마찬가지이다.

연결되는 것은 아니다.

준비를 위해 편안한 공간을 선택하고, 두 선택이나 두 목소리를 각각의 방석에 각각 대표하는 적절한 이름을 지어서 방석이나 의자에 놓는다. 당신의 역할은 각각의 목소리가 충분히 들리고 그것을 간단히 정리하여 종이여백에 적는 것이다. 그리고 가끔 그 자리를 벗어나 그 두 자리를 교차하며 앉아서 계속 목소리를 더 내도록 하는 것이다.

공간이 준비되었으면 마음을 내면에 집중한다. 편안히 숨과 주변 환경에 조율하는 시간을 잠시 갖도록 한다. 당신은 양극성에 대해 그 무엇인가 문제가 있는 것이 아니라 동시에 들려 소음이 되기에, 각 목소리에게 자신의 진실을 들려달라고 정보를 요청하는 것이다. 각각의 진실한 정보를 들려달라는 요청과 들으려는 경청자로 있다는 점을 명심한다.

첫 번째로, 양극성의 한쪽A라는 이름이라고 하자에 앉아 A와 동화된다. A가 말하고 싶은 것을 말하도록 한다. 본 서클의 첫 번째 질문을 각각이 말하도록 하는 것이다. 무엇을 상대가 알아주었으면 하는가에 대한 내용들이다. 여기에는 감정들도 있다. 그것을 쏟아낸다. B를 보고 말한다. 시간을 갖도록 하고 어느 정도 이야기가 전해졌다고 생각되면 멈춘다. 잠시 말한 것에 대한 미리 녹음이든 요약이든 혹은 둘 다이든 한다. 종이는 자리 앞에 둔다. 그리고 잠시 정지해 있는다.

상대B에게로 넘어가도 되는지 확인하고 B의 자리에 앉아서 B와 동화되도록 한다. 생각보다는 그리 어렵지 않게 B의 자리에 앉으면 또 할 얘기가 B의 입장에서 나올 것이다. 그러니 동화되어 있으라. 그리고 A를 보며 알아주었으면 하는 내용과 감정을 전한다. 충분히 한다. 그리고 같은 방식으로 적거나 미리 녹음하고 그 요약을 종이에 쓰고 앞에 둔다. 그렇게 충분히 표현될 때까지 일 라운드를 진행한다. 어쩌면 A와 B에 여러 번 왔다갔다 할 수도 있다.

일 라운드가 진행되었으면 세 번째 의자에 앉는다. 침묵하면서 두 양쪽의 진술들을 보면서 연결해 있다. 이 3번째 의자는 관찰자의 자리이다. 무엇이 들리는지 적는다. 그리고 세 번째 자리 앞에 뒤집어 놓는다. 관찰은 하였지만, 그것이 A와 B의 의자에 앉아서 관찰자의 것을 보면서 이야기하지 않기 위해 무엇이 양쪽을 보면서 일어나는지 정보로 적어 놓는다.

두 번째 질문으로 들어간다. 본 서클의 두 번째 질문에 대한 각자의 본심을 탐구한다. 주제 A와 B에 대해 인격성을 부여하고 그것의 의미 영역을 탐구하는 것이다. 앞 단계에서 한 것처럼 각 자리에 앉아서 충분히 자신을 표현한다. A와 B 혹은 B와 A로 번갈아 순서를 갖고 계속 목소리를 내도록 한다. 이 시간은 중요하기 때문에 충분히 시간을 갖는 것이 중요하다. 필요하다면 첫 번째 질문과 두 번째 질문은 각각 다른 날에 나누어서 할 수도 있다. 날을 나누어 진행해도 A와 B의 목소리를 충분히 들려지게 하고 그 요약을 적어 놓는 것은 필요하다. 두 번째 질문 단계에서 첫 번째 질문의 내용으로 목소리를 낸다면 다시 위의 종이에 추가한다. 그리고 계속 두 번째 질문에 머무른다. 어느 정도 각자의 목소리가 들리면 또한 침묵하며 관찰자의 입장에 앉는다. 무엇이 관찰되는지 충분히 느껴보라. 그리고 그것을 적고 뒤집어 놓는다.

세 번째 이행약속의 단계로 들어간다. 각자의 요청을 듣는다. 우선 먼저 요청을 모으는 것은 같다. 요청이 실천 가능한지 아닌지 평가하지 않고 회복적 서클 하는 방식대로 요청을 모은다. 즉, A는 자신의 요청을 적어서 자신의 앞에 놓는다. B도 마찬가지이다. 이제 제안들이 정리되어 각 자리 앞에 또 놓이면 각 자리 앞에는 3가지의 종이가 놓여있게 된다. 1라운드, 2라운드 그리고 제안의 내용이 그것이다.

이제 당신은 제 3의 자리 곧 관찰자의 자리에 앉아 당신이 뒤집어 놓은 두 종이를 펴고 A의 3 종이와 B의 3 종이 그리고 당신의 2 종이를 보면서 어떤 구체적인 대안이 떠오르는지 숙고한다. 즉 그 8개의 종이는 정보로 당신의 숙고를 위한 자원으로 제공된 것이다. 그러므로 8개의 종이를 보면서 당신이 갈등하고 있는 양극성의 이슈를 어떻게 융합하거나 화해하거나 혹은 명료화할 것인지에 대해 내면에서 떠오르는 것에 대해 마음을 열고 기다린다.

떠오르는 구체적인 제안이 있다면 그 제안은 어떤 의미인지 어떤 것들을 실현하려는 것인지 확인한다. 당신은 A와 B의 목소리 그리고 관찰한 것에 의해 충분히 숙고해서 그런 결정에 다다랐는지 스스로 확인한다.

마지막으로 나오기 단계이다. 각각에 인격성을 부여했으므로 자신이 알게 된 것을 A와 B의 자리에서 확인한다. 그리고 제삼자이자 관찰자인 나의 지금으로 돌아와서 배운 것과 축하할 것을 확인한다. 그리고 잠시 침묵으로 여운을 갖는다. 무엇이 속에 남아있는지 머물고 선택한 것에 대한 충실한 이행에 대해 자신과 연결하면서 마친다.

3) 행한 것을 통해 앞으로 나아가기

사후 서클은 무언가 실행한 것에 대해 성찰하는 기본적인 과정이다. '행한 것'에 대해 당신은 다음 3가지로 사후 서클을 내면 작업으로 가져갈 수 있다. 첫째는 일상에서 무언가 행한 것에 대해 다른 과제로 넘어가지 말고 충분히 이 피드백 내면 작업을 해서 에너지를 얻는 것이다. 당신은 일에 지치면 여행, 명상, 산보 등으로 다른 곳과 다른 시간, 다른 것으로 에너지를 충전할 수 있다. 그러나 중요한 것은 당신의 행한 것에서 에너지를 받는 방식은 선택하지 않기 때문에 이것은 행한 것에서 엔진을 돌려 에너지를 받는 방법이어서 다른 종류, 다른 공간, 다른 시간이 필요하지 않으며 일과 존재의 연결을 위해 중요한 방식임을 이해할 필요가 있다.[29]

---

29) 다시 강조하지만, 에너지를 다른 곳에서 얻지 않고 그 일에서 추출하고 동력을 얻는다는 아이디어는 활동가에게는 매우 중요한 과제이다. 다시 말하자면 존재력을 다른 방식으로 얻는다면 당신에게는 일은 에너지 소모의 원인으로 생각하게 되어 지치게 될 것이다. 일에서 존재력을

두 번째와 세 번째는 당연히 사전 서클과 본 서클의 내면작업을 각각 한 후에 이 피드백 과정과 결합하는 것이다. 혼란의 내면 작업 후에 거기서 나온 선택에 대해 일정 시간 지나서 이 방식을 결합하는 것이 두 번째 선택이다. 그리고 세 번째 선택은 양극성의 작업 후에 이행약속에 대한 체크에 필요한 때에 하는 것으로, 이는 이미 회복적 서클에서 익숙한 방식이기도 하다. 이 세 가지 가능성에 이 과정을 접목해서 당신의 역할roles과 그에 따른 행함doing이 어떻게 적절히 나가고 있는지를 살핀다. 그뿐만 아니라, 그러한 적절한 과정을 세팅하는 것을 넘어서 더 나가는 영역이 있다. 그것은 당신의 사회적 역할과 행동이 당신의 존재력에 힘을 부여하는 것이다. 그렇게 하여서 행위가 당신의 내면에 있는 자기self, 영혼, 참자아를 서서히 불러내고 이에 대한 감각을 부여하게 된다. 이것이 바로 자기-중심 세우기 과정의 최종 목표이다.

피드백feed-back은 원래 결과에서 잘된 점은 그러한 결과를 가져오는 과정을 이해해서 다시 그 원리를 자원으로 입력input해서 유사한 일을 행할 때 도움을 주는 과정이다. 혹은 부정적인 결과는 그 원인과 과정을 살펴서 입력에서 그러한 조건을 제거하도록 또한 돕는 과정이기도 하다. 이렇게 긍정적이거나 부정적인 것이나 피드백은 말 그대로 되먹임, 곧 양분으로 가져가서 배움과 성장을 돕는다. 이것이 내면 작업으로 올 때는 그러한 피드백은 피드위딘feed-within으로 돌린다. 즉 일의 본성과 작동원리 그리고 그것이 주는 영향력과 역동성을 내면화혹은 인격화하는 것을 말한다. 그렇게 함으로써 행동이 존재화를 지원하며, 이를 통해 존재를 개화開花시킨다. 이렇게 하여서 갈등작업에 있어서 서클진행자는 갈등을 꽃피울 뿐만 아니라 존재를 개화시키는 내

뽑아내야 활동가로서 당신은 존재와 일의 분리를 통합하게 된다. 그러한 일관성이 누구보다 일하는 자에게 필요하다. 기꺼이 자신의 삶을 서비스로 내어놓고서는 다른 공간과 시간 그리고 다른 종류의 것으로 에너지를 채우다니 얼마나 이중적으로 힘든 과제인가? 그렇게 해서 활동하는 것이 부담되기 시작하는 것이다.

면 작업을 통해 온전한 자아와 온전한 삶의 이상을 향해 다가간다.

피드백 과정은 간단하다. 위의 3가지 상황에 대해 어떤 것을 피드백 과정으로 가지고 가든 '행한 일' 혹은 '행하고 있는 일'에 대해 1라운드로 그것이 지금 어떠한지를 확인하는 시간을 갖는다. 일에 대한 선택과 행동의 진행과 관련하여 소감을 확인하는 것이다. 물론 이에 대해 적어가며 하나씩 포스트 잇지에 적어 앞에 내놓는 방식도 좋다. 여기서는 지금 어떤 경험과 느낌인지를 확인하는 것이다.

두 번째 과정은 이행에 대한 선택에 대해 축하하기이다. 축하가 회복적 서클의 꽃이라 말했으므로 정성을 들인다. 정성을 들인다 함은 사소한 것을 포함하고, 다양한 측면을 포함한다. 대개는 두 가지가 핵심일 것이다. 자신의 가치나 삶의 의미 영역에 관한 부분, 그리고 타자나 세상과의 관계에 있어서 영향이나 변화에 대한 것이 그것이다. 이 두 가지는 다르게 말하자면 내면이 기뻐하는 영역에 대한 것과 세상의 필요에 대한 기여에 대한 영역이기도 하다.

이 단계에서는 만일 혼란이나 이중성양극성에 대한 피드백이라면 각각에서 소중히 생각한 의도나 목적 등의 가치나 의미가 있었을 것이다. 이에 대한 종이의 내용을 보고 어떤 것이 좀더 나아졌는지 확인하는 것도 큰 도움이 된다. 그리고 더 혹은 다르게 충족된 것도 확인하고 자신을 축하한다. 축하는 제대로 하는 것이 중요하다. 자신의 이름을 부르며 자신에 대해 구체적으로 일어난 나아간 내용과 그로 인한 감사의 감정을 자신에게 표현하거나 적어서 간직하는 것이다. 다시 강조하지만, 충분히 축하하고 세밀히 작은 것도 축하한다. 그리고 다음 단계로 넘어간다. 잘 안된 것 속에서도 축하할 일을 찾아내는 것이 중요하다. 어찌 되었든 당신은 자신의 충실성을 지속하고자 이러한 내면 작업을 한 것 아닌가? 그것 자체도 감사할 훈련의 덕목이다.

세 번째 과정은 제안하기이므로 일에 대해 통찰, 교훈, 새로운 과제의 설정, 작동 원리의 되새김 혹은 작동되지 않은 것에 대한 요인 분석과 대안적인 선택 구상 등이 여기에 포함된다. 자신의 능력 부분도 점검되겠지만 무엇보다 작동 이치 혹은 부작동의 이치에 대한 이해가 관건임을 마음에 새긴다. 능력은 이치가 제공하기 때문이다. 그리고 또 하나 허락할 것은 모든 것을 당신의 예측과 통제라는 이성의 작업이 모든 것을 감당하려고 하지 않는 것이다. 때때로 내가 모르는 더 큰 실재의 지성이 나의 일에 참여하도록 허용한다. 어쩌면 그 일이 내가 기뻐하고 세상의 필요를 충족시키는 것이라면 소명과 관련된 것일 것이다.

소명이라면 나의 일이 아니라 실재리얼리티, 신, 우주의 일이기도 하다. 그러니 마음 편하게 빈공간을 마련하여 실재가 자신의 일을 하도록 하고 내가 수단 혹은 통로가 되도록 놔두는 것도 좋은 일이다.[30] 당신은 자발적인 기여의 정신으로 일을 한 것이지 주인공이 되고자 한 것은 아니기 때문이다. 주인공은 일이 내재하고 있는 '진리'이다. 성취 여부와 상관없이 기여를 위해 당신은 움직였고, 그 움직임의 주인공은 진리가 리더십을 갖는 것임을 마음에 새기고 다시 세상에 뛰어드는 것이 내 몫이다. 일과 상관없이 존재는 넉넉하며 창의적으로 활동하기를 원한다. 그리고 진리는 역할로서 에고가 아닌 존재참자아를 자각시키는 민감성을 부여한다. 결국, 중심을 세운다는 것은 에고의 불안을 넘어 그 에고의 목소리 깊이에 있는 자아Self에 접촉하여 거기에 머무는 것이다. 그렇게 되면 외부의 권위에 대한 의존이 점차로 내면이 안내하는 목소리에 따르게 된다. 자기-중심 세우기는 그러한 내면의 안내를 신뢰하는 것이다.

---

30) 물론 안된 것도 좋은 일이다. 그것이 하늘의 일이라면 하늘이 알아서 할 것이라는 여지가 소명과 관련해서 필요한 활동가의 내면의 공간이다. 공간은 어찌 되었든 내가 모든 것을 주도하지 않고 기여하되 공간이 리더십을 갖도록 하는 것이 일관성을 위해서도 좋다.

7부…서클대화의 기반형성과 미래

서클대화는 서클진행자 내면의 의식에 그 작동 원리가 살아있고, 사적인 실천을 넘어 그 개인이 소속한 현장의 문화와 구조가 이를 뒷받침할 때 더욱 생생하고 즐겁고 자유의 실천이 된다. 결국, 서클대화에 대한 일관성과 충실성은 조직문화와 그 구조의 변화를 요청하게 되기에 이에 대한 기반조성이 필요하다.

여기서는 서클대화가 어떻게 통전적으로 서클진행자 개인의식의 성숙과 사회의 변화에 이바지할 수 있는지에 대한 그 잠재적 가능성을 더 성찰한다. 지금은 아직 씨앗으로 남거나 약간의 싹이 올라오고 있는 서클 진행의 지평에 대한 것들이며, 또한 절실한 과제라고 여겨지는 것들에 대한 비전을 진술한다.

1장의 〈가정과 공동체 안에서 서클 적용〉은 당연히 필요함을 느끼고 있지만 계속 뒤로 밀려있던 토대구축의 영역에 대한 것이다. 최소한 서클의 가치에 공감하는 가족원이나 동료의 지지나 협력을 받는 것은 장기적으로 큰 차이를 만들어낸다. 그러나 이는 단순히 지지를 위한 협조의 전략적인 측면만이 아니다. 더 큰 중요한 이유는 가족과 동료와 더불어 의미의 흐름이라는 삶에 함께 조율되는 것이다. 이에 대해 왜 그리고 어떻게 할 것인지를 약술한다.

2장의 〈자기-돌봄과 자기-인식의 통합적인 실천〉은 필요에 대한 '자기-돌봄'이 중요하지만, 그것이 무엇을 위한 것인지에 관하여 '자기-인식'의 통합으로서 서클대화의 중요성을 논한다. 서클이 돌보는 그 핵심은 결국 진리혹은 진정성이 소통되는 공간의 확보이다. 개인과 사회의 근본 변화의 터전과 그 힘은 '진리가 소통되는 공간'이 허용될 때 이루어질 수 있다. 여기서 우리는 서클 이론가들의 통합적인 비전을 보게 된다.

3장의 〈트라우마 치유를 위한 서클의 내면대화〉는 서클이 트라우마 치유에 어떤 역할을 할 수 있는지를 다룬다. 여기서는 두 개의 실천 모델을 확인한다. 하나는 서클 구성원들과 함께 하는 방식이고, 또 하나는 필자가 하는 개인에 대한 회복적 서클의 변형으로서 트라우마 치유를 하는 방법이 제시된다. 이 둘은 각각의 필요가 존재하며, 서클로 하는 치유 방식의 독특성이 무엇인지 약술한다. 특히 회복적 서클의 변형으로 트라우마치유를 위한 내면대화를 제시할 것이다.

4장의 〈동료활동가의 지원과 역량강화〉는 동료 간에 전문가 지원 없이 각자의 내적 혼란이나 전문역량의 이슈를 서로 지원하고 개발하는 공동체의 실천방식에 대한 것을 다룬다. 두 가지 모델이 제시되는 데 이는 퀘이커의 활동가를 위한 분별지원모임clearness meeting과 네덜란드의 기업경영에서 나온 동료지원모임intervision meeting의 특색을 다룬다. 이를 통해 어떻게 성장과 배움을 위한 자조·자치의 능력을 스스로 그리고 함께 쌓아가는지에 대한 비전을 나누게 된다.

5장의 〈서클 거버넌스와 조직 혁신〉은 서클 진행의 최종적인 목표이다. 이는 조직과 단체를 어떻게 서클의 가치와 그 원리로 운영하며, 궁극적으로 탈지배체제의 실천이 가능한지에 대한 미래의 모습을 이미 싹트고 있는 실험들을 통해 제시한다. 이는 담론이 아닌 현장의 실제적인 실천성과 관련된 실무역량을 통해 민주적 시민역량을 강화하는 조직운영에 대한 것이다. 이러한 가능성이 환상이 아니라 현실이 될 수 있음을, 서클 거버넌스가 무엇이고 어떻게 하는 것인지를 통해 예시로 보여준다.

1장. 가정과 공동체 안에서 서클 적용

서클진행자가 되는 처음의 동기는 대부분이 단순하고 소박하게 시작했을 것이다. 좀 따스한 대화 분위기를 맛보고 싶은 열망이 그것이다.[1] 그리고 더 나가면 서클로 하는 모임의 경험을 통해 자기 현장에 기여하고자 하는 적극적인 마음이 올라와서 접하게 되는 경우이다. 동기가 어찌 되었든 대부분은 퍼실리테이션, 그러니까 어떻게 서클을 진행하는 것인가에 대한 진행방식에 관해 관심을 둔다. 그러나 이 책에서 틈틈이 제시한 것처럼 점차 서클에 대한 프랙티스서클진행의 문화와 회복적 시스템서클이 살아있는 조직문화나 공동체 구조에 대한 절실함을 느끼게 된다.

그 연유를 다시 정리하자면 다음과 같은 이유들이 현실이 되기 때문이다. 먼저는 서클진행자로서 당신은 점점 더 서클에 흥미를 느낄수록 주변과 낯설어지는 경험을 하게 된다는 점이다. 당신은 일반적인 모임이나 대화의 스타일에 대하여 견디기 어려울 정도로 힘들어지는 것을 발견하게 된다. 또한, 서클 진행에 대해 아는 것이 물론 삶에 기여하고자 하는 자발성에서 시작되었지만, 모두가 자신에게 어렵고 힘든 회의나 진행의 일 처리를 맡기는 수고스러움이 집중하게 되면서 그러한 요청이 반갑지 않은 상태로 신경 쓰이게 되

---

[1] 생각해보면 이 소박한 꿈이 현실로 간절히 바라게 되는 상태도 서클을 접하고부터이니까, 그전에는 삶이 그런 모습이려니 하고 지내 온 세월을 보면 이런 소박한 꿈도 진정한 갈망으로 갖기조차 어려운 삶의 거친 흐름 속에서 대부분 우리 인생들이 의식 없이 지내는 건 아닌가 하는 안타까운 마음이 올라온다. 이 꿈은 얼마나 소박한 염원인가? 그런데 왜 그것을 누릴 수 없는 것인가?

는 자신을 보게 된다. 일시적인 도움이 자신의 시간과 노력을 소모하게 한다는 판단까지 올라온다. 더 나아가 서클에 매료될 정도가 되면 당신은 일상에서조차 고립감을 느끼게 된다. 익숙했던 문화와 체제가 낯설어지면서 정상적으로 몰두했던 각종 관계와 이슈의 흐름에서 이방인과 같은 느낌을 받으면서 홀로 있다는 외로움을 맛본다. 이는 서클이 단순히 진행방식만 아니라 그것이 담고 있는 정신과 영적인 가치들이 점점 배이면서 다가오는 낯선 현실이다.

그나마 위 진술의 상황이 견딜 수 있는 것은 어쩌다 만나는 서클의 시간과 공간의 기회 때문일 것이다. 반면에 함께 사는 가족과 빈번히 만나는 친구들에서는 어떤 일이 벌어지는 것일까? 이 질문은 의외로 심각한 질문이기도 하다. 왜냐하면, 상대방이 서클에 대한 이해나 관심조차 주지 않는 상황이라면 점점 더 사이에 균열이 가고 있는 것을 본인 스스로 느끼게 될 것이기 때문이다. 가정의 경우 파트너의 관심과 지지가 없는 상황이라면, 추측건대 먼저는 대화의 빈곤과 형식적인 괜찮음의 수준에 대해 민감해지는 자신을 발견하게 된다. 게다가 서클에 자발적인 헌신의 기회가 많아지는 서클진행자로 있는 경우, 계속된 부재에 관련하여 불만까지 들으면서 위기조차 느끼게 되고, 비협조나 이해 없음에 대해 날카로움이나 좌절이 올라오기도 할 것이다. 이를 대처하지 않으면 이렇게 안타까운 균열이 가장 가깝고 친밀한 곳에서 시작할 가능성이 크다.

다른 관점에서 비유로 더 말하자면 된장을 만들 때 벌레가 생기는 것처럼 서클의 숙달과 이를 통한 봉사에는 내부의 어려움이 발생하는 것에 대한 대처에 대한 것만 아니다. 실상 된장을 담그는 것은 당신의 세상에 대한 기여과 비전의 실현에 대한 것으로 그것은 자신의 정체성의 재확인과 자신의 가능성에 대한 실현, 즉 삶의 보람을 느끼는 것과 맞물려 있다. 더 나아가 두려움과 결핍의 에너지로 세상에서 일어나는 사건, 관계, 상황에 있어서 공격과 방어가 미묘하고도 복잡하게 작동하는 문화와 체제구조를 변화시키는 것에 대한 기여와 더불어, 내 신념과 행동, 그리고 이로 인해 보고 싶은 결과의 일관성과 충실성을 지속하고자 하는 욕구 때문이기도 하다.

지금까지 이야기를 간단히 말하자면, 서클진행자의 활동이 확대되고 심화할수록 지원 시스템과 프랙티스가 절실하고, 이는 먼저 가족과 동료들로부터 시작되고 공유되어야 한다는 것이다. 자신의 활동이 정면을 향해 나아갈 때 자신의 후면인 가족과 동료들 속에서 서클에 대한 공감자나 지원자가 있지 않으면, 좌절하거나 심지어 원망이 드는 상황에까지 가게 마련이다. 후면의 지원 시스템 구축은 결코 가볍게 볼 일이 아니다. 게다가 당신이 가치 있다고 여겨지는 것이 먼저 가정과 우정에서 일어나는 것을 본다는 것은 큰 기쁨이 된다. 쉽사리 이해해주고 협력해준다면 다행이지만, 때로는 나의 서클진행 활동에 시간과 노력을 드는 것에 대해 지속적인 거부감을 들을 경우도 있다. 오랜 관계의 습관적인 패턴이 변화의 필요성에 대해 귀찮거나 불안을 느끼기 때문이다. 따라서 서클진행자는 조심스럽게 서클이 지닌 존중과 돌봄이 문화로 구축되는 지원 시스템 형성을 위해 서클의 경험이 가정이나 우정어린 관계에 정착되게 할 필요가 있다.

지원 시스템의 중요성은 이미 바터가 비유로 말한 대로 서클에서 만든 눈이 밖으로 나가면 햇빛에 녹아 사라지는 것에 대한 대비가 필요해서이다. 비유를 한국 정서로 바꾸자면 서클이라는 방안에서 따스해진 온돌의 온기가 밖으로 나가면 차가운 공기로 금방 식어 버리기 때문이다. 밖의 위협을 넘어 파커 파머의 말을 인용하여 서클 안의 경험이 왜 중요한지를 설명하고자 한다. 그의 말을 인용하자면, 가르침과 배움은 '진리가 소통되는 안전한 공간'에 달려 있다는 것이다. 그는 온전한 자아와 삶에 관련하여 서클에 대한 깊은 통찰을 제시한다. 즉, 진리 혹은 진정성에 대한 감각을 회복하고 이를 서로 지원하는 곳으로서 서클 공간의 존재의미에 대한 것이며, 이는 곧 가정에서 무엇을 돌보고 일으켜 세워야 할지를 정확하게 설명하고 있다. 사실은 '나'가 외롭고 고통스러운 것이 아니라 '진리'가 외롭고 추방된 것으로 인해 서로가 추위에 떠는 것 아닌가? 내면의 진정성이 들려지고 소통되는 공간이 사적인 영역에서 일어나지 않으면, 그리고 사랑하는 사람들이나 우정을 나누는 사람들 속에서 그것이 경험되고 지지하지 않으면, 삶의 여러 힘든 파도에 금방 휩쓸려 버리거나 힘든 고생을 하게 될 가능성이 존재한다.

파머와 더불어 봄의 다음 이야기는 대화가 단순히 소통만이 아니라 진리의 경험이라는 의식과 활동의 핵심영역에까지 접근하게 해 줌을 알려준다.

> 진리는 의견에서 나오는 것이 아니라 분명 다른 어떤 것에서 나온다. 아마도 암묵적인 정신의 보다 자유로운 활동에서. 그러므로 진리를 인식하려면, 즉 진리에 참여하려면, 우선 의미들이 일관되게 만들어야 한다. 내가 대화가 아주 중요하다고 강조하는 이유가 바로 여기에 있다. 의미가 일관성이 없다면 진리에의 참여는 불가능하다. 나는 이런 새로운 접근법이 지구 전체 상황을 바꿀 길을 열어주리라고 믿는다.[2]

의미를 나누고 그 의미가 일관성을 갖는 시스템과 프랙티스가 일어나는 곳은 먼저 가정일 필요가 있고 가정에서 지원과 양육을 위해 필요한 것은 서로의 자유를 확보해주고 삶의 의미를 나누게 하는 분위기와 그에 대한 실천이 모색될 필요가 있다. 이는 또 하나의 가정으로서 공동체에서도 확대될 필요가 있다. 의견이 아니라 진정성이 나뉘고 의미의 일관성이 삶에서 점차 느

---

2) 『창조적 대화론』 130쪽.

껴지면 진리에 대한 감각과 자유에 대한 영혼의 공간이 마련되어져 간다. 이를 먼저 가정에서 시작하고 이를 서클을 통해 경험하기를 제안하는 것이다. 그런데 이는 생각보다 쉽지 않은 데 가족이 가장 어렵다고 느끼기 때문이다.

그래서 부드럽게 조금씩 기회가 적절한 때에 가볍게 경험하고, 당위가 아닌 호기심이 일어나고 초대와 동의의 분위기가 고조되면 횟수와 시간을 늘려 나가는 방법이 현명한 시도가 될 것이다. 필자가 뒤늦게 가정에서 먼저 시작하고, 친척들의 모임에 적용하고, 앞서 예시를 든 것처럼 장례식에서도 적용했던 과정은 무리 없이 그러나 기회가 있으면 서클의 방식으로 서서히 젖어 들어가는 것도 한 예가 될 것이다. 다행히도 이에 대해 참여자들이 사전에 훈련을 받거나 경험이 있어야 하거나 하는 것은 아니다. 참여자들의 기꺼운 마음과 흔히 토킹스틱이라는 말하기 상징물은수저이든 인형이든 하나 그리고 센터피스꽃이나 화분와 원으로 둘러앉은 분위기로 시작된다.

필자가 속한 단체에서 제공하는 '가족 서클'[3]은 훈련워크숍에서 '체크인·체크아웃 서클'의 변형이다. 이는 가장 간단하고 쉬운 서클진행 방식이지만 그 질적인 경험은 꼭 간단하고 가볍다는 뜻은 아니다.[4] 시간의 유동성이 있고, 주어진 상황에 대한 적응을 신축적으로 할 수 있으며, 진행방식이 단지 간단하다는 뜻이다.[5] 중요한 것은 지원 시스템과 계속해서 서클이 살아있게 하

---

3) 단체 내에 '가족서클 키트'가 준비되어 있다. 여기에는 질문유형, 간단한 진행방식, 토킹스틱으로서 작은 인형과 작은 종이 포함되어 의향만 있으면 할 수 있게 되어 있다.

4) 필자의 가족은 다 성년이고 일들이 바빠서 성탄절이나 신년 혹은 연말, 혹은 생일 때 가족 서클을 한다. 어떤 때는 20분 이내에 끝나기도 하지만, 신년이나 성탄절의 경우 두 개의 질문으로 약 30분 정도 기대했는데 두 시간을 간 적이 있었다. 예를 들어 축하와 감사에 대한 나눔이 예기치 못하게 길어졌고, 그 따스한 영향이 이삼 개월 지속한 적도 있었다. 이렇게 간단한 질문인데 나눔은 깊어질 수 있다.

5) 서클의 일반적인 형식적인 환경을 세팅하고 시작하든지 아니면 형식없이 서클을 가벼운 분위기로 시작하되, 나중에 호기심과 동의가 되면 서서히 서클 진행의 약속들도 만들고 센터피스도 정성을 들일 수 있다. 이 책까지 호기심이 갈 정도면 이미 서클에 대한 경험자로 보이기 때문에 간단한 체크인·체크아웃 서클은 잘 알고 있는 내용이어서 그 과정 소개를 생략하기로 한다.

는 실습의 기회를 가족이나 친구들이 언제, 어떻게 시작할 것인지에 대한 관심이다. 태도와 문화는 쉽게 바꾸어 지는 것은 아니지만 서클에 대한 호기심이 작동하면 서클 자체가 리더십을 발휘하여 구성원들을 변화시킨다는 것을 신뢰한다.

가족이나 동료와의 우정에서 진행되는 서클은 서너 가지의 성격으로 작동한다. 첫 번째는 연결을 위한 서클이다. 이는 각자의 삶에서 일어나는 것을 정기적으로 구성원들과 나누는 것이다. '연결'이라 함은 말 그대로 각자 자기 삶을 표현하게 하고 다른 사람들은 오직 경청으로 지지하면서 듣는 것을 말한다. 여기에는 부족한 것에 대한 다른 사람의 조언이나 해결책 등을 주지 않으면서 함께 듣는 것이 안전한 공간을 보장한다. 자신을 표현하는 것이지 해결책을 구하기 위해 내놓는 것이 아니기 때문이다. 가족이나 친구들과 서클모임에서 가장 필요한 것은 자기 이야기를 하는 것이기 때문에 연결의 자세로 함께 하는 것이 매우 중요한 포인트이다. 무슨 어려움이나 격한 감정을 표현할 때는 이미 이 책에서 다루었던 침묵으로 잠시 함께 하는 방법을 취한다.

두 번째는 공통의 특정 주제를 나누는 서클이다. 함께 관심이 있고 누구든 호기심이 있으며, 힘이 되는 주제라면 도움이 된다. 특정한 가치에 대한 것, 예로서 존중, 배려, 수용, 기쁨, 열정 등등의 것 하나를 다룰 수 있다. 아니면 가족이나 공동체에서 중요하게 여기는 특정 시간들, 예를 들면 생일, 아기 탄생, 입학, 졸업, 결혼, 은퇴, 입·퇴원, 장례 등등의 특정 시간을 공유한다. 혹은 웰빙에 대해 각자는 무엇으로 어떻게 자신을 돌보는지나 스트레스에 대한 나름의 해결방식, 꿈꾸는 것들 등에 대한 것일 수도 있다. 특정 주제를 나누는 서클은 위의 연결을 간단히 하고 특정 주제를 나눈다. 이를 단속적이지 않고 계속 가볍게 지속하고자 할 때는 가족 구성원의 의미를 더 크게 잡아서 같은 공간을 공유하는 직장동료나 교사들 혹은 사회복지 시설의 구성원들이 점심

시간이든 아니면 격주에 한 번 정도든 1달에 1회이든 3~8명 정도의 소그룹으로도 진행할 수 있다. 주제는 제안과 동의를 거치거나 혹은 돌아가며 선정된 진행자가 모임의 성격에 대해 동의한 한계와 방향에서 정한다. 여기서 유의할 점은 일반인으로서 스토리텔링에 관한 것이기에 누구의 말이 맞거나 전문적인 의견이 들려져야 할 필요가 있다는 것이 아니다. 주제에 대한 자기 삶의 경험을 나누는 것이다.

세 번째는 가족이나 공동체에서 일어나는 책임분담에 대한 것과 그것의 실천에 대한 서클모임이다. 가정에서 일어나는 역할과 책임에 대해 누가 무엇을 어떻게 하는지에 대한 역할 분담과 피드백 모임의 성격을 말한다. 예를 들면, 청소나 가정일의 돌봄, 반려동물이나 반려식물 관리, 그리고 생일, 입학, 졸업, 장례서부터 여행 계획 등의 가족 구성원들이 관여되고 서로의 지혜와 지원으로 필요한 일들에 대한 분담과 나눔을 말한다. 공동체에서도 다양한 일거리들이 존재한다. 이러한 일거리의 나눔은 권력 구조와 취향과 선택에 대한 비자발적 강제가 일어날 개연성이 높은 사안이어서 그것으로 인해 상처나 불만이 계속 누적될 가능성이 크다. 심지어는 결과에 대해 만족스럽지 않은 상황으로 평가가 나면 그것을 진행한 사람은 혼자 비난과 책임의 무거움을 감당할 수도 있다. 따라서 자발적인 협조를 끌어내기 위해서는 간단한 생활 나눔으로서 체크인 후에 다루고자 하는 일이나 도전에 대한 취지와 의미 그리고 그것의 영향을 확인하고서 누가 어떻게 무엇을 할 것인지 확인한다.

여기서 진행의 포인트는 자발적으로 기꺼이 우선 하고 싶은 것을 분담하며, 나머지 처리되어야 할 것들을 놓고 확인하는 것이다. 그리고 자발적인 마음이 들기 위해서는 그 일의 의미와 그것이 각자에게 어떤 영향을 주는지 확인하는 것이 기꺼이 더 혹은 적절히 수고와 노력을 낼 수 있는 분위기가 형성된다. 그 자발성은 또한 일의 계획에서만 아니라 일의 실천 후에 축하와 감사의 서클 모임을 통해 강화된다. 기여의 고마움이 나누어질 때 다른 일에 대한 기꺼운 마음이 지속하며 열린다. 그러므로 기획만 아니라 실행 과정에서 그리고 실행 후에 이를 실행한다.[6] 사실상 사랑과 우정의 질質은 일과 과제의 처리라는 구체적이고 실천의 과정에서 녹여 들어간다. 서클은 이러한 일거리, 역할과 책임, 실천과 그 결과의 공유에 있어서 매우 만족한 혹은 안전한 분위기를 창출한다.

다시 말하면, 서클은 진행만이 아니라 에너지장으로서의 공간이 필요하다. 이는 문화가 형성되고 실천의 공간이 확보되어야 그것을 즐기고 누릴 수 있다. 사랑이 존재해야 할 가정과 우정이 필요로 하는 공동체 안에서 진정성이 나누어지는 것은 생존을 위한 안전과 목표를 위한 역할수행만 아니라 의미의 흐름을 통한 온전한 삶을 향해 가는 중요한 에너지를 나누는 것이다. 그리고 이는 서클이 적정기술로서 일반 서민의 지혜와 힘을 작동시키게 한다. 사랑과 우정은 진정성에서 나오고, 그러한 진정성의 심장들은 진리에 대한 민감성을 고무시킨다. 그래서 거짓과 허세, 환영과 권력이 벗겨져 나가는 정직성과 투명함, 이로부터 오는 정의와 자유 그리고 기쁨이 힘을 받게 된다. 그것을 가정과 공동체에서 서클로 먼저 실천하고 부드럽게 기반을 형성하는 것은 진선미의 온전한 사회를 위한 기초가 될 것이다. 자신의 삶과 사회에서의 생활이 신뢰할만하고 신뢰할 수 있게 하는 것은 사랑과 우정이 실천되는 가정과 공동체에서 시작되고 거기에서의 배움이 타자에 대한 신뢰로 발전할 수 있다면 가족과 공동체에서 서클 나눔은 그 의미가 중대한 것임이 틀림없다.

---

6) 실행 후 피드백 서클에 대한 것은 이미 설명하였으니 그것을 참조하면 도움이 된다.

2장. 자기-돌봄과 자기-인식의 통합적인 실천

회복적 서클이 전망하는 퍼실리테이션을 넘어 지원시스템과 프랙티스의 필요성에 대한 기반에 있어서 필자는 앞장에서 사랑과 우정이 존재하는 생활의 기초영역에서 서클 문화의 실천을 진술했다. 그리고 사랑과 우정의 관계에서 자기-돌봄이라는 것은 진정성 있는 말하기와 듣기의 실천을 통해 진리에 대한 감각을 회복하는 것이 자기-돌봄의 중요한 과제라는 생각에까지 이르게 되었다. 여기에는 바터가 생각한 손상과 고통에 대한 돌봄에서 더 나아가 '진리'와 '참자아Self, 영혼'에 대한 감각으로 의미의 흐름이 더 나가는 과제가 있는 것이다. 이것은 한국적 상황에 있어서 회복적 서클이 다른 서클 모델들과 합류하여 만들어내는 새로운 변형의 이유이다.

이 장에서는 자기-돌봄 프로세스가 어떻게 진리나 존재참자아에로 더 통합되어 나갈 수 있는지에 대한 실험적 실천[7]의 가능성을 확인하고자 한다. 이를 위한 접근에 있어서 배경 설명이 다시 필요하다. 우선 도미니크 바터부터 확인하고자 한다. 바터의 문제의식은 개인이 갈등을 어떻게 잘 해결하는가에 대한 퍼실리테이션을 넘어 서로를 존중하는 대화를 경시하는 지배체제의 문화와 손상을 개인의 잘못으로 이해하는 데 대한 다른 인식이었다. 개인의 잘

---

7) '실험적 실천'은 이제 떠오르는 아이디어로 현대물리학이 실험을 통한 증험 이전에 '사고-실험'을 통해 이치로 증명해 내고 그것을 나중에 측정 기술을 개발하여 확인하는 방식에 대한 비유의 의미이다. 이치는 무한히 존재한다. 비행기에서 핸드폰, 그리고 인공두뇌(AI)에 이르기까지 이미 있는 이치를 사고실험을 통해 발견하고 그에 따라 물질화하는 데 기여를 한 것이 인류의 역사이다.

못이 아니라 필요를 돌보는 인식의 실천성을 담보하는 공간을 어떻게 공동체나 공공의 영역에서 확보할 것인가에 대한 사회적 비전에 근거한 것이다. 문화와 인식의 체계를 변혁시키는 것에 대한 비전은 당연히 회복적 서클을 현장에서 실천하다 보면 나오는 근본 문제이다. 이는 그가 갈등작업 영역에서 비폭력대화 국제인증 지도자이자 회복적 서클 창시자로서 갖는 비전의 핵심이다.

두 번째 흐름은 데이비드 봄과 윌리엄 아이작스가 가져온 현대물리학의 인식론의 바탕에서 대화의 비전이다. 이는 모노로그독백에서 다이어로그대화로 변하는 것은 좀더 잘 이야기하기를 넘어선 인식론적인 변화의 문제라는 점이다. 이는 여전히 분리되지 않은 실재라는 숨겨진 질서 혹은 전체성에 대한 순수 인식이라는 점에서 사고를 넘어 존재와 실재를 향하는 문을 다이어로그는 연다고 밝힌다. 이 점에서 대화는 모든 문제들의 핵심열쇠이며, 인식론적인 지평 확대의 이슈로서 대화론의 존재 이유를 설명하고 있다. 세상의 모든 문제가 그러한 인식론적인 오류, 곧 분리되어 파편화된 사고thoughts의 추상화가 가진 인식의 오류에서 나오기 때문에 '전체운동holomovement'에 유기적으로 참여하는 살아있는 사고thinking의 필요성을 제시하는 것이다. 그러한 살아있는 사고는 기억과 충동에 매이지 않아서 개별성과 전체성 간의 '사이의 질서'를 함께 창조하면서 잠재적인 가능성을 현실화하는 기폭제가 된다. 대화는 상호교류가 목적이 아니라 전체성전체운동 혹은 자재운동이 펼치는 살아있는 지성을 상호 창조하는 데 있다.

세 번째 흐름은 퀘이커 사상가인 파커 파머의 인식론에 대한 것이다. 퀘이커의 '내면의 빛'에 대한 신앙적 실천의 영향을 받은 그는 인식, 가르침과 배움은 모두 '진리가 소통되는 공간'에서 이루어지며, 그가 말하는 진리는 영혼참자아과 실재의 진실에 대한 것이었다. 이는 에고에서 참자아의 출현으로의 전환과 더불어 내면의 빛에 의해 안내받는 새로운 권위authorizing-스스로 행하는 주체성의 회복에 대한 것이며 서클이라는 공간에서 영혼의 '신뢰'라는 방식을 통해 이를 구현한다.

서클진행자로서 필자가 가장 영향을 많이 받은 위 세 흐름의 합류를 의식하면서 숙고하게 되는 지점은 다음과 같다. 일단 바터가 제시한 비전인 실수, 잘못, 실패는 개인의 문제가 아니라 지원 시스템의 결여 문제라는 기본적인 통찰을 인식의 패러다임 전환의 토대로 받아들인다. 그렇기에 개인이라는 실천가를 넘어 실천 공동체의 이슈와 공공영역에서 돌봄의 이슈를 정의 시스템에 제안하는 것이 그의 아이디어이다. 일으켜 세우기라는 임파워먼트를 위한 돌봄이 정의라는 것이다.

그런데 여기서 고통에 대한 단순한 돌봄을 넘어서는 것에 대한 질문이 생긴다. 고통이 결과라면, 그리고 그러한 고통이 그 어떤 행위의 결과라면 그 행위는 어떤 신념이나 가치 인식에서 나오는 것인가? 무엇을 돌본다는 것인가? 공동체는 개인들의 무리짐과 다른 것이라면 무엇이 공동체를 형성하고, 공동체의 자기-돌봄은 무엇이 가능하게 하는 것인가? 이에 대해 데이비드 봄은 사고와 존재의 분리가 우리의 고통이자 문제의 원인이라는 점을 밝힌다.[8] 이는 아이작스가 사고가 지닌 추상적 '관념'과 분리, 단편적 이해에 근거한 '확신', 과거 기억의 판단이라는 '우상숭배', 자기 관점의 타인 강요라는 '폭력'에 대한 원인을 제공한다는 점을 볼 때, 사고가 존재를 가린다는 점에서 심각한 언급이다. 그렇다면 봄과 아이작스가 제안하는 추상적인 관념에서 실재에 참

---

8) 봄에 의하면 사고가 만드는 고통과 문제의 예는 다음과 같다. 1)가정과 의견에 대해 자기 방어나 상대 공격을 한다. 2) 사고의 내용에는 열심이지만 사고의 과정에는 주의를 기울이지 않는다. 3) 해결 방법을 찾기 위해 문제를 생각하지만, 생각 자체가 문제인 것을 인식하지 못한다. 4) 개인의 사고는 오히려 이미 집단의 비일관성의 사고방식에 영향을 받고 있다. 5) 사고는 암묵적인 과정을 통해 소통하고 의미나 지식은 이미 암묵적인 영역이 많은 데 이에 대해 무지하다. 『창조적 대화론』 66-86쪽.

여하기, 기억의 확신없이 살아있는 움직임을 인식하기, 기억과 사고라는 우상숭배에서 여전히 잠재적인 것을 향해 펼치기, 단편적인 자기 관점 대신에 숨은 전체성에 대한 일관성을 갖기에 대한 가능성은 이론적으로 말하고 있지만, 그것은 최고의 지성인들의 모임에서 실현한 것이고, 그것을 실질화하고 일반 시민에게 접근 가능한 방식으로는 어떻게 효율적일 수 있겠는가?

파머는 위 두 흐름에 대한 보완으로서 서클이 그러한 실습 공간을 제공할 수 있다는 점에서 진리와 존재에 대한 감각을 회복하는 서클의 공간을 지지한다. 서클의 공간은 고통과 추상적 사고를 신념으로 가진 에고를 넘어 영혼의 빛과 그로 인한 안내받기라는 일반인의 실천 가능성을 약속한다. 서클의 공간은 내면의 공간과 연계되어 거기서 영혼이 자기 모습을 드러내는 공간이 될 수 있다는 것이다.

이러한 진술들을 따라가 보면 만나지는 지점은 고통에 대한 자기 돌봄과 실재와 존재에 대한 자기 인식이 동전의 양면처럼 통합적인 성격이 서클의 공간에서 잠재적 가능성으로 펼쳐질 수 있음을 알게 된다.[9] 필자가 제기한 '실재-존재의식-행위-결과'에 대한 통합적인 영역인 셈이다. 행위와 결과가 지닌 손상에 대한 자기 돌봄과 그 돌봄이 가능하도록 하게 하는 실재와 존재에 대한 자기 인식이 일관성을 갖고 통합하여 서클진행자의 개인적인 측면과 조직의 측면에서 동시에 작동하게 하는 것이 서클진행자에게 남긴 또 하나의 비전인 것이다.

이러한 자기 돌봄과 자기 인식이 통합되는 지점이 바로 '사랑 어린 인식'이다.[10] 사랑 어린 인식은 손상과 상처에 대한 자비로운 갈등작업과 내면작업

---

9) 기독교 비폭력 실천가의 눈으로 볼 때 이 두 이슈는 요한복음 서론인 1장의 로고스(의미, 진리)에 대한 '은총과 진리가 충만함'과 맞아 떨어진다. 자기 돌봄은 은총에 관련되고, 자기 인식은 진리에 해당한다. 이는 존재(자기 인식)와 사랑(자기 돌봄)의 통전적인 영역인 참자아(영혼, 신의 아들, 그리스도 의식)의 자기 전개를 말한다.

10) '사랑어린 인식'은 이미 진술한 서클리더십의 1장 "서클의 연금술적 변형"에서 나온 도표에서

을 가능하게 한다. 그리고 그러한 자비로운 갈등작업과 존재^{영혼}를 밝히는 내면작업은 바로 진선미의 근거인 실재의 무한한 풍성함에 대한 인식에서 기원한다. 이에 대한 기초적인 내용들은 서클 리더십에서 공간의 리더십, 연금술적 전환 그리고 피드백에 관련한 진술에서 밝힌 것들이다. 이 장에서는 향후 개인과 공동체에 관하여 자기 돌봄과 자기 인식을 어떻게 의식적으로 주목하여 배움과 성장을 도모할 것인가에 대해 살펴보기로 한다.

윌리엄 아이작스가 있는 MIT대학의 글로벌 리더십에 관련한 이론가들은 데이비드 봄의 대화론을 좀더 발전시켜 학습조직learning organization이론을 개발해 내었다. 이들 중에 필자가 눈여겨 본 사람들은 오토 샤머, 조셉 자보르스키, 피터 셍게 그리고 마가렛 휘틀리 등이다.[11] 이들은 현대물리학의 인식론, 대화의 중요성, 그리고 조직 혁신의 영역에서 전방에 서있는 1세대들이다. 그 핵심은 모호함과 복잡성이 존재하고 지구 위기의 상황에서 예측과 통제의 전통적인 리더십을 넘어서서 내면적이고, 자율적이며, 지속해서 배움이 일어나는 개인과 조직의 방향감각을 어떻게 실현할 것인가에 대한 것이다. 내게 흥미로운 지점은 의식, 일, 조직활동을 연계한다는 착상이다.

피터 셍게가 다음의 도표에서 보여주고 있는 '추론의 사다리'는 어떻게 경험이 의미화를 거쳐 그것이 추상화된 관념으로 발전하는지 알려준다. 이는 또한 관념이 향후의 경험들을 어떻게 프레임화하는지도 나타내 보인다. 관념과 확신이 주도권을 쥐게 되고 향후의 경험과 행동에 영향을 준다. 그렇게 해서 '지금 일어나고 있는 일'에 주목하는 가능성보다는 '일어났던 일'에 대한

짐이 선물로, 적대자가 인도자로 변형되는 '사랑어린 현존'의 공간영역에서 출현하는 인식이다.

11) 오토 샤머 저, 엄성수 역, 『본질에서 답을 찾아라:MIT대학의 18년 연구 끝에 나온 걸작 'U 프로세스』 (2014, 티핑포인트); 피터 셍게 저, 『제 5 경영』 (2002, 세종서적); 조셉 자보르스키 저, 강혜정 역, 『Syncronicity 리더란 무엇인가』 (2010, 에이지 21) 개정판은 『싱크로니시티 Syncronicity』로 2021년 재출간; 마가렛 휘틀리 저, 한국리더십학회 역, 『현대과학과 리더십』 (2001, 21세기북스).

해석이 앞장을 서서 지금 일어나는 현상에 대한 추론과 예단을 하게 된다. 기억이 현재를 주도하게 되는 것이다.

경험이 추론화되는 것은 어쩌면 불가피한 일이기도 하다. 어렸을 때 난로에 손을 가까이했다가 데인 경험에 대한 추론이 없으면 향후에

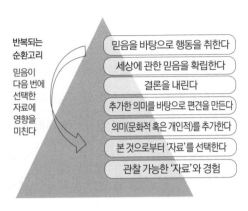

추론의 사다리 피터 센게, 〈그린 경영〉

반복되는 순환고리

믿음이 다음 번에 선택한 자료에 영향을 미친다

- 믿음을 바탕으로 행동을 취한다
- 세상에 관한 믿음을 확립한다
- 결론을 내린다
- 추가한 의미를 바탕으로 편견을 만든다
- 의미(문화적 혹은 개인적)를 추가한다
- 본 것으로부터 '자료'를 선택한다
- 관찰 가능한 '자료'와 경험

화재에 관련한 안전에 있어 자기 보호에 부정적인 영향을 미칠 수 있기 때문이다. 그러나 데이비드 봄이 말한 사고와 존재의 분리는 이러한 추상화가 일부의 경험이고 난로라는 경험의 전체 혹은 잠재적 가능성의 전체에 '손을 데임'은 극히 일부의 경험이라는 점이다. 그러므로 자극상황인 경험의 자료에 대해 관찰함으로써 의미를 추가하는 것에 있어서 다양한 의미가 그 맥락에서 일어날 수 있다. 그러한 유동적인 의미의 선택과 다른 가능성에 대해 자신을 여는 것은 추상화 이전에 의미의 흐름이라는 과정과 여전히 남아있는 잠재적

가능성에 대한 경험과 의미에 조율하여 '생생함'이라는 의미의 맥락을 잇는 것이 필요하다.

다시 주의를 환기하자면, 봄과 아이작스는 센게가 말하는 추상화는 과거의 기억에 의한 사

새로운 행동을 제한하는 습관과 그것을 바꿀 수 있는 대화 원칙

관념:추상적사고가 경계선만듬 **분열**:전체와의 연결고리 잃음 **참여**:가슴지성 정화된 인식, 　　　깊은 유대감 **→ 듣기**	**우상숭배**: 의심없이 있는 것처럼 느껴지 　　　는 집단적인 심상, 기억에 의존 **기억**: 녹화된 프로그램 (생각은 잠재성/ 　　　가능성 감지하고 이를 말하기임) **펼치기**: 비가시적 실재, 잠재성을 　　　끌어내기 **→ 말하기**
확신-기억에 따른 단편적인 이해 **흐름**-움직임, 과정의 감각 **인식**-잠재한 살아있는 과정 **→ 보류하기**	**폭력**-자기관점을 타인에게 강요 **수용**-타인의 의견에 숨은 일관성이나 　　　의미를 보기 **일관성**-숨은 의미 전체성 찾기 **→ 존중하기**

고이고 이것이 존재를 가리며, 전체성이라는 실재에의 참여를 단절시킨다고 하였다. 아이작스의 이야기를 도표로 만들어 옆에 보여주고 있는 것처럼, 그것은 관념, 우상숭배, 확신, 폭력 등 4가지 습관적 행동은 그러한 추상적 사고의 기능들이다.

흥미로운 것은 새로운 행동을 제약하는 그러한 4가지 습관은 일과 행동에서 듣기, 말하기, 보류하기, 그리고 존중하기를 통해 제거할 수 있다는 주장이다. 가슴에 연결된 진정 어린 대화는 확신을 보류하고 존중하면서 듣고 경청하는 것을 통해 실재에 참여하고 그 움직임을 인식하고, 그 실재가 펼쳐지는 새로운 가능성과 방향에 있어 안내받는 일관성을 갖게 한다. 그렇게 함으로써 우리는 실재에 대한 감각을 통해 추상적인 기억으로서 사고thought가 아닌 지금 여기의 온전한 현존으로서 생각하기thinking가 가능해지는 자기 인식을 할 수 있다.[12]

그렇게 해서 실재가 존재를 불러낸다. 지금 무엇이 일어나고 있는지에 대한 살아있는 감각으로서 자기 인식과 지금에 필요한 행동과 태도에 대한 선택이라는 자기 돌봄이 가능해지는 것이다. 그러한 자기 인식과 자기 돌봄의 동시적 가능성은 바로 사고가 아닌 존재영혼로의 감각이 살아나기 때문이다. 존재가 노출되고 자기 인식의 감각을 가지게 될 때 참여, 펼치기, 인식 그리고 일관성의 토양이 마련된다. 그러한 존재의 노출과 존재가 방향감각을 갖는 리더십은 아래 오토 샤머의 U이론을 표현한 도표를 통해 좀더 이해할 수 있다.

다음의 도표가 보여주는 것처럼 오토 샤머의 "U프로세스"는 개인이나 집

---

12) 봄은 추상적인 기억으로서 사고(thought)와 생생히 움직이고 있는 인식능력인 생각하기(thinking)를 구분한다. 전자는 과거의 기억이며 사실적 사고 혹은 파편화된 사고이며 후자는 현재에 일어나고 있는 참여형 사고 혹은 숨은 질서에 연결되는 사고이다. 사고는 명사처럼 고정된 것이고 생각하기는 동사처럼 유동성을 지닌다.

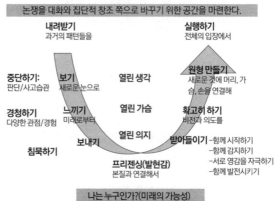

대화/학습조직의 U프로세스

논쟁을 대화와 집단적 창조 쪽으로 바꾸기 위한 공간을 마련한다.

내려받기
과거의 패턴들을

실행하기
전체의 입장에서

중단하기:
판단/사고습관

보기
새로운 눈으로

열린 생각

원형 만들기
새로운 것에 머리, 가
슴, 손을 연결해

경청하기
다양한 관점/경험

느끼기
미래로부터

열린 가슴

확고히 하기
비전과 의도를

침묵하기

보내기

열린 의지

받아들이기 −함께 시작하기
−함께 감지하기
−서로 영감을 자극하기
−함께 발전시키기

프리젠싱(발현감)
본질과 연결해서

나는 누구인가?(미래의 가능성)
나의 일은 무엇인가?(목적, 소명)

단이 도전과 일에 직면해서 어떻게 창조적 실현을 이룰 것인가에 대한 과정을 설명하고 있다. 간단히 살펴보면 생각의 판단을 중지하고 가슴으로 경청하여, 거기서 나온 의미의 영역이라는 본질에 연결하여서 비전과 의도를 재확인하여 공동의 과제와 목표를 설정하고, 머리, 가슴, 손이라는 진선미의 새로운 행동을 기획하여 실행하되 이를 전체성^{공유된 의미}과 관련하여 나가는 과정을 갖는 것이다. 이것이 조직의 경우에는 공동의 의미나 본질이 접촉되면 함께 발전시키고 서로 영감을 자극하는 '함께 생각하기'와 '함께 작업하기'의 과정을 대화를 통해 실행 기획을 하게 한다는 것이다.

여기서 주목되는 점은 개인이든 조직이든 '일어나고 있는 일'에 대한 인식에서 시작하여 어떻게 잠재적 가능성에 대한 창조혹은 공동의 창조가 가능한지에 대한 '의미 의식'이다. 판단을 내려놓고 다양한 관점을 침묵하며 경청하여 본질이 드러나는 것을 통해 진실의 맥락화라는 '의미 의식' 곧 프리젠싱pres-encing, 발현감 13)이다. 그러한 의미 인식은 자신의 정체성과 미래 가능성 그리

---

13) 사고에서 존재(presence)로 그리고 전체성이라는 실재가 지금 드러나고 있는 현재화(mani-festing)를 통합하는 말이 프리젠싱, 즉 발현감이다.

고 일에 대한 소명이 만나지는 지점이다. 소명으로서 일을 돌보고, 자신이 누구인지를 잃지 않고 오히려 재확인된다. 그러한 일과 정체성에 대한 자기-돌봄과 자기-인식의 재확인은 잠재한 가능성을 현실화하는 창조의 과정을 불러낸다. 먼저 자기 인식이 U 프로세스의 왼쪽에서 보여주듯이 내면에서 일어나면, 다시 U 프로세스 우측처럼 돌봄으로 외화된다. 그렇게 자기 돌봄은 자기 인식에 연결되어 일어난다. 이것이 오토 샤머의 U이론에 대한 나의 이해이다. 일이 소명으로 되면서 돌봄이 기꺼이 일어나게 되고, 자신의 정체성과 미래 가능성이 발견되는 자기 인식이 동전의 양면처럼 어울려 함께 펼쳐져 나간다.

U 프로세스는 개인의 내면과 관계에서 그리고 조직의 도전과 일을 다루는 데 있어서 어떻게 지성과 열정이 발생할 수 있는지에 대한 아이디어를 제공한다. 이 U 프로세스를 참고로 해서 다시 서클 프로세스의 작동 원리로 돌아오면 서클 프로세스도 자기 돌봄과 자기 인식에 대한 스스로의 작동 원리를 갖추고 있음을 알 수 있다.

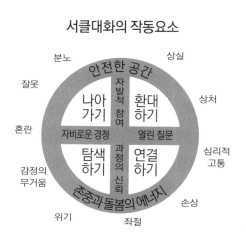

서클대화의 작동요소

우리 인생에 다가오는 삶의 힘든 조건들과 상황들 속에서 인디언들에게는 서클을 '치유바퀴medicine wheel'로 인식하여 트라우마 치유, 배움, 사회적 도전에 대한 대응, 통과의례, 죽음에의 애도 및 성스러운 시간의 축하 등에 적용해 왔다. 다루는 주제나 상황은 달라도 고통을 돌보고 지혜와 열정을 출현시키는 작업을 '환대-연결-탐색-통찰혹은 행동'의 과정을 통해 신체적·감정적·정신적·영적인 차원의 안내를 받아온 것이다. 물론 트라우마 치료나 비전을 얻는 의식의 경우에는 특별한 정화의 순간 혹은 거룩한 공간의 진입에 대한 집단적 의식이 과정에 녹아든다. 그렇게 해서 각자가 가져오는 내적인 선한 의도나 축복블레싱이 '약medicine'이 되어 치유하거나 비전을 주거나 혹은 방향 인도 등을 경험한다.

서클은 이렇게 필요한 것을 과정프로세스을 통해 에너지와 지성을 발생시킨다. 과정에 몰입하면서 집단적인 에너지를 일으키고 몸과 의식을 정화함으로써 질병과 트라우마에는 치유의 힘을, 혼란과 도전에는 비전에 대한 감각을, 공동체의 위기와 힘들은 사건에는 방향감각을 얻는다. 아인슈타인은 이미 에너지와 질량 사이에 등가관계$E=mc^2$를 입증했다. 이는 서클에 대비해 보면 에너지는 질량이 있는 것이 무엇을 나타내든 이를 에너지로 바꿀 수 있고, 에너지로의 변환은 또한 그 질량의 물체성을 바꿀 수 있음도 암시하고 있다. 에너지, 지성, 그리고 몰입에 관련한 서클 프로세스는 단순히 대화나 갈등작업을 위해서만 존재하지 않는다. 그것은 질병의 치유나 공동지성의 발현이나 비전추구vision quest에도 함께 한다.[14] 따라서 프로세스가 치유와 지성에 있어서 중요한 문임을 이해한다면 자기 돌봄과 자기 인식에 관련하여 서클 프로세스의 잠재적 가능성을 우리는 아직 더 깊이 탐구할 가치와 과제를 가지고 있는 셈이다.

---

14) 데이비드 봄의 대화의 터전인 숨겨진 질서, 전체성, 전체운동(holomovement), 자재운동 등의 아이디어는 뜻밖에 대화의 촉발만 아니라 실상 양자의학이나 직관이나 임사체험과 같은 의식변형 등에 대한 논의를 출발시켰다. 이에 대해서는 마이클 탤보트 저, 이균형 역, 『홀로그램 우주』(1999, 정신세계사)를 참조.

3장. 트라우마 치유를 위한 서클의 내면대화

　서클의 미래를 논하는 세 번째 장의 주제는 트라우마 치유에 대한 것이다. 이는 갈등작업과 더불어 전문가들의 점유영역으로 그동안 인식되어 왔다. 필자도 이에 관심을 두게 된 것은 비폭력 실천과 관련하여 대화와 갈등작업에 대한 현장 활동을 해오면서 우리 행동의 적지 않은 부분이 과거의 정리되지 않은 경험의 찌꺼기가 지금의 행동에 큰 영향을 가져온다는 것을 많이 느껴왔기 때문이다. 지금 무엇이 일어나고 있는지를 제대로 못 보고 과거에 처리되지 않은 기억이 투사되어 작동되고 있다는 통찰이 수시로 다가오면서 서서히 이를 향한 관심을 넓혀왔다.

　또 하나의 동기는 지배체제와 권력의 공모라는 지점에 있어서 전문가 영역으로 제한해 놓는 트라우마 치유 영역이 일반인을 무력하게 만들고 자본주의 체제에 복속시키는 것에 대한 불편함이 있었기 때문이다. 서클을 알게 되면서 가장 다가오는 민중의 적정기술appropriate technology에 대한 확대와 그 비전의 일상화에 대한 비전이 점점 커지면서 금지구역으로 설정된 트라우마 치유에 대해 눈여겨보고 몇 년 동안 트라우마 치유에 대한 스터디 그룹을 인도하면서 주요 이론을 섭렵하였다.15)

---

15) 2010년대 중반부터 일요일 저녁에 2.5시간~3시간씩 학기제로 항상 25명 내외로 운영되던 이 모임은 서클과 연결될 수 있는지 여부를 알기 위해 사회적 재난에 대한 긴급구조, 재평가상담, 안구운동 민감소실 및 재처리 요법(EMDR), 매트릭스리임프린팅, 내면가족체계(IFS) 등과 같은 보편화할 수 있는 트라우마치료 모델의 서클적용 가능성을 탐구했고 서클로의 적용에 대한 가능성을 실험했다. 이 모임 참여자들은 모두 서클에 관련된 활동가들이나 교사들이었

서클에 의한 트라우마 치유는 이미 원주민들에 의한 치유 서클이 수천 년의 오랜 전통으로 내려와서 서클이 트라우마 치유에 낯선 관계가 아니라는 것을 알 수 있다. 단지 현대 문명에 속한 우리들이 이에 대해 현대문명과 맞지 않는다고 관심을 두지 않았을 뿐이다. 필자도 이에 대한 전통을 경험한 적이 없어서 몇 가지 원서를 보긴 하였지만 그다지 우리의 문화적 맥락에 재복원할 필요성을 느끼지 못하였다. 피상적인 앎의 한계도 있을 것이다. 한국에 잘 알려진 서클 훈련가 케이 프라니스와 그의 동료에 의해 출판되어 번역된 『서클로 여는 희망』은 트라우마 치유, 혼란과 갈등 영역에서 활동하는 사회복지사들에게 중요한 기여를 하는 서클진행 방식들을 보여준다.[16] 예를 들어 참가자들과 함께 강한 감정이 담긴 회복탄력성이나 트라우마 치유에 대한 접근 방법으로써 어떻게 서클로 진행을 처음 시작, 진행 그리고 마무리를 시리즈로 일정 기간 안에서 발전적으로 할 수 있는지를 매뉴얼 방식으로 서술되어 있다.

우선, 케이 프라니스와 그의 동료에 의해 제공된 서클 진행방식으로서의 트라우마 치유에 대해 간단히 긍정적인 언급을 하고 싶다. 프라니스의 초기 번역책인 『서클 프로세스』에 대해 익숙한 서클진행자들이라면 학교현장에서 힘들어하는 관계나 강한 감정을 다루는 영역에 대해 『서클로 나아가기』로 도움을 받을 수 있다. 사회복지영역이나 일방시민사회에서라면 회복탄력성

다. 2020년부터는 코로나19 상황으로 인해 IFS모델을 줌(zoom)으로 여는 화상실습모임을 갖고 있다.

16) 캐롤린 보이스-왓슨, 케이 프라니스 공저, 서정아 박진혁 역 『서클로 여는 희망』(2018, 대장간); 캐롤린 보이스-왓슨, 케이 프라니스 공저, 이병주, 안은경역, 『서클로 나아가기』(2018, 대장간) 후자는 교육공동체에서 서클진행에 대한 다양한 적용 방식의 매뉴얼이며, 전자는 진술한 대로 사회복지영역에서 적용할 수 있는 매뉴얼이다. 이 두 책은 공저자에 의해 현장을 달리하여 쓴 책들이며 그 틀과 형식은 같다. 그래서 핵심가치와 일부 모듈은 중첩이 되지만 현장의 차이와 서클이 결과로 보고자 하는 현장의 목표는 차이가 있다. 문제는 자동차 매뉴얼처럼 이들 책은 읽는 이로 하여금 건조한 느낌을 갖게 할 수도 있다는 것이다. 그래서 흥미를 유발하지 못할 수도 있다. 자동차 운전에 대한 매뉴얼과 실제로 그것을 이해하고 실제로 운전하는 경험의 차이는 크고 다른 것처럼, 이들 책의 안내 글과 그것을 진행한 실제 경험은 매우 다르다.

과 트라우마 치유에 대해 『서클로 여는 희망』은 서클 기획 구상에 있어서 많은 시간을 절약하고 이 책이 제공한 풍성한 내용을 그대로 혹은 수정하거나 보완하여 서클진행자로서 현장의 필요에 따라 적용할 수 있다. 서클진행자는 그 주제에 대해 약간의 지식을 가진 것은 도움이 되지만, 그 핵심은 해당 주제에 관련하여 참여자들이 함께 과정에 몰입하도록 '안전한 공간'을 유지하며 과정을 안내하는 것이 핵심이기에 전문가의 충분한 지식을 사전에 요구하지 않는다는 점이다.

특히, 회복탄력성이나 트라우마치유의 주제는 지적인 이해보다는 경험의 자원을 사용하고, 감정을 표출하여 안전하게 다루며, 참여자의 지원과 연결의 분위기 자체가 치유와 회복에 중요한 역할을 한다는 것이기에 이론을 설명 듣는 것은 그다지 도움이 되지 않는다. 사실, 이쪽 분야에 대한 이론서는 엄청나게 번역된 것만도 많으므로 소화할 수 있는 시간을 충분히 갖는 것도 벅찰 것이다.[17] 하지만 서클 프로세스의 원리에 익숙하면 경험을 활성화해서 처리되지 않은 경험의 찌꺼기를 소화해서 다른 행동과 길을 선택하게 할 수는 있다. 그렇기에 공동체 안에서 혹은 뜻을 함께하는 사람들이 자신의 아픈 과거를 다루는 데 있어서 자율적이고, 자조적인 서클 모임은 중요한 계기를 준다. 지혜와 힘이 외부의 누군가에 의해서가 아니라 공동체 내부 그리고 자신의 내면에서 나온다는 경험은 그 자체로 소중한 것이다.[18]

이미 진행할 자료가 나와 있고, 서클 진행에 대한 어느 정도의 경험이 있다면 모험심을 갖고 트라우마 치유에 대한 서클 모임을 갖는 것을 적극 권장한

---

17) 가장 고전적인 입문서로 두 권을 추천한다. 주디스 허만 저, 최현정 역, 『트라우마: 가정폭력에서 정치적 테러까지』 (2012, 열린책들); 캐롤린 요더 저 김복기 역, 『트라우마 이해와 치유』 (2018, 대장간).

18) 필자의 입장은 여러 곳에서 진술해왔듯이 내면의 안내에 권위를 주는 자아(Self)의 리더십과 공유가치로의 참여적인 리더십이다. 전자는 영혼의 리더십에 대한 것이고 후자는 민주시민역량으로서 소통의 리더십이다. 이는 개인의 성장과 사회의 변화에 핵심적인 과제라고 필자는 생각한다.

다. 필자의 경험으로는 어느 정도 트라우마가 치료되었는지 그 만족도에 상관없이 그것을 나누고 경청하고 표현한다는 것 자체가 특별한 경험이고 삶에 대한 통찰과 새로운 에너지를 가져온다. 특히 이런 영역을 특별한 커리큘럼에서 긴 훈련의 상담 과정을 만들어 놓은 현재의 제도화된 분위기에서 자신의 문제를 드러내고 같이 듣는다는 것은 일반인으로서는 시도에 대한 꿈이나 생각조차 하기에 어려운 제도화된 문화를 우리는 살고 있다. 자신이나 동료의 문제를 스스로 혹은 공동체가 다룰 수 없게 하는 것에 대한 타부의 실천을 어떻게 깨는가도 민주시민 사회에 필요한 부분일 것이다. 갈등에 대해 판사, 검사 그리고 변호사의 영역이라고 생각한 것이 요즈음 일반 시민인 회복적정의실천가들에 의해 얼마나 많은 종류의 갈등과 폭력이 쉽게 그리고 이른 시일에 해결되는지 보면 문화와 흐름은 투명한 민주역량을 시민이 갖는 방향으로 가고 있는 사회적 진보의 단계임은 틀림없다.

필자가 위에서 나온 서클 진행의 트라우마치유 모임 가능성을 매우 긍정적으로 평가하면서도 이 장에서 한 가지 더 나누고 싶은 가능성은 서클진행 방식에 의한 내면대화이다. 이는 회복적 서클의 방식을 변형하여, 한 개인의 내적인 트라우마를 치유하는 내면의 서클 프로세스를 진행하는 것을 말한다. 이에 대한 필요성은 두 가지 이유에서 제기되었는데, 개인의 내적인 문제를 누군가와 나누는 것에 있어서 아직 '안전한 공간'에 대한 신뢰가 없거나, 드러나는 것 자체가 두려움이나 강한 수치심이 일어나서 그것을 홀로 진행자와만 하고 싶은 사례가 있기 때문이다. 그리고 트라우마로부터의 치유 그 자체가 절실해서 다른 참여자들과 서클로 하는 트라우마 치유 작업보다 일관된 집중도가 필요하고 치유의 목적에 대한 열망이나 간절함이 분명해서 시간과 노력의 일관성이 필요한 경우가 또한 있기 때문이다.

필자의 경우 서클이 작동된다는 소박한 이해에서 출발해서 점차 이치와 작동 원리에 충실한 서클진행 방식에 기초한 서클 모임을 경험해 온 것처럼, 트라우마에 대해서도 경청하기가 작동된다는 깨달음에서 내면대화의 서클 진행방식으로 작동의 이치와 진행과정 틀을 발전시켜왔다.[19] 이러한 내면대화의 가장 큰 장애는 먼저 우리의 모든 경험은 투사라는 방식과 신념적 사실주의로 외적인 대상에 인식과 생각이 습관적으로 몰입하여 있다는 점이다. 즉, 일어난 것은 그대로 믿는 오래된 습관 때문에, 내면의 자기 생각과 감정을 들여다본다는 것은 매우 어려운 일이어서 경청과 질문의 변형된 테크닉이 필요하다. 대부분은 자기 경험에 대한 들여다보기가 쉽지 않고 어느 누군가에게는 거의 불가능한 과제처럼 보일 정도이다. 우리는 관찰된 대상에 집중하지 관찰자를 들여다본다는 것은 매우 미묘한 주목이 필요한 작업이며, 관찰자경험자를 들여다보는 것 자체가 치유의 절반이 이루어졌다고 볼 수 있다.

둘째는 질병이든 정신병이든 자신에게 병이 있다는 것은 '내면의 안내에 권위를 주기'에 대해 상치되는 무의식적인 저항, 방어 혹은 무시의 경험을 일으킨다는 점이다. 필자가 '실재치료'라고 부르는 내면대화로서의 트라우마 치료는 실재리얼리티, 신, 우주는 참되고, 무한하며, 강하고, 자비롭다는 것과 어떤 경우에도 풍성히 자족적으로 완벽히 작동하고 있다는 것, 그리고 에고는

19) 필자가 트라우마에 대해 관심을 갖은 것은 한 7~8년 전에 보이스피싱으로 인해 큰 재정손실을 본 한 여성에 대한 경청하기를 통해 다시 웃음을 되찾고 일어날 수 있는 계기를 얻은 경험에서 무엇이 여기에 작동되는지를 주의하여 관찰하게 되면서부터였다. 그다음에는 가정파탄의 주범으로 몰린 남편이자 아버지의 만성적인 분노와 좌절이나 기타 시민사회 활동가에 대한 심리적 지원 등을 통해서 그 경험의 원리를 계속 숙고해 왔다. 도움이 된 계기는 매카시 열풍 시기에 한 퀘이커교도가 평화운동을 하다가 정신병이 걸려서 어떤 병원도 그를 치유하지 못했는데 한 동료 퀘이커교도가 자기 집에 데리고 가서 오직 경청과 정서적 지원을 통해 치유된 것이 계기가 되어 상호상담(co-counselling; 재평가상담이라고도 함) 모델이 출현했다는 이야기를 통해서였다. 그 후 나는 내면대화를 목소리 대화와 내면가족체계 모델을 통해 회복적 서클의 원리를 융합해서 이론적 틀과 과정을 정리하게 되었고, 처음으로 정신병원에 입원할 정도로 심한 우울증과 직장을 1년 안에 계속 옮겨 다니는 정서불안장애를 가진 여성에게 적용함으로써 서클방식의 내면대화의 긍정적인 가능성을 관찰하게 되었다. 이는 조금 더 실험적용을 통해 확인한 후에 서클진행자들과 그 진행방식을 나눌 계획을 하고 있다. 필자는 이를 잠정적으로 '실재치료(the Healing of Reality)'라고 부르고 있다. 그리고 이에 대한 정의와 작동 원리 그리고 그 과정을 안내함으로써 도움을 구하는 자와 내면대화를 진행한다.

자신을 이러한 실재로부터 분리하여 자신을 '제한'하지만 실재에 본성적으로 참여하는 존재로서의 나의 참자아는 어느 때에도 충분히 자신을 치유, 지혜 그리고 힘을 줄 수 있다는 신념을 전제로 한다. 그렇기에 가끔 자기 본성에 대한 자각을 일으킬 수 있는 질문이나 실수나 실패의 경험 이야기 뒤의 본성적인 자기에 연결할 수 있는 의미해석이 자주 필요할 때가 있다.

셋째는 전통적으로 우리가 이해하고 있는 트라우마 영역에서 '내면의 아이'라고 하는 이해의 확대 필요성이다. 내면의 아이는 성장하지 않은 과거의 그 어떤 이유로 상처가 얼음처럼 맺어 있는 성장하지 않은 심리적 성향과 그 무력감의 이해를 말한다. 필자는 목소리 대화voice dialogue [20]나 내면가족체계 Interal Family System [21]의 통찰을 다시 새롭게 확대하면서 상처받은 아이, 건강한 아이, 하늘의 아이라는 세 영역의 통합이 필요함을 깨닫게 되었다. 이는 집이 지하, 거실 그리고 다락으로 구성하고 있는 것으로 비유된다. 대부분은 지하에 사는 이상처받은 아이가 암묵적인 강한 영향을 미치는 거실건강한 아이, 일반적으로 정상적인 아이의 영역을 다루지만, 치유의 핵심은 지하와 거실의 아이의 새로운 역할부여만 아니라, 잊혀진 다락에 있는 아이내면의 천사, 혹은 하늘의 아이의 영적인 통합이 치유를 넘어 용기와 지혜를 갖고 살아나가는 데 중요함을 깨닫게 되었다. 문제는 상처받은 아이에 대한 치료에 매달리면서 내면의 천사가 자기 역할과 목소리를 내는 경험으로 승화시킬 필요성에 대해 치료사

---

20) 데니스 겐포 머젤 노사 저, 추미란 역, 『빅 마인드-초간단 견성법, 이미 깨달은 나와 하나되기』(2014, 정신세계사). 불교관점에서 쓴 것이지만 목소리 대화의 핵심을 보여주고 있다.

21) 처음 입문자에게는 다음 책을 권한다. Jay Earley 저, 『참자아가 이끄는 소인격체 클리닉-참자아리더십 매뉴얼:IFS 자기치유 프로세스』(2014, 시크마프레스), 원 창시자의 책 참고, Richard C. Schwartz저, 김춘경 역 『내면가족체계치료』(2021, 학지사). 필자의 평가는 IFS는 매우 혁신적이고, 서클로 접근하는 데 있어 경청실습을 오랫동안 이해한 사람이라면 쉽게 접근할 수 있는 장점이 있다. 그런데 역시 트라우마 치유는 짐내려놓기라는 점에서 머물러 있어서 제이 얼리가 진술한 참자아 리더십의 긍정적이고 활동적인 영역에 대한 문이 열려 있지 않다는 점이 아쉽다. 겐포 머젤 노사는 영원한 아이에 대한 가능성을 열고 있는데도 그렇다. 이는 자신의 현장과 심리치유사로서 자기 이해의 경계선 존중으로 인한 부분일 것이다.

들은 잘 나가지를 않는다는 점이다. 갈등에 대한 예방과 해결이라는 패러다 임이 치료는 질병이나 문제의 없음과 정상적인 활동으로 보는 똑같은 관점을 패러다임으로 갖고 있기 때문이다. 치유의 핵심은 문제 증상의 제거가 아니라 건강성 곧 임파워먼트가 내담자 안에서 어떻게 계속 일어나서 치료사를 찾아올 필요가 없게 하는가이다. 그리고 건강이란 자기 내면의 순수하고 거룩한 영역angelic dimension이 통합되는 것이 더욱 강력한 치유란 생각이 들게 되었다. 그러므로 건강에 대한 좀더 광의의 이해가 필요하다.[22)]

앞으로 좀더 훈련을 위한 실험적 적용이 정리되고 나면 서클진행자들과 트라우마 치유에 대한 내면대화에 대해 나눌 예정이기에 이 장에서는 간단한 원리소개와 이를 어떻게 진행하는지 회복적 서클과의 융합에 대한 적용방식을 진술하고자 한다. 먼저 실재치료의 작동 원리 몇 가지만 소개한다.

먼저, 이미 진술한 대로 실재리얼리티-우리를 구성하고 우리를 둘러싸고 있는 '있음' 그 자체는 완벽하고 선하며 온전하며 무한하다는 것에 대한 동의나 긍정적인 마음 열기의 필요성이다. 이는 초월적인 형이상학의 신념이 꼭 필요하다는 점이 아니라, 실용적인pragmatical 측면에서도 필요하다.[23)] 왜냐하면, 현대물리학이나 종교의 가르침에 따르면 의식이 실재와 연관되기 때문이다. 관찰대상에 이미 관찰자가 존재하며, 기억이 이미 실재를 영접하는 주인공이 되고 있다

---

22) 현대 심리학이 영적인 접근에 대해 주저하고 염려하는 부분은 통합심리학의 켄윌버와 같은 소수의 사람들 이외에는 여전히 주저하고 있는 분야이다. 때로는 뇌과학이니 신경학의 새로운 발견과 더불어 그 지평이 확대되고 있지만, 여전히 심리학으로서 과학적 접근에 있어 영적인 분야를 적극적으로 들어가지 않는 것은 아쉬운 부분이다. 아무래도 억압기제에 대한 프로이드의 영향이 여전히 강한 흐름이기 때문일 것이다. 그러나 로고테라피의 빅터 플랭클, 융의 동시성, 원형으로서 집단무의식, 그리고 켄 윌버의 통합심리학의 접근방식, 내면가족체계치유 등은 심리학과 영성에 있어서 새로운 가능성의 문을 열어가고 있다.

23) 필자는 신앙인으로 형이상학적인 측면과 실용적인 측면을 동시에 포용한다. 형이상학적인 부분은 나의 정체성의 바탕을 이루고 있고 삶을 보는 내 눈·렌즈일 수밖에 없기 때문이다. 그러나 실용적인 부분에서도 효과가 있음을 말하고 싶다. 그것은 실재-의식-현상에 있어서 양자심리학은 사물의 물성보다 인식하는 의식의 힘에 대해 긍정적인 시각을 지닌 것으로도 실용적인 측면에서 도움이 된다는 뜻이다.

는 데이비드 봄의 말은 여기서도 타당한 진술임을 기억할 필요가 있다.

또 하나는 '실재-존재의식-행위-결과'의 법칙의 일관성에 따라 실재와의 부조화어울리지 않음으로 오는 것이 관계에서 갈등이든 몸이나 마음에서 질병이든 가져오는 것임을 이해한다. 존재참자아로서 나는 실재의식에 의해 치유할 수 있으며, 자기 치유적인 능력은 실재의 부분으로서 이미 내게는 부여받은 특성이다. 그러므로 실재의 본성에 따르면 나의 잘못, 실수, 질병은 실재의 의도가 아니라, 내 사고/마음의 제한이라는 의식 작동의 결과이다. 내 에고의 제한과 왜곡은 두려움과 결핍의 불안감이 가져오고 이는 우리의 몸에 스트레스로 작동한다. 그러므로 자신의 존재/영혼은 실재와 연결된 무한한 영역으로서 여기에는 잘못, 실수, 질병이 도달할 수 없는 영역이다. 이곳을 심상화하고 상상하는 것은 큰 도움이 된다.

내면대화의 진행자는 실재의 수단이자 통로이며, 경청과 질문을 통해 경청동반자와 목격자로서 내담자를 돕는다. 이를 '치료적 현존therapeutic presence'라 한다. 진행자는 상대방의 영혼에 대한 안전한 공간을 확보하고 상대방이 스스로 작업할 수 있도록 그 공간을 잘 유지한다. 오직 목격자로서 연결해 있으면서, 상대방이 자기 경험을 관찰할 수 있도록 연결하기로서 경청과 관찰자를 경험하도록 내면의 깊이에 들어가는 질문을 한다. 그 중에 하나의 열쇠는 비참함의 경험을 나눌 때는 그 구체적인 내용의 생각과 느낌을 활성화하고 그것을 경청하여 반영해준다. 그리고 그 비참함의 경험 내용에는 '나는..불행한, 무력한 이다'는 자기에 대한 부정판단이 존재한다. 그 부정판단이 자기 존재에 대한 가림막을 형성하는 것이기에 그것에 대한 대안의 이미지를 형성하도록 과정에서 돕는다. 여기서 필요한 것은 상상하기이다.

회복적 서클을 트라우마와 관련하여 내면대화 신청자에게 변형하여 적용하는 과정은 대개 매회 약 2.5시간을 갖는 7회~10회의 과정이 들게 된다. IFS

모델에 기초해서 이야기하자면, 인간의 내면은 한 상황에 대한 여러 목소리들 혹은 여러 에너지들이 군집해서 나타나며, 그것에 인격을 부여해서 '소자아'로 인간성을 부여해 내면에 있는 갈등 에너지들을 인간화하여 불러내는 것이다. 그리고 한 인격화된 에너지는 트라우마에 대한 스토리텔링을 하면서 신청자가 자신의 경험인 생각, 느낌, 노력, 열정, 목적, 이미지 등을 구체화하여 하나의 소자아를 그려내고 거기에 적절한 이름을 붙임으로써 내면대화의 역할자로서 그 특성을 부여한다. 자신이 누구인지 스스로 소개하여 그에 관해 확인하고 이름을 부여하던지 아니면, 진행자가 질문을 통해 자신이 누구인지를 말하도록 생각, 느낌, 열정, 수고, 노력, 목적 등에 대해 질문함으로써 점차 에너지를 인격화시켜 형상화한다. 그리고 그 특정 역할자가 편안한지 이에 대해 불편을 느끼거나 다른 의견이나 관점을 가진 에너지를 또한 불러내어 다른 소자아로서 인격성을 부여한다. 통상 사전 서클은 3회, 본 서클도 3회, 사후 서클도 1~4회정도 걸린다.[24]

사전서클에서 1회는 오리엔테이션 시간이다. 이 과정의 의미, 신청자의 트라우마 증상에 대한 상황인식의 공유와 그로부터 어떤 다양한 관점이나 에너지가 존재하는지를 추출하며, 진행자와 신청자 간에 신뢰쌓기와 앞으로의 과정을 공유한다. 한 회가 2.5시간이어서 사전 서클에서 2회 정도로 시간을 갖고 본서클에 참여할 소자아들을 구별하고 인격성을 부여한다. 각자의 이야기

---

24) 횟수가 차이가 나는 것은 얼마나 많은 소자아들이 찾아지는가와 신청자의 사례가 얼마나 만성적이고 복잡한 것인지에 따라 다르다. 일반적으로는 6~7회가 기준이다. 오리엔테이션 1회, 사전서클 1~2회(소자아탐색하기), 본서클 2회(상호이해와 자기책임 1회, 이행약속1회) 사후서클 2회(평가하기 1회, 짐내려놓기와 양육하기1회)로 한다. 하지만 영적인 아이(다락방에 거주하는 아이)의 초대 등은 사후서클에서 2~3회 더 확대할 필요가 있다. 이는 짐내려놓기와 양육하기 후에 초대와 역할분담 1~2회, 전체평가하기 1회 등이다. 중요한 감각은 모든 고민과 혼란을 일일이 다 대응하며 횟수를 길게 갖고 가는 것이 아니다. 사건의 내용들을 들여다보는 것보다 소자아의 역할들에 관심을 두는 것이고, 그들의 상호작용의 패턴을 변화시키는 것이기에 과정의 패턴을 정해서 흐름을 형성해주면 알아서 내부에서 조율이 일어나는 것이다. 이는 전체진행시간을 10회 정도로 늘이지 않고도 효율적으로 신청자를 돕게 한다.

는 A4용지에 간단한 메모를 통해 각각 정리해서 갖고 있게 한다. 2회에 걸친 작업의 결과로 내면대화 신청자는 트라우마 행동과 기억에 대한 여러 행위자들소인격들의 이미지, 행위, 활동목적, 아쉬운 점 등이 정리되어 있게 된다.

본 서클은 신청자로 하여금 소인격들의 서클을 방석이나 의자로 만들게 하고 거기에 자신에 대한 정리소개 종이를 놓게 한다. 그 신청자는 동료진행자가 되어 같이 옆에 앉아 있거나 건너편이 더 편안하다면 주진행자 건너편에 앉도록 한다. 소자아 역할자가 통상 5명 이상이 나타나고, 그런 경우 2.5시간이 짧아서 본 서클 질문 3가지를 각 회에 하나씩 다루기도 한다. 때로는 이행약속만 한 회 더 걸리는 일도 있다. 첫 번째 질문이 각자 알아주었으면 하는 것에 대해 자기 이야기나 상대방에 대한 아쉬운 것을 말하고 이에 대한 정보를 다시 정리하여 기록하여 다른 색깔의 A4용지로 마무리에서 정리하여 놓는다. 이를 위해서는 틈틈이 말한 것을 정리하도록 침묵의 시간을 허용하고, 다른 소자아가 말할 차례를 준다. 두 번째 질문은 자신의 진심에 대해 자기 이야기를 중심으로 이야기하는 것이다. 질문은 다르지만 방법은 같다. 그리고 첫 번째 질문과 두 번째 질문의 정리 끝에는 자신으로 돌아와서 신청자는 자기 소감을 나눈다. 어떤 관찰과 배움이 있었는지를 확인하는 것이다.

이행약속은 회복적 서클 톺아보기에서 사용한 진행방식을 참고로 한다. 일어난 비참한 결과에 대한 아쉬움과 그것을 변화시킬 대안적인 행동과 미래의 신뢰를 구축하는 것에 대한 방법역량강화을 모색한다. 구체적이고 실천 가능한 그리고 측정 가능한 기준이 여기에도 적용된다. 그래야 기꺼이 자발성이 일어나고 시도해보고 싶은 용기가 일어나는 것이기에 '당위'보다는 '기꺼이 할 수 있음'의 정도에서 이행약속을 서로 하게 한다. 여기서 대안적인 행동과 미래의 신뢰구축에 있어서 서로 어떻게 지원하는지, 어느 소자아에게 우선권을 주는가에 대한 소통과 힘역할의 우선순위와 보완의 전략이다. 혼란은 자기 역할을 적절하지 않은 순간에 개입하거나 여러 목소리가 함께 들리기 때문에 생기는 것이다.

사후 서클에서 중요한 것은 평가와 지원이다. 사후 서클의 1차 모임은 회복적 서클의 사후서클 방식으로 할 수 있다. 그러나 여기서 필요한 것은 IFS에서 말하는 짐내려놓기와 양육과정이다. 각자의 고통 어린 역할을 어떻게 더 내려놓고 기쁘게 역할을 할 수 있는지, 혹은 다른 변화된 역할로 살 것인지에 대한 양육하기임파워먼트가 필요하다. 그것을 2회차에서 다룬다. 그리고 3회차는 그동안 목소리를 내지 않은 다락방의 '자기안의 천사'를 불러내는 것이다. 이는 내면에 있는 잠자고 있던, 그러나 스토리텔링에서 암시된 참자아의 대리역 이미지들로서 천사들이다.[25] 자신의 진정성 혹은 참된 가치와 연결된 에너지로서 이름을 붙이고 기존의 소자아 그룹에 통합시킨다. 그리고 그들의 소통과 역할을 이행약속으로 추가한다. 그리고 마지막 회인 10회차는 최종 사후서클을 한다. 여기서 긍정적인 면들을 확인하고 추가제안을 재확인하며 전체 과정을 통해 자신이 어떤 변화나 통찰이 왔는지를 확인하고 축하로 마친다.[26]

서클진행자가 트라우마 치유와 관련하여 내면대화를 시도하는 경우에 특

---

25) 천사라 함은 비유로 말하는 것으로 가치 등에 관련된 이미지이지만 실제로 존재성이나 에너지를 띄고 있어서 단순히 상상이라고 말할 수 없다. 그에게는 불러내면 인격성을 느끼고 대화에 참여하기 때문이다. 물론 처음에는 희미할 수 있어도 점차 그것이 이미지화되면 강력해진다. 상처받은 아이도 경험에 대한 축적된 이미지화였음을 이해한다면 이 천사적인 존재(angelic being)에 대해 그다지 중세적인 낡은 아이디어로 폄하할 필요는 없다. 작동하기 때문에 그렇다. 그리고 인간의 의식은 물질적이면서도 영적인 유동성을 지닌다. 꿈, 환상, 그리고 현실 사이에 그다지 견고한 경계선이 존재하지 않으며, 물질적인 것이 양자세계 속으로 들어가면 텅 비어 있다는 양자인식론도 의식과 물질 사이의 전통적인 경계선에 많은 의문을 갖게 한다. 이미 소개한 마이클 탤보트의 『홀로그램 우주』를 참조하면 도움이 된다.

26) 내가 상담한 정신병원에서도 치유하지 못한 여성은 실제로는 신앙적인 분열의식이 있어서 내면의 숭고한 천사적인 속성을 소자아로 불러들인 경우 매우 강력한 전환이 있게 되었다. 현실과 신앙의 통합이 이루어지면서 자기 자리를 찾게 된 것이다. 트라우마 치유와 같이 1회 면담에 2시간~3시간 정도의 시간이 필요한 데 한국에서 의료시스템이 자본주의 체제하에서 하루에 서너명으로 환자를 받는 것이 유지 안되기에 전문가의 지식과 그 작동 시스템은 별개인 것으로 필자는 이해한다.

히 중요한 것은 연결과 경청의 에너지 흐름이다. 신청자는 진행자가 자기 이야기에 온전히 몰입되어 있음을 느끼고 있고, 자기 내면의 공간에서 뒤에서 있으면서 침범하지 않고 자신이 작업하고 있는 것을 목격하고 지지하는 것을 알고 있다. 그리고 이는 매우 특별한 경험이다. 왜냐하면, 통상 우리의 인식이 외부의 대상에 고정되었는데 내부의 소자아라는 나의 다양한 부분들의 정체와 그들의 움직임 그리고 서로의 역학 관계나 역동적 구조를 이해하게 되면서 명료화해지는 경험이 일어나기 때문이다. 만일 이 변형된 회복적 서클의 내면대화 진행에 있어서 참자아가 리더십을 갖고 출현할 적절한 기회를 얻도록 허용한다면 강한 이해의 섬광이 일어나는 것을 볼 수 있다. 자신에 대한 이전의 이해가 갑자기 쉽게 바뀌면서 매우 긍정적이고, 기뻐하는 태도를 즉각적으로 느낄 수 있다. 그토록 오랜 세월을 집요하게 싸워왔던 것이 갑작스럽게 떨어져 나가고 다른 선택을 할 수 있다는 시야가 터지면서 오는 희열감의 분출을 보게 된다.

여기서 경청은 매우 핵심적인 역할을 하며, 그 경청을 방법적으로 단계를 갖는다는 점이 더 추가되는 것이다. 이렇게 해서 갈등이든 정신적인 질병이든 그것들은 내면의 지혜와 힘에 의해 충분히 안내되는 자기 돌봄과 자기 인식신뢰을 되찾게 된다. 본래 있던 것들이 장애물이 벗겨지면서 다시 출현하는 것이다.

서클이 내면의 리더십과 공동의 리더십을 통해 작동한다는 것과 권력의 지배체제와 다르게 평등과 자율을 존중하며 살 수 있는 인식과 활동의 패러다임을 준다는 데 원칙적인 동의를 하지만 활동가로서 일, 도전 그리고 활동에 있어서 자신의 문제나 전문적인 수완을 향상시키는 데에는 어떻게 서클의 방식이 작동되는 것일까? 이를테면 서클진행자도 삶에서 수많은 혼란, 선택, 혹은 도전을 맞이할 텐데 어떤 방법이 가능한 것인가? 혹은 단체나 공동체의 실무자나 조직의 활동가, 혹은 프로젝트 수행자로서 내가 하는 것이 옳고 잘 하는 것인지, 또는 난해한 퍼즐처럼 일하는 것이 힘에 겨워지는 때, 서클진행자로서 존중하고자 하는 가치가 침범되지 않으면서 어떤 도움이 가능한가?

이 장은 활동에 대한 역량capacity에 대해 전문가의 슈퍼바이징이 아닌 동료로부터 일·작업·활동에 대한 선택이나 향상에 대한 서클모임으로서 동료지원에 대한 것이다. 여기서는 두 모델을 제안할 것이다. 하나는 퀘이커 전통에서 기원하고 필라델피아 라이프 센터에서 진행된 활동가를 위한 서비스차원에서의 분별지원모임clearness meeting 27)이며 다른 하나는 네덜란드에서 시

---

27) 역사적평화교회의 한 교단인 퀘이커는 '내면의 빛'에 따른 안내에 신앙의 권위를 둔다. 통상 clearness meeting은 신의 안내에 대한 신앙인적인 것이었고, 퀘이커교단의 개인과 집단의 신의 안내에 대한 성찰모임이다. 그것이 일상적인 영역에 접목되면서 필자는 두 가지를 경험하게 되었는데, 그 용어의 현장 접목중의 하나는 '명료화모임'이라 부르는 파커파머의 신뢰서클에서 하는 방식이다. 이는 한국에서 '교육센터 마음의 씨앗'에서 진행하며 필자도 진행자의 한 사람으로 있다. 또 하나는 퀘이커들의 평화증언에 중요한 역할을 하는 미국의 '새로운 사회를 위한 운동 (Movement for a New Society)'의 퀘이커 활동가중의 한 사람인 피터 우드로우

작된 기업이나 조직에서 사용된 실무자 간의 동료지원모임intervision meeting 28)
이다. 분별지원모임은 퀘이커평화활동의 중심기관인 종교친우봉사회AFSC;
American Friends Service Committee에서 활동했던 피터 우드로우와 그의 동료들이
비폭력실천을 통한 사회적 변화 커뮤니티로서 필라델피아 라이프 센터Move-
ment for a New Society의 지역기관의 미션으로 개인이 삶의 주체가 되도록 지지와
생각 깊은 피드백을 타인에게서 받을 수 있는 과정의 필요성에 의해 만들어
진 것이다. 당연히 자율성과 비관료주의적, 비계급적인 구조를 강조하는 분
권적 네트워크로서 그룹의 목표와 방향에 대해 동의하는 개인이나 그룹을 위
한 지원을 위한 것이었다.

  스웨덴이나 그 인근 나라인 네덜란드 등은 자치 등에 있어서 '스터디 서
클'29)의 강한 영향을 받은 곳이다. 동료지원모임은 상사나 전문가에 의한 감

(Peter Woodrow)가 주축이 되어 1974년에 필라델피아 라이프 센터를 중심으로 사회변화를
위해 활동하는 이들을 위해 팜플렛이 만들어져 나온 모델이 그것이다. 파커 파머의 방식과 피
터 우드로우의 것은 원리와 가치는 같아도 타겟 그룹과 목적이 조금 다르다. 영혼의 내면성에
대한 탐구와 사회변화의 역동성에서 나오는 이슈에 대한 혼란에 관한 탐구 등이 그것이며 진
행방식도 차이가 있다. 여러 명의 퀘이커 평화활동가들이 이 책자 만들기에 참여했는데, 팜플
렛은 "이 책은 사회적 변화 커뮤니티와 단체, 특히 새로운 사회를 위한 운동 (Movement for
a New Society)과 관련된 이들을 위해 계획되었다."라고 서문에 적혀 있었다. 필자는 박사과
정을 필라델피아의 템플대학에서 하면서 퀘이커들을 본격적으로 알기 시작했고, 특히 잠시 있
었던 2001년 퀘이커 영성센터인 펜들힐에서 국내로 들어올 때 이 팜플렛을 가지고 왔지만 서
클에 대한 이해의 미성숙한 국내상황, 그리고 나 자신의 확신과 경험 등의 미성숙함 등으로 기
회가 오지 않아 묵혀 두었었다. 그것을 2020년에 번역하여 평화서클교회에서 대부분이 활동
가여서 여름피정을 기점으로 분별지원모임이란 이름으로 서서히 경험을 나누고 있다. 이것
이 작동되려면 공동체안에서 서클문화가 성숙되어야 가능하다고 보았기 때문에 미루고 있었
던 것이다. Peter Woodrow, *Clearness:Processes for Supporting Individuals & Groups in
Decesion-Making*(1976, New Society Publishers)

28) Monique Bellersen, Inez Kohlmann, *Intervision: Dialogue methods in action learning*,
(2016, Vakmedianet, Deventer, The Netherlands).

29) '스터디 서클'은 미국에서 1870년에 미국에서 한 감리교목사의 주일학교교사양성 프로그램
으로 시작된 민중성인교육이었는데, 그것이 스웨덴의 빈민노동가 오스카 윌슨이 받아 활성화
시킨 후 다시 미국에도 전파된 모델이다 직접 민주주의의 핵심원리인 협력적 배움, 민주적 참
여, 개인 의견에 대한 존중 그리고 그룹의 집단적 지혜로부터의 배움을 목표로 한다. 삶의 도전
을 학습 주제로 하여 소그룹의 강력한 팀구축을 통해 문제를 해결해나가는 민중교육의 방식이
다. 미국인권운동가인 로자 팍스와 마틴루터 킹은 이 스터디 서클을 집중적으로 훈련하는 '하
이랜더민중센터'로부터 강한 영향을 받았다. 필자는 세월호 사건에 대한 성찰 이후 스터디 서
클을 2015년부터 시민사회영역에서 워크숍을 개최하며 진행자양성을 하고 있다.

독훈련을 받는 방식이 아닌 동료실무자들이 서로 자신의 실무영역을 향상시키고 전문성을 확보하도록 상호지원과 피드백을 위한 소모임이다. 즉, 실무자로서 실천적 상황의 각각의 영역에서 일어나는 도전들을 다루는 것을 배워야 할 필요가 있을 때 그 어려운 상황을 동료 그룹들과 함께 성찰하는 것이다.

두 모델은 공통적으로 소그룹전자는 최소 3명~최대 7명 이내, 후자는 5명~8명이고, 사례를 가진 초점 인물에 대한 온전한 집중, '열린 질문'의 중요성, 경청과 안전한 공간은 같으며, 진행 과정에서의 어느 정도의 유사성도 존재한다. 그러나 차이는 분별지원모임은 개인의 사적인 영역에 있어서 도전을 다루는 것이고 대개 일 회로 진행되지만, 동료지원모임은 활동의 전문영역에서 지원에 대한 것이며, 그 횟수도 여러 회에 걸쳐 진행될 수 있다.[30] 서클은 공간이 리더십을 지니고 있고, 서클의 참여자들이 이미 충분한 자원resources인 지혜와 힘을 지니고 있으며, 탈지배체제의 실천으로서 삶의 힘듦과 관련된 도전을 감당하고 넘어서는 역량을 확인하는 지원모임은 활동가에게 있어서 일상에서나 특별한 상황에 매우 중요하다. 이는 향후 서클진행의 문화가 더 성숙되고 기회가 되면 나누게 될 것이므로 여기서는 간략한 진행을 예시하여 이에 대한 서클진행자들의 구체적인 연구와 실질적인 실천이 필자 이외에도 있기를 기대한다.[31]

두 모임진행 모두가 예민하고 신중한 특성을 지닌다. 분별지원모임에 참여하는 사람들은 긍정적이면서 지지하는 마음과 동시에 솔직하게 질문을 하는 방법을 찾아야 한다. 그룹은 최대한 객관적이어야 하지만 지적인 힘을 끌

---

30) 동료지원모임은 행동학습(Action Learning)의 이론적인 토대를 수용하고 그 진행 과정도 10가지 중의 하나를 주제와 상황 그리고 목적에 따라 선택할 수 있다. 필자가 이에 관해 관심이 있는 것은 이것을 서클진행의 원리 속으로 들어오면 더욱 일관성 있고 진행의 질적인 의미가 살아날 것이라는 기대가 있기 때문이다.

31) 기회의 여건이라 함은 개인의 소유가 아니라 이를 실천하는 조직이나 공동체의 소유의 가능성을 이야기하는 것이다. 이를 위해서는 일정부분의 서클 문화가 내부에 있어야 그 생명력을 담보할 수 있다고 여겨지기 때문이다.

어내기 위해 신뢰와 상대에 대한 마음을 보여주는 것이 중요하다. 서클은 경청과 더불어 질문하는 힘에 의존하기 때문에 이 분별지원모임에서 자기 문제를 드러내 말할 사람은 다음과 같은 질문들을 통해 자기 이슈를 정리한다. 물론 정형화된 것은 아니며 실제 성찰하는 시간에는 상황과 맥락에 대한 질문이 참가자들에 의해 주어지며 혹은 사전에 진행자와 더불어 질문을 몇 가지 미리 선택할 수도 있다. 사전에 던져지는 질문은 다음과 같다.

- 현재 당신이 가진 책무는 무엇인가?
- 현재 자신의 배움, 지원과 지지는 현재 어디서 얻고 있는가?
- 당신이 창의적으로, 그리고 잘 기능하기 위해서 필요한 기본적인 필수품은 무엇인가?
- 당신의 a) 개인 성장과 b) 사회적 변화 운동/일에서의 목표는 무엇인가? 장기 그리고 단기 목표가 무엇인가?
- 당신의 꿈은 무엇이며 그 꿈을 이루지 못하도록 당신을 끌어내리는 것은 무엇이라고 생각하는가?
- 당신이 고려하고 있는 미래에 대한 다양한 옵션들이 무엇인가?
- 당신의 커뮤니티를 위해 제안하는 행동이나 방향에 있어 변화의 영향은 무엇인가? 당신에게 가장 가까운 사람과 지지해주는 더 큰 범위의 커뮤니티 둘 다에게 끼칠 영향은?
- 당신이 고려하고 있는 각 옵션의 긍정적 요인과 부정적 요인은 무엇인가?

분별지원모임은 통상 3시간을 잡는다. 물론 여기에 축하하기 등의 의식이 들어가면 시간이 더 걸린다. 진행 예시는 다음과 같다.

순서	내 용	시간단위(분)
1	모이기: 노래, 흥분, 기대감 나누기, 기타	10
2	아젠다 살피기 및 서기 정하기	5
3	좋았던 시간의 기억 나누기	10
4	분별지원과 분별지원모임을 위한 질문들 진술하기	5
5	개인적 편향 살피기	5
6	분별탐구자로부터 분별지원의 질문, 선택들, 혹은 방향에 대한 설명 나누기	최대 30
7	명료화를 위한 질문하기	10
8	휴식 시간	10
9	분별탐구자의 강점 브레인스토밍	5
10	생각하기 시간·침묵	5-10
11	그룹으로부터의 질문/관심 브레인스토밍	5
12	질문다루기	60
13	분별탐구자를 위한 다음 단계와 분별지원 그룹의 후속 역할 확인하기	10
14	평가하기	5
15	닫기	필요한만큼

예시에서 보는 것처럼 분별탐구자가 어떤 질문을 만나도록 할 것인가가 매우 중요하며, 이는 해결책을 찾는 것이 아니고 성찰을 하도록 하는 질문을 만들어야 하기에 감각을 위해 질문작성에는 사전에 훈련이나 혹은 확인이 과정에서 필요하다.

동료지원모임은 시민사회단체나 사회적기업협동조합 등의 실무자로서 자신의 전문역량에 대한 지원을 비권위적이고 평등한 관계에서 성장과 배움을 위한 필요로 열린다. 5명에서 8명의 참여자가 한 그룹이 되어 자기 문제를 다루고자 하는 화자인 초점인물사례제공자로부터 제시된 문제들을 가능한 10가지 방식 중 한 두 방식으로 질문하여 지원한다. 참여자들은 해결책을 위해 모이는 것이 아니라 질문을 함으로써 그 초점인물로 하여금 자기 자신의 대답을 생각해 내도록 격려하는 것이다. 그 질문들에 의해 사례제공자는 새로운 사고방식, 통찰, 그리고 대안적인 행동 방식을 선택하도록 지원을 받는다. 동료지원모임은 일, 일하는 스타일, 그리고 그것에 영향을 미치는 개인적이거나 전문적인 견해에 있어서 자신의 이슈를 다루는 데 있다. 이는 조직의 변화나 리더십 개발에 적용된다.

중요한 아이디어는 "사람들은 일에 의해 혼란스러워지는 것이 아니라 그것에 대해 가진 견해에 의해 혼란스러워진다"라는 점에 착안한다. 그러한 견해들은 감추어진 조종자hidden drivers로 비유된다. 그 감추어진 조종자란 자신의 행동과 작업에 있어서 자신의 행동 방식을 조종하는 무의식적인 아이디어들이나 신념을 말한다. 그러므로 특정 이슈, 그 특정 이슈에 따른 행동 스타일, 그리고 더 나아가 그 행동 스타일을 지배하는 숨은 신념·아이디어를 탐구하며 초점 인물과 참여자들은 이에 대한 피드백 과정을 밟게 된다. 우리가 학습하고 기능하는 확신의 6가지 논리적 수준은 다음과 같고, 그것을 질문을 통해 탐구하는 것이다.

	레벨	질문
6	영성	우리는 모두 더 큰 시스템의 일부라는 사실에 강조. 내 목적은 무엇인가? 내 미션은 무엇인가?
5	정체성	당신의 동기들에 강조. 나는 누구인가? 이것이 나 자신에 대해 나에게 무엇을 가르치는가?
4	신념	신념과 가치에 강조. 어떤 의도? 나에게 무엇이 중요한가?
3	능력	누군가 하고 있거나 할 수 있는 것에 강조. 내가 무엇을 할 수 있는가?
2	행동	당신 자신의 행동과 영향에 대한 강조, 내가 무엇을 하고있지?
1	환경	무엇이 일어났고, 어디, 언제에 강조함

여기서 도전을 받는 실무 상황이 있을 때, 그 위의 변화에 의해 그 아래의 레벨에 영향을 준다는 점이며, 거꾸로는 어렵다는 사실이다. 즉, 어떤 수준에서 변화가 더는 작동하지 않을 때, 개인의 생각은 더 높은 수준에로 도약이 필요하다. 초점인물^{사례제공자}에게 도움을 주는 질문을 묻는 것은 그의 사례가 어떤 레벨에 있는지 확인하고 학습의 다른 수준에 연결될 수 있게 한다. 질문을 통한 성찰을 통해 통찰을 획득하게 한다. 더 높은 수준이 모든 그 아래의 수준들에 더 큰 영향을 가지므로 질문은 더 높은 수준에서 행동하는 새로운 방법과 통찰을 목표로 한다.

소개된 10가지 방법 중 마지막 두 방법인 10단계 방식^{Ten-step Method}와 U-프로세스 방식의 간단한 흐름은 다음과 같다.

1) 10단계 방식의 예시

준비: 진행자F와 사례제공자CP는 사례, 사례질문 그리고 방법에 대한 선택을 앞서서 논의한다. CP는 사례를 준비하고 사례 진술과 선택된 방법을 F와 참여자들Ps에게 보낸다.

단계 1: 사례 진술.

CP는 사례를 간단히 설명한다. Ps는 오직 듣기만 한다.

단계 2: 참여자들은 질문을 만든다.

Ps는 사례에 대한 그들의 상을 완성하기 위해 질문을 한다. Ps는 체와 사례와의 관계에 대한 것을 명료화할 수 있는 3가지 질문을 적는다. 이것을 모두는 크게 읽고 플립차트에 기록한다. CP는 듣고 그 질문이 그에게 어떠한지 기록해 둔다.

단계 3: 사례제공자에 의한 질문 평가하기

CP는 모든 질문을 평가한다:

+ 사례질문으로서 따스하고 중요함

0 중립적, 적절함 그러나 사례 질문에 명료한 연결은 안됨

- 사례 질문으로서 차거움, 연결되지 않음.

Ps는 응답하지 않는다.

단계 4: 사례제공자가 질문들에 대답하기

CP는 간단히 그리고 가능한 핵심을 찍어 질문에 대답한다. Ps는 설명하지 않는다.

단계5: 질문 마지막 단계 갖기

CP의 이슈에 대해 질문들을 돌아가며 갖기. CP는 간단히 그리고 적절히 요점으로 말한다. 토론은 하지 않는다. 참고: 이 방식은 다른 10가지 진행방식 중 하나인 잡담하기gossiping으로 대치할 수 있다.

단계 6: 사례의 핵심을 구성하기

Ps는 사례제공자의 이슈의 핵심을 '내 이슈는...이다'로 적는다. CP는 또한 그가 자신의 이슈에 대해 지금 어떻게 느끼는지 적는다. 핵심들은 플립차트에 적어진다.

단계 7: 사례제공자는 핵심 문장들을 평가한다.

CP는 따스함, 중립적임 혹은 차거움의 입장에서 플립차트의 핵심 문장들을 평가한다. 토론은 하지 않는다.

단계 8: 사례제공자는 한 문장을 선택한다.

CP는 자신이 형성한 핵심을 플립차트에 적는다. 그리고 이 단계부터 그 요점을 토론한다. 그들은 하나의 새로운 핵심을 형성한다. Ps는 자기 자신의 핵심 문장을 동기부여한다.

단계 9: 어떤 힘(forces)이 그 사례를 계속 진행하게 하는가?

CP는 행동/스타일에 대한 자신의 새롭게 가능한 방법을 적시하고 건설적이고 장애가 되는 요소들을 확인한다. Ps는 질문을 함으로써 돕는다.

단계 10: 모임에 대한 참여자들의 통찰과 성찰

Ps는 자신의 통찰을 적고 나눈다.

F는 CP와 Ps에게 이번 동료지원모임 세션에 어떻게 느꼈는지 묻는다.

2) U 프로세스의 예시

이 방법은 이미지 U처럼 9개 단계가 U 모양으로 내려가고 밑의 접점에서 다시 올라가는 방식으로 구성되어 있음을 상상하기 바란다. 처음 3 단계는 내려간다. 3단계가 4단계가 밑바닥 좌우에 있으며 5단계부터 점차 상승하는 형태로 단계들이 나아가게 된다.

준비: 진행자F와 사례제공자CP는 사례와 방법의 선택을 사전에 논의한다. CP는 사례를 준비해서 참가자들Ps과 F에게 미리 보낸다.

단계 1: 사례를 진술하기

CP는 사례의 결정적인 순간을 가능한 한 사실적으로 윤곽을 묘사한다.

CP는 자신의 인상, 염려점 그리고 행동들을 설명한다. Ps는 명료한 상을 얻을 때까지 질문을 계속한다. 제안, 토론 그리고 수정 등은 하지 않는다.

단계 2: 특징적인 행동

Ps는 CP의 행동과 역할에 대해서 그들의 상황에 대한 상을 성찰한다. 판단하지는 않지만 탐색적일investigatory 필요는 있다. CP는 분석하고 생각, 느낌 그리고 행동에 대한 그의 방식의 특징들을 잡아낸다. 그들은 그들의 행동하기 방식에 대한 해석에 관해 이야기한다.

단계 3: 근저에 있는 견해와 가치들

Ps는 CP에게 그의 사고, 느낌 그리고 행동의 배경에 대해 질문한다. 그들은 특징적인 스타일과 지배적인 견해, 특질 그리고 가치를 찾아본다. CP는 스스로 왜 그가 자신이 행한 방식으로 생각하고 느끼고 행동했는지 묻는다. 그리고 그의 이슈를 그 자신의 행동의 방식에로 조정한다.

단계 4: 견해와 가치를 재숙고하기

CP는 그가 자신의 스타일, 견해, 특질 그리고 가치를 바꾸었으면 하는 것을 숙고한다. 그들은 선택들을 비교하고, 발견하도록 그를 돕는다. 참고: 재형성 이슈에 있어서 자신의 전문적인 견해들에 대해 다른 방식인 잡담하기 gossiping 방식으로 선택 가능하다.

단계 5: 새 견해

CP는 자신의 새로운 견해를 생각하고, 어떻게 그것이 일을 다르게 할 수 있는지를 상상한다. 그들은 선택을 탐색하고 그가 채택하기 원하는 것들을 결정한다. Ps는 CP에게 도움이 될 수 있는 그 어떤 것으로든 지원한다.

단계 6: 새 행동
CP는 사례에서 새로운 행동 방법으로 견해를 바꾼다. 그들은 새로운 행동, 역할, 목표 그리고 패턴을 형성한다. Ps는 실행가능성과 장애물에 대해 질문을 함으로써 돕는다.

단계 7: 새로운 상황
CP는 새로운 상황에 특별하게 행동할 시나리오를 개발한다. Ps는 이러한 시나리오 작성을 돕는다.

단계 8: 참여자들의 통찰
Ps는 자신들의 통찰을 적어 나눈다.

단계 9: 전체 모임에 대한 성찰
F는 CP와 Ps에게 이번 동료지원모임에 대해 어떻게 느꼈는지 묻는다.

이 모델들을 보면 다시 확인하는 것이지만, 경청하기, 열린 건설적인 질문하기, 성찰 나눔 그리고 적절한 과정이 얼마나 중요한 역할을 하는지 이해할 수 있다. 과정이 지성을 가져온다는 것이 틀리지 않으며 과정이 이해되고, 그 흐름을 따르며 거기에 충실하다면 공간이 지닌 에너지, 몰입, 그리고 지성이 저절로 작동되어 원하는 방향으로 흘러가게 된다. 마치 혼탁한 구정물을 부었지만, 단계를 거치면서 정화가 되어 투명한 물로 변해서 나오는 정화조와 같이 과정이 변화를 일으킨다. 물론 각 과정의 충실함과 내용은 필요하긴 하다.

이렇게 역량강화를 위해 분별지원모임이나 동료지원모임의 간략한 진행 예시를 설명한 것은 서클진행자들이 자신의 공동체나 동료진행자들을 위해 이것들이 어려운 것이 아니고 실지로 가능하고 해 볼 만한 것인지에 대한 가능성과 그 실제 진행에 관한 아이디어를 확인하기 위함이다. 지원 시스템과 그 실천프랙티스의 중요성이 서클 진행에 얼마나 중요한지 그 공간과 훈련과정에 대해 이해했다면, 역량강화를 위한 이러한 모델들이 개인의 성장과 사회의 변화에 중요한 기여를 할 수 있게 한다. 서클에 대한 관심도가 확산되고, 서클진행자들의 공동체가 여러 곳에서 그 어떤 형태이든 어느 현장이든 간에 퍼져나가게 되면 우리는 단순히 주제에 따른 서클 진행만 아니라, 기존의 방식과 달리 서로를 지원하고 힘을 부여하는 방식으로서의 서클이 필요하게 된다. 이에 대한 준비와 공동의 협력이 가까운 미래에 논의되고 함께 나누는 시스템이 갖추기를 기대한다.

5장. 서클 거버넌스와 조직 혁신

지금까지 필자는 서클이 삶의 다양한 영역에서 서로를 지원하고 돌보는데 얼마나 유연성과 적합성을 지니고 있는지, 그리고 그것이 향후 펼쳐질 영역들이 무엇이 가능하며 어떻게 출현하고 있는지를 살펴보았다. 그 가능성은 일상의 대화에서 갈등전환, 트라우마 치유, 분별지원과 실무능력지원 등에 다양하게 걸쳐있었다. 이번 장에서는 서클의 미래가 펼쳐질 영역에서 조직운영에는 어떻게 적용되는지를 간단히 진술하고자 한다.

아직도 대부분의 관공서와 기업만 아니라 심지어 적지 않은 시민사회단체의 조직운영은 삼지창이 수직으로 내려오는 상하계급적인 조직구조가 대부분이며 이를 통해 예측과 통제의 방식을 통해 조직을 운영해 오고 있다. 효율성, 위기관리 그리고 시간의 합리적 사용을 위한 의사결정 등의 이유로 전통적인 방식을 그대로 답습해 오고 있는 게 현실이다. 학교현장에서 교탁을 앞면으로 해서 나란히 앉아 서로의 등을 보며 배움이 일어나고 있는 지금의 현실에서 단순히 서클로 의자를 바꾸면 놀라운 일들이 일어나는 것처럼, 조직의 운영도 어떻게 달라지는지를 설명하고 이에 대한 서클진행자들의 관심과 그 긴급성을 함께 공감하기를 진심으로 바라고 있다. 그 긴급성은 적어도 몇 가지 이유로 필연적임을 먼저 밝힌다.

첫째로, 코로나19 시대를 살면서 이제는 위기, 복잡성과 그리고 삶의 예측불가능성 앞에서 인류는 개인이든 조직이든 과거 뉴턴식 사고와 그에 따른 조직운영의 모습이 변화될 필요성이 생겼다. 질량이라는 물질적 자원과 변화에 대한 현재 지점인 A에서 목표지점 B까지의 예측과 관리 그리고 외적인 힘의 부여를 통한 변화 그리고 과정에 있어서 질서의 개념이 이제는 확연히 무너져 버려서 양자물리학에서 말하는 에너지, 관계얽힘, 창발적 진화나 도약 등의 새로운 사고와 조직운영의 가능성이 시급히 모색될 필요가 시대적 전조 前兆의 요청과 맞물려 있다.

둘째는, 데이비드 봄이 사고와 존재의 분리에 대해 말했지만, 그 사고의 결정판인 일과 조직운영이 존재와 분리되어 그 분열로 인해 언제까지 생계와 목숨이 중요해서 존재를 지우고 일에 매달릴 수밖에 없다는 핑계를 언제까지 견디어야 하는가에 대한 문제이다. 이미 인류는 90년대 이후 컴퓨터, 빅데이터, 그리고 인공지능 등으로 상징되는 초연결로의 급속한 지구촌락화로 인해, 과거와 다른 복지wellbeing에 대한 감각과 정신적인 진보에 대한 이상들을 훨씬 강력한 욕구로 경험하고 있다. 위기도 늘어가고 있지만, 인간의 자유, 평화 그리고 기쁨에 대한 욕구의 실현에 대한 인류의 정신적이고도 생활적인 변화도 훨씬 강력해지고 있다.

세 번째로는 서클진행자로서 갖는 내적인 일관성 즉 가치와 행동의 일관성에 대한 충실함이 전통적인 조직운영에 대해 점점 더 심각하게 고민하게 된다는 실제적인 현실의 고민 때문이다. 최소한 권력과 강제 그리고 법적인 원칙 등으로 인해 숨 막히는 민감성을 점점 더 느끼기 때문에 대안이 필요한 것이다. 서클을 진행하는 경험은 조직운영에도 그 가치가 불일치될 때 오는 피로감이 쌓인다. 최소한 안전한 공간, 존중과 돌봄, 환대와 축하, 심장으로 듣고 말하기 등의 몇 가지 작동 원리들은 삶의 전체 어느 활동 공간에서도 필요한 것 아닌가? 내가 진리라고 여겨지는 가치들이 조직운영에서는 관습적으로 갖는다는 것은 점점 스스로 느끼기에도 뭔가 부족하고 여전히 갈증이 나는 부분이 출현한다. 신념에 대한 일관성과 실천적 삶이라는 충실성의 내적인 목소리가 계속해서 들리기 때문에 이를 도외시할 수가 없게 되는 법이다.

잠시 필자의 경험을 예로 돌아보자면, 유네스코 관련된 교육기관과 지금의 단체에서 만 20년간 활동을 해오면서 책임자와 직급이 있는 전통적인 조직운영방식에서 활동을 시작했기에 처음부터 문제의식을 느낀 것은 아니었다. 특히 들어간 지 얼마 되지 않아 현 단체의 대표로 자리매김을 하면서 과거의 인맥들이 전임자와 함께 사라지고 새롭게 출발해야 하는 상황에서 수년간 단체운영에 고전을 면치 못했었다. 이명박정부 시절에 촛불 집회 이후 통일과 평화단체에 대한 강한 압박으로 인해 생존조차가 쉽지 않았던 시절에서 다행히도 지금은 잠시 코로나19로 흔들린 1년을 제외하고는 사람과 활동이 축소되지 않고 점점 더 퍼지고 강화되는 흐름을 타고 있다. 무엇이 힘든 세월을 견디고 단체도 계속된 진화 속에서 살아남아 있을 수 있었을까 생각하니 중요한 두 가지가 떠오른다.

그 첫 번째는 어쨌든 지속해서 서클 방식으로 단체를 운영하는 것을 의식적이든 무의식적이든 하고 있었던 것이 그 첫 번째이다. 운영과 모든 모임을 서클로 진행하되, 서클 프로세스에 관한 연구 이후로 더욱 의식적으로 서클이 수단이 아니라 단체의 미션, 운영 그리고 활동의 토대와 가치가 되는 방식으로 강화하면서 조금씩 단체의 체질과 활동을 집중해 온 것이 돌이켜 생각해보니 보이지 않게 큰 힘이 되었다는 점이다.[32] 두 번째는 활동에 대한 의식의 중심이 어떻게 생존할 것인가보다는 무엇이 비폭력 실천에 소중한 비전이고 어디서 그 비전과 가치를 실현할 모델이 무엇이 있는가에 대한 집중함이

---

32) 코로나19의 직격탄을 맞은 소속 단체에 대한 충격과 미래의 불안, 수입의 등락 등에 있어서 서클운영은 매우 중요한 부분이었고 여전히 힘든 부분도 있지만, 또한 스텝들이 용기를 내어 창조적인 작업을 할 수 있었던 것도 서클이 주는 자발성과 연결의 힘이었다는 것을 고백한다.

다. 단체의 활동을 지금의 결핍과 미래의 불안에 대한 예방과 대비보다는 계속되는 소중한 비전이 무엇이고 그것을 어떻게 훈련하며 나눌 수 있는가에 대한 지속적인 비정상적인? 운영 태도가 당장은 계산기를 두드려 뭔가의 결과가 안 나와도 시간은 걸렸지만, 그 비전과 가치가 여러 활동의 동기와 과정 안에서 결과를 잉태하고 있었다는 점이다.[33]

서클은 공간의 리더십이고 그 공간에는 에너지, 몰입, 지성이 존재한다는 것으로 우리는 이해했다. 그렇다면, 조직과 공동체에도 에너지, 몰입, 지성이 활성화되어서, 에너지, 곧 의미와 열정이 흐르고, 자발적인 참여와 헌신이라는 몰입이 일어나며, 개인의 주장이나 견해를 넘어서 공동의 지성이 작동되고 그것이 리더십을 갖도록 하는 방법을 조직운영에 가져오는 것은 당연한 바램일 것이다. 이 세 단어를 주목하면서 서클 거버넌스[34]와 조직혁신에 대해 의미를 부여하고 그 실천 방법을 알아보도록 하자.

먼저 조직구조와 운영의 변화에 대한 당위를 이미지로 상징화하자면 누에와 나비로 설명할 수 있다. 누에는 생존과 자기 성장을 위해 살고, 그리고 수고와 노력을 통해 움직이며, 땅에 붙어서 땅의 끌어당김^{중력}의 힘을 많이 받는다. 그러나 나비는 꽃과 꿀이 목적이며, 그 식물도 교배를 통해 과일이나 씨앗을 품을 수 있도록 기여하며, 날음으로 움직이고, 하늘과 공기의 힘을 많이 받는다. 조직의 모습이 누에와 같은가 나비와 같은가를 상상하는 것은 대단

---

33) 필자의 예는 그만큼 서클로 단체의 운영과 활동을 재중심화하는 과정이 오랜 기간에 걸쳐 서서히 걸렸다는 말이다. 서클에 대한 비전은 설립 15년이 되는 때 내부의 비전으로 제시를 했고, 소박하나마 서클로 단체운영을 10명이 되는 스탭들과 해 왔다. 내년이 설립 20주년이 되면서 의식적으로 서클 거버넌스(협치)에 대한 본격적인 실행이 가능하도록 기획하고 있다. 이처럼 서클 문화를 조직에 불어넣는다는 것은 그만큼 의식적이고도 집중된 노력이 필요하다는 것을 이해할 필요가 있다. 워크숍에서 서클로 진행하는 것과 단체 운영도 서클로 진행한다는 것 사이의 차이는 후자는 더 고려할 것들이 필요하다는 점이다.

34) 거버넌스(governance)는 다양한 행위자들이 사업 운영이나 조직 경영 등과 관련하여 자발적인 참여와 협력적인 능력부여의 통치, 곧 참여와 합의의 민주적인 절차와 과정에 초점을 맞춘 의사결정 구조와 그 실행을 뜻하는 말이다. 행위 주체의 자발성과 차이를 존중하면서도 관계를 중시한 참여와 분산된 권력 사이에 동의를 통한 의사결정으로 재화나 용역의 생산 유통 소비에 관련된 서비스활동을 협력해서 하는 것을 말한다.

히 중요한 차이이다.

　나비로 상징되는 조직의 모습을 꿈꾸어 보자면, 자기 생존을 넘어 꽃과 꿀이라는 가치와 비전, 자유의 확산과 같은 에너지가 넘치는 모습이다. 그 에너지는 관계라는 자장력에 의해 활성화된다. 그러한 에너지장이 펼쳐지는 조직에서는 개별성보다는 전체성wholeness에서의 조화와 기여가 주목을 받는다. 여기서는 책임과 규율이라는 방식보다는 자발적 헌신과 창조적 열정이라는 몰입도가 강해진다. 이는 공동의 신뢰가 초래하는 것이다. 여기서는 정보의 투명성과 공유를 통해 지성을 발생시킨다. 투명한 정보와 그 공유를 통해 지성이 리더십을 갖는다. 즉, 의사결정에 있어서 더욱 선하고 참된 것에 대한 분별로서 지성이 기꺼이 자신과 전체를 움직이도록 하게 한다. 그렇게 되면 일이 존재를 개화시키는 데 도움이 되고, 일이 자유의 확대와 그에 대한 헌신과 소명을 강화하는 동기와 목적이 된다. 땅이라는 생존이 아니라 하늘과 공기라는 가치와 소명을 불러오는 것이다.

　조직의 이미지와 그 운영을 나비라는 상징으로 진술하였지만, 여기에서 다시 확인되는 주요한 요소들은 다음과 같다.

- 조직은 생태계의 모든 존재가 그러하듯이 자발적이고 창의적인 자기-조직화self-organization의 원리를 그 생명으로 가질 때 건강하고 살아있게 된다. 그러한 자기-조직화가 원자에서 분자로 그리고 유기체로 발전하는 것은 연결을 통한 관계이다.
- 자기-조직화의 원리의 생명력은 과정프로세스이 리더십을 갖게 하는 것이다. 따라서 특정 개인인 보스나 상사라는 인물보다는 과정이 리더십을 갖게 하되, 각자는 그 과정에 대한 책임과 역할에 유기적인 관계로 엮이

게 한다.[35]

- 관계와 과정은 의미의 흐름으로 그 질적인 차원이 유지된다. 그 의미의
생성과 의미의 흐름을 만들어내는 것은 정보의 투명성과 신뢰의 구축이
다. 정보의 투명성이란 정보의 왜곡이나 정보의 사적인 소유를 방지하는
커뮤니케이션의 적절한 흐름을 말하며, 신뢰의 구축은 권력의 남용이 아
닌 협력적인 파트너십과 팀구축을 통해 이루어진다.

- 의미의 흐름이 일어나도록 하기 위해서는 당근과 채찍, 외부적인 보상,
규칙의 준수와 통제 등과 같은 내용에 에너지와 의식이 집중되기보다는
내적인 동기, 비전, 가치, 목적, 존엄, 사랑, 진실 등이 정보로 들어오고 나
눌 기회를 갖는 것이 더 중요하다. 그러한 것들이 에너지와 몰입을 일으
키기 때문이다.

- 조직에 있어서 난제, 혼돈, 비예측성의 상황이 발생했을 때, 질서와 규율
그리고 책임에 대한 것보다 소중한 것은 어떻게 자유의 증진과 새로운
가능성, 분열보다 일치에로 나아갈 것인가에 대한 방향감각이다. 카오스
혼란은 그 자체로 에너지를 갖고 있어서 작은 시도라 할지라도 다시금 되
돌아가서 비전과 가치가 있는 것을 시도하고 패턴을 만들면 새로운 질서
코스모스가 형성된다. 문제점에 인식의 초점을 두고 그것을 계속 다루며
문제점을 조직에 쌓기보다는 비전과 가치를 향한 에너지의 빛이 비치는
것이 조직운영에 훨씬 도움이 된다.

- 조직이 예산, 구조, 프로그램사업이라는 물질적 토대로 이루어진다고 할지

---

35) 서클 거버넌스는 기존 조직의 행정체계를 완전히 무시하지 않고 서클방식의 운영이 가능하
다. 그러므로 권한을 지도자나 보스로부터 빼앗는 것이 아니라 그 위치를 그대로 지니되, 권한
은 프로세스가 갖도록 하고 상위책임자들은 그러한 프로세스 안에서 자기 역할을 갖는다. 그
렇게 함으로써 상위책임자들도 자기 결정의 위험과 무거운 책무감을 내려놓을 수 있는 도움을
오히려 받게 된다. 특정 인물이 아니라 프로세스가 권한을 갖는다는 것은 매우 중요한 개념이
다.

라도 실제로는 살아있음과 생생함이라는 보이지 않는 에너지가 그 모든 것을 물질화한다. 그러므로 살아있고 생생한 참여자들의 조직이 되도록 한다. 조직이라는 버스에 탄 승객들의 에너지버스안의 에너지가 어떤지를 항상 눈여겨보고 이에 대처한다. 그들이 상호관계와 대화 내용이 생생한 에너지를 갖고 있다면 버스가 고장 나도 내려서 뒤에서 함께 밀어서라도 버스를 가게 할 것이다.

- 보이지 않는 과정이 언제나 결정적으로 중요하다는 것을 이해한다. 드러 난 결과는 이미 과정을 거쳐서 나온 것들이다. 연결과 관계는 그 자체가 과정의 중요성을 알려주는 것이다. 과정에 충실하고 정성을 쏟는다. 사 소한 것이어서 공적인 결과를 가져오는 데 직접적인 영향이 없을지라도, 프로젝트에 직접 연관이 안 되는 사소한 것이라 할지라도 보이지 않는 과정은 언제나 사소하고 작고, 여린 통로를 통해 일어남을 기억한다. 서 클의 힘은 언제나 과정들의 충실함에서 비롯된 것이다. 그 사소함은 연 약함의 돌봄, 연결을 지원하는 경청문화, 소수자의 이견에 대한 존중 등 의 민감성을 키우는 것이다.

위와 같은 조직운영의 원리들을 참조하면서 서클로 하는 운영을 조금씩 채워나가고 구성원들의 동의를 얻어 서클 거버넌스, 곧 조직운영과 실무체계 에 서클로 진행하는 경험을 쌓아간다. 서클 거버넌스도 결과를 보기 위한 갑 작스러운 도입이 아니라 과정을 통해 이루어진다는 것은 두 가지 이유가 있 다. 첫 번째로 우리는 모두 현재의 지배체제 문화 속에서 길들여진 사람들이 어서 의식과 언행에 무의식적인 공격-방어, 비난-수치의 사고방식이 쉽게 사 라지지 않아서 서클 거버넌스를 진행하다 보면 서클의 지식과 경험적인 실천 사이에 간극이 쉽게 발견한다는 것이다. 그러기에 과정을 통해 함께 의식적으로 진행될 필요가 있다. 두 번째는 서클 거버넌스는 누군가 동의하지 않고 이전의 스타일로 조직문화 속에 있으면 전체가 힘들어지고 강하게 영향을 받는다는 점이다

그렇다면 서클 거버넌스는 어떻게 이루어지는 것일까? 필자의 단체도 이에 대해 서서히 진행해 가고 있는 과정 중이어서 아직도 배우고 경험적으로 명료히 할 것들이 많이 있지만, 이 과제의 긴급한 필요를 고려하여 몇 가지 방향을 나누고자 한다.[36] 해외에서는 이에 대해 참고할 자료와 경험들이 이미 20년 이상으로 축적되어 있고 보스 없는 팀운영의 기업과 단체들에 대한 성공사례들과 운영방식에 대한 이론적인 서적들이 충분히 쏟아져 나왔다. 그리고 국내 번역서도 꽤 시중에 많이 유포되어 있다.[37] 그러므로 서클 거버넌스의 구체적이고 포괄적인 내용과 과정에 대한 안내는 이 책 이후의 다음 과제로 남기고 이 장에서는 몇 가지 핵심을 미리 나눔으로써 징검돌이 되어 각 단체나 조직이 자기 상황에 맞게 나가길 기대한다.

---

36) 사실상 서클 거버넌스는 서클적용 현장이 급속도로 확장되면서 퍼실리테이션을 넘어 시스템과 프랙티스의 공간의 확장에 대한 서클문화의 형성이라는 과제로 2015년 이후부터 싹트기 시작하였다. 이에 대한 연구가 개인적으로 조금씩 진행되어 왔고 단체에 조금씩 확산해왔으나 본격적으로 이에 대한 연구 기획과 실천에 대한 훈련으로 여러 단체들과 나누어야 하겠다는 비전은 2020년 1월에 열린 '서클진행자한국네트워크' 첫 모임을 준비 하는 과정에서 공동주관 단체들과 향후 활동과제의 주요 목표의 하나로 설정된 것이다. 그러므로 조만간에 이에 대한 연구과정과 훈련과정이 만들어질 예정이다.이를 위해서는 먼저 경험을 통한 서클 거버넌스의 이해가 필요하고, 또한 이에 대한 현장의 수요에 대한 예측, 즉 기꺼이 거버넌스를 조직운영의 핵심원리로 함께 가고자 하는 의지와 동의가 무르익어야 하는 시기의 성숙이 있어야 한다. 또한, 자료는 많은 데 이 과제가 현실화되지 못한 것은 다른 사업들에 대한 우선순위가 밀려서 그리고 서클 거버넌스에 대한 자각이 부족한 필자의 미숙한 이해도 한몫을 한다. 거버넌스는 지속가능성과 관련되어 공공담론의 관민협치의 〈의제21〉에서 많이 다룬 영역이다. 그러나 서클 거버넌스는 그러한 당위와 방법의 기능적인 측면만 아니라 서클 정신이 녹아져 있는 조직내 운영과 네트워크 운영에 있어서 가치 실천을 일차적인 목표로 설정한다. 담론이 아니라 구체적인 조직 운영의 실제적인 탈지배체제의 실무적인 특성을 말한다.

37) 이에 대한 이론서 중 몇 가지 권장할만한 책들은 다음과 같다. 앤 리니아, 크리스티나 볼드윈 저, 봉현철 역, 『서클의 힘』 (2017, 초록비책공방). 마가렛 휘틀리 저, 한국리더십학회 역, 『현대과학과 리더십』 (2001, 21세기북스). 브라이언 J. 로버트슨 저, 홍승현 역, 『홀라크라시-4차 산업혁명 시대, 스스로 진화하는 자율경영 시스템』 (2017, 흐름출판). 존 벅, 샤론 빌런스 저, 이종훈 역, 『소시오크라시』 (2019, 한국NVC센터). 프레데릭 라루 저, 박래효 역, 『조직의 재창조』 (2016, 생각사랑).

먼저 가장 기초가 되는 것은 동의의 구축과 기본적인 서클운영모임을 갖는 것이다. 기장 기본적인 운영 모임이며, 여기서 필요한 동의는 조직운영과 참여에 있어서 실무자로서 서로 무엇을 기대하고 어떻게 상호작용을 할 것인지에 대한 명시적이든 암묵적이든 마음의 일치를 갖고, 이를 통해 자발적인 자기 활동의 공간을 갖는 것이다.[38] 서클모임의 '우리들의 약속동의'을 전체 조직 운영으로 확산한 것으로 이해하면 도움이 될 것이다. 이는 서클 거버넌스를 시작할 때 혹은 조직활동에서 필요한 상황에 다루어 조금씩 축적할 필요가 있다. 견해의 차이로 오는 긴장과 갈등이 있을 때, 서로의 인격에 대해 손가락질을 하지 않고 동의에로 넘어가 다루도록 하는 것이 크고 작은 혼란들과 갈등에 대해 큰 도움이 됨을 발견하였다. 그러니 긴장과 갈등이 있으면 동의에 대해 나눌 기회가 온 것으로 이해하고 논쟁이 아니라 어떻게 동의 내용을 만들지 에너지와 의식을 동의형성에 집중한다. 조직 내에서 실무자의 탈퇴 등의 문제는 바로 이 문제에 대한 인식 부족에서 발생하는 결과임을 필자는 계속 확인하고 있다.

서클운영모임은 간단히 다음과 같은 방식으로 진행하되 이 기본적인 틀이 패턴이 되게 한다. 처음 시작은 체크인을 한다. 이는 자신이 어떤지, 생활 나눔이나 지금의 상태로서 에너지나 감정상태 등을 나누는 시간이다. 우리의 직업과 업무는 일상의 일과 떨어져 있지 않다. 서클로 들어오면서 어떤 상태 혹은 즐겁거나 힘든 감정적인 정보들은 연결을 위해 중요하고, 함께 축하나 무거운 감정에 대한 지지와 연결을 받는 것은 큰 힘이 된다. 또한, 이번 모임과 전 모임 사이에 일어난 간단한 개인 활동의 중요한 통찰이나 염려를 가

---

38) 이런 동의와 그 내용은 필자의 단체 내에서는 일상적인 활동에서 단체운영에 필요한 합의가 필요한 경우나 아니면 일 년에 두 번 갖는 2박 3일의 정규적인 MT에서 본격적으로 확인한다. 그 내용들은 경험적으로 습관화할 필요가 있으며, 필요한 내용들은 기록으로 남겨서 구글 드라이브에 여러 주요 논의 문서들을 분류하여 저장하여 쉽게 접근할 수 있게 한다.

볍게 나눌 수도 있다. 통상 참여자가 10명 정도라면 30분에서 한 시간 정도 체크인을 한다. 해야 할 일들이 많아도 시간을 단축하기도 하지만 이 체크인은 매우 중요한 시간이다. 나누는 내용의 중요성보다는 서로의 연결을 위해서 그렇다. 우리는 일을 위한 것만 아니라 개인으로서 자신이 어떤지를 나누는 것, 그리고 서로 연결되어 있는 것이 중요하며 사적인 것을 나누는 것에 대해 시간을 아까워하지 않고 이 시간을 확보하는 것은 시간이 갈수록 그리고 서로 익숙해질수록 중요하다는 것이 필자의 발견이다.

두 번째 과정은 사업이나 활동을 논한다. 지난 사업에 대한 간단한 피드백을 통한 확인과 배움을 먼저 나누고,[39] 자유롭게 나누어야 할 의제들을 직급의 필터링 없이 내놓게 하고, 어떤 것을 먼저 나눌 것인지 우선순위를 결정한다. 물론 여기에는 함께 허락된 논의 시간과 누가 중간에 혹시 먼저 일어나게 되는지를 확인함도 포함된다. 실무자들의 정규적인 서클모임은 출석과 부재의 차이와 그 영향이 매우 크다. 왜냐하면, 결과 자료는 사이버상에 올라가서 공유되지만 살아있는 과정을 못 보고 결과만 읽기에 모임에 대한 부재자가 그것을 따라오기에는 의미 내용을 놓치는 경우가 많다. 따라서 가능한 한 이 시간은 함께 하는 것을 원칙으로 한다. 그리고 각 의제에 대해 어느 정도 가이드가 나오면 그 방향에 준해서 구체적인 것은 담당자에게는 일임하거나, 팀으로 과제를 주어서 알아서 결정하고 진행하도록 권한위임을 할 때도 있다. 모임 시간을 잘 쓰고 에너지를 소진하지 않게 하는가는 신뢰 관계 속에서 권

---

39) 과제 중심과 문제해결 중심으로 통상 단체의 시간과 활동이 집중되어 있어서 이미 행한 일들이 어떠했는지 다시 성찰하고 거기서 배움을 가져가는 시간을 내는 것은 부담스러울 수도 있어서 생략하기 쉬우나 실상 이 과정이 살아있는 지식을 얻는 중요한 기회가 된다. 또한, 담당 실무자만 아니라 다른 구성원들도 경험의 공유시간이 되기도 한다. 기획-진행-성찰-재적용의 패턴이 경험적 학습의 중요 사이클이다. 그리고 그 조직의 활동경험은 중요한 배움의 자원이 된다. 따로 훈련과정을 만드는 것도 중요하지만 성찰 시간을 이용해서 배움으로 가지고 가는 것이 효율적일 수 있다. 여기서 성찰은 이 책 앞에서 진술한 피드백 방식을 사용하는 것이다. 누가 무엇을 잘못하고 어떻게 교정해주어야 할지 다루는 것은 긴장감을 불러일으킨다.

한위임과 정보 공유를 어떻게 하는가에 많이 의존한다. 대게 의제는 논의와 결정 이전에 그 의제의 성격과 의미의 명료화가 먼저 이루어진다. 그래야 논의가 자연스럽게 흘러가게 된다.

마지막 나오기는 체크아웃이다. 체크인과 체크아웃에서는 자기 이야기만 하며, 다른 사람의 말에 코멘트를 달지 않고 듣기만 하는 것이 매우 중요하다. 그래야 안전하고 그 사람에게 집중할 수 있기 때문이다. 체크아웃은 통상 소감 나누기에 해당하지만, 의식적으로 나눈 내용에 대한 나의 느낌과 통찰, 모임에 대한 기여나 일을 기꺼이 맡아주는 동료에 대한 감사 등이 분위기와 연결에 도움이 된다.

이렇게 간단한 순서이지만 그 패턴을 지키며 서클을 단체운영의 문화로 자리를 잡아가면서 단체의 성격과 사업 내용에 따라 약간의 변형은 때때로 일어나며, 대체로 이러한 일반적인 서클진행 방식이 유효하게 관습으로 자리 잡도록 한다. 여기서 중요한 것은 서클진행자의 역할이다. 서클진행자는 책임자가 담당하지 않고 될 수 있으면 순서를 돌아가며 맡는다. 리더십을 키우기 위함도 있지만, 고정된 진행자는 또한 권력으로 이해할 수 있기 때문이다. 진행자는 프로세스의 흐름에 주목하며 과정의 자연스러움에 따르지만 놓치지 말아야 할 것은 의제에 대해 참여자들이 어떤 일들이 내면에서 일어나고 있는지를 눈여겨봐야 한다는 것이다. 이 의제에 대해 주저함이나 감정적인 혼란, 혹은 긴장과 불일치에 대한 각자의 상태를 주목하며 누가 발언에서 자기 목소리를 내고 있지 않은지, 어떻게 목소리를 내도록 초대할지를 생각한다.[40] 과정은 간단한 순서이지만 서클진행자는 참가자들의 목소리 이면에 각자의 연결과 내적인 에너지 상태를 주의한다는 것이 모임 분위기에 큰 일조

---

40) 발언은 목소리로 말하는 것만 아니다. 태도나 몸짓이 어떤 상태인지를 직접 알려준다. 필자는 내용 중심에 의식이 가고 있어서 서클 참여자들을 바라보는 습관이 안 되어 있어서 이것을 고치는 데에 오랜 시간 의식적인 노력이 필요했었다.

를 하게 된다.

우리들의 동의, 기본적인 운영모임의 틀을 패턴으로 실천하기 외에 그다음으로 중요한 것은 의사결정에 대한 것이다. 특히 반대나 이견이 나오는 것에 대해 의사결정 과정의 메커

동의에 따른 의사 결정 과정	
• 체크 인 • 의제 다루기 • 체크 아웃	• 이의 의제 다루기 • 제안과정 • 명료화 • 동의나 이의 수렴 • 이의 다루기 • 재확인

니즘을 갖는 것이 갈등을 조직의 성숙과 소속감을 높이는 방법이다. 이를 일컬어 '동의에 따른 의사결정'영어로는 컨센서스 빌딩이라고 통상 부른다. 과반수에 따른 투표하기를 하지 않고 마음의 일치를 통한 의사결정을 실행하는 것이다.[41] 그 방식으로는 반대나 이의가 있는 의사결정 과정은 위에서 설명한 기본적인 서클운영 과정에 약간의 변형으로 그 순서 속에 넣는다. 즉 의제의 우선순위가 결정되고 그 내용에 있어 이견과 반대가 발생하는 경우이다.

위의 도표에서 보듯이 이의제기의 경우에는 상세한 흐름을 다르게 갖는다. 심각하거나 중요한 안건은 대개 제안방법, 목표, 기대과 동시에 그 자체의 의미를 명료화하는 단계를 거친다. 제안은 다른 사람의 평가 필터링이 없이 제안되며, 제안내용을 다루기 전에 그것의 의미에 대한 명료화 과정을 논의하기 전에 거친다. 즉, 그것의 기대효과나 그것이 미치는 단체의 영향이나 사회적 기여, 적시성과 필요의 이유 등에 대한 자기-진술I-message로서의 표현이

---

41) 투표하기 방식은 사업논의는 빨리 결정했을지는 몰라도 암묵적인 분열과 신뢰의 손상을 가져온다. 그래서 일 추진과정에서 이의제기자나 반대자의 긍정적인 협력을 가져오지 못할 뿐만 아니라 담당자는 언제나 신경을 써야 하는 등, 필요 이상의 에너지를 내부에서 소모하게 되어 일이 즐겁지 않고 조심스럽거나 힘든 경험이 발생한다. 그리고 심지어 잘 수행했어도 날카로운 비판을 받게 될 수 있다. 결국, 조직을 좀먹는 핵심이 의사결정을 어떻게 하는가에 달려 있다고 봐도 무방하다.

다. 그것이 또한 자신에게 미치는 영향도 포함된다. 그렇게 다 듣고 나면^{가능} 한 모두의 목소리가 들리고 나면 동의나 이의가 있는지 확인한다. 그것도 가급적으로는 제안자에 대한 반대가 아니라 내용에 관련한 자기 관점을 중심으로 이야기하도록 한다.

동의는 전체 참여자 숫자N에서 통상 1명이 반대할 경우 동의로 본다^{일명,} ^{N-1의 원칙}. 반대나 이의는 자기 목소리를 내게 되며 그것도 나-메시지로 이야기하고, 어떤 중요한 의미를 놓쳤는지 말한다. 그리고 그에 대한 참여자들의 명료화가 다시 있고서 수정 제안을 갖고 N-1의 동의과정을 거친다. 예를 들어 2명 이상이 반대자나 이의제기자이면 놓친 의미와 수정 제안 과정을 통해 동의 조건을 확인하여 동의자가 되던지 혹은 여전히 N-1을 넘어서면 의사결정은 유보하고 그 유보를 다루기 위한 제안을 한다. 다음 모임에 처리하던지, 아니면 이에 대한 논의구조나 그 이의제기자를 포함한 TF팀을 꾸려서 대안을 모색해 오도록 하게 한다.

이의 다루기는 긴장이 되지만 동의 과정은 신비로운 도약의 경험을 안겨준다. 긴장이 풀어지고 더욱 강력하게 결속하고 자발적인 헌신과 상호지원의 분위기를 반전시키는 것이다. 그리고 실제로 의제를 수행하면서 강력한 팀결속을 지속시킨다. 그러므로 이의 다루기가 끝나면 재확인과정에서 그간의 노력과 기여에 대한 감사와 논의에서 보여준 성실한 응답과 해결에 대한 기쁨을 나누도록 하며, 또한 논의의 최종적인 결과가 무엇인지 확인하여 각인시킨다. 그것이 우리의 노력의 결과이며 향후 갈 목표임을 서로가 인식하도록 돕는 시작을 위한 다짐의 기회로 사용한다.

지금까지 정규 서클모임과 동의과정에 따른 의사결정을 간단히 설명하였다. 그다음에는 운영과 실무에 대한 것이다. 시민사회단체는 풀타임이나 하프타임의 임금을 받는 서너 명이 혹은 많게는 10명 내외로 활동한다. 여기에 운영위원회 등으로 급여 없이 함께 하는 자원활동가들이 포함되기도 한다. 내가 속한 단체는 현재 7명의 실무자가 활동하기에 운영과 실무는 서클에서 함께 처리한다. 하루 종일하는 정규모임에서 실무와 운영에 관련된 의제를 모두 다루지만, 중요한 것은 따로 시간을 낸다. 여기에는 각종 워크숍 신청에 대한 담당자 배정과 진행내용, 연대모임의 기획과 실무 체크, 심지어 급여와 복지 관련 모든 것을 포함한다. 특히 중요한 이슈들은 MT를 통해 주요사업의 흐름과 운영방침을 재검토한다. 그러나 사업실무자와 운영위처럼 실무와 운영이 분리된 조직의 경우, 실무 서클과 운영 서클의 각각의 정보가 유동적으로 흐르도록 실무서클에서 운영서클에 연결자link person를 참여시켜서 의사소통이 원활하게 하면 된다.

네트워크 활동에서 운영서클과 실무서클의 예를 보자. 필자의 활동방침이 서클 프로세스를 통한 모자이크 리더십이었기 때문에 사업흐름과 서클은 다음과 같이 전개된다. 일단 관심 주제에 대한 초대를 통해 사업에 동의한 운영단체나 개인이 운영서클을 이룬다.[42] 즉 연대단체 실무대표자들은 운영서클의 참여자들이며 여기서 사업내용, 방향, 일정, 예산 추인 등을 논의하고 간사단체로서 비폭력평화물결은 자체내 실무서클을 통해 사업집행, 홍보와 등록, 예산집행과 보고 등을 맡는다. 그리고 운영서클에 실무서클의 한두 사람이 참여해서 사업 흐름에 대한 정보를 나누어서 운영서클에서는 실무에 대해, 실무 서클에서는 운영 서클에서 나눈 방향에 대해 정보가 상호간 전달되게 하고 실무 서클에서 집행하게 된다. 물론 연대사업의 경우 실무는 때로는 각 운영서클에 참여한 단체들에서 지원을 하여 실무팀실무 서클을 꾸리기도 한다.

---

42) 도표에서 보는 것처럼 단체 실무대표가 운영서클의 중심이기는 하지만 때로는 단체가 없는 개인 프리랜서가 그의 활동의 중요성이나 기여하고자 하는 열정으로 함께 운영 서클에 참여할 수도 있다.

이 네트워크 사업을 예시로 조직 내부에 적용한다면, 한 단체 내에서 다양한 사업활동이 있는 경우 직책이 아니라 사업별 실무서클을 다양하게 배치하고 각 실무서클에서 연결자가 운영서클에서 사업전반의 흐름을 나누고 필요한 정책을 조정

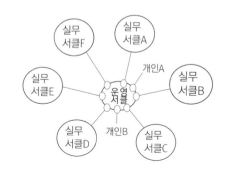

실무서클과 운영서클의 연결

하면 된다. 여기서 통상 일반 조직에서는 부서나 팀으로 이해되고 있는 각 실무서클^{사업서클}들은 붙박이로 있는 부서나 팀과는 달리 어느 정도 유동성이 있다는 점에서 서클이 지닌 장점을 소유한다. 각 서클은 운영서클의 방침에 따른 권한위임에 따라 자율적인 예산집행과 정산, 모집과 홍보, 진행의 자율성을 가진다. 그리고 또한 개인은 두세 개의 실무 서클에 속해서 사업 진행을 함께하는 결합의 유동성을 지닌다.[43]

마지막으로, 서클을 조직운영에 가져오면서 새로운 실무자의 영입과 조직 탈퇴에 대한 것이 어떻게 일어나야 할지에 대해 민감한 문제를 간단히 나누고자 한다. 새로운 실무자는 서클문화에 대한 특수성과 들어와서 새로 익히고 적응하며 단체일꾼으로서 활동하는 기간의 장기적인 과제로 인해 일어나는 소모적인 사건들이 자주 일어난다. 그리고 이는 조직문화의 흐름에 적응 기까지는 소용돌이나 역류의 지체 현상을 가져올 수도 있다. 그러므로 이 문

---

43) 연결자(link person)의 의미는 각 서클의 경계선을 연결해서 정보의 흐름이 상호 일어나도록 돕는 역할을 한다. 이 도표에서는 실무서클의 한 사람이 대표로 운영서클의 참가자로 가거나 혹은 그 반대인 경우를 상정하였다. 이러한 연결자는 다중 사업에 대한 각각의 실무서클에 조언, 협력, 실무 등이 필요할 때도 실무서클 간에 연결자가 들어가 윤활히 돌아가도록 정보와 자원을 공유하게 한다. 그리고 중요한 것은 권한위임의 경계선을 확인하면, 그에 따른 자율적인 책임을 부여하는 것이다. 서클 거버넌스에서 중요한 것은 권한위임과 자발적 책임을 어떻게 서클 구성원들이 이해하는가에 달려 있기도 하다.

화에 적응할 수 있는지, 그리고 조직이 그 사람이 그러한 문화에 적응하기 전까지 얼마나 감당할 수 있는지가 관건이다. 일을 하는 것도 수완이 필요하지만, 서클 문화는 일을 하는 매사에 서클이 지닌 민감한 소통 능력과 그 새로운 실무자로 인해 영향을 받기에 인내와 상호확인의 과정이 필요한 것이다.[44] 공동체적인 특성이 강한 조직은 새 실무자의 영입이 통상 그 사람의 활동능력을 확인하고 약간의 도제 기간을 가진 뒤 정식으로 단체 구성원으로서 추인을 하는 경우가 대부분일 것이다. 그렇게 해도 내가 소속한 단체의 경우에는 활동가로서 실무능력은 3년 이상의 기간이 걸리며 제대로 기획하는 데까지는 네트워크 자원이 형성되기까지 5년이 걸린다. 이런 경우에 퀘이커 공동체의 새 멤버 영입 방식처럼 서클모임을 지속해서 갖고 서로가 조율되는 것이 중요하겠다는 것을 최근에 갖게 되었다.[45]

조직에서 사람이 나간다는 것은 서클 문화를 지닌 단체에서는 더욱 큰일이다. 그 원인이 어떤 계기가 있었던지 간에 특히 조심스럽게 다루어져야 할 문제이다. 아쉬움만 아니라 어떤 성격의 것은 분노나 서로 안 보고 과거의 경

---

44) 필자가 소속한 단체의 경우는 점점 더 비폭력실천과 평화훈련이라는 활동이 공동체적인 성격을 지녀야 가능하다는 경험으로 인해 사회적 협동조합을 내부에 만들었다. 평화에 대한 가치가 중요한 신념이어도 단체의 비전에 함께 일하고 공동비전을 함께 하는 것은 또한 다른 것이라는 체험을 하고 있기 때문이다. 즉, 사업활동에 전문적인 수완이 있을지라도 활동의 성격상 이익 실현이 아니라 어느 정도 공동체적인 성격을 이해하고 이에 헌신하는 것이 세월이 흐르면서 점점 중요해지기 시작했다. 일만 잘하는 것이 아니라 상호 소통과 신뢰 관계가 미묘한 파장을 불러일으킴을 매번 느끼기 때문이다.

45) 두 가지 이유로 공동체적 성격의 조직에서 새 멤버 영입에 신중할 필요가 있다는 생각으로 전환되고 있다. 첫째는 성격이 서클 문화의 조직이라면 한 사람이 나가는 것은 그 후유증이 매우 오래가고 그 사람의 역할이 지닌 네트워크와 활동자원의 복구가 상당한 시간이 걸린다는 점이다. 대개 문제가 되는 것은 함께 합류한 초기가 아니라 어느 정도 조직문화에 적응한 3년 후에 자기 목소리가 생긴 후 발생한다. 둘째는 피터 우드로우가 제안한 분별지원모임의 팸플릿에는 새 멤버의 영입도 유사한 서클모임의 과정을 갖고 하고 있다는 발견이었다. 왜 그것이 필요한지를 이해하게 된 것이다. 이 과정은 혈연가정이 아닌 공동체가정이나 활동공동체의 새 동료를 받아들이거나 나갈 때 그 과정을 서클로 하는 가이드를 만들어 놓았다. 내용이 한국의 현장과는 다르지만 상호 기대와 욕구, 그리고 염려 등을 알아가고 서로를 알아가며 업무의 활동에 대한 상호약속 등에 있어서 서클로 하는 과정이 인터뷰를 넘어 필요하지 않은가 하는 생각이 든다. 그런데 멤버십 거절에 대한 상처도 클 수 있어서 그 과정을 어떻게 단축하면서도 단체와 멤버 후보 간에 도움이 될지 숙고가 필요하다. 어쩌면 서클이 조직의 문화로 자리 잡게 되면 유사한 단체들이 모여 이에 관한 공동의 연구를 하는 것이 도움이 될 수도 있을 것이다.

험을 지우는 태도로 발전될 수도 있기 때문이다. 본인의 납득될만한 이유로 인한 헤어짐의 경우에는 아쉬움과 그간의 기여에 대한 고마움을 나누는 서클 모임으로 될 수 있다. 그러나 아쉽게도 조직에서 고용 해제의 가능성이 있는 이슈를 다룰 때는 긴 과정을 가질 필요가 있다. 서로의 기대와 욕구에 대한 재확인과 조정, 갈등을 푸는 회복적 서클의 시도 등의 약 6개월 정도의 정규적인 그리고 동의된 일정에 따라 서클모임을 진행할 필요가 있다. 그리고 결정이 조직에서 나가는 것으로 되었을 때 마지막으로 서클모임을 나눌 때는 피드백 서클을 변형하여 함께 한다. 여기에는 아쉬운 소감, 그간에 기여한 것에 대한 구체적인 감사의 이야기 나누기와 조직 구성원의 마음이 담긴 상징적인 선물, 앞으로 어떻게 서로를 대하면 편하고 고마울지에 대한 제안과 이행동의, 마지막 소감 등으로 진행될 수 있다.[46]

지금까지 서클 거버넌스와 조직 혁신에 대한 의미와 몇 가지 프로세스에 대한 안내를 하였다. 단순히 특정 서클 모델의 진행자로서의 개인적인 수준을 넘어서서 자신이 속한 조직이나 공동체를 존중과 돌봄, 자율과 창의성에 기초한 서클 문화를 누리는 조직혁신이 필요하며 거기에는 프로세스들이 담긴다는 것이다. 정규 회의 프로세스, 동의consensus에 따른 의사결정 프로세스, 운영과 실무 서클, 멤버쉽 가입과 탈퇴 프로세스 등에 대한 설명들이 여기에 포함된다. 그리고 이미 앞장에서 이미 설명한 조직과 공동체내의 동료의 고민이나 역량을 강화하는 분별지원모임이나 동료지원모임 등도 중요한 프로세스이다.

만일 여기에 내부역량강화, 비전창출, 팀리더십 개발 등과 같은 주제의 서

---

46) 서클이 꿈꾸는 비전을 조직문화의 이상으로 실현해 나가는 단체에서는 이상과 현실의 간극이 존재하며, 그 조직은 항상 되어져 가는 과도기의 성격이 있다. 조직의 취약성이 존재하는 것이다. 그것을 서클로 풀어내려는 정성이 있는 것, 그리고 헤어짐에 있어서도 그 조직이 향후 그 개인의 활동에 부정적인 영향을 끼치지 않고 자신의 소명을 찾아 나가도록 활동의 안전함을 부여하는 것은 중요한 것이다.

클 워크숍이 기획되면 더욱 에너지가 생동거리는 조직이 될 것으로 본다. 그런데 이러한 서클 워크숍의 경우 무언가를 외부에서 전문 진행자가 와서 하는 것보다 주제에 대한 자신들의 경험을 기초로 적절한 질문들을 활용하여 진행된다면 자조·자치의 능력이 활성화될 것이다. 이미 조직이 존재하는 데는 작동되는 데는 이미 도움이 되는 자원들과 작동 원리들이 있는 것이다. 그것들을 '발견'하고 그것을 통찰로 가져가는 경험 중심적인 자기발견 학습 과정을 도입하는 것이 단순히 머리로 알고 끝내는 것보다 더욱 생생하며 가슴에 새기게 된다. 혹은 서클 거버넌스를 확대하여 네트워크에서 훈련과정이라는 공동의 우물을 함께 파고 거기서 올라오는 물을 공유하는 것도 효율적일 수 있다. 이렇게 서클 거버넌스를 한 단체나 조직을 넘어 공동으로 관심 이슈를 중심으로 사업을 공유하는 방식으로 그 범위를 확대하는 것도 개인과 조직의 역량에 큰 도움이 된다.

시민사회운동은 그 활동이 평화, 통일, 민주주의, 지속가능성과 환경, 복지, 사회정의, 소수자권리운동 등등으로 분화되면서 구체적인 현장에 더욱 가까이 다가가는 직접 서비스Direct Service의 개념으로 시민활동이 번져가고 있다. 자신의 지혜와 힘으로 직접 뛰어들어 상황을 변화시키는 것이다. 이들 운동에 서클이 공헌할 가능성은 매우 크다. 특히, 개인으로서가 아니라 조직이나 공동체의 차원에서 서클 거버넌스를 통해 이루는 것은 그 영향력이나 지속성에 있어서 큰 차이를 가져온다. 개인이 아무리 선한 의도로 하더라도 조직의 문화가 이에 역행하는 경우가 많기에 그 일관적인 실천에서도 서클 거버넌스에 대한 동의와 헌신이 앞으로 중심적인 과제로 떠오르기를 희망한다. 서클 거버넌스가 서클을 중요한 가치로 여기는 단체들 사이에 주목되고 논의된다는 것 자체가 이미 서클 프로세스에 대한 활동가 진영이 그만큼 많아졌고 활성화되었다는 뜻이기도 하다.

　　20년 활동에서 처음 안식년으로 마련한 3개월 휴식 기간에 이 책을 쓰게 될 줄은 상상도 못했다. 이 기간은 서클대화에 관련하여 7가지 주제에 관한 35개의 글을 2~3일에 하나씩 써 내려가는 빠듯한 일정이었다. 그러면서 나는 사색가이면서 활동가라는 것을 다시 확인하였다. 일을 내려놓고 자신을 살피려 했던 처음 계획은 글쓰기에 몰입하면서 만만치않은 방대한 작업이었다. 20년 만에 마련한 3개월은 나에게 이 즈음에서 이 주제들을 정리해야 다시 다른 것을 꿈꿀 수 있는 여지가 있을 것으로 생각하며 몰입한 기간이었다. 사실, 이렇게 따로 주어진 시간이 아니었다면 이 책에 담긴 주제들을 형상화하는 작업은 불가능했을 것이다.

　　내게 허락된 3개월에 동안 이 책에 몰두할 수 있었던 것은 뭔가 내면에서 울리는 부름에 대한 응답이기도 했다. 지난 2~3년에 급속히 퍼지고 있는 서클에 대한 관심과 활동가들의 확산에 있어서 좋은 기운과 상황이 올라오고 있는 이 중요한 시기를 놓치지 않고, 서클의 지혜와 힘 그리고 비전을 공유하는 것은 내 개인의 문제를 넘어 시대의 긴급한 요구로 받아들여졌기 때문이다.

　　이 책은 원래 두 목적을 위해 쓴 것이다. 처음 목적은 서클 모델 중에서 회복적 서클 활동가들이 가장 많으므로 그들에게 서클대화의 원리를 소개하고, 서클의 작동원리 이해를 도움으로써 간단한 진행방법 이면에 있는 서클의 지평을 보다 넓게 이해할 수 있게 하는 것이 그 하나이다. 다른 목적은 어떤 모델이든 서클진행자로 활동할 때, 서클의 핵심원리와 그 지평을 이해해서 서클이 단순히 가치만 아니라 삶에 전반적인 영향력을 끼칠 수 있다는 신념에 대한 증거와 방향을 필자가 아는 한도에서 나누기 위함이기도 한다. 사실, 해외에서는 각 모델이 서로를 모르고 서클에 대해 글을 쓴 여러 저명한 저자들도 자신의 영역에서 글을 쓰기 때문에 서클에 대한 입문이나 자신의 서클 모델을 넘어서지 못한다. 그러나 우연히 그리고 이상하게도 한국에서는 내 주변에서 몇몇 중요한 서클 모델들이 서로 가까이하고 있어서 이참에 공통적인 기반 혹은 공통된 비전을 확인하는 것이 한국상황에서 미래로 나가는 데 중요하다는 생각을 하게 되었다. 그 핵심이 바로 '서클대화'라는 새로운 용어에 함축되어 있다.

이치와 원리를 알면 능력을 강화해 줄 뿐만 아니라, 모르는 영역에 대해서도 신뢰를 갖고 더 탐구할 수 있는 가능성을 열어준다. 서클은 15,000년 이상이나 계속되온 살아있는 인류의 경험이다. 그리고 현대에는 사회복지, 회복적 정의, 갈등해결, 수업, 사회적 기획 등에 서클은 새로운 옷을 입고 등장하고 있다. 서클은 오래된 그리고 새로운 모습으로 여기저기에서 출현하고 있다. 이에 대해 활동가이며 조직의 실무자로서 외면한다면, 이제는 무지하거나 오만하다고 볼 수 있을 정도로 해외와 국내에는 자료과 그 경험들이 충분히 쌓여있다.

서클은 그 적응의 유연성이 탁월하다. 7부에서 보듯이 그 가능성의 원시림이 여전히 남아 있고, 이는 서클 자체가 이미 지니고 있던 씨앗들이 새로운 환경 속에서 발화되는 것뿐이다. 서클이 현대 문명의 오만함을 뚫고 자신의 활동 공간을 새롭게 만들어가고 있으며, 또한 그 생명력이 최소 15,000년의 세월 속에서 생존해 왔다면 도대체 무엇이 그런 힘을 갖게 했는지 호기심을 가져 볼 만하다. 그 호기심을 따라가다 보면 문명에 대한 비판적 시각과 탈지배체제의 대안 그리고 자신의 온전한 삶에 대한 비전까지도 도달하게 된다.

그동안 우리는 두려움과 결핍의 에너지가 몰고 가는 생존과 소유를 통한 안전함의 추구에 있어서, 서클에서 경험한 편안하고 따스한 그 어떤 진정성의 울림이 목격되고 들려질 때, 그동안 내가 어쩌면 환상을 좇고 있었고 이것이 내가 원하던 것이야라는 나지막한 목소리를 들을 때가 있다. 필자는 다행히도 이 여리고 작은 목소리에 주목할 수 있는 계기들이 있어서 뒤늦게 이에 관심을 두게 되었다. '뒤늦게'라 함은 내 나이 50이 넘어서 서클과 진정으로 만나는 경험을 하게 됐다는 뜻이다. 나는 이 편안함과 따스함 그리고 진정성이 오고감이 중요한 삶의 가이드라 생각하기 시작했다. 진실의 목소리를 머리가 아니라 이제야 가슴으로 소중하게 생각하기 시작했다는 것도 부끄러운 고백이 아닐 수 없다. 서클이 왜 나에게 소중한가에 대한 이유가 진실의 목소리, 파머가 말한 '진리가 소통되는 공간'이 나를 치유하는 것을 깨닫게 되었다.

또 하나의 이유는 바로 서클진행자로서 자연스럽게 다가오는 이슈의 문제이다. 그것은 바로 일관성coherence과 충실성integrity의 문제이다. 내 인식과 언어와 활동이 서로 일관되게 조율되고, 온전히 한 방향으로 나가고 있다는 것에 대한 증거와 내적인 확신이 나에게 필요했다. 내가 '실재-존재의식-행위-결과'에 대한 이야기를 한 것이 그 이유이며, 대화와 갈등작업과 경청능력을 기반으로 깔고 서클대화와 서클리더십이 어떻게 가능한지를 탐색했던 것도 같은 이유에서 였다.

'서클대화'가 공식적으로 언급된 지금에 이르러서야, 서클의 비전은 이제 시대적으로 서클 활동과 내면 의식에 있어서 루비콘강을 건너고 있다고 처음으로 말하고 싶다. 과거에 서로 분리되어 성장한 서클 모델들이 통합의 터전과 그 작동 원리를 이해하기 시작했고, 또한 앞으로 새로운 서클 모델들이 분화할 수 있는 전환의 기회를 얻게 되었다는 뜻이다. 더불어, 지금까지 전통적으로 말해지던 대화, 갈등작업, 회복적 서클 등의 전통적 담론의 경계선이 고정되지 않고 더 큰 흐름의 가능성을 열고자 했다는 뜻에서 루비콘강을 건너고 있다는 말이기도 하다. 그 '건너감'의 한 예시는 일과 행위, 소통의 영역에서 대화가 존재와 전체성실재을 다루는 영역을 열어 놓았다는 점도 그 한 특징이다.

물론 필자의 사색은 여기까지이고 누군가는 필자를 넘어서 더욱 확실하게 혹은 더 좋은 방향으로 나갈 것이라 기대한다. 비판자도 생기고 격려를 받아 필자가 모르는 영역에 새로운 발을 내딛는 활동가나 이론가도 생기리라 기대한다. 비판을 받든 격려를 받든 서클대화에 대해 한국에서 지금 일어나고 있는 것을 참고하면서 쓴 나를 징검돌로 삼아 더 앞으로 나아갈 이들에게 기꺼이 축하와 감사를 미리 보낸다. 그 작업이 무엇이 되었든 간에, 필자에게 한 가지는 공통적인 비전이라 생각한다. 그것은 자유, 기쁨 그리고 평화를 풍성히 맛보고 거기에 헌신하는 열정이 더욱 생생히 일어나는 것이다. 서클은 이에 대해 커뮤니케이션과 권력 행사에 있어서 다른 방식으로 그러한 헌신을 돕는다. 서클이 그간에 기여한 15,000년의 역사가 있었다면 여전히 그 생명력은 더욱 강해질 것이라 기대한다. 진리를 소통하는 공간이라면 그것은 시간과 공간을 넘어선 영원을 품고 있는 것이기 때문이다. 서클은 진리, 혹은 진정성과 관련있다. 그러므로 서클의 효용성보다 그 일관성과 충실성이 우리를 일으킨다. 서클의 의식이 우리에게 자각의 섬광을 일으켜 갱신된 휴머니티와 변화된 사회를 볼 수 있기를 간절히 마음속에 품으며, 이 책이 그 어떤 만남과 자각에 대해 조그마한 기여라도 있기를 기대한다.

참고 도서들

1차 주요 핵심 도서

데이비드 봄 지음, 강혜적 옮김, 『창조적 대화론』 2011, 에이지21.

박성용 저, 『회복적 서클 가이드북』 2018, 대장간.

앤 리니아, 크리스티나 볼드윈 저, 봉현철 역, 『서클의 힘—창조적 변화를 이루어내는 협력적 대화법』 2017. 초록비책공방.

윌리엄 아이작스 지음, 정경옥 옮김, 『대화의 재발견』 2012, 에코리브르.

파커 J. 파머 저, 윤규상 옮김, 『온전한 삶으로의 여행』 2007, 해토. 이 책은 절판되어 김지수역, 『다시 집으로 가는 길』 2014, 한언에서 재출간.

————————, 이종인, 이은정 공역, 『가르칠 수 있는 용기』 2013. 한문화.

————————, 『가르침과 배움의 영성:공동체, 사랑, 실천을 회복하는 교육』 2014. IVP.

2차 주요 참고 도서

데이비드 봄 저, 김정래역, 『봄의 창조성』 2021, 박영사.

————————, 이정민 역, 『전체와 부분질서』 2010, 시스테마.

데이비드 호킨스 저, 백영미 역, 『의식혁명』 2012, 11판, 판미동.

Leonard Swidler, *After The Absolute: The Dialogical Future of Religious Reflection*, Minneapolis: Fortress Press, 1990.

로버트 인초스티 편, 강항현 역, 『토머스 머튼의 씨앗』 2005, 생활성서사

마이클 탤보트 저, 이균형 역, 『홀로그램 우주』 1999, 정신세계사.

마셜 로젠버그 저, 캐서린 한 역, 『비폭력대화: 일상에서 쓰는 평화의 언어, 삶의 언어』

2017, 개정증보판, 한국NVC센터.

머리 스타인 저, 김창한 옮김, 『융의 영혼의 지도』 2015, 문예출판사.

Monique Bellersen, Inez Kohlmann, *Intervision: Dialogue methods in action learning*, 2016, Vakmedianet, Deventer, The Netherlands.

세실 앤드류스 저, 강정임 역, 『유쾌한 혁명을 작당하는 공동체가이드북』 2013, 한빛비즈.

오토 샤머 저, 엄성수 역, 『본질에서 답을 찾아라:MIT대학의 18년 연구 끝에 나온 걸작 'U 프로세스'』 2014, 티핑포인트.

월터 윙크 저, 한성수 역, 『사탄의 체제와 예수의 비폭력』 2009. 한국기독교연구소.

캐롤린 보이스-왓슨, 케이 프라니스 저, 서정아, 박진혁 옮김, 『서클로 여는 희망: 평화형 성서클 사용레시피』 2020, 대장간.

―――――――――, 이병주, 안은경 옮김, 『서클로 나아가기: 교육 공동체를 회복하는 서클레시피 112』 2018, 대장간.

케이 프라니스 저, 강영실 역, 『서클 프로세스-평화를 만드는 새로운/전통적 접근방식』 2018. 대장간.

Peter Woodrow, *Clearness:Processes for Supporting Individuals & Groups in Decesion-Making*, New Society Publishers, 1976,

참고 인용 도서

닥첼드리,하워드 마틴 저, 하영목 역, 『스트레스솔루션』 2004, 들녘미디어.

디트리히 본훼퍼 저, 손규태·정지련 공역, 『저항과 복종』 2010, 대한기독교서회.

데니스 겐포 머젤 노사 저, 추미란 역, 『빅 마인드-초간단 견성법, 이미 깨달은 나와 하나되기』 2014, 정신세계사.

Richard C. Schwartz저, 김춘경 역 『내면가족체계치료』 2021, 학지사.

린 맥태거트 저, 이충호 역, 『필드』 2016, 김영사.

루이자 길더 저, 노태복 역, 『얽힘』 2012, 부키.

마가렛 휘틀리 저, 한국리더십학회 역, 『현대과학과 리더십』 2001, 21세기북스.

마르틴 하이데거 저, 전양범 옮김, 『존재와 시간』 2016, 동서문화사.

브라이언 J. 로버트슨 저, 홍승현 역,『홀라크라시-4차산업혁명 시대, 스스로 진화하는 자율경영 시스템』2017, 흐름출판.

빅터 프랭클 저, 이시형 역,『죽음의 수용소에서』2017. 청아출판사.

에크하르트 톨레 저, 유영일 역,『지금 이순간을 살아라』2008, 양문.

이삼열 등 공저,『아시아의 종교분쟁과 평화』2005, 오름.

이재영 저,『회복적 정의, 세상을 치유하다』2020, 피스빌딩.

Jay Earley 저,『참자아가 이끄는 소인격체 클리닉-참자아리더십 매뉴얼:IFS 자기치유 프로세스』2014, 시크마프레스,

조셉 자보르스키 저, 강혜정 역,『Syncronicity 리더란 무엇인가』2010, 에이지 21. 개정판은『싱크로니시티 Syncronicity』로 2021년 재출간.

조지프 캠벨 지음, 다이앤 K. 오스본 엮음, 박중서 옮김,『신화와 인생』2009, 도서출판 갈라파고스.

─────, 이윤기 옮김,『천의 얼굴을 가진 영웅』2012, 2판, 민음사.

존 벅, 샤론 빌린스 저, 이종훈 역,『소시오크라시』2019, 한국NVC센터.

주디스 허만 저, 최현정 역,『트라우마: 가정폭력에서 정치적 테러까지』2012, 열린책들.

지두 크리슈나무르티 저, 정현종 역,『아는 것으로부터의 자유』2002, 물병자리.

─────, 권동수 역,『자기로부터의 혁명I』19991, 범우사.

헤일 도킨스 저, 편기욱 역,『세도나 메서드:마음의 평화와 감정의 자유, 영원한 행복과 성공으로 가는 길』2021, 알에이치코리아.

칼 야스퍼스 저, 이진호, 최양석 공역『철학 I』2017, 아카넷.

─────, 신옥희 ,홍경자, 박은미 공역,『철학 II』2019, 아카넷.

─────, 정영도 역,『철학 III』2019, 아카넷.

─────, 변선환 역,『계시에 직면한 철학적 신앙』1989, 분도출판사.

스티븐 M.R.코비 저, 김경섭, 정병창 역,『신뢰의 속도』2009, 김영사.

캐롤린 요더 저 김복기 역,『트라우마 이해와 치유』2018, 대장간.

켄 윌버 저, 정창영 역,『켄 윌버의 통합비전』2009, 물병자리.

토마스 쿤 저, 김명자, 홍성욱 역,『과학혁명의 구조』2013, 제 4판, 까치.

프레데릭 라루 저, 박래효 역,『조직의 재창조』2016, 생각사랑.

피터 셍게 저, 『제 5 경영』 2002, 세종서적.

기타 인용

도미니크 바터, 회복적 서클 심화워크숍. 2014, 서울 그의 강의안에 대한 박성용 개인 메모

데이비드 봄 유튜브: https://www.youtube.com/watch?v=mDKB7GcHNac; https://www.youtube.com/watch?v=CvL4uNA4U-k 2021. 4. 10. 접속

교류분석TA 드라마 삼각형 유튜브: https://www.youtube.com/watch?v=E_XSeUYa0-8; https://www.youtube.com/watch?v=jSdODaTeHXw 2021.4.20. 접속

삶을변혁시키는평화훈련AVP; Alternatives to Violence Project 카페: https://cafe.daum.net/avpkorea

청소년평화지킴이 HIPP; Help Increase Peace Program 카페: https://cafe.daum.net/HIPP

교육센터 마음의 씨앗 카페: https://blog.naver.com/innerteacher

박성용, 마음자리 인문학 독서 모임 카페: https://cafe.daum.net/heartfelt-readings

평화서클교회 카페: https://cafe.daum.net/thepeacechurch

서클의 기타 자료

비폭력평화물결 & 서울 통합형 회복적생활교육연구회 공저, 『갈등 전환과 공동체를 세우는 회복적 서클 현장 이야기』 2019, 대장간.

Charles Garfield, *Wisdom Circles: A Guide to Self-Discovery and Community Building in Small Groups*, 1999. Hyperion.